A DESINTEGRAÇÃO AMERICANA

Paul Krugman

A DESINTEGRAÇÃO AMERICANA

EUA PERDEM O RUMO NO SÉCULO XXI

Tradução de
RENATO BITTENCOURT

Revisão técnica de
ANTÔNIO BRAGA

EDITORA RECORD
RIO DE JANEIRO • SÃO PAULO
2006

CIP-Brasil. Catalogação-na-fonte
Sindicato Nacional dos Editores de Livros, RJ.

Krugman, Paul R., 1953-
K95d A desintegração americana – EUA perdem o rumo no século XXI / Paul Krugman; tradução Renato Bittencourt. – Rio de Janeiro: Record, 2006.

Tradução de: The great unraveling
ISBN 85-01-07011-4

1. Previsão econômica – Estados Unidos. 2. Política monetária – Estados Unidos. 3. Estados Unidos – Política econômica, 2001–. 4. Estados Unidos – Condições econômicas, 2001–. 5. Estados Unidos – Relações exteriores. I. Título.

CDD – 330.973
05-2772 CDU – 338.1(73)

Título original em inglês:
THE GREAT UNRAVELING

Impresso no Brasil

ISBN 85-01-07011-4

PEDIDOS PELO REEMBOLSO POSTAL
Caixa Postal 23.052
Rio de Janeiro, RJ – 20922-970

Para Robin

SUMÁRIO

AGRADECIMENTOS

ESCREVER UMA COLUNA, especialmente em tempos difíceis, é uma tarefa que é melhor não enfrentar sozinho. Felizmente, tive bastante ajuda.

Em primeiro lugar, obrigado a todo o pessoal indispensável do *New York Times*. Howell Raines e Arthur Sulzberger me ofereceram o emprego e me convenceram de que valia a pena; estavam certos (agradeço a Deus pela crença do *New York Times* na liberdade de imprensa e por sua disposição de apoiar seus redatores). Gail Collins toma conta de mim e tem-me dado repetidamente conselhos valiosos.

Naturalmente, mais importantes do que os patrões são as pessoas com as quais você trabalha diretamente. A maioria dessas colunas foi editada por Steve Pickering, figura lendária do *Times* que recentemente passou a desfrutar uma merecida aposentadoria. Quem nunca trabalhou nessa área não pode ter idéia de como é importante a função do editor de texto. É verdade que muitas vezes o trabalho dele consiste em dizer: "Você escreveu uma linha a mais, o que podemos cortar?" Mas quando Steve — ou Linda Cohn ou Sue Kirby, que também fizeram um trabalho magnífico em relação a essas colunas — comenta "Não entendi bem o que você quis dizer", trata-se de uma maneira gentil de avisar que você precisa fazer uma séria revisão no texto.

Meus agradecimentos também à equipe da Norton: Drake McFeely, que tem cuidado da minha carreira durante todos esses anos; Bob Weil, cujo entusiasmo facilitou a conclusão do trabalho; e Ann Adelman, outra valiosa editora de texto. Ah, e Eve Lazovitz, que tão gentilmente evitou que minha logística perdesse o controle.

Acima de tudo, minha esposa, Robin Wells, tem feito mais do que simplesmente apoiar: lê todos os rascunhos e participa integralmente do processo de escrever. Este livro é tão dela quanto meu.

INTRODUÇÃO À NOVA EDIÇÃO

TERMINEI DE REDIGIR A INTRODUÇÃO à primeira edição de *A desintegração americana* em 10 de abril de 2003 — um dia depois de as forças dos Estados Unidos tomarem Bagdá. Escrevo estas linhas exatamente um ano mais tarde, no momento em que o Iraque se encontra às voltas com uma insurreição sangrenta.

Esta nova edição contém três novos capítulos, que consistem em artigos escritos no decorrer daquele ano. Na Introdução original, reproduzida neste volume, corri o risco de atuar como uma voz isolada. Não só fui extremamente crítico a respeito do governo Bush numa hora de triunfo, quando a televisão mostrava repetidamente as cenas da demolição da estátua de Saddam Hussein, mas fui além da crítica a políticas específicas e afirmei que o governo Bush representa uma negação da América de hoje. Ele representa, na verdade, um "poder revolucionário" que pretende transformar radicalmente a política americana. O radicalismo desse movimento, argumentei, abrange tanto a política nacional quanto a externa. Ao fazer essas afirmações, eu, na realidade, deixava claro que o público e a maior parte da mídia estavam por fora da história real sobre o que ocorria nesse país.

Como era de se esperar, fui acusado de exagerar. Gerald Baker, do *Financial Times* — que, a exemplo de muitos outros comentaristas, não se conforma com a idéia de que algo possa estar acontecendo nos Estados Unidos diferente da rotina —, escreveu que eu "estava cedendo às emoções e entrando num território solitário..." E prosseguiu: "Observadores independentes certamente são capazes de perceber o contraste entre a política econômica de Bush e sua estratégia em matéria de segurança nacional."

Já se passou um ano desde que redigi aquela Introdução e publiquei muitas outras colunas. A Introdução à Parte VI, que contém uma seleção desses trabalhos, explica onde eles se encaixam. Aqui, deixem-me falar sobre o que um ano de experiência ensina a respeito da afirmativa de que um movimento radical ocupa hoje os corredores do poder.

Guerra e terrorismo

A história de maior destaque no ano que passou foi, naturalmente, a guerra contra o Iraque e o seu lugar no combate ao terrorismo. A opinião convencional, um ano atrás, era de que a guerra constituía uma ação defensiva necessária — Saddam estava ocultando armas de destruição em massa e apoiando o terrorismo. Até mesmo os críticos habituais da política interna do governo Bush ficaram a favor da guerra. Uma coisa é a política econômica, diziam, e outra é a segurança nacional.

Mas os que se opunham à guerra alegavam que a ameaça representada pelo Iraque estava sendo deliberadamente exagerada a fim de justificar uma guerra desejada pelo governo Bush por outros motivos. Alguns, como eu, chegaram a essa conclusão em parte porque acreditavam que não era possível estabelecer um contraste entre a política econômica de Bush e sua política de segurança nacional. Ambas refletiam as prioridades de um governo empenhado em promover uma agenda política radical.

Os que se opunham à guerra tinham razão quanto ao exagero da ameaça que o Iraque representava. Depois de um ano de ocupação, ficamos sabendo que Saddam não tinha qualquer programa nuclear ativo, o que teria sido a única justificativa para uma guerra preventiva. Ele não estava sequer escondendo armas químicas dos tão criticados inspetores da ONU. E não surgiu qualquer prova de uma ligação significativa entre Saddam e a al-Qaeda, e muito menos em relação ao atentado do 11 de setembro, ao contrário das repetidas insinuações de funcionários do governo americano.

Mas será que os críticos estavam certos ao questionarem os motivos do governo Bush? Ou, quem sabe, o exagero da ameaça iraquiana não passou de uma falha dos serviços de inteligência? Nada disso! Sabemos agora que os funcionários do governo fizeram freqüentemente afirmações que não eram sustentadas pelos dados colhidos pelos serviços de inteligência e que em alguns casos — como a afirmação de que Saddam tinha comprado urânio do Níger — entravam flagrantemente em choque com os relatórios daqueles serviços. E os relatos de Paul O'Neill, ex-secretário do Tesouro, e de Richard Clarke, ex-chefe do setor de contraterrorismo, confirmam as suspeitas dos críticos: o grupo mais influente dentro do governo queria uma guerra contra Saddam desde o dia em que Bush tomou posse e viu no 11 de setembro a oportunidade para iniciar a guerra.

Talvez o general Anthony Zinni, que apoiou Bush durante a campanha eleitoral e foi o seu representante para o Oriente Médio, tenha sido quem melhor se expressou a respeito. Em setembro de 2003, falando sobre a guerra a oficiais dos Fuzileiros Navais e da Marinha, o general se referiu à experiência de sua geração na guerra do Vietnã, quando, disse ele, "ouvimos todas aquelas tolices e mentiras". E perguntou: "Será que isso está acontecendo de novo?"

Também ficou claro de um ano para cá que o governo desviou recursos do combate à al-Qaeda — que efetivamente nos atacou — para empregá-los na guerra que desejava fazer contra o Iraque. Houve desvio de recursos militares e da inteligência. Por exemplo, unidades compostas de militares familiarizados com os idiomas árabes foram transferidas do Afeganistão para o Iraque e substituídas por militares de fala hispânica. Houve também uma perda generalizada de foco. E aquilo que os primeiros críticos da guerra mais temiam acabou acontecendo, ou seja, a ocupação do Iraque passou a intensificar o antiamericanismo, servindo para facilitar o recrutamento de adeptos pelos grupos terroristas.

Cinco meses antes do início da guerra, manifestei minha preocupação, num artigo intitulado "O fardo do homem branco", com a comparação que poderia ser feita com o conflito com a Espanha: "uma rápida vitória militar convencional não significa o fim da história... uma guerra contra a Espanha, 'limpa' e na base da alta tecnologia, acabou se transformando numa guerra extremamemente 'suja' contra a resistência filipina...".

Infelizmente, meus receios eram justificados: no momento em que escrevo, o Iraque está mergulhado num caos, tendo a guerra de guerrilha contra os Estados Unidos explodido na forma de uma revolta generalizada, e os xiitas radicais se juntaram aos encolerizados sunitas. Não sei como tudo isso vai acabar, mas nesse momento parece que os maus pressentimentos dos céticos em relação à guerra estão se confirmando plenamente.

O ponto principal que estou querendo expor, no entanto, não é que a guerra contra o Iraque está-se revelando uma debacle, e sim que nós, que questionávamos os motivos do governo e acreditávamos que ele estava menos interessado na segurança nacional do que em promover sua agenda política radical, encontramos, para nosso desencanto, provas abundantes para sustentar essa crença.

Dólares e centavos

Antes da guerra contra o Iraque, os estrategistas republicanos não faziam segredo de sua intenção de utilizar a glória da vitória militar para levar a cabo sua agenda política doméstica. E foi o que fizeram. Depois da queda de Bagdá — mas antes que as dificuldades e os gastos da ocupação pós-guerra se tornassem evidentes aos olhos do público —, o governo obteve a aprovação [pelo Congresso] de outro grande corte de impostos, que se tornou lei em junho de 2003.

Esses cortes de impostos demonstraram de modo inequívoco o radicalismo da política econômica do governo Bush. Em 2001, podia-se argumentar que os funcionários do governo realmente acreditavam que era possível reduzir os impostos e, ao mesmo tempo, implementar uma agenda de "conservadorismo compassivo". Mas, em 2003, o governo fez algo que nenhum outro nos Estados Unidos — ou em qualquer parte do mundo, que eu saiba — tinha ousado fazer: reduzir impostos na iminência de uma guerra. Guerras custam dinheiro e os governos costumam aumentar os impostos para financiá-las. Além disso, o governo americano estava mergulhado em déficits mesmo antes da guerra. E deixando de lado a questão do dinheiro, o que dizer do simbolismo? Tradicionalmente, as guerras são uma época de compartilhamento de sacrifícios; nunca se ouviu falar em corte de impostos para beneficiar os ricos enquanto soldados estão morrendo para nos proteger.

Como é que alguém pode explicar a decisão insólita de diminuir a receita do governo num momento de necessidade fiscal e inundar de benefícios a classe rica numa época de guerra? A resposta deve ser buscada por meio do exame da agenda política radical do governo. Ficou bem claro agora que o governo Bush está pondo em prática uma estratégia conhecida entre os adeptos da direita como "matar a fera de fome", ou seja, privar-se, por meio de cortes de impostos, da necessária receita fiscal, e usar os déficits como justificativa para eliminar programas sociais populares. Graças, em grande parte, aos cortes de impostos de Bush, estamos com a perspectiva de déficits imensos e insustentáveis por tempo indeterminado, a menos que haja um aumento considerável de impostos, ou grandes reduções nos programas da Previdência Social e do *Medicare*. Amputar esses programas constitui, na realidade, o objetivo da política governamental.

É possível acompanhar a isca e as mudanças pelas declarações de Alan Greenspan, que tem usado seu cargo e sua reputação para levar mais adiante o programa de "matar a fera de fome". Em 2001, acusei Greenspan de sectarismo quando ele sugeriu ao Congresso reduzir impostos a fim de diminuir um exagerado superávit orçamentário. Três anos mais tarde, diante de grandes déficits, ele provou que eu tinha razão: em vez de admitir que sua posição estava errada, argumentou que os cortes de impostos deveriam ser preservados, e que déficits a longo prazo deveriam ser controlados por meio da redução dos benefícios da Previdência Social.

Assim como a guerra contra o Iraque, a política econômica do governo deu errado. Os cortes de impostos para os ricos não fizeram nada pela economia: apesar de alguns sinais de vida no mercado do trabalho, Bush vai terminar seu mandato com o pior desempenho em matéria de empregos desde Herbert Hoover, ao mesmo tempo em que acumula dívidas. No entanto, assim como no caso da guerra contra o Iraque, meu argumento central não é a derrocada da política do governo. É que os acontecimentos de um ano para cá demonstraram que, no campo da política econômica, como no da segurança nacional, aqueles que, como eu, questionavam os motivos e a sinceridade do governo, e que o acusavam de promover uma agenda radical por meios fraudulentos, viram suas suspeitas confirmadas.

Abusos do poder

Na introdução original deste livro afirmei que, como estamos sendo governados por um movimento radical, as regras habituais da política não mais se aplicam. Sugeri que nossos líderes atuais estão dispostos a abusar do poder na busca de seus objetivos políticos. Compreensivelmente, o argumento foi recebido com zombarias e descrença. Mas o ano que passou nos mostrou até que ponto a direita está disposta a avançar.

De um ano para cá, temos visto abusos em cima de abusos, desde a reviravolta no mapeamento eleitoral do Texas — que deu aos republicanos a vantagem de um controle permanente da Câmara dos Deputados — até a eliminação das provas científicas contra a política ambiental do governo, ou até as calúnias contra Richard Clarke, o ex-responsável pelo combate ao terrorismo. Quando Paul O'Neill revelou o que tinha visto, o Departamento do Tesouro imediatamente ameaçou processá-lo, insinuando que ele tinha revelado informações sigilosas. E o governo tem posto toda sorte de obstáculos às investigações sobre o seu próprio desempenho, desde a força-tarefa sobre energia, de Dick Cheney, até a comissão que preparou o relatório sobre o 11 de setembro.

O modo implacável de atuação do governo atingiu o auge — até agora — quando funcionários deixaram vazar a informação de que Valerie Plame, esposa do crítico do governo Joseph Wilson, era agente da CIA. Bush pareceu muito pouco interessado em descobrir quem tinha revelado o nome dela. Meses depois do incidente, quando o assunto já parecia ter caído no esquecimento, um assessor da Casa Branca se vangloriou: "Conseguimos que o caso fosse enterrado." Parece que a investigação recuperou algum fôlego ultimamente, mas ainda não se sabe até onde irá.

É igualmente inquietante, embora de modo diverso, a tentativa de se criar um culto da personalidade em torno de Bush. A frase vergonhosa pronunciada pelo presidente com uniforme de aviador a bordo de um porta-aviões — "missão cumprida" —, embora ridícula, não deixa de dar um frio na espinha. Velhos amigos meus, refugiados da Europa Central, disseram que ela era uma reminiscência [da propaganda] de Leni Riefenstahl. Não quiseram dizer que Bush seja o equivalente de Hitler, mas sim que a glorificação do presidente como um herói militar não era o que esperavam ver aqui na América. E embora o governo quisesse esquecer logo o episódio do uniforme de aviador, o culto da personalidade continua, com fotografias do presidente adornando documentos oficiais. Como explico em um dos meus artigos reproduzidos neste livro, o orçamento de 2005 continha nada menos de 27 fotos glamourosas do comandante-em-chefe.

Por trás desses exemplos visíveis de abuso de poder, pode-se notar um ímpeto — sem precedentes na história americana — da direita para consolidar seu domínio político. Glover Norquist, um dos mais importantes manipuladores do poder entre os republicanos, declarou numa frase que ficou famosa: "Quero reduzir o governo a um tamanho tão pequeno que possamos afogá-lo numa banheira." Em abril de 2004, ele explicou à revista *New Yorker* sua proposta para fazer isso: "Um dos passos para se chegar lá é ter um governo republicano permanente, no sentido de haver sempre 55 senadores republicanos e uma margem de vantagem de trinta votos na Câmara, bem como presidentes republicanos durante vinte anos seguidos."

O ímpeto para alcançar essa posição dominante inclui tentativas de controlar e intimidar a mídia, garantias de superioridade esmagadora no terreno dos financiamentos de campanhas eleitorais, não só por meio da coleta de muito dinheiro, mas também de ameaças de represália contra empresas que fizerem doações ao partido adversário, e, finalmente, acusações reiteradas de falta de patriotismo a todos aqueles que criticarem o governo.

Até que ponto irá esse impulso para garantir um domínio absoluto? Deixem-me colocar a questão do seguinte modo: nada na cena política americana mete mais medo do que a mudança para máquinas eletrônicas de votação que não deixam rastros em papel. Será que alguém pode pensar que essa gente — gente que, sob o pretexto de eliminar eleitores faltosos, impediu eleitores qualificados de votar na Flórida em 2000; gente que alterou o mapa eleitoral do Texas, não para ajustá-lo ao novo recenseamento, mas simplesmente para tirar vantagens políticas, e gente que se vangloriou de ter enterrado o caso Plame — iria se recusar a manipular as urnas eletrônicas? É difícil acreditar que sim.

Uma grande rejeição?

Até onde eu sei, nada na introdução original foi desmentido um ano depois. Naquela ocasião, afirmei que os chamados alarmistas é que estavam certos no tocante aos atos do governo; a afirmação continua válida hoje. Um ano mais tarde, está claro que um poder revolucionário assumiu de fato o controle do Congresso e da Casa Branca.

Minha esperança, há um ano, era que houvesse uma grande rejeição: "Um momento em que o povo americano olhasse para o que estava acontecendo e compreendesse como sua boa vontade e seu patriotismo tinham sido explorados e então desse um 'basta!' ao ímpeto da direita radical." Agora, neste momento em que estou escrevendo, há indícios de que a rejeição talvez esteja acontecendo; fatos estão sendo revelados, escândalos estão surgindo, questões difíceis estão sendo suscitadas. Mas o número de pessoas que entende o que está sendo feito em seu nome ainda não é suficientemente grande.

Esta edição será publicada [nos Estados Unidos] em pleno período eleitoral — um pleito que, segundo podemos prever, vai ser um dos mais ferrenhos e sórdidos de que temos lembrança. Minha esperança é que este livro ajude algumas pessoas a compreender o que está realmente em jogo.

PREFÁCIO

AS METÁFORAS PODEM ÀS VEZES SER DÚBIAS, mas o "relógio da dívida", em Manhattan, é o que há de melhor no gênero. Instalado em 1969 por um homem de negócios imbuído de espírito público, o relógio tinha o objetivo de fazer os políticos criarem vergonha e passarem a agir com senso de responsabilidade. Os ponteiros marcavam números gigantescos, que indicavam o aumento constante da dívida nacional, causado pelo fato de que o governo federal gastava mais do que arrecadava, e, assim, era obrigado a fazer empréstimos para cobrir a diferença. No final da década de 1990, porém, aconteceu uma coisa curiosa: a receita fiscal subiu tão vertiginosamente quanto a Bolsa e os imensos déficits foram desaparecendo para, no final das contas, virarem superávits. Em setembro do ano 2000, o dono do relógio resolveu desligá-lo. No entanto, em julho de 2002, quando os déficits colossais reapareceram, o relógio foi novamente posto em funcionamento.

A recente história americana não se resume, claro, no relato do modo como o governo federal anunciou vitória na sua longa luta contra os déficits, para acabar vendo o país recair no vermelho. O fato é que, à medida que o orçamento se desgastava, outros indicadores do nosso bem-estar seguiam o mesmo caminho. No início dos anos 1990, éramos uma nação deprimida, tanto no plano econômico como no social e político; um livro de grande sucesso publicado naquele período recebeu o sugestivo título de *America: What Went Wrong* (América: o que deu errado).

No final da década, surgiram sinais de recuperação. A economia prosperou, os empregos se multiplicaram, milhões de pessoas enriqueceram e os déficits orçamentários deram lugar a um recorde de superávits. A onda de crimes que tinha começado nos anos 1960 chegou ao fim; as grandes cidades se tornaram de repente, e de maneira surpreendente, mais seguras. O futuro prometia ser incrivelmente brilhante.

E então os bons tempos cessaram. Em 2003, a estrutura da nossa economia — e, talvez, do sistema político e da sociedade — mais uma vez parecia estar se desintegrando. A nação foi dominada pela ansiedade e as pesquisas de opinião revelavam que a maioria da população pensava que o país caminhava na direção errada. Este livro é, antes de tudo, a crônica dos anos em que tudo deu errado de novo — quando o otimismo impetuoso do final dos anos 1990 cedeu a um renovado desânimo. É também uma tentativa de explicar o como e o porquê: como foi possível a um país com tanta coisa a seu favor declinar tão rapidamente e por que os nossos líderes tomaram tantas decisões equivocadas. Esta é, em última análise, uma história sobre liderança — uma liderança extraordinariamente ruim, tanto no setor privado quanto nos corredores do poder. E é, sim, um indiciamento de George W. Bush.

Helen Thomas, a veterana jornalista que cobre a Casa Branca, chamou Bush de "o pior presidente da História americana". Não sei se é bem assim, porque, afinal, Bush tem alguns concorrentes de peso. Mas os presidentes do passado que foram realmente terríveis comandavam uma nação em que a incompetência presidencial e uma administração desastrada tinham menos importância para a nação e para o mundo do que nos dias de hoje.

A maior parte deste livro é constituída de artigos que escrevi para *The New York Times* entre janeiro de 2000 e janeiro de 2003. Espero que os leitores concordem que a soma é, no caso, maior do que as partes, e que, no conjunto, esse material transmite uma história coerente. Contarei adiante como fui levado a escrever os artigos, mas, primeiro, vamos abordar o pano-de-fundo histórico.

Os anos sombrios

No final da década de 1990, quando tudo parecia dar certo — empregos de sobra, ações em alta na Bolsa, orçamentos apresentando superávits, e até mesmo o índice de criminalidade despencando — o clima sombrio do início da década caiu no esquecimento. Em 2000, poucas pessoas ainda se lembravam do pânico que imperara em 1992. No entanto, aquele pânico era o pano de fundo essencial para o que sucedeu mais tarde. Se você é daqueles que acreditam que a grandeza de uma nação é definida pelo sucesso militar (e é esse tipo de gente que governa os Estados Unidos hoje em dia), o estado de espírito negativo que existia em 1992 parece difícil de entender. Afinal, militarmente, os Estados Unidos estavam no auge. O comunismo tinha entrado em colapso. Uma guerra no Golfo Pérsico, que muitos temiam que se tornasse uma outra Guerra do Vietnã, acabou servindo para comprovar a esplêndida capacidade bélica americana. Tornamo-nos naquele período o que somos hoje, a superpotência número um do mundo.

Mas glória não paga contas. Dizia-se então: "A Guerra Fria acabou, o Japão ganhou", numa alusão ao contraste entre a estagnação dos Estados Unidos e a irresistível expansão econômica japonesa. Não importa que você acreditasse ou não na tese de que os Estados Unidos haviam sido vítimas da competição desleal do Japão (na verdade, não foi o caso), o fato é que o estado de espírito americano era de desilusão. Embora o Japão não fosse o vilão que muitos supunham — e a nação asiática sofreu, logo depois, reveses que devem servir de lição para todos nós —, os problemas econômicos americanos eram bastante reais. Sim, é verdade que em 1992 as estatísticas indicavam que a recessão de 1990-91 tinha acabado. Mas 1991-92 marcou uma recuperação sem empregos, ou seja, embora o PIB crescesse, o índice de desemprego continuava aumentando. No que dizia respeito ao homem comum, tratava-se, portanto, de um prolongamento da recessão. E a situação dos trabalhadores que conseguiam conservar seus empregos nem por isso era das melhores: em termos reais, o salário do trabalhador típico estava estagnado há 20 anos, ou decrescia. Indústrias tradicionais, como a automobilística ou a siderúrgica, nas quais os trabalhadores comuns ganhavam bons salários, declinavam constantemente. A pobreza não diminuía; pelo contrário, agravava-se — mais de 20% das crianças viviam abaixo da chamada "linha de pobreza", o pior índice registrado desde 1964.

A cultura popular refletia esse profundo sentimento de desilusão. Entre os filmes mais destacados da época podem ser citados "Falling Apart", história de um homem que perde o emprego e fica possesso; "Grand Canyon", que aborda o problema da criminalidade; e "Rising Sun", que mostra o declínio dos Estados Unidos e a ascensão do Japão.

E como ficava a promessa da nova tecnologia? No início dos anos 1990, fazia pensar numa promessa não cumprida. Certo, a nova tecnologia estava por toda parte, mas não produzia resultados convincentes. O número de empregados com computadores aumentara, cada escritório tinha a sua máquina de fax, o uso dos telefones celulares e do correio eletrônico estava se generalizando, mas nada disso se traduzia em empregos ou em melhor padrão de vida. Um conhecido economista — que mais tarde se tornaria um "triunfalista" americano — confidenciou-me que considerava a *high tech* "uma grande bobagem".

Acima de tudo, o povo americano estava decepcionado com seus líderes, tanto do setor privado quanto do oficial. As livrarias dos aeroportos exibiam uma porção de livros com a imagem de um samurai na capa, prometendo ensinar aos leitores os segredos da administração no estilo nipônico. O recado não era somente que os japoneses sabiam como gerenciar uma empresa moderna, mas também que os americanos não sabiam. Todos os inventos mais recentes vinham do Japão; a etiqueta "made in the USA" deixara de ser uma garantia de qualidade e muitos consumidores deixaram de confiar nos produtos nacionais. Os CEOs das principais empresas eram alvo de zombarias e vistos como pessoas incompetentes, injustamente remuneradas com salários exorbitantes — quando o presidente George Bush levou executivos da indústria automobilística com ele ao Japão numa tentativa de obter concessões econômicas, a iniciativa acabou sendo um desastre de relações públicas.

A falta de confiança estendeu-se aos políticos. O traço mais importante das eleições de 1992 não foi Bush ter perdido, mas H. Ross Perot, candidato excêntrico, inteiramente estranho ao ramo, ter obtido 19% dos votos. Num país onde terceiros partidos nunca foram bem-sucedidos, esse fato refletiu um imenso voto de não-confiança nos líderes políticos convencionais.

Em resumo, aquele não era o melhor dos tempos — e muitos observadores esperavam que as coisas piorassem ainda mais. No entanto, nos oito anos seguintes, o país passaria por uma surpreendente reviravolta econômica e social.

Os bons tempos

Demorou bastante até as pessoas perceberem que as coisas realmente tinham melhorado. Pode-se dizer que o pessimismo tinha virado um hábito nacional. Ainda no inverno de 1995-96, a despeito da queda constante do índice de desemprego, os jornais estampavam manchetes alarmistas sobre perdas de emprego e planos de redução de atividades nas empresas. Na campanha presidencial de 1996 os economistas da equipe de Bob Dole atacavam o governo Clinton, culpando-o por uma recuperação econômica lenta e abaixo do normal. Economistas menos sectários sabiam que isso não era verdade, mas permaneceram discretos, lembrando-se de quantas falsas recuperações já haviam presenciado. Mas chegou o momento em que a evidência ficou clara demais para ser ignorada: a economia americana estava realmente se recuperando. E surgiram indícios de que a nossa sociedade seguia o mesmo caminho.

Devido ao nosso atual estado de espírito de renovada desilusão, existe a tentação de se ver tudo que aconteceu de bom no governo Clinton como uma simples miragem. É certo que o exagerado otimismo do final dos anos 1990 foi além da realidade. De qualquer modo, o que a nação realizou naquele período foi espetacular.

Em primeiro lugar, basta lembrar que havia empregos de sobra — mais do que nas décadas anteriores. Entre 1992 e 2000, as empresas americanas acrescentaram 52 milhões de empregados às folhas de pagamento, fazendo o índice de desemprego atingir o nível mais baixo dos últimos cinqüenta anos. Pleno emprego significava acesso ao trabalho e uma oportunidade de salvação para as famílias que tinham caído na armadilha da miséria. Pela primeira vez desde os anos 1960 o índice de pobreza caiu consideravelmente. Em grande parte como conseqüência disso, os indicadores sociais, como o índice de criminalidade, melhoraram bastante: no final da década de 1990; Nova York tornou-se tão segura quanto tinha sido em meados dos anos 1960.

Embora o aumento do número de empregos disponíveis tenha sido impressionante, o crescimento da produtividade, ou seja, a quantidade de trabalho produzida por cada empregado, foi ainda mais notável. Nos anos 1970 e 80, o modesto aumento da produtividade — mal chegando a 1% ao ano — tinha sido o ponto mais negativo da economia. O desempenho medíocre no terreno da produtividade foi o principal motivo pelo qual o padrão de vida estagnou para a família americana típica: uma economia de baixa produtividade não é capaz de gerar aumentos salariais. Mas durante a década de 1990 a produtividade decolou: no fim da década estava crescendo como nunca e os salários saíram da longa fase de estagnação.

Por que a produtividade subiu tanto? Talvez porque a tecnologia da informação chegara à maturidade: todos aqueles computadores e redes estavam finalmente mostrando do que eram capazes. Mas, o que é fácil de entender, os empreendedores ficaram com a maior parte do crédito. Enquanto as empresas japonesas se enfraqueciam, as americanas reconquistavam confiança, e os líderes das indústrias se tornaram heróis. Foi o momento em que os CEOs viraram *superstars*. E o fato de receberem polpudos cheques não incomodava ninguém. Aparentemente, os Estados Unidos tinham descoberto um sistema em que grandes incentivos produziam grandes resultados.

E não esqueçamos a Bolsa de Valores. No final de 1992, o índice Dow Jones se situava em 3.500; em 2000, passou de 10.000. No entanto, os investidores tradicionais se consideravam perdedores: eles tinham ficado fora das grandes jogadas em que ações do setor tecnológico fizeram muita gente ficar milionária de repente. Desde 1929, e talvez mesmo antes, nunca a conquista instantânea da riqueza parecera tão acessível. E alguns previam, com autoridade, que o Dow Jones iria chegar em breve a 36.000.

Havia, na época, os céticos em relação à Bolsa, e eu era um deles. (Tive também, no início, algumas dúvidas sobre o milagre da produtividade americana. Por volta do ano 2000 passei a acreditar, embora achando que as cotações do mercado não refletiam totalmente a realidade.) E aqueles que acompanhavam a evolução das economias estrangeiras preocupavam-se com o que aconteceria quando a Bolsa redescobrisse a lei da gravidade. Havia indisfarçáveis semelhanças entre a economia dos Estados Unidos no final dos anos 1990 e a "bolha econômica" do Japão de uma década antes. (Depois que a "bolha" da Bolsa de Valores do Japão estourou, a aparentemente imbatível economia japonesa mergulhou num profundo clima de medo, que continua até hoje.). No entanto, os anos 1990 nos davam motivos para otimismo, mesmo que a bolha estourasse. Porque os problemas do Japão tinham sido exacerbados por uma liderança fraca — enquanto a liderança econômica dos Estados Unidos era excepcionalmente boa.

Na primeira fase do governo Clinton, isso não estava claro para todos. Eu mesmo fui um crítico feroz da nova equipe econômica do presidente, nos dias que antecederam a ascensão de Robert Rubin para assumir pleno controle. No fim da década, a "Rubinomics" se mostrava plenamente vitoriosa. Em primeiro lugar, Clinton ousou aumentar os impostos para ajudar a sanar o déficit orçamentário — um ato duplamente corajoso. Seu antecessor, George Bush, tinha sido malhado por ter aumentado os impostos (embora até Ronald Reagan tenha recuado em parte quanto ao corte de impostos que propusera), e os conservadores previam que o aumento de impostos decretado por Clinton iria afundar a economia. Mas o presidente fez o que era certo e foi recompensado com o surgimento de uma economia próspera e um superávit orçamentário.

Além disso, o governo demonstrou flexibilidade e eficiência para lidar com crises. Quando o peso mexicano despencou em 1995, Washington — enfrentando novamente duras críticas vindas da direita — apressou-se a socorrer o país vizinho. Depois, uma grande crise financeira ocorreu na Ásia. No outono de 1998, a crise se espalhou para os Estados Unidos, quando a inadimplência da Rússia provocou o colapso do Long-Term Capital Management, um gigantesco fundo de alto risco. Os mercados financeiros chegaram praticamente a parar: não havia mais créditos ou empréstimos. Participei de uma reunião na qual um funcionário do FMI nos apresentou um relato da situação. Quando lhe perguntaram o que deveria ser feito, respondeu: "Rezar."

No entanto, Rubin, junto com Alan Greenspan, conseguiu transmitir uma impressão de calma — lembram-se dos tempos em que as pessoas realmente admiravam o secretário do Tesouro? E os mercados se recuperaram. No começo de 1999, a revista *Time* pôs na capa as imagens do presidente do Federal Reserve [equivalente ao Banco Central], Alan Greenspan, do secretário do Tesouro, Robert Rubin, e do subsecretário do Tesouro, Larry Summers, com uma legenda que os chamava — de modo um tanto banal, mas plenamente justificável — de "Comitê para a Salvação do Mundo".

No início do novo milênio, parecia que os Estados Unidos tinham sido abençoados com a atuação de líderes econômicos maduros e hábeis, que, sem vacilar, fariam o que fosse necessário. Insistiriam em políticas fiscais responsáveis, agiriam com rapidez e eficiência para evitar uma nova recuperação sem empregos, como a do começo dos anos 1990, e mais ainda uma estagnação no estilo nipônico. Mesmos aqueles dentre nós que se consideravam pessimistas, no fundo eram otimistas. Admitíamos que chegaria a hora em que os investidores mais audaciosos teriam de enfrentar a realidade, mas acreditávamos que, no fim, tudo daria certo.

América: o que deu errado?

O semanário satírico *The Onion* descreve a si mesmo como "a melhor fonte de notícias da América" — e nos últimos anos isso tem sido a pura verdade. Em 18 de janeiro de 2001, publicou uma notícia imaginária aludindo, em gozação, a um discurso em que Bush teria declarado: "Nosso prolongado pesadelo de paz e prosperidade acabou." E foi o que aconteceu mesmo.

O que foi feito dos bons tempos? Para muita gente, a grande virada emocional — o momento em que chegaram ao fim os sonhos de segurança — foi 11 de setembro de 2001. Mas, na minha opinião, a mudança ocorreu antes, e foi mais lenta e ampla.

Não pretendo minimizar o horror. No entanto, quem acompanhava os acontecimentos no Oriente Médio sabia que os Estados Unidos eram um alvo dos terroristas. Basta lembrar que, inicialmente, pensou-se que o atentado em Oklahoma City, em 1995, tinha sido praticado por muçulmanos. Especialistas em terrorismo nos advertiram repetidamente que algum dia haveria um grande ataque contra os Estados Unidos em território americano — embora as proporções da matança do 11 de setembro tenham sido mais estarrecedoras do que se podia imaginar. Sabíamos que havia gente empenhada em nos ferir; portanto, não foi uma grande surpresa quando finalmente ocorreu o ataque.

A surpresa mesmo foi o fracasso da liderança, privada e pública, aqui mesmo no nosso país.

Algumas pessoas estavam cientes de que havia irregularidades no mundo dos negócios nos anos 1990, mas ninguém lhes prestava atenção, embora a extensão e a audácia dos excessos fossem maiores do que se supunha. O mercado de ações de tendência altista — só compreendemos isso quando já era tarde demais — estimulou e, ao mesmo tempo, ocultou irregularidades em grande escala do mundo corporativo. Quem poderia imaginar que empresas famosas, louvadas em faculdades de administração como modelos de organização moderna, acabariam se revelando meros "esquemas Ponzi" ["correntes" ou "pirâmides"]? (Algumas pessoas chegaram a dizer isso, mas foram ignoradas e consideradas malucas.)

Mais perturbadora foi a descoberta de que nosso sistema político era bem menos desenvolvido do que julgávamos, e que o exercício de uma liderança responsável, que tínhamos na conta como algo óbvio, só acontecia por acaso. Na campanha de 2000, George W. Bush apresentou projetos de cortes de impostos e para a Previdência Social flagrantemente baseados em números fantasiosos. Mas a mídia se concentrava no aspecto da personalidade e ignorava as questões de substância. Enquanto isso, Alan Greenspan demonstrava não ser aquele que imaginávamos: o implacável defensor da austeridade e da disciplina fiscal nos períodos em que um democrata ocupava a Presidência transformou-se, logo que a Casa Branca mudou de ocupante, num defensor de cortes de impostos irresponsáveis, mesmo com risco de surgimento de déficits gigantescos.

Além disso, a nova equipe não mostrou a mesma responsabilidade a longo prazo nem a flexibilidade a curto prazo de suas antecessoras. O plano econômico inicial de Bush continha grandes reduções de impostos a longo prazo, a serem implementadas gradualmente. Em 2002, ficou claro que o plano estava considerando as coisas pelo avesso. A exemplo de seu pai, Bush estava presidindo uma "recuperação sem empregos" — isto é, uma economia que estava crescendo, mas num ritmo lento demais para gerar empregos, de modo que a vida da maioria das pessoas só fazia piorar.

A economia daquele momento precisava de um impulso a curto prazo, e não de um corte de impostos gradual. E a deterioração espetacular do orçamento significava que não era mais viável querer reduzir impostos em várias etapas. No entanto, os assessores de Bush continuavam a insistir que o plano, concebido em 1999, no auge do período da "bolha", era a solução adequada para as dificuldades daquele momento. No início de 2003, quando finalmente pareceram compreender que era necessário algo mais, o novo "plano de estímulo" não passava de uma cópia do primeiro plano. Não havia no plano nada capaz de estimular de imediato a economia, mas simplesmente cortes de impostos para o futuro, e beneficiando sobretudo os ricos.

Mais assustador foi quando ficou evidente que o que estava ocorrendo era mais profundo do que o mero efeito de uma ideologia econômica defeituosa. A história merecedora de maior atenção foi a mudança do clima político nos Estados Unidos, tema central da introdução deste livro.

Por que logo eu?

Comecei a escrever para o *New York Times* em janeiro de 2000. Nem eu nem o jornal tínhamos idéia sobre aquilo em que eu estava me metendo.

Era e sou, profissionalmente, professor de Economia. As crises financeiras internacionais são uma das minhas especialidades e passei grande parte da década de 1990 acompanhando o desenrolar de desastres no exterior e fazendo comentários a respeito. Parte do meu trabalho consistia no que chamo de "economia letras gregas", ou seja, *papers* para publicações especializadas, redigidos em estilo difícil. Mas eu também escrevia artigos mais acessíveis ao grande público, tratando de questões da economia global. Em 1998 passei a ter duas colunas mensais, uma na *Fortune* e outra na *Slate*, uma revista *online*. Algumas dessas colunas estão incluídas neste livro.

No verão de 1999, o *New York Times* me contratou para escrever para a página de opinião. Howell Raines, que editava a página, achava que, numa época em que, mais do que nunca, o assunto dos americanos eram os negócios, o jornal precisava ampliar sua página de opiniões editoriais para incluir algo mais do que os temas tradicionais de relações internacionais e política nacional. Fui convocado na expectativa de que poderia focalizar os caprichos da nova economia, o impacto da globalização e os erros dos programas econômicos de outros países. Eu não imaginava que iria me ocupar tanto de política nacional, porque naquela época todos supunham que a política americana continuaria sendo sensata e responsável.

Procurei, tanto quando pude, me dedicar às áreas de economia e negócios. O leitor poderá constatar que várias das colunas aqui incluídas são puramente análises econômicas, sem qualquer ângulo político. Mas, à medida que as coisas evoluíam, a política inevitavelmente acabava por sobressair. Cada vez mais me vi dizendo verdades bastante duras para os que têm o poder.

Por que logo eu?

Hoje em dia sou acusado com frequência de ser um liberal intransigente, até mesmo socialista. Mas, alguns anos atrás, os verdadeiros liberais intransigentes não gostavam de mim — uma revista chegou a publicar matéria de capa fustigando minhas opiniões pró-capitalismo, e ainda tenho em meu poder a carta indignada que Ralph Nader me mandou quando critiquei seus ataques contra a globalização. Se acabei escrevendo mais artigos de crítica à direita, é porque a direita está no poder governando o país — e governa mal. Não é apenas o fato de que as políticas são ruins e irresponsáveis, mas o fato de que nossos dirigentes mentem sobre o que estão fazendo.

Comecei a apontar a escandalosa hipocrisia do governo Bush muito antes que meus colegas o fizessem. Por que eu via o que outros não conseguiam ver? Um dos motivos é que, como economista treinado, eu não ficava tentado a cair no estilo de reportagem do "ele disse, ela disse", no qual se dá crédito igual às palavras de adversários, sem considerar os fatos. Fiz os meus próprios cálculos, ou, quando necessário, recorri a outros economistas mais experientes nos assuntos sobre os quais eu estava escrevendo — e logo percebi que estávamos lidando com uma falsidade em escala mundial, aqui mesmo nos Estados Unidos.

Eu não estava inteiramente sozinho nessa descoberta: uma coisa que notei nos últimos anos foi que os jornalistas econômicos, que detectam logo dados falsos, vinham há muito acusando os nossos líderes de mentir, enquanto os colunistas políticos mais destacados celebravam esses líderes pelo seu suposto caráter legítimo. Mas os textos de jornalistas econômicos têm necessariamente um foco restrito e raramente influenciam os comentários políticos. Adotando um escopo mais amplo e tendo garantido um espaço na página editorial, eu atraía mais atenção.

Inclino-me a ver as coisas de modo diferente e a relatar o que vejo, já que não tenho muita vida social. A maioria dos comentaristas vive em Washington e freqüenta as mesmas festinhas e coquetéis, o que tende a fomentar uma mentalidade de grupo. A todo instante há uma história circulando, que molda a percepção do jornalista. Até o 11 de setembro, uma versão dizia que George W. Bush era tolo, mas decente; depois do 11 de setembro, apareceu uma nova versão apresentando-o como um herói resoluto, cheio de determinação e integridade moral, "um Texas Ranger protetor do mundo" (isso mesmo, um famoso comentarista chegou a usar a expressão). A esmagadora evidência de que nenhuma das duas versões tinha a mais remota semelhança com a realidade foi simplesmente descartada.

Não, não faço parte da patota — trabalho em Nova Jersey e continuo a levar a vida de professor universitário — portanto, não me deixo contagiar pelas interpretações que estão na moda. Além do mais, não é fácil me intimidar pelos métodos costumeiros. A maioria dos jornalistas confia em informações "de cocheira", vazadas por fontes categorizadas, ou entrevistas exclusivas com personalidades poderosas. Isso os deixa vulneráveis: podem ser seduzidos por propostas de acesso especial a certo material, ou, pelo contrário, ameaçados com a possibilidade de serem excluídos do rol dos privilegiados, o que pode pôr em perigo suas carreiras. Quanto a mim, confio unicamente em números e análises que são de domínio público. Não preciso cair nas boas graças de nenhum personagem importante, de modo que não tenho necessidade de mostrar a deferência que caracteriza o comportamento de muitos jornalistas com os poderosos.

Qualquer que seja o motivo, passei os últimos três anos pintando um retrato do mundo que difere bastante da visão da maioria dos comentaristas políticos que predominam (os comentaristas da Web fazem um trabalho de registro bom e honesto, mas seus comentários não vão parar na porta de um milhão de pessoas duas vezes por semana).

Uma das colunas deste livro intitula-se "A Outra Realidade". Ela diz praticamente tudo. Numa época em que a maioria dos comentaristas consagrados celebrava a visão audaciosa, a competência e a claridade moral de nossos líderes, eu via apenas confusão, ineficiência e falsidade. Não era um ponto de vista popular, especialmente nos primeiros meses que se seguiram ao 11 de setembro. Mas será que eu tinha razão? Leia este livro e tire sua conclusão.

A respeito deste livro

Tentei fazer deste livro algo mais do que a seqüência cronológica das colunas. Existe, naturalmente, o aspecto cronológico; cada coluna foi redigida numa determinada data e minhas opiniões sobre alguns temas evoluíram à medida que surgiram fatos novos. Mas as colunas estão agrupadas de acordo com os temas principais, e dentro de cada tema há "capítulos" focalizando um assunto em particular. Acrescentei também uma Introdução, que prepara o caminho para a abordagem política, e adicionei material no início de cada tema, a fim de inserir as colunas numa perspectiva mais ampla.

As colunas começam tratando da ascensão e queda da "bolha" do mercado acionário americano, e de tudo que veio junto. Como se vê pelos textos, sempre fui um cético em relação à Bolsa — embora não suficientemente cético. Meu acompanhamento das dificuldades das economias estrangeiras me alertou para a possibilidade de que os Estados Unidos viessem a enfrentar graves dificuldades econômicas logo que a bolha estourasse — embora, inicialmente, eu não tenha percebido como o risco era grande. O que ninguém imaginava era até que ponto o sistema corporativo americano tinha se tornado corrupto; como todos os outros, eu também custei a entender isso.

O livro aborda, a seguir, o orçamento federal e o futuro da Previdência Social. É a história de uma dívida que tinha sido prevista. Desde o início, parecia-me óbvio que os planos de George W. Bush não faziam sentido — ele e seus colaboradores estavam simplesmente mentindo a respeito dos dados principais — e que esses planos fariam desaparecer o superávit orçamentário. Aconteceu justamente o que eu temia, só que mais cedo e em grau maior. No momento em que escrevo, o governo admitiu que o superávit de US$ 230 bilhões que herdou se converteu num déficit de US$ 300 bilhões — e todo mundo sabe que este cálculo é subestimado.

Como isso foi possível? Na terceira parte do livro, vou além da economia pura e simples, e procuro entender o que aconteceu de errado na política americana. Acho agora que muitas pessoas sensatas, liberais ou conservadoras, ainda não se deram conta da realidade — como explico nessas colunas, o mundo da política é muito mais sórdido e áspero do que costumamos imaginar.

Os últimos anos não chegaram a abalar minha fé no nosso sistema político; serviram de lembrete de que os mercados livres, embora sendo uma coisa boa, às vezes podem degringolar. A quarta parte descreve alguns dos fracassos do sistema de economia de mercado nos últimos anos, da crise de energia na Califórnia à catástrofe na Argentina.

Naturalmente, o mundo, e em particular o mundo da economia, não se resume aos altos e baixos dos Estados Unidos. O livro termina com uma visão mais ampla — uma olhada na economia global e os instrumentos que utilizamos para entendê-la.

Este não é, lamento dizê-lo, um livro feliz. Trata sobretudo de decepção com a economia, liderança incompetente e mentiras dos poderosos. Mas não se desesperem: não há nada errado nos Estados Unidos que não possa ser consertado. Mas o primeiro passo dessa tarefa é entender onde e como o sistema faliu.

INTRODUÇÃO

Um poder revolucionário

MUITA COISA ACONTECEU nestes últimos três anos — queda da Bolsa, escândalos no mundo dos negócios, crise de energia, recuo na defesa do meio ambiente, déficits orçamentários e recessão, terrorismo e alianças debilitadas, e, finalmente, guerra. Venho escrevendo sobre todas essas coisas, principalmente de um ponto de vista econômico. Mas, como expliquei no prefácio, falar sobre economia requer, cada vez mais, abordar a política. E há uma história política que perpassa todos os acontecimentos neste país nos últimos tempos — a história da ascensão e do crescente domínio de um movimento político radical, bem aqui nos Estados Unidos.

Estou me referindo, claro, à direita radical americana — um movimento que atualmente controla de fato a Casa Branca, o Congresso, grande parte do Judiciário e uma boa parcela da mídia. O domínio exercido por esse movimento muda tudo: as velhas regras sobre política e programas não podem mais ser aplicadas. Nesta introdução, quero apresentar um panorama dessa ascensão e mostrar o que significa.

A transformação política

A maioria das pessoas demorou a perceber a transformação impressionante que ocorreu no cenário político nacional. Durante a eleição do ano 2000, muita gente pensava que nada mais estava em jogo; nos primeiros dois anos do governo Bush, numerosos comentaristas insistiram em dizer que a tendência radicalmente conservadora do governo era somente uma manobra temporária e que o presidente retornaria ao centro logo que tivesse consolidado sua base. E o público ainda hoje não percebe até que ponto vai a radicalização dos principais políticos. Um exemplo notável: no outono de 2001, quando foi pedido a certos grupos selecionados para pesquisa que se manifestassem a respeito das propostas republicanas de adoção de um corte retroativo de impostos das empresas — a proposta descrita no capítulo 10, "O homem caolho" —, os integrantes dos grupos se recusaram literalmente a acreditar na descrição do projeto feita pelos líderes do grupo.

Por motivos expostos no prefácio, eu me situava na linha de frente para compreender que alguma coisa radical estava ocorrendo. Como economista profissional, tinha condições de avaliar a disparidade entre o que as autoridades diziam e a realidade; como um elemento independente da mídia, não fazia parte da cultura de Washington, na qual é considerado indelicado sugerir que os políticos de mais destaque alimentam propósitos secretos que nada têm a ver com o que declaram em público. Mas olhando hoje para os destroços da crise, percebo que eu também não cheguei a compreender até que ponto a situação iria se deteriorar.

Vejamos um exemplo bastante simples: em 2001, até mesmo liberais, em grande número, achavam que não se devia fazer estardalhaço a respeito da irresponsabilidade fiscal de Bush. Admitiam que o corte de impostos não era uma boa idéia, mas achavam que isso não era importante. Mas, em 2003, assistimos ao espetáculo sem precedentes de um governo propondo reduções adicionais de impostos apesar dos déficits recordes e em plena guerra. ("Nada é mais importante diante de uma guerra do que a redução de impostos", declarou o líder da maioria na Câmara, Tom DeLay.)

Outro exemplo: os que sugeriram que os republicanos iriam querer tirar vantagem política do 11 de setembro foram denunciados como inimigos da unidade nacional. No entanto, foi o que aconteceu. No início da campanha eleitoral de 2002, os republicanos divulgaram anúncios associando o senador democrata Tom Daschle a Saddam Hussein.

O que está acontecendo? Por que tanta gente demorou a perceber a realidade? Pouco antes de este livro ir para o prelo, descobri uma obra que descreve a situação de modo quase perfeito. Não se trata de um novo livro escrito por um liberal sobre os Estados Unidos de hoje; é um trabalho antigo de ninguém menos do que Henry Kissinger, analisando a diplomacia do século XIX.

Um poder revolucionário

Em 1957, Henry Kissinger — naquela época um jovem erudito, brilhante e iconoclasta, formado em Harvard, e ainda longe da sua futura carreira de cínico manipulador político, amigo dos capitalistas — publicou sua tese de doutorado, *A World Restored*. Era difícil imaginar que um livro sobre os esforços diplomáticos de Metternich e Castlereagh pudesse ter alguma coisa a ver com a política americana no século XXI. Mas as três primeiras páginas do livro me deram um frio na espinha porque eram absolutamente relevantes para o que acontece hoje.

Nessas primeiras páginas, Kissinger descreve os problemas que um sistema diplomático até então estável enfrenta ao lidar com um "poder revolucionário" — um poder que não admite a legitimidade desse sistema. Já que o tema da obra é a reconstrução da Europa depois da batalha de Waterloo, o poder revolucionário que o autor tinha em mente era a França de Robespierre e Napoleão, embora ele claramente faça paralelos, mesmo indiretos, com o fracasso da diplomacia no confronto com os regimes totalitários na década de 1930. (Note-se: fazer um paralelo não significa supor equivalência moral.) Parece-me claro que o movimento direitista nos Estados Unidos — que hoje controla o governo, o Congresso, grande parte do Judiciário e uma considerável parcela da mídia — deve ser visto como um poder revolucionário, no sentido usado por Kissinger, isto é, um movimento cujos líderes não aceitam a legitimidade do nosso atual sistema político.

Será que estou exagerando? Na verdade, existe ampla evidência de que membros destacados da coalizão que governa o país acham que instituições políticas e sociais estabelecidas há muito tempo não deveriam, em princípio, existir — e por isso não aceitam as regras que, para a maioria de nós, estão fora de discussão.

Consideremos, por exemplo, o caso do estado previdenciário como o conhecemos, constituído de programas do tipo *New Deal*, como seguridade social e seguro-desemprego, ou do tipo *Great Society*, como o *Medicare*. Se lermos os trabalhos da Heritage Foundation, que servem de base para a ideologia econômica do governo Bush, descobriremos uma agenda bastante radical: a Heritage não quer apenas reduzir os programas *New Deal* e *Great Society*; ela considera a própria existência desses programas uma violação de princípios básicos.

Ou consideremos, então, a política externa. Desde a Segunda Guerra Mundial, os Estados Unidos elaboraram sua política externa em torno de certas instituições internacionais e procuraram deixar claro que não são uma potência imperalista antiquada que usa a força militar quando julga apropriado. Mas, se examinarmos as idéias sobre política externa dos intelectuais neoconservadores que fomentaram a guerra com o Iraque, veremos que desprezam tudo isso. Richard Perle, que preside um importante conselho de assessoria do Pentágono, ridicularizou "a concepção liberal de segurança por meio de leis internacionais aplicadas por instituições internacionais". Esses intelectuais não hesitam em usar a força. Um destacado pensador, bastante ligado ao governo, Michael Ledeen, do American Enterprise Institute, declarou que "somos um povo guerreiro e amamos uma guerra". A idéia de que a guerra contra o Iraque é apenas um projeto-piloto para uma série de esplêndidas guerrinhas parecia, inicialmente, uma fantasia da esquerda — mas muitas pessoas próximas ao governo têm proclamado que consideram essa guerra apenas um começo e um alto funcionário do Departamento de Estado, John Bolton, disse a autoridades israelenses que, depois do Iraque, os Estados Unidos iriam "tratar dos casos" da Síria, do Irã e da Coréia do Norte.

Mas as coisas não param por aí. A separação da Igreja e do Estado é um dos princípios fundamentais da Constituição americana. No entanto, Tom DeLay, o líder da maioria na Câmara, disse aos seus constituintes que ele está no seu posto a fim de promover "uma visão bíblica" do mundo — e que sua implacável perseguição a Bill Clinton foi motivada pelo fato de Clinton não ter essa mesma visão (DeLay também denunciou o ensino da teoria evolucionista nas escolas, chegando a atribuir a esse fato a culpa pelo tiroteio ocorrido na escola de Columbine.)

Não se tem nem certeza de que o pessoal que está no poder administrando o país aceita a idéia de que a legitimidade decorre do processo democrático. Paul Gigot, do *The Wall Street Journal*, louvou, numa frase que ficou famosa, o "motim burguês" durante o qual manifestantes violentos impediram uma recontagem de votos em Miami (os manifestantes, como foi revelado mais tarde, não eram cidadãos em fúria, e sim agitadores profissionais que estavam sendo pagos). Enquanto isso, de acordo com o amigo íntimo Don Evans, agora secretário do Comércio, George W. Bush acredita ter recebido de Deus a missão de governar o país. Talvez isso explique por que a controvertida eleição de 2000 não inspirou nenhuma humildade ou cautela por parte dos vitoriosos. Analisemos a resposta que o juiz Antonin Scalia deu a um estudante que queria saber como ele se sentira diante da decisão da Corte Suprema de dar a vitória a Bush. Tinha sido angustiante? Scalia tinha se preocupado com as conseqüências? Não. "Foi uma sensação maravilhosa", declarou.

Se você levar a sério o que acabo de dizer, vai concluir que as pessoas que estão atualmente no poder nos Estados Unidos realmente não gostam da situação atual do país. Se combinar as agendas conhecidas de todos eles, verificará que o objetivo parece ser algo assim: um país sem garantias e proteções de assistência social, que confia principalmente na força militar para impor sua vontade no exterior, com escolas que não ensinam a teoria criacionista, mas ensinam religião — e no qual eleições são apenas uma formalidade.

No entanto, aqueles que vêem os direitistas agora no poder como eles próprios se apresentam e afirmam que estão dispostos a implementar os programas radicais que defendem, são acusados de serem "incômodos" ou de exagerar. Certamente, como ensina a sabedoria convencional, não devemos levar muito a sério a retórica; na prática, as metas da direita são mais limitadas do que sugere o quadro que pintamos. Serão mesmo?

Voltemos a Kissinger. A descrição que ele faz da reação frustrada dos poderes estabelecidos ao desafio revolucionário serve também para caracterizar o modo como os mais influentes políticos e órgãos da mídia americanos, defensores do *status quo* — o chamado *establishment* — reagiram ao radicalismo do governo Bush nos últimos dois anos:

> "Tranqüilizados por uma estabilidade que parecia permanente, eles acharam quase impossível levar a sério as afirmações do poder revolucionário de que pretendia destruir a estrutura existente. Os defensores do *status quo* tendem, no início, a tratar o poder revolucionário como se suas proclamações tivessem apenas um valor tático; como se ele realmente acreditasse na legitimidade do sistema, mas exagerasse suas posições no intuito de ficar em melhores condições para negociar; como se fosse motivado por queixas específicas capazes de serem aliviadas por meio de concessões limitadas. Os que alertam sobre o perigo são considerados alarmistas; os que aconselham a adaptação às circunstâncias são considerados sensatos e razoáveis... Mas a essência do poder revolucionário é ter a coragem de suas convicções, estar disposto, e até mesmo ansioso, para estender seus princípios até sua conclusão mais extrema."

Como eu já disse, fiquei com um frio na espinha ao ler este trecho, que explica tão bem o processo, de outro modo obscuro, pelo qual o governo tem sido capaz de levar a cabo políticas radicais sem enfrentar análises minuciosas ou uma oposição efetiva. A fim de explicar melhor, vou abordar dois grandes exemplos: os cortes de impostos de 2001 e a guerra contra o Iraque, em 2003.

Cortes de impostos e guerra

Guerra e política econômica parecem, à primeira vista, ter pouco em comum — e em tempos normais desempenham papéis bem diferentes no cenário político. No entanto, há uma notável semelhança entre a propaganda feita em torno dos cortes de impostos de Bush e a propaganda da guerra contra o Iraque.

Os capítulos 5 e 6 contam a história do corte de impostos de 2001; deixem-me antecipar e resumir o relato. O candidato Bush apresentou a sua proposta em 1999 para reforçar suas credenciais junto à extrema direita e neutralizar a concorrência que enfrentava, nas eleições primárias, do republicano Steve Forbes. Qualquer pessoa familiarizada com a história política recente sabia que Forbes representava uma ala do Partido Republicano que sempre quer mais cortes de impostos para os ricos, sem se importar com as circunstâncias do momento. Afinal, os líderes republicanos no Congresso tentaram fazer aprovar, ano após ano, uma grande redução de impostos durante a década de 1990, em períodos prósperos ou ruins, com déficits ou superávits.

Uma análise lúcida da situação concluiria que Bush estava comprometido com essa postura e que seus objetivos eram bastante radicais — como acabou se tornando evidente. Como Dan Altman assinalou em *The New York Times*, se considerarmos como um todo as propostas de redução de impostos apresentadas pelo governo, elas satisfazem plenamente uma antiga meta da direita radical: o fim de todos os impostos sobre os rendimentos do capital, abrindo caminho para um sistema em que somente os salários são taxados — um sistema, se preferirem, no qual somente o rendimento proveniente do trabalho é taxado, aquele que não é resultado de trabalho fica isento.

A verdade é que, em matéria de impostos, a direita tinha mais ou menos declarado sua intenção — para usar a expressão de Kissinger — de "destruir a estrutura existente", nesse caso, a estrutura do sistema americano de impostos. No entanto, o *establishment* — da política e da mídia — não podia acreditar que Bush realmente iria tentar atingir esse objetivo. Apesar do evidente radicalismo das pessoas que estavam por trás da política de Bush, os moderados se convenceram de que as metas de Bush eram limitadas e que ele ficaria satisfeito com uma vitória limitada. Além do mais, por não estarem propensos a acreditar nas metas radicais de Bush, os moderados aceitaram sem exame as sempre diferentes justificativas do governo para sua política inalterada. No início, os cortes de impostos foram apresentados como um modo de devolver ao povo um superávit orçamentário considerável — e muitos senadores democratas, infelizmente, votaram a favor dos cortes em 2001 com base nesse tipo de argumento. Mais tarde, quando os superávits desapareceram, os cortes foram justificados como um estímulo à economia a curto prazo. E quando ficou claro que eles não estavam fazendo isso, os cortes passaram a ser apresentados como instrumentos para promover o crescimento a longo prazo. Mesmo agora, muitos políticos e jornalistas bem-intencionados acham difícil aceitar a verdade.

E a guerra?

Quem acompanhava os debates sobre política externa sabia que uma importante facção da direita estava tão decidida a ter uma guerra no Oriente Médio quanto outra facção o estava no tocante ao corte de impostos. Em 1992, Paul Wolfowitz, então secretário adjunto de Defesa (e atualmente subsecretário), tentou fazer da chamada "doutrina Bush" a nossa posição oficial de defesa nacional: o documento que ele redigiu pedia a intervenção no Iraque e a legitimação de ataques preventivos contra outros países. Dick Cheney, então secretário de Defesa, no início endossou esse ponto de vista. Recuou depois, diante dos protestos públicos, mas ele e outras pessoas que agora ocupam cargos importantes no governo continuaram a incentivar, ao longo dos anos 1990, uma guerra contra o Iraque e a adoção da idéia de prevenção como um programa político normal.

Devido a esse histórico, era, ou deveria ser, óbvio que a pretendida invasão do Iraque, assim como os cortes de impostos, não representava na verdade uma reação a acontecimentos contemporâneos (nesse caso, o 11 de setembro); era, isto sim, parte de uma agenda preexistente e muito mais radical. No entanto, como no caso dos cortes de impostos, o *establishment* não chegava a aceitar a idéia de que a direita realmente pretendia alcançar os objetivos que tinha anunciado. Em vez disso, muitos consideravam sinceras as justificativas constantemente alteradas que o governo Bush apresentava. A guerra contra o Iraque foi inicialmente justificada com base nos supostos vínculos entre Saddam Hussein e a al-Qaeda. Quando não foi possível confirmar esse fato, apesar de intensos esforços nesse sentido, o foco mudou para o suposto programa nuclear de Saddam. (O governo deixou deliberadamente a questão pouco clara, ao ampliar a expressão "armas de destruição em massa" para incluir armas químicas — mas o gás tóxico não pertence à mesma categoria e nunca constituiu uma ameaça séria aos Estados Unidos. O que metia medo no público era a imagem de uma nuvem em forma de cogumelo.) A preocupação a respeito dessa questão ajudou a convencer muitos moderados de que uma guerra contra o Iraque era uma boa idéia e assim o Congresso deu a Bush o sinal verde para a guerra.

Os argumentos usados para que se acreditasse na existência de um programa nuclear iraquiano acabaram desacreditados. Uma das duas provas, a compra de tubos de alumínio pelo Iraque, revelou-se uma interpretação equivocada: os tubos não serviam para o suposto objetivo, o enriquecimento de urânio. A outra prova — documentos que supostamente indicavam compras de urânio do Níger pelo Iraque — foi desmoralizada como falsificação grosseira. Mas, àquela altura, Bush estava divulgando a idéia de que os Estados Unidos, ao instalar um governo democrático no Iraque, iriam gerar uma onda de democratização em toda a região — uma meta idealista que, uma vez mais, conseguiu o apoio de muitos moderados bem-intencionados. Somente depois que a guerra já estava em curso, James Woolsey, considerado um dos mais prováveis candidatos a um alto cargo no governo de ocupação, declarou que a guerra contra o Iraque era apenas o início da "quarta guerra mundial" (contando-se a Guerra Fria como a número três), um conflito que envolveria também a Síria e o Irã, além do Iraque.

Há um padrão nisso tudo; a mesma história se repete em relação às políticas de energia, meio ambiente, saúde pública, educação e assim por diante. Em cada caso, os encarregados da formulação de políticas no governo Bush têm um histórico de opiniões bastante radicais, o que sugere que o próprio governo defende posições radicais. Mas, em cada caso, o governo tem tranqüilizado os moderados com fingimentos — apresentando justificativas que parecem inocentes. E em cada caso os moderados seguem uma tática de apaziguamento, tentando conciliar-se com o governo ao minimizar tanto o radicalismo de suas políticas como a série de promessas não-cumpridas. O jovem Kissinger tinha razão: aqueles que se acostumaram com a estabilidade não são capazes de acreditar no que acontece quando se defrontam com um poder revolucionário, e, portanto, não conseguem fazer uma oposição efetiva.

Devo admitir a esta altura que não sei ao certo *por que* isso está acontecendo — por que estamos agora diante de um desafio tão radical ao nosso sistema político e social. Os ricos se saíram muito bem nos anos 1990; por que, então, esse ódio a tudo que possa parecer, mesmo remotamente, com uma redistribuição de renda? As corporações prosperaram; por que, então, essa insistência em se livrar da mais insignificante regulamentação ambiental? As igrejas das mais diversas crenças não tinham dificuldades; por que, então, esse ataque contra a separação entre a Igreja e o Estado? O poderio e a influência americanos nunca foram maiores; por que, então, esse impulso para destruir nossas alianças e se meter em aventuras militares? Seja como for, está cada vez mais claro que a direita quer fazer todas essas coisas. Como devem reagir aqueles que não concordam com esses objetivos?

Como relatar os fatos

A primeira coisa a fazer é entender o que se passa. Na condição de jornalista em tempo parcial, penso nisso em termos de regras para escrever boas matérias — como contar uma história. Mas as regras servem também para qualquer cidadão preocupado em compreender o que as notícias significam.

1) Não suponha que as medidas propostas fazem sentido em função dos objetivos declarados.

Quando se lida com um poder revolucionário, é importante compreender que ele sempre sabe o que quer e recorrerá a qualquer tipo de argumento que possa beneficiar a causa. Assim, não se deve imaginar que as justificativas das ações tenham valor em si mesmas. Como explico no capítulo 7, o plano de Bush de privatizar a Previdência Social não era simplesmente um meio duvidoso e ineficaz de tentar reforçar as finanças do sistema — não tinha nada a ver com a meta declarada; iria apenas agravar os problemas do sistema. As propostas de cortes de impostos apresentadas pelo governo Bush no início de 2003 foram anunciadas como um programa destinado a acelerar o crescimento econômico. No entanto, quando o *Congressional Budget Office* [Departamento de Orçamento do Legislativo] — cujo novo chefe tinha, até meses antes, trabalhado para o governo — tentou avaliar os efeitos do programa no crescimento, encontrou poucos motivos para achar que seriam positivos. E para falar de uma área diferente, muitos analistas independentes previam que uma guerra contra o Iraque iria aumentar, e não reduzir, os riscos de um ataque terrorista.

Os jornalistas têm dificuldades em lidar com argumentos flagrantemente falsos; por inclinação e treinamento, procuram sempre ver os dois lados de uma questão e não conseguem admitir que um político importante esteja simplesmente mentindo sobre o conteúdo de sua proposta. Soube que vários jornalistas ficaram zangados quando brinquei em minha coluna dizendo que, se Bush declarasse que a Terra era plana, as manchetes do noticiário proclamariam: "Forma da Terra: as Opiniões Divergem" — cada um dos jornalistas zangados achou que eu estava zombando dele.

Sejamos justos: quando se lida com movimentos políticos comuns, faz sentido supor que suas propostas políticas, certas ou erradas, sejam feitas de boa-fé. Mas quando se está diante de um movimento revolucionário, um movimento que não aceita a legitimidade do sistema existente, não há motivos para que se adote essa atitude. Os movimentos revolucionários, que não estão preocupados com as regras do jogo, não têm escrúpulos em dissimular os seus reais objetivos. David Wessel, de *The Wall Street Journal*, escreveu sobre um assessor da Casa Branca que tinha falado uma coisa em público e o contrário em particular. Quando Wessel protestou, o assessor respondeu: "Por que menti? Porque é o que me compete fazer. Mentir para a imprensa não deve causar remorso a ninguém."

2) Faça uma pesquisa para descobrir os verdadeiros objetivos.

Não havia nenhuma teoria econômica, na direita ou na esquerda, que levasse à conclusão de que a proposta de cortes de impostos — que gradativamente deixaria de taxar o capital, mas injetaria, no primeiro ano, muito pouco dinheiro na economia — contribuiria para a geração de empregos a curto prazo. No entanto, o governo divulgou o plano como uma estratégia para a criação de empregos. Será que o governo estava mal informado? Não, de modo algum. Não importa o que os funcionários do governo dissessem, o crescimento econômico não era o que realmente pretendiam.

Não era difícil descobrir o verdadeiro objetivo. Como mencionei, os conservadores radicais há muito tempo pregam o fim de qualquer taxação sobre o capital — e era isso que a proposta do governo conseguiria fazer. Portanto, o meio para entender o programa era investigar o que os seus arquitetos queriam antes de tentarem vendê-lo ao público.

O princípio geral para se compreender o que está acontecendo é fazer uma pesquisa a fim de descobrir o que essa gente *realmente* quer. Não estou falando de motivos profundamente ocultos; o verdadeiro objetivo quase sempre é de domínio público. Basta observar o que os interessados em promover o programa estavam dizendo antes de tentar impô-lo ao público. Quando ficamos sabendo que o funcionário agora encarregado da política florestal é um antigo lobista da indústria madeireira, somos levados a suspeitar que a iniciativa em favor de "florestas sadias", que dá às empresas permissão para cortar mais árvores, não quer propriamente impedir incêndios em florestas. Quando ficamos sabendo que o líder da maioria na Câmara proclamou que o seu objetivo no exercício do cargo é promover "uma visão bíblica do mundo", podemos suspeitar que iniciativas baseadas na fé religiosa não se destinam a dar mais eficiência aos serviços sociais. Quando ficamos sabendo que os arquitetos da guerra contra o Iraque já vinham falando, há dez anos, em derrubar Saddam Hussein, podemos suspeitar que a guerra nada tem a ver com uma reação ao ataque de 11 de setembro.

Para os jornalistas, é difícil admitir isso: afinal, não querem ser considerados loucos defensores de teorias conspiratórias. Mas querer descobrir os verdadeiros objetivos da direita não é loucura; pelo contrário, é uma atitude pouco realista supor que *não* existe uma espécie de conspiração, embora se trate de um complô cuja organização e cujas metas estão às claras.

3) Não acredite que as regras habituais da política estão valendo.

Washington tem uma maneira típica de lidar com escândalos. Quando surgem alguns fatos embaraçosos a respeito de um funcionário, a imprensa explora a história durante algum tempo, até que o funcionário seja pressionado a se demitir. E a vida continua como antes.

Por conseguinte, quando vários membros do governo Bush começaram a se meter em problemas, o público esperava a mesma rotina — mas não foi isso que aconteceu. Stephen Griles, lobista da indústria do carvão que foi nomeado subsecretário do Departamento do Interior, interveio numa disputa sobre exploração da energia em favor de um antigo cliente, e continua no cargo. Thomas White, ex-executivo da Enron, foi nomeado secretário do Exército; o seu departamento na Enron foi apontado como uma fonte de lucros fantasmas, mas ele continua no cargo. Richard Perle, presidente do *Defense Policy Advisory Board* [Conselho Consultivo da Política de Defesa] no Pentágono, foi acusado de envolvimento em transações que davam margem à suspeita de conflito de interesses — mas ele aceitou ser rebaixado simbolicamente de presidente para membro e continua no Pentágono. E tanto o presidente como o vice-presidente têm sido obrigados a descartar preocupações suscitadas por práticas de negócios obviamente duvidosas em que estiveram envolvidos em suas carreiras.

Por que as regras habituais não se aplicam nesses casos? Porque um poder revolucionário, que não considera legítimo o sistema existente, não se sente na obrigação de seguir as regras. Surgem escândalos envolvendo figuras do governo? Não tem importância: Fox News, *The Washington Times* e *The New York Post* não vão explorar a história. Ao contrário, vão gritar contra os outros órgãos da mídia que tentarem abordar o episódio. Existem queixas contra a maneira como a segurança nacional vem sendo conduzida? Uma súbita onda de alertas contra o terrorismo conseguirá abafar a história. "Mas eles não fariam isso!", protestam as pessoas sensatas — e um regime normal, de fato, não o faria. Mas não estamos lidando com um regime normal; estamos lidando com um poder revolucionário.

4) Espere que um poder revolucionário responda às críticas com ataques.

Um poder revolucionário, que não aceita a legitimidade do sistema existente, também não aceita o direito dos outros de criticar suas ações. Qualquer um que fizer críticas pode esperar um contra-ataque implacável.

Podemos citar um exemplo espetacular disso em 2003. John Kerry, então candidato à indicação para disputar a Presidência pelo Partido Democrata, disse a uma platéia: "O que precisamos agora não é mudança de regime no Iraque de Saddam Hussein, é mudança de regime nos Estados Unidos." Pelos padrões normais da retórica política — mesmo em tempo de guerra — as palavras não tinham nada de surpreendente. Por exemplo, nas eleições de 1944 — isto é, no auge da Segunda Guerra Mundial, com milhões de americanos combatendo em várias frentes — Thomas E. Dewey fez campanha chamando Franklin Delano Roosevelt de "um velho cansado". Até onde eu sei, ninguém considerou isso uma atitude traiçoeira. Afinal, não pode haver eleições livres se não for possível criticar quem está no poder — e não era exatamente pela liberdade que estávamos lutando?

A tradição de tolerância com a prática, mesmo em tempo de guerra, continuou. Por exemplo, Tom DeLay criticou duramente o presidente Clinton em 1999, durante a campanha militar em Kosovo, culpando-o pela morte de civis e insistindo no término da campanha. Algumas pessoas não gostaram de sua atitude, mas a carreira política de DeLay não foi prejudicada.

Agora que um poder revolucionário ocupa a Casa Branca, no entanto, as regras mudaram. "O senador Kerry ultrapassou os limites quando ousou sugerir a substituição do comandante-em-chefe numa hora em que os Estados Unidos estão em guerra", declarou o presidente do Comitê Nacional do Partido Republicano. E dezenas de políticos republicanos fizeram coro, pondo em dúvida o patriotismo de Kerry (acontece que o senador democrata é um veterano da Guerra do Vietnã, condecorado com várias medalhas).

O episódio de Kerry foi apenas o último de uma série em que os críticos do governo são alvo de tentativas de desmoralização, com denúncias no campo da ética e esforços para destruir suas carreiras políticas. Como mencionei, o Partido Republicano divulgou anúncios vinculando Tom Daschle, o líder democrata no Senado, a Saddam Hussein, e questionou, com êxito, o patriotismo do senador Max Cleland, gravemente mutilado na Guerra do Vietnã.

Tudo isso era esperado. O governo Bush ficou famoso pela sua intolerância às críticas, mesmo quando vindas de seus maiores aliados. Segundo *The Washington Post*, "os legisladores e lobistas do partido do Governo dizem que as táticas utilizadas pelo governo Bush com amigos e aliados têm sido ferozes e vingativas". Até certo ponto, isso pode refletir os valores familiares de Bush, mas é também o que se poderia esperar de um poder revolucionário. Citemos mais um trecho de Kissinger: "A característica marcante de um poder revolucionário não é o fato de que se sinta ameaçado... *mas que nada é capaz de tranqüilizá-lo.*" (A ênfase foi dada pelo próprio autor.) Somente uma segurança absoluta — ou seja, a neutralização do adversário — é considerada uma garantia suficiente."

5) Não pense que há um limite para os objetivos de um poder revolucionário.

Quando a proposta de cortes de impostos foi apresentada, em 2001, muitos moderados minimizaram sua importância, considerando-a uma modesta reversão dos aumentos de impostos dos anos 1990; mesmo sem aprová-la, acharam que não era má idéia deixar Bush conseguir o que queria. Quando as previsões orçamentárias usadas para justificar a proposta se revelaram exageradamente otimistas, os moderados pediram ao governo para reconsiderar seus planos, acreditando que o pedido seria levado em conta e que seria tentada uma solução conciliatória. No entanto, a resposta do governo foi insistir em mais cortes, e os senadores que haviam votado a favor da primeira rodada de cortes tiveram que explicar por que passaram a se opor.

Somente agora os setores mais responsáveis estão começando a admitir que o verdadeiro objetivo do governo era eliminar a taxação sobre o rendimento do capital e reduzir bastante, ou mesmo eliminar, o caráter progressivo do sistema tributário — e que a atitude apaziguadora inicial adotada pelos moderados tinha afastado o principal obstáculo no caminho desse objetivo. Além do mais, não tenho certeza de que a extinção dos impostos sobre o capital e a adoção de um imposto proporcional sobre os salários marquem os limites da ambição do governo. Que tal um imposto fixo e igual sobre cada cidadão?

Do mesmo modo, alguns moderados apoiaram a guerra contra o Iraque — como um caso especial relacionado a um ditador perigoso e brutal. Mas ficou cada vez mais claro que os mais influentes membros do governo vêem a guerra apenas como a primeira etapa da efetivação da "doutrina Bush", que recomenda o uso da força pelos Estados Unidos na maior parte do mundo. E depois de terem cedido no começo, os moderados terão dificuldade para explicar por que não vão apoiar a derrubada de outros ditadores. Eis a *Pax Americana* chegando...

Deve haver em algum ponto limites para o que a direita pretende fazer. Ela poderá nos levar a adotar um sistema em que os pobres paguem, proporcionalmente, mais impostos do que os ricos, mas não vai nos levar a adotar um sistema em que os pobres simplesmente paguem mais do que os ricos. Ou será que vai? Ela poderá ir do Iraque para a Síria e o Irã, mas não vai ameaçar, com o uso da força, países já democratizados. Ou será que vai? Ignoro onde a agenda da direita pode parar, mas aprendi que ela não se contentará com concessões limitadas. Os comentaristas que prevêem um comportamento moderado do governo Bush em qualquer área têm sido regularmente desmentidos pelos fatos. Para citar Kissinger de novo: "A essência do poder revolucionário é ter a coragem de suas convicções, estar disposto, e até mesmo ansioso, para estender seus princípios à sua conclusão mais extrema."

Portanto, é assim que as coisas são. Desconfio que muitos leitores, a despeito de tudo que aconteceu, possam achar o quadro pintado aqui muito alarmista. Como escreveu Kissinger, "aqueles que alertam para o perigo são considerados alarmistas; os que aconselham adaptação às circunstâncias são vistos como sensatos e razoáveis". Mas, até o momento, os alarmistas sempre tiveram razão. O que se pode fazer?

A grande repulsa

Um número cada vez maior de pessoas começa a perceber a gravidade da situação. Quem melhor expôs isto talvez tenha sido Andy Rooney, do programa *60 Minutes*, da CBS, ao dizer: "A única notícia realmente boa será quando esta terrível época da história americana chegar ao fim."

O que poderá fazer com que essa boa notícia se aproxime?

Para ter esperança de que ocorra uma rejeição, você tem de acreditar que a maioria dos americanos não apóia a agenda da direita, que a nação como um todo é mais generosa, mais tolerante e menos militarista do que seus atuais dirigentes. E penso que isso é verdade — a não ser pelo sucesso da direita em dissimular seus reais objetivos e se enrolar na bandeira, acredito que a maioria dos americanos poderá vir a se opor firmemente ao rumo que o país está tomando.

Tenho uma visão — talvez apenas uma esperança — de uma grande reviravolta: um momento em que o povo americano, ao ver o que está acontecendo, perceba como seu patriotismo e sua boa vontade têm sido manipulados e então ponha um fim a esse impulso de destruir o que existe de melhor em nosso país. Como e quando esse momento virá, não sei. Mas uma coisa é clara: ele não poderá ocorrer se não fizermos, todos nós, um esforço para ver e relatar a verdade sobre o que está acontecendo.

Parte I

O PROBLEMA DA BOLHA

VOCÊS SE LEMBRAM de como era na época em que parecia que a lei da gravidade não funcionava mais no mundo dos negócios? Jovens espertos abandonavam a faculdade e se tornavam instantaneamente milionários. Empresas desconhecidas de repente passavam a valer US$ 20 bilhões e usavam o seu ultravalioso estoque de ações para assumir o controle de companhias que existiam há gerações. Qualquer um que tivesse ações — especialmente do setor da tecnologia — parecia ter ganhado na loteria. E quem não as possuísse, sentia vergonha e uma sensação de perda. "O que você fez na subida da Bolsa, papai?" — era uma frase muito ouvida, como escreveu minha colega Maureen Dowd, colunista do *Times*.

Alguns acham que o *boom* da Bolsa de Valores nos anos 1990 é a fonte de nossos males atuais — que estamos pagando agora o preço pelos anos da bolha. Embora exista certo grau de verdade na afirmativa, não chega a ser toda a história. Como veremos adiante neste livro, tendências a longo prazo — crescente polarização econômica e política, influência cada vez maior de uma direita solidamente organizada — também contribuíram para formar o cenário do nosso mal-estar atual. Acontecimentos específicos — acima de tudo, o 11 de setembro, uma crise passível de ser explorada — também tiveram um papel relevante. E muito do que deu errado reflete o caráter do homem que ocupa a Casa Branca. Ainda assim, não podemos entender a situação atual sem recordar as ilusões e os excessos dos anos 1990. De modo que esta parte do livro trata de exuberância irracional e suas conseqüências.

É de admirar que tão pouca gente tenha dado o alarme quando o índice Dow Jones passou de 10 mil e o índice Nasdaq, de 5 mil. Havia fortes indícios de que as cotações da Bolsa estavam bastante fora dos trilhos: medidas tradicionais de avaliação de ações, como a proporção entre os preços e os lucros, tinham entrado no que se costuma considerar a zona de perigo. Havia céticos durante os anos da alta do mercado, e eu era um deles. No entanto, indivíduos inteligentes, vestidos com roupas caras, inventavam todos os tipos de justificativas para a subida do mercado. O capítulo 1 narra algumas das minhas tentativas — antes mesmo de ingressar no *New York Times* — de demolir essas justificativas e também explicar por que pessoas normalmente sensatas se deixavam envolver pelo frenesi.

Aqueles que se mostravam céticos em relação à Bolsa não estavam preocupados apenas com a possibilidade de os investidores perderem dinheiro quando o mercado retomasse contato com a realidade. Estavam preocupados com os prejuízos colaterais para a economia real. A História nos ensina lições valiosas: a bolha do mercado de ações dos anos 1920 foi seguida pelo *crash* de 1929, e logo depois veio a Grande Depressão. Felizmente, desde os anos 1930 os Estados Unidos não tiveram de enfrentar uma grave crise financeira, mas outros países passaram por experiências recentes desse tipo — e sei algo a respeito.

Como economista acadêmico, agi como quem anda correndo atrás de ambulâncias para ficar ciente das desgraças: boa parte das minhas pesquisas se concentrou nas economias em dificuldades, da Indonésia ao Japão. Em conseqüência disso, eu sabia, mesmo antes do estouro da nossa bolha, que nossa experiência na década de 1930 foi normal: a perda de confiança num mercado altista e muito especulativo quase sempre provoca uma crise na economia real. Muitos economistas achavam que isso não poderia acontecer neste país, que a economia dos Estados Unidos era imune a males desse tipo. Eu não achava. No capítulo 2, falo sobre as crises econômicas no exterior e sobre as lições que podemos aprender.

Então, como foi que os Estados Unidos lidaram com o fim dos anos da bolha? Até mesmo os pessimistas esperavam que nossos líderes na área econômica — sobretudo o legendário Alan Greenspan, presidente do Federal Reserve — fossem capazes de enfrentar de modo eficaz as conseqüências quando os preços das ações voltassem à realidade. Mas, como economista experimentado no campo internacional, eu estava bem "por dentro" da história do Japão — o motor da economia do mundo na década de 1980, mas também o cenário de um dos grandes episódios, relacionados com bolhas financeiras. E a experiência japonesa constituía uma advertência de que não deveríamos ter certeza de um final feliz. Quando o mercado de ações japonês despencou, a queda foi seguida por um prolongado período de estagnação econômica, que continua até hoje. Em outras palavras, mesmo uma nação bastante avançada e dirigida por líderes sofisticados pode tropeçar seriamente.

E foi o que aconteceu com os Estados Unidos, acometidos ao menos parcialmente de um mal-estar do tipo nipônico. O capítulo 3 narra a queda da economia dos Estados Unidos na recessão e a inadequada tentativa de retorno ao crescimento. (A expressão habitual para indicar um crescimento lento demais e insuficiente para reduzir o índice de desemprego é "recuperação sem empregos", mas sempre achei que "recessão de crescimento", como se usava antigamente, dá uma idéia melhor.) O capítulo também registra meu desapontamento cada vez maior com a política econômica americana, já que os esforços de Greenspan se mostraram inadequados e o governo Bush teimosamente se recusou a levar o problema a sério.

Em parte, o motivo pelo qual o período seguinte aos anos 1990 foi tão conturbado é que houve muito mais coisa que deu errado, além da supervalorização temporária da Bolsa. Num período em que os preços das ações subiam sem parar, quase ninguém percebia o que ocorria, mas à luz fria do amanhecer podemos ver hoje que, na virada do milênio, havia algo de podre no capitalismo americano. Não fui mais perspicaz a esse respeito do que qualquer outro: no auge dos anos da subida da Bolsa, houve quem me escrevesse afirmando que as principais corporações estavam adulterando suas contas; infelizmente, lamento dizê-lo, não dei atenção a isso. No entanto, quando a Enron — a mais louvada companhia daquele tempo, apresentada como o próprio modelo de uma empresa moderna — entrou em pane, vi imediatamente as implicações. Se uma empresa tão celebrada e famosa podia ser uma espécie de "esquema Ponzi" (ou "corrente da felicidade"), era pouco provável que o resto do mundo dos negócios nos EUA fosse imaculadamente puro. Na verdade, logo ficou bem claro que os anos da bolha foram a causa e o efeito de uma epidemia de picaretagem corporativa.

O capítulo 4 analisa mais a fundo essa revelação: descreve os motivos das fraudes e as técnicas usadas. Também conta uma história que muita gente não quer ouvir, ou seja, até que ponto nossa liderança política atual é responsável pelo problema. Pois George W. Bush e Dick Cheney ficaram ricos por meio de estratagemas idênticos aos que fizeram a fortuna dos executivos da Enron e de outras empresas metidas em escândalos, embora eles os tenham utilizado em menor escala. Isso faz parte de uma história maior. No momento em que precisamos de um outro Franklin Delano Roosevelt, somos, pelo contrário, comandados por homens que estão comprometidos com o problema. Trataremos disso mais adiante neste livro.

CAPÍTULO 1

Exuberância irracional

SETE HÁBITOS DE INVESTIDORES INEFICIENTES

Fortune, 29 de dezembro de 1997

Aprecio, como todo mundo, a teoria da eficiência nos mercados financeiros. Não minimizo o fato de que, recentemente, Robert Merton e Myron Scholes tenham recebido o Prêmio Nobel por mostrarem que essa teoria pode ajudar a avaliar o preço correto de instrumentos financeiros complexos. Mas, a menos que você tenha passado os últimos cinco meses enclausurado num mosteiro tibetano, deve ter notado que os mercados têm se comportado de modo estranho ultimamente. Até junho, achava-se que o "milagre" das economias do Sudeste da Ásia iria continuar — de muito bom grado os investidores aplicaram bilhões nos mercados locais. Mas já em outubro esses mesmos investidores estavam fugindo em debandada: todo o mundo passou a ver até que ponto essa economias eram corruptas e pessimamente administradas. Quando o FMI e o Banco Mundial fizeram sua reunião anual em Hong Kong, todos parabenizaram o anfitrião pelo sucesso de sua política econômica, que o tinha isolado do tumulto mais para o sul e tinha mantido a sua prosperidade, mesmo depois da transferência de poder para a China. Um mês depois, Hong Kong não só tinha entrado em colapso, como havia, temporiamente, arrastado para o fundo o Brasil e boa parte do resto do mundo.

O que é que o mercado anda tramando? Bem, recentemente tive oportunidade de apurar isso, quando compareci a uma reunião de administradores financeiros. Em conjunto, eles controlam várias centenas de bilhões de dólares, de modo que, quando falaram, ouvi atentamente. Eu queria saber principalmente como homens e mulheres inteligentes — e devem ser inteligentes, porque, se não fossem, como ficaram ricos? — podiam fazer tanta bobagem. Aprendi quais são os sete hábitos que contribuem para formar o mercado nada eficiente que governa o mundo. Ei-los:

1. Pense a curto prazo. Poucos participantes da reunião procuravam raciocinar a longo prazo — indagando, por exemplo, que tipo de crescimento de lucros as corporações americanas seriam capazes de obter nos cinco anos seguintes. Esse tipo de consideração foi descartado como excessivamente acadêmico. Mas, alto lá! Qualquer economista dirá que mesmo um investidor a curto prazo deve pensar a longo prazo. Os preços das ações neste ano dependem dos ganhos deste ano mais o que as pessoas acreditam que o preço será no ano que vem. E o preço do ano que vem dependerá dos ganhos do ano que vem mais o preço que as pessoas esperam que será no ano seguinte... O preço de hoje, portanto, deve levar em conta as perspectivas de lucros no futuro. Mas não adianta dizer isso aos administradores de recursos.

2. Seja ambicoso. Muitos participantes não paravam de dizer que esperavam uma alta espetacular e súbita dos preços antes que estes fossem finalmente corrigidos e afirmavam que eles próprios continuariam por algum tempo a agir no sentido de fazer subir o mercado. Bem, talvez tivessem razão, mas se você realmente pensa que as ações estão supervalorizadas, até que ponto pode estar seguro de que será capaz de prever o exato momento da queda inevitável? Tentar ganhar aqueles poucos percentuais a mais pode acabar saindo muito caro.

3. Acredite que existe sempre alguém mais tolo do que você. Muitos administradores financeiros afirmavam que as ações nos mercados asiáticos tinham sido vendidas a preços exagerados, mas acrescentavam que não se deveria comprar até que esses mercados começassem a virar em sentido inverso; outros argumentavam que o mercado americano estava supervalorizado, mas não pretendiam vender até que o mercado se enfraquecesse. Cabe aqui a pergunta: se ficou evidente para você que o mercado mudou de direção, isso

não será evidente também para todo mundo? Implicitamente, os participantes da reunião pareciam acreditar que a estratégia era segura porque sempre haverá alguém suficientemente estúpido para só perceber o que está acontecendo quando for tarde demais.

4. Acompanhe a manada. Era de se esperar que um grupo de investidores estivesse interessado em ouvir opiniões contrárias de alguém sugerindo que os Estados Unidos estavam à beira de um grave surto inflacionário ou que o Japão tinha perspectivas de uma rápida recuperação econômica ou que a União Monetária Européia iria fracassar — opiniões que se afastavam do saber convencional. Mas, não: as poucas e tímidas vozes contrárias foram ridicularizadas. Parecia que o grupo queria que o saber convencional fosse reforçado, e não contestado.

5. Generalize sem limites. Fiquei surpreso, ao ouvir o grupo condenar as empresas japonesas como não-competitivas, pessimamente administradas, incapazes de se concentrar nos pontos essenciais. Certamente, isso não pode ser dito de todas as empresas japonesas; gente capaz de exportar, mesmo tendo que enfrentar uma cotação de 80 ienes por dólar, deve ter alguns truques na cartola. E, apenas dois anos antes, as técnicas administrativas japonesas não eram louvadas em centenas de livros e artigos? Na verdade, nunca foram tão boas assim, mas com certeza são melhores do que a reputação de que gozam atualmente.

6. Siga a tendência. Fui à reunião esperando ouvir um bocado sobre o Novo Paradigma Econômico, segundo o qual a tecnologia e a globalização significam que todas as regras antigas foram descartadas, que o crescimento sem inflação dos últimos seis anos vai continuar indefinidamente e que estamos no início de um período de expansão de vinte anos etc. Trata-se de uma doutrina que é basicamente uma tolice — mas rapidamente isso ficou demonstrado, como dizem em *Buffy the Vampire Slayer*, "cinco minutos atrás". Todas as regras voltaram a mudar. Agora, estamos prestes a entrar num período terrível de deflação global e o Fed (Banco Central nos EUA) nada poderá fazer a respeito, apesar de seus êxitos anteriores em gerar recuperações. Pois estamos diante de mais uma "nova economia".

7. Jogue com o dinheiro dos outros. Se os participantes daquela reunião eram tão inteligentes, como é que podiam agir de modo tão estúpido? Sus-

peito que parte da resposta é que eles são empregados, e não dirigentes; estão tentando ganhar dinheiro e progredir na carreira pensando em seus próprios interesses. Nessa posição, é difícil adotar uma perspectiva a longo prazo. Afinal, a longo prazo, se a pessoa não estiver morta, provavelmente estará trabalhando para outra empresa. Também é difícil para alguém que administra o dinheiro dos outros adotar uma linha independente. Estar errado quando todos os outros também estão errados não chega a ser uma coisa tão terrível assim; pode-se deixar de ganhar um bônus, mas não se chega a perder o emprego. Por outro lado, estar errado quando todas as outras pessoas estão certas, aí as coisas mudam de figura... Por isso, todo mundo se concentra nos mesmos números a curto prazo, tenta seguir a tendência e adota a teoria econômica do dia, mesmo que seja tola.

Ouvir toda aquela conversa sobre dinheiro me deixou nervoso. Afinal, aquela gente podia colocar dinheiro no mercado de um país e depois retirá-lo de repente — criando um ciclo de altas e baixas de proporções espetaculares. Não creio que possam fazer isso aqui nos Estados Unidos — confio em Greenspan — mas não estou cem por cento certo.

Mas estou certo de que os líderes asiáticos que têm denunciado as maquinações perversas de especuladores estão equivocados. Não vi naquela sala de reuniões nenhum bando predador de lobos especuladores: vi, isso sim, um rebanho extremamente perigoso de carneirinhos financistas.

A CHEGADA DA ERA GLACIAL

Fortune, 25 de maio de 1998

Quanto mais penso na extraordinária alta da Bolsa de Valores americana, mais fico convencido de que estamos diante de um problema psicológico com as dimensões de um mamute. Quando digo mamute, não quero dizer "enorme" (embora possa ser), mas me refiro a um "elefante". Deixem-me explicar.

Quem acompanha a evolução da psicologia sabe que Freud está por baixo e Darwin é quem está com tudo. A idéia básica da "psique evolucionista" é que nosso cérebro foi esplendidamente concebido para nos ajudar a lidar com nosso meio ambiente — mas, infelizmente, o ambiente para o qual ele foi concebido foi aquele em que vivemos e evoluímos nos últimos dois milhões de anos, e não a suposta civilização que criamos há apenas um punhado de séculos. Somos, todos nós, caçadores e colhedores de plantas perdidos numa grande cidade. E nisso, dizem os teóricos, está a origem de nossos maus hábitos. Nossa gula de doces se desenvolveu num mundo sem sorvetes; nosso interesse por fofocas cresceu num mundo sem tablóides; nossa reação emocional à música se desenvolveu num mundo sem Céline Dion. E temos instintos para investir que foram concebidos para caçar mamutes, e não para ir no encalço de ganhos de capital.

Imaginem qual era a situação naquilo que os especialistas na psique evolucionista chamam de Meio Ambiente Ancestral Adaptativo. Suponham que duas tribos — o clã do Urso da Caverna e seu vizinho, o clã do Touro da Caverna — vivem próximas, mas seguindo tradicionalmente estratégias de caça diferentes. Os Ursos da Caverna costumavam caçar coelhos — uma estratégia garantida, já que se pode ter certeza de encontrar um coelho diariamente, mas com limitações, porque um coelho é apenas um coelho. Por outro lado, os Touros da Caverna vão atrás de mamutes — uma tarefa arriscada, porque não se pode ter a certeza de encontrar um mamute com freqüência; mas bastante compensadora, porque, afinal, um mamute é um mamute. (No mercado de ações, nos EUA, a alta é associada ao "touro" e a baixa ao "urso".)

Agora, vamos supor que durante um ano ou dois, os Touros tenham se saído bem — matando uma presa praticamente todas as semanas. Depois que isso acontece durante algum tempo, o instinto natural dos Ursos das Cavernas é sentir ciúmes e tentar a mesma sorte, comportando-se como se fossem Touros. O motivo pelo qual este é um instinto natural é que no ambiente ancestral ele era perfeitamente apropriado. As circunstâncias capazes de permitir o aparecimento de muitos mamutes — clima favorável para o crescimento da vegetação, padrões migratórios favorecendo a chegada de numerosos animais à região — tendiam a ser persistentes e, portanto, era uma boa idéia imitar qualquer estratégia que tivesse sido bem-sucedida em passado recente.

Agora, vamos transpor nossas tribos hipotéticas para o mundo das finanças de hoje. Verificamos então que esses instintos, pelo menos segundo a teoria das finanças, não se mostram mais apropriados. A teoria do mercado eficiente diz que todas as informações disponíveis sobre uma empresa estão supostamente embutidas no preço em vigor, de modo que qualquer alteração que venha a ocorrer é inerentemente imprevisível — um movimento aleatório. O fato de pessoas terem obtido grandes ganhos de capital no passado não dá nenhuma garantia de que isso venha a se repetir. Investidores racionais, segundo a teoria, devem tratar o que se passou como passado: se no ano anterior o seu vizinho ganhou bastante dinheiro com ações enquanto você infelizmente continuava lidando com dinheiro vivo, não significa que você deva entrar agora no mercado acionário.

Mas suponha que, por qualquer motivo, o mercado suba constantemente, mês após mês. O seu intelecto, aperfeiçoado por um diploma de MBA, leva-o a pensar: "Puxa, a relação desses preços com os lucros parece bastante irracional." No entanto, a programação pré-histórica que ainda existe em você vai gritar: "Mim quer carne de mamute!" — e é difícil resistir aos impulsos desses instintos.

E esses instintos tendem a agir por um mecanismo de auto-reforço, pelo menos durante algum tempo. Afinal, se o aumento do número de pessoas agindo como Touros das Cavernas faz com que haja menos mamutes para cada caçador, um aumento no número de touros modernos tende, pelo contrário, a produzir cada vez mais ganhos de capital — pelo menos enquanto durar a corrida. Qualquer corretor pode lhe dizer que nos últimos meses o mercado vem subindo, apesar das notícias sobre ganhos medíocres, por causa de novas compras feitas por pessoas que se sentiram frustradas por terem ficado fora dos ganhos anteriores, e que se mostram ansiosas agora para entrar em ação, participando do bolo. Mais cedo ou mais tarde, esse número de pessoas vai parar de crescer. E aí, o que acontece?

Ok, ok, sei que não se supõe que isso vá acontecer. Investidores sofisticados devem, em princípio, adotar uma perspectiva a longo prazo e neutralizar por meio de arbitragem esses ciclos de altos e baixos. E talvez — digo apenas talvez — o mercado esteja onde está porque pessoas inteligentes e sensatas compreenderam que a Nova Economia é capaz de gerar lucros crescentes indefinidamente e que a subida dos fundos mútuos crescente eliminou a necessidade de antigas análises de risco. Mas, no meu entender, as pessoas que adotam uma perspectiva a longo prazo estão em vias de extinção simplesmente em virtude da pressão dos ganhos recentes. E as supostas explicações que se ouvem sobre os motivos pelos quais os preços atuais fazem sentido são racionalizações — e não teorias realmente sérias.

Toda essa situação me dá calafrios. Pode ser que eu não compreenda o que está se passando, pode ser que eu seja um Neandertal estúpido demais para entender a nova era. Mas, se me perguntarem, direi que vejo no horizonte a aproximação de uma Era Glacial.

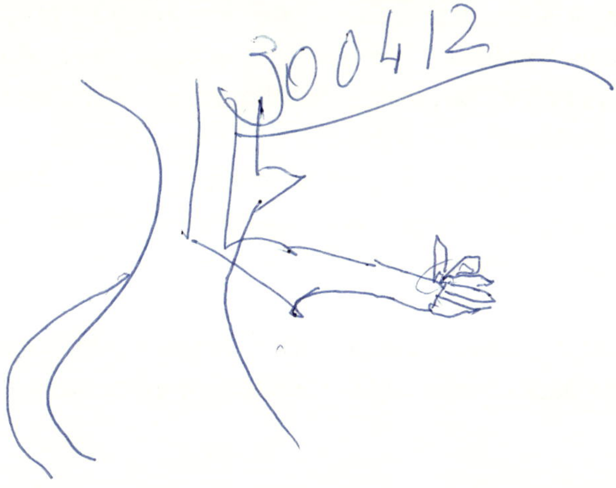

O PARADIGMA PONZI

12 de março de 2000

Charles Ponzi não foi o primeiro a usar o famoso esquema da pirâmide, mas de qualquer modo seu nome figura, juntamente com os do dr. Bowdler e do capitão Boycott, entre aqueles que passaram a ser sinônimos de malandragem. O clássico esquema conhecido como Ponzi — o uso do dinheiro de novos investidores para pagar os antigos, criando assim a ilusão de um negócio bem-sucedido — não mostra sinais de ter perdido a eficácia.

O magnífico livro *Irrational Exuberance*, de Robert Shiller, dá uma idéia geral de como se forja um esquema Ponzi. O primeiro passo é arranjar uma oportunidade de lucro que pareça plausível, embora complicada e difícil de ser avaliada. A transação maquinada por Ponzi envolvia cupons postais internacionais. Num exemplo mais recente, aventureiros albaneses convenceram investidores de que tinham descoberto um negócio lucrativo de lavagem de dinheiro.

Dado esse primeiro passo, daí em diante tudo vai depender da escolha do momento certo e de publicidade. Inicialmente, deve-se atrair um grupo de investidores suficientemente grande para chamar a atenção, mas não grande demais; depois, um segundo grupo, maior, cujos investimentos possam ser usados para pagar os integrantes do primeiro; depois, um terceiro grupo, ainda maior, e assim por diante. Se tudo der certo, a história de como os primeiros investidores fizeram dinheiro vai se espalhar, atraindo cada vez mais gente, e o contínuo sucesso da empresa conseguirá silenciar os descrentes.

Nos Estados Unidos, os reguladores governamentais — que sabem muito bem que essas fraudes quase sempre são eficientes — esforçam-se para bloqueá-las antes que se organizem completamente. Muita gente pode pensar que os esquemas Ponzi são apenas curiosidades históricas. Mas Shiller não está interessado exclusivamente em História; ele se vale dos esquemas Ponzi como um modelo para abordar algo muito mais importante.

Imaginem, apenas como hipótese, que surgiram novas e fabulosas tecnologias. Suponham, além disso, que várias empresas tenham sido criadas para explorar essas novas tecnologias, com base numa crença honesta — mas difícil de avaliar — de que um dia elas irão gerar grandes lucros. Durante certo tempo, o dinheiro obtido é relativamente pequeno; os lucros aparecem só na contabilidade, uma vez que é necessário arranjar sempre mais recursos para adquirir equipamentos e cobrir outras despesas. Mas à medida que o caráter revolucionário das novas tecnologias ficar cada vez mais evidente, os preços das ações das empresas vão subir sem parar, gerando ótimos ganhos de capital para os primeiros investidores. E isso atrairá mais investidores, fazendo os preços subirem ainda mais.

Se o processo continuar por tempo suficiente — e não há motivo para que não possa continuar durante anos — os céticos ficarão com cara de bobos, e os investidores cautelosos (os “ursos”) que temem uma baixa do mercado irão desaparecer. Pode-se achar que todo mundo metido no negócio (bem, quase todo mundo) seja sincero; na realidade, o que vemos aqui é um esquema Ponzi sem Ponzi, uma fraude sem um fraudador.

Devido ao título da obra de Shiller, é fácil adivinhar o final da história. O autor defende com vigor a idéia de que o mercado acionário de preços crescentes dos anos recentes é, na verdade, um imenso esquema Ponzi acidental em andamento, algo que terminará muito mal. O livro se concentra no mercado de ações em seu sentido amplo (a maioria dos números diz respeito ao índice S&P 500 que inclui 500 empresas), mas fica ainda mais interessante se for lido como uma narrativa a respeito das ações do setor de tecnologia. Recomendo o livro, mas duvido que a maioria se deixe convencer por seus argumentos.

No momento, os especuladores baixistas lutam com um problema de credibilidade. Não faz muito tempo, muita gente estava cética, não só em relação às perspectivas das empresas atuais de tecnologia, mas também a respeito da importância da própria tecnologia (e confesso que fiz parte do grupo). Toda vez que são divulgados novos dados mostrando a produtividade em ascensão vertiginosa e o aumento dos ganhos, fica patente como essas pessoas, eu entre elas, estavam erradas. No entanto, é perfeitamente lógico admitir a realidade da revolução tecnológica, e, ao mesmo tempo, considerar exagerada a avaliação de muitas empresas de tecnologia. Mas quem vai prestar atenção?

Também é verdade que os investidores sabidos (pelo menos é o que parecem ser) seguem a estratégia da firma Levy Strauss: deixar os outros entrarem na corrida do ouro e limitar-se a lhes vender os suprimentos de que vão necessitar. É bem possível que as avaliações das empresas que vendem infraestrutura de Internet façam sentido, mesmo que as das empresas pontocom não façam.

De qualquer modo, quando se observa aqueles que ficaram de fora na ocasião em que o índice Nasdaq subiu milhares de pontos e que agora estão tentando freneticamente recuperar o tempo perdido, é difícil não estranhar. Será que daqui a oitenta anos as pessoas falarão — mesmo sem saber a origem dos termos — em serem "bezosificadas" e "qualcomizadas"? (Referências a Jeff Bezos da Amazon e à firma Qualcom.)

UAU, DOW! UI, DOW!

27 de fevereiro de 2000

Logo no início do seu livro *Irrational Exuberance*, Robert Shiller — que fez mais do que qualquer outro economista de sua geração para documentar o aspecto irrracional dos mercados financeiros — cita o anúncio de página inteira publicado pela Merrill Lynch há um ano, quando o índice Dow Jones passou de 10.000. "Mesmo aqueles que, como nós, adotam uma postura disciplinada e, a longo prazo, têm de exclamar uau!", dizia o anúncio. E o gráfico anexo do mercado de ações tinha uma legenda que dizia "PROEZA HUMANA".

De um ano para cá, porém, os investidores em ações de grande liquidez [*blue-chips*], ansiosos por causa das taxas de juros, passaram a exclamar com mais freqüência "ui!" do que "uau!". Na sexta-feira, o índice Dow ultrapassou novamente o ponto de referência 10.000, mas, dessa vez, em sentido inverso. Será que vamos ter um novo gráfico com a legenda "FRACASSO HUMANO"?

Ok, ok, o índice Dow ainda está 50% mais alto do que em dezembro de 1996, quando Alan Greenspan tentou sem sucesso atenuar nossa exuberância. E outros índices da Bolsa não sofreram as mesmas vicissitudes do Dow: o índice S&P 500, por exemplo, ainda está bem acima do seu nível de um ano atrás, enquanto o Nasdaq — transformado pelo peso das ações de tecnologia na figura de proa da Nova Economia — continua a bater recordes.

Essa diferença de destinos é bastante apropriada: embora se especule bastante sobre a próxima iniciativa de Greenspan, a pergunta a ser feita em relação a esse mercado é: a quem pertencerá o futuro?

A própria fama do Dow nos faz até esquecer que existe essa questão. No engraçadíssimo artigo de Steve Bodow na *Slate*, em 1997, intitulado "Dow te Ching", um dos koans [questões paradoxais no budismo] diz: "O Dow não existe, mas todas as coisas estão no Dow. Ok, somente 30 ações estão dentro do Dow, mas parece que é muito mais." É comum as pessoas falarem no Dow quando, na verdade, estão se referindo aos preços das ações em geral — eu mesmo fiz isso — e muita gente agrava ainda mais a situação quando fala como se as ações do Dow dessem acesso aos ganhos futuros das corporações americanas. O que não é verdade: se você compra ações do Dow, está apenas se qualificando para participar dos lucros futuros das companhias incluídas nesse índice.

Esta não é uma distinção trivial: um investidor otimista no Dow precisa acreditar não só que o capitalismo americano vai prosperar, mas que os gigantes corporativos de hoje vão compartilhar proporcionalmente dessa prosperidade, não só nos próximos dois anos, mas bem adiante no futuro. E quero dizer bem adiante mesmo. Para citar um exemplo extremo: o cálculo que fundamentou o best seller do ano passado *Dow 36.000* (de James Glassman e Kevin Hassett) pressupõe que os ganhos das companhias que hoje integram o Dow crescerão para sempre tão rapidamente quanto os ganhos das corporações em geral; metade do que os autores aceitam como um valor justo deriva de ganhos projetados para depois do ano 2070 (na verdade, mesmo assim não se obtém 36.000 — mais provavelmente 20.000 — mas, isso não importa).

Então, você acredita que daqui a 70 anos as empresas do Dow — e não estou me referindo às empresas que farão parte do índice Dow naquela época, mas às que fazem parte dele agora — disporão da mesma fatia dos lucros corporativos que têm hoje em dia? Os investidores que apostam na subida do Nasdaq, sem falar nos que compram I.P.O.'s, certamente não acreditam nisso. Acreditam que uma ou outra das firmas pontocom têm chances de ser a Microsoft de amanhã, e que a General Electric ou até a Microsoft de hoje poderão ser a Sears Roebuck de amanhã. Para ser um adepto fervoroso do Dow, você tem de acreditar que a Nova Economia pertencerá às velhas empresas; para justificar os preços das ações de tecnologia, você tem de acreditar que o futuro pertence aos que ingressaram pouco antes no ramo. Dessas duas crenças, uma pode estar certa, mas não ambas ao mesmo tempo.

Aliás, as duas podem estar erradas. Segundo Shiller, todo o mercado de ações, não apenas o Dow, está inflado por uma bolha especulativa. Simpatizo com este ponto de vista, mas ele não me convence inteiramente. As características sociais e psicológicas de uma bolha — como o fato de o aparelho de televisão na pizzaria gordurosa do meu bairro estar sintonizado na rede CNBC, e não mais na ESPN — podem ser percebidas facilmente, mas também está bem visível o espetacular progresso tecnológico. Não tenho certeza de que o valor atual do Nasdaq seja justificável, mas não estou certo de que não o seja.

Em qualquer dos casos, uma queda do Dow não constitui um veredicto para a economia como um todo. Enquanto tivermos pleno emprego e inflação baixa, o melhor é deixar que as ações de grande liquidez sigam o seu próprio curso.

DINHEIRO A TROCO DE NADA?

28 de maio de 2000

Em geral, os economistas não dão bons especuladores porque pensam demais. Tendem a supor que, se houvesse dinheiro disponível, alguém já teria obtido esse dinheiro, como no caso apócrifo daquele professor que achou uma nota de US$ 100, mas preferiu não pegá-la.

No entanto, a cautela, que pode ser ser um fator negativo no pregão, mostra que é uma boa coisa longe dali. Às vezes, o observador é capaz de perceber oportunidades de ganhos isentas de risco — notas de U$$ 100 jogadas na rua — que outros, por algum motivo, não perceberam. O homem sensato não acredita que essas oportunidades sejam freqüentes, e nem confia nisso quando organiza seu orçamento doméstico ou seu plano de aposentadoria.

É fato que, historicamente, as ações da Bolsa têm sido um bom investimento. A mais conhecida demonstração disso foi apresentada por Jeremy Siegel, da Universidade da Pensilvânia, que salientou — em seu livro *Stocks for the Long Run* — que, durante o século XX, qualquer um que estivesse disposto a investir e esperar por longo tempo teria mais vantagem comprando ações do que títulos. Assim, não havia necessidade de escolher entre risco e retorno; as ações simplesmente eram o melhor investimento, ponto final. O curioso é que havia mesmo uma nota de US$ 100 jogada na calçada (na verdade, havia uma porção delas, totalizando bilhões de dólares) que, por algum motivo, ninguém tinha apanhado.

Mas muita gente entendeu errado o significado dessa observação. Não quer, evidentemente, dizer que haja alguma lei da natureza garantindo que as ações serão sempre um bom investimento; diz apenas que, historicamente, as ações têm sido vendidas abaixo do preço. Os investidores não estavam dispostos a pagar muito para poderem compartilhar os ganhos das empresas; no entanto, é o que teriam feito se tivessem compreendido que os riscos eram pequenos.

Algo de curioso aconteceu na transição para o século XXI: a relação preço-lucro — o preço de um dólar de lucros de uma empresa — subiu enormemente. No período estudado pelo professor Siegel, os preços representavam, em média, menos de 15 vezes o valor dos lucros, e os investidores da Bolsa obtinham um retorno real de 7 por cento. Atualmente, a relação preço-lucro fica em torno de 30. Isto será exuberância irracional ou os investidores finalmente aprenderam a lição do professor Siegel? Seja como for, aquela nota de US$ 100 foi apanhada. Os que investem na Bolsa precisam hoje pagar duas vezes mais do que pagavam pela chance de entrar na partilha dos lucros, e, se os lucros aumentarem no futuro como aumentaram no passado, os investidores devem esperar ganhar apenas a metade da taxa histórica de retorno.

No entanto, muitos dos que apresentam propostas de reforma da Previdência Social — entre eles, os assessores do presidente Bush — insistem que as ações são a solução e que se pode prever que continuarão indefinidamente a dar um retorno de 7 por cento. Se alguém tentar mostrar-lhes que a compra de uma fatia da América corporativa custa hoje muito mais caro, eles se limitarão a recitar o mantra de que ações da Bolsa têm sido, ao longo da História, um grande investimento. Em outras palavras, já que aquela nota de US$ 100 estava ali ontem, ainda deve estar no mesmo lugar, não é?

Será que a estranha receptividade de bons economistas a uma falácia tão ingênua deve ser vista como o triunfo do pensamento ilusório sobre a análise crítica, ou como uma concessão hipócrita à conveniência política? Declarações recentes de Bush levam à conclusão de que o que estamos vendo é a tradicional dissimulação americana em ação.

Num discurso em 15 de maio, o presidente pediu aos ouvintes que pensassem nesse fato simples: "Mesmo que um trabalhador escolhesse somente o investimento mais seguro do mundo — um título do governo corrigido pela inflação — ele receberia uma taxa de retorno duas vezes maior que a da Previdência Social." É um fato surpreendente, tanto mais porque se sabe que a Previdência Social investe todo o seu dinheiro — você adivinhou — em títulos do governo! Mas a explicação — que os assessores de Bush entendem muito bem, mesmo que o chefe deles não entenda — é que os trabalhadores de hoje estão contribuindo não somente para a própria aposentadoria, mas para o sustento daqueles que já se aposentaram. E, se vocês julgam que este é apenas um detalhe — ou seja, que a questão do atendimento das obrigações existentes quando os trabalhadores tiverem a opção de investir suas contribuições em outras áreas é um ponto secundário — deixem-me garantir que eu também não teria dificuldade em conceber um plano para salvar de maneira indolor o sistema de Previdência Social se me deixassem fazer desaparecer como mágica uma grande parte das obrigações do sistema.

Talvez "mágica" não seja a palavra adequada. Que tal "macumba"?

CRIAR E DESTRUIR

8 de outubro de 2000

Segurem os cavaleiros! Na semana passada, o guru do mercado, James J. Cramer, que há tempos ganhou fama devido ao seu ilimitado otimismo em relação às ações da tecnologia, declarou-se desiludido — isso mesmo! — com esse setor. Ele expôs o seu desapontamento com os "quatro cavaleiros" da tecnologia: Dell, Microsoft, Intel e Cisco.

Mas, na mesma semana, um artigo na *Businessweek Online* também falou dos "quatro cavaleiros da Nova Economia": Cisco de novo, mas os outros eram Oracle, EMC e Sun. Além do fato de que muita gente não tem a menor idéia do que essas empresas fazem (eu mesmo fico confuso), o interessante é que, enquanto a lista de Cramer é dominada por companhias associadas aos PCs, a outra lista é toda sobre redes de computador. E isto sugere uma interpretação não só da perda de fé de Cramer, mas também da decepção sofrida pelos investidores em geral, uma decepção que provocou a queda do índice Nasdaq em mais de 20 % em relação ao seu nível máximo no verão passado. Pode-se ver nisso uma vingança de Joseph Schumpeter.

Nos últimos anos, Schumpeter, economista austríaco que se transferiu para Harvard no intervalo das guerras mundiais, tornou-se um ícone da Nova Economia. Esse *status* é devido ao seu trabalho na primeira fase; o jovem Schumpeter, escrevendo antes da Primeira Guerra Mundial, foi o primeiro economista de destaque a reconhecer que uma evolução constante da tecnologia faz parte do fenômeno capitalista. Mas grande parte de sua fama deriva de uma única frase de seu período de maturidade, quando se referiu à tecnologia como uma força de "destruição criativa".

É provável que, no ambiente dos negócios, essa frase tenha agradado por motivos errados — porque torna o que é feito ali mais glamouroso do que realmente é, ou porque parece desculpar as dificuldades e as injustiças freqüentemente causadas pelo mercado (não é por acaso que Shumpeter figura como favorito de publicações da direita, como a revista *Forbes*). Apesar de mal compreendida e mal usada, a frase continua a ser perfeita: de fato, as novas tecnologias tanto destroem como criam. Especificamente, cada nova tecnologia destrói, ou pelo menos diminui, o valor de velhas habilidades e velhas posições de mercado.

Mas será que os investidores e seus gurus realmente avaliam de modo correto o que a frase sugere? Até alguns meses atrás, a resposta era não. Eles ficavam excitados (e com razão) com os resultados criativos, mas esqueciam o aspecto da destruição. Ou talvez pensassem que a destruição só afetava as empresas da velha economia.

O motivo pelo qual as empresas de tecnologia às vezes apresentam uma taxa tão alta na relação entre preço e lucro é que os investidores aprenderam muito bem a lição da Microsoft e da Intel: que os mercados da tecnologia tendem a ser do tipo "o vencedor fica com tudo", e uma companhia que tenha uma vantagem inicial numa nova tecnologia pode ser capaz de concretizar essa vantagem num monopólio sustentado e lucrativo. Por essa razão, os investidores se dispunham a pagar preços elevados por companhias que tinham possibilidades de se tornarem a próxima Microsoft.

O declínio das empresas de tecnologia na primavera passada ocorreu quando as pessoas começaram a compreender que nem todos as empresas de tecnologia vão se transformar numa outra Microsoft, e também que o domínio de um mercado no qual ninguém vai ganhar dinheiro não compensa. Mas os vencedores que já tinham ficado com tudo — empresas com posições dominantes em mercados importantes e que estavam ganhando um bom dinheiro — continuaram a ser valorizadas numa proporção várias vezes superior aos seus ganhos.

O que aconteceu agora foi que os ganhos decepcionantes de velhas empresas da Nova Economia fizeram os investidores se lembrarem de que a destruição criativa não se limita aos dinossauros. Uma pequena empresa bem situada no campo de uma tecnologia excitante, como fibra ótica ou redes de comunicação sem fio, pode vir a ser a próxima Intel, mas a própria Intel pode vir a ser a próxima IBM, uma empresa cujo predomínio em uma determinada tecnologia perdeu um pouco do seu valor quando tecnologias ainda mais novas passaram a ocupar o centro do palco.

O que isso significa em termos do declínio atual das empresas de tecnologia? As explicações vão em duas direções opostas. Existem argumentos a favor da idéia de que a reação do mercado é exagerada, que os investidores permitiram que os resultados decepcionantes das empresas mais antigas da Nova Economia ofuscassem as coisas notáveis que estão acontecendo nas novas empresas da Nova Economia.

Por outro lado, a percepção de que as empresas de tecnologia também são mortais deve limitar o preço que os investidores se dispõem a pagar, mesmo por empresas com perspectivas de um futuro brilhante dentro em breve. O mesmo ritmo acelerado que fez com que grandes companhias surgissem de repente, vindo do nada, também pode significar que essas companhias estão destinadas a ter apenas uma curta existência.

O PRINCÍPIO DA PIZZA

9 de julho de 2000

Sempre foi difícil discutir o mercado de ações de maneira racional porque a esperança, o medo, a cobiça e a inveja atrapalham. Hoje em dia ainda é mais difícil porque a política se mete no meio. Além do fato de que alguns ideólogos acreditam que gostar do capitalismo é o mesmo que gostar de ações da Bolsa — qualquer que seja o seu preço — a expectativa de enormes lucros em ações desempenha o mesmo papel que a Curva de Laffer há vinte anos, ou seja, ajudar os políticos — sobretudo aqueles que querem privatizar a Previdência Social — a oferecer a ilusão de ganhos sem esforço ou sofrimento.

Apesar de tudo, trava-se um debate sério sobre as perspectivas dos preços das ações, com argumentos de peso de ambos os lados.

No ano passado, os especuladores altistas dominaram a arena, mas recentemente temos ouvido muita coisa dos baixistas — gente como Robert Shiller, autor de *Irrational Exuberance*, ou Andrew Smithers e Stephen Wright, co-autores de *Valuing Wall Street*. Seus argumentos são inequívocos: pelos padrões históricos, os valores atuais das ações são disparatados. O índice preço-lucro (P/L) da empresa comum é mais do dobro da média histórica; o mesmo acontece com o "Q" — a proporção entre o valor de mercado das corporações e o valor dos ativos subjacentes. E, no passado, um elevado P/L ou um elevado "Q" eram um presságio de futuras perdas de capital. Portanto, trata-se de um ponto de vista que deve ser levado em consideração.

Mas será que o futuro vai ser igual ao passado? Sofisticados especuladores altistas — exemplificados por Jeremy Siegel, autor do influente livro *Stocks for the Long Run*, de 1993 — enfatizam que ações da Bolsa têm constituído historicamente um investimento de bom retorno e pouco risco. Na verdade, as ações eram um investimento tão atraente que as pessoas deveriam estar dispostas a pagar preços mais altos do que pagavam. Portanto, avaliações que parecem altas demais pelos padrões históricos talvez reflitam não a subida da exuberância irracional, e sim o declínio do pessimismo irracional. E este também é um ponto de vista que deve ser levado em consideração.

No entanto, é importante reconhecer os limites da tendência altista sofisticada. A taxa de rendimento a longo prazo das ações tende a ser idêntica "Taxa de retorno dos lucros" — a relação preço-lucro sobre a qual as pessoas costumam falar, só que de cabeça para baixo. Assim, mesmo que você acredite que as ações não representam um grande risco, isso só serve de justificativa no caso dos preços de ações serem suficientemente altos para que o retorno dos lucros — e, por conseguinte, o rendimento a longo prazo das ações — não seja mais elevado do que a rentabilidade de ativos seguros, como títulos de renda fixa. E é o ponto que já atingimos (até já ultrapassamos). Assim sendo, os pontos de vista dos especuladores altistas sofisticados não justificam a crença de que as ações estejam muito subvalorizadas nem de que as ações de hoje, cotadas a preços bastante generosos, vão render aos investidores algo parecido com a rentabilidade que eles conseguiam nas ações subvalorizadas de décadas passadas.

Naturalmente, o motivo pelo qual enfatizo este ponto é que, se você não o compreender, poderá vir a confundir os especuladores altistas sofisticados com um terceiro grupo — os altistas alucinados? — que adota uma dessas crenças, ou ambas.

Esta é uma confusão estimulada pelos próprios altistas alucinados. Por exemplo, os autores do livro *Dow 36.000*, do ano passado, afirmavam que se baseavam nas idéias do professor Siegel. E, em certo sentido, isto é verdade. Mas é o mesmo que dizer que uma receita de pizza de salsicha, marshmallow e abacaxi se baseou na massa da pizza. Sim, a massa é um ingrediente essencial, mas há outros ingredientes importantes e, aliás, muito suspeitos, no caso.

Os especuladores altistas sofisticados merecem ser levados a sério; os baixistas sofisticados também. Mas os altistas alucinados, não.

Estas são palavras para uso em combate. E o combate de que estamos falando tende a não ser justo. Eu mesmo já fui acusado de incoerência, por ter criticado os altistas alucinados e, ao mesmo tempo, elogiado o professor Siegel. Dizem contra mim o seguinte: "No ano passado, o senhor fez pouco da pizza — e agora diz que, no fim das contas, gosta de pizza. Ah! O senhor mudou de posição".

Bem, deixem-me explicar claramente o "princípio da pizza" em matéria de ações da Bolsa. Gosto de pizza e vocês deveriam fazer o mesmo — isto é, deveriam levar a sério a opinião de que um mercado de ações — que parece supervalorizado de acordo com os padrões históricos — na verdade não está supervalorizado. Mas, mesmo que vocês gostem de pizza, não precisam aceitar as bobagens e ingredientes que alguns querem que vocês engulam.

PREJUDICADO PELO DOW

2 de setembro de 2001

No final de 1999 — mais ou menos na época em que George W. Bush anunciou o seu plano de corte de impostos — almocei num bar desses que servem cerveja e pizza e que têm uma televisão em cima do bar para os fregueses assistirem à ESPN. Mas a TV não estava ligada na ESPN, e sim na CNBC. Pensei comigo mesmo: "Isso vai terminar mal." E foi o que aconteceu.

Em 1999, o índice Dow ultrapassou pela primeira vez a casa dos dez mil. Embora o índice tenha caído por algum tempo no início do ano 2000, esse declínio não teve muita importância; era apenas um efeito secundário do clima de exuberância irracional entre os investidores, que estavam trocando o maçante e velho Dow pelo índice Nasdaq. Por outro lado, na semana passada, aconteceu algo com um significado mais real: o Dow deixou para longe a marca dos dez mil, indo, porém, no sentido inverso. A era da bolha do mercado de ações chegou ao fim de vez. Mas que confusão essa bolha deixou!

Hoje, todo mundo sabe qual o impacto econômico de uma bolha. Durante os anos dos preços inflados das ações, que estavam estreitamente ligados à euforia em torno da "Nova Economia", as empresas investiram freneticamente, despejando grandes somas em tecnologia da informação. Agora, muitas delas compreenderam que haviam exagerado nos investimentos. E, nos próximos anos, provavelmente vamos ter investimentos mais contidos.

Este não é um pensamento encorajador. Mas as conseqüências econômicas diretas da bolha são apenas metade da história. A bolha teve também um efeito terrível na política nacional americana.

Afinal, não foi por acaso que o plano de redução de impostos de Bush foi apresentado pouco antes do estouro da bolha. Havia uma estreita relação entre a mania das ações e a mania de cortar impostos, uma relação que vai nas duas direções.

De um lado, a mídia de direita, no final dos anos 1990, apoiava aqueles que estimulavam o mercado. A página editorial de *The Wall Street Journal*, em particular, acolhia as teorias mais bizarras sobre a avaliação do mercado, desde que preconizassem a alta. Lembram-se do livro *Dow 36.000*? E todo aquele que denunciasse a matemática fantasiosa dessas teorias e observasse que não se pode esperar que as ações produzam eternamente um retorno elevado era apontado como um perigoso extremista de esquerda — afinal, o mercado de ações é a mais pura expressão do capitalismo; portanto, quem duvidar do mercado só pode ser anticapitalista, certo?

Mas a causa mais importante se situava na direção oposta: a bolha do mercado infelizmente criava um ambiente no qual políticas irresponsáveis tendiam a parecer momentaneamente plausíveis.

É importante entender até que ponto o superávit orçamentário era consequência do mercado em alta. Entre 1994 e 2000, os impostos não subiram, mas a receita fiscal cresceu, em proporção ao PIB, em grande parte devido a todos aqueles impostos extras pagos sobre os ganhos de capital. O resultado foi uma falsa impressão de que havia muito dinheiro disponível e de que grandes cortes de impostos se ajustariam confortavelmente no orçamento. O plano de Bush foi formulado no período em que essa ilusão estava no auge.

Hoje, a realidade está começando a se fazer sentir. Infelizmente, apesar de o novo realismo ter surgido a tempo de evitar um desastre na Previdência Social — porque esse outro programa característico de Bush também se baseou na ilusão da economia da bolha — chegou tarde demais para impedir uma catastrófica redução de impostos.

Naturalmente, é possível especular por que o próprio Bush não teve momentos de hesitação — por que ele achou que o mesmo plano de redução de impostos que havia sido apresentado nos dias febris do mercado em alta do fim de 1999 ainda seria apropriado para a economia pós-bolha de 2001. Os assessores do presidente certamente sabiam que a receita fiscal estava despencando bruscamente, mas ainda assim tranqüilizaram um Congresso dócil, dizendo que tudo ia muito bem.

Uma coisa que aprendemos sobre esse governo é que ele nunca muda seus planos quando as circunstâncias se alteram. Não muda os planos, muda apenas a tática para promovê-los. De modo que o plano de redução de impostos ganhou novo rótulo e virou uma medida de combate à recessão, função para a qual é totalmente inadequado. O governo não desistiu de sua intenção de privatizar a Seguridade Social. E, como não pode mais seduzir as pessoas com perspectivas de ganhos fáceis na Bolsa, decidiu amedrontá-las com a previsão de crises imaginárias.

Seja como for, já houve um imenso dano. A bolha do mercado acionário provocou decisões equivocadas, tanto na política como nos negócios, e vamos ter que pagar o preço disso durante muitos anos.

CAPÍTULO 2

Presságios no exterior

ÁSIA: O QUE DEU ERRADO?

Fortune, 2 de março de 1998

Há uma parte de mim que fica excitada, até mesmo feliz, com a crise financeira da Ásia. Entendam: desastres financeiros, afinal, são uma das minhas especialidades. O primeiro *paper* importante que escrevi, há mais de vinte anos, intitulava-se "Um modelo de crise de balanço de pagamentos". Portanto, sou como se fora um estudioso de catástrofes climáticas que se depara com um ciclone gigantesco. Como qualquer pessoa, tenho pena daquela gente pobre que mora em acampamentos de *trailers*, mas, por outro lado, não posso deixar de me empolgar por ter a oportunidade de observar o extraordinário espetáculo que se desenrola diante dos meus olhos. Posso até dar uma desculpa para esses meus sentimentos contraditórios: quando algo dá errado, é possível aprender mais sobre o funcionamento da economia global do que quando tudo anda às a mil maravilhas. E talvez as lições que venhamos a aprender com essa crise nos ajudem a evitar a próxima ou, pelo menos, a lidar melhor com ela.

Então, o que aprendemos com a confusão ocorrida na Ásia? Ataques especulativos contra uma moeda não constituem novidade, e alguns de nós chegaram a advertir, alguns anos atrás, que os países do Sudeste da Ásia estavam correndo riscos. Mas a dimensão e a profundidade desta crise surpreenderam todo o mundo; este desastre provou que existem perigos financeiros com os quais nossa vã filosofia de antigamente nunca havia sonhado.

A essa altura, temos uma idéia bem clara do que aconteceu na Ásia. O melhor é pensar em algo como uma peça em dois atos, o primeiro focalizando um comportamento insensato; o segundo, as conseqüências disso. O que ninguém sabe ainda é a que distância estamos do desfecho. Será que a peça está prestes a terminar ou ainda vem por aí um último ato trágico?

O primeiro ato pode ser resumido como a história da bolha. Teve início, segundo entendemos agora, com erros no setor bancário. Em nenhum dos países atualmente em crise havia uma linha visível separando o setor público do privado; o sobrinho do ministro ou o filho do presidente, por exemplo, podiam abrir um banco e captar dinheiro tanto da população local como de credores estrangeiros, graças à crença generalizada de que o dinheiro estava seguro porque havia ligações oficiais por trás da instituição. Garantias governamentais para depósitos bancários são um procedimento comum no mundo inteiro, mas normalmente essas garantias são acompanhadas de algumas exigências. Os donos dos bancos têm de cumprir certos requisitos tais como colocar o seu próprio capital em jogo, usar de cautela nos investimentos, e assim por diante. No entanto, nos países asiáticos parece que muita gente teve privilégios sem uma responsabilidade correspondente, e apostou no cara ou coroa da seguinte forma: "Se der cara, eu ganho, se der coroa, o outro perde." Os empréstimos iam para o financiamento de operações imobiliárias duvidosas e expansões de empresas excessivamente ambiciosas.

A bolha foi inflada ainda mais por investidores estrangeiros crédulos, ansiosos para aplicar dinheiro em países remotos sobre os quais não sabiam nada (exceto que estavam prosperando). Foi também, por uns tempos, autosustentada: todos aqueles empréstimos irresponsáveis criaram um *boom* no setor imobiliário e na Bolsa, fazendo com que os balancetes dos bancos e seus clientes parecessem melhores do que realmente eram.

Em pouco tempo, a Ásia estava pronta para o segundo ato, o estouro da bolha. Isso teria que acontecer, mais cedo ou mais tarde. Em algum momento, ficaria claro que os valores excessivamente otimistas que os mercados asiáticos tinham dado aos ativos não eram realistas neste nosso mundo imperfeito, e que os conglomerados asiáticos não eram superiores aos ocidentais no esforço de manter presença e ter negócios em todos os países do mundo. Mas o colapso veio antes do que se esperava, porque as bolhas especulativas são vulneráveis a um fenômeno de pessimismo auto-realizável: logo que um número significativo de investidores começa a se perguntar se a bolha vai estourar, ela estoura mesmo.

Assim, a Ásia entrou numa espiral descendente. À medida que investidores nervosos começaram a retirar seu dinheiro dos bancos, os preços dos ativos despencavam. Com isso, ficou cada vez mais difícil acreditar que os governos fossem sustentar os depósitos e empréstimos restantes, o que fez os investidores fugirem ainda mais depressa. Os investidores estrangeiros correram para as portas de saída, provocando desvalorizações da moeda, o que agravou ainda mais a crise, porque os bancos e empresas se viram às voltas com ativos em bahts ou rúpias desvalorizadas, mas com passivos em dólares lamentavelmente fortes.

O que realmente provocou a espiral descendente? Não importa! Qualquer empurrãozinho é capaz de provocar uma avalanche quando as condições são propícias. É provável que as causas imediatas tenham sido a estagnação no setor dos semicondutores e a desvalorização do iene em relação ao dólar, mas, se esses fatores não desencadeassem a crise, qualquer outro o faria.

A implosão financeira da Ásia naturalmente está arrastando consigo as economias reais. Em parte, isso se deve ao fato de que o colapso dos valores patrimoniais faz as pessoas se sentirem mais pobres, reduzindo a demanda de consumo; em parte, isso se deve ao fato de que os preços baixos das ações e os juros elevados reduzem os investimentos. Mas, para perturbar ainda mais a situação, entra em ação também o efeito do lado da oferta de recursos. Embora bancos descontrolados tenham sido a fonte inicial de toda a confusão, não se deve esquecer que um sistema bancário em bom funcionamento continua sendo o lubrificante ideal para o motor da economia. Como os bancos em alguns países asiáticos estão paralisados, o motor dá sinais de se engasgar: até mesmo empresas que, pela lógica, deveriam ser rentáveis — como as que lidam com exportação — sentem-se cada vez mais impotentes devido à falta de crédito. Em suma, trata-se de um espetáculo terrível, mas, ao mesmo tempo, fascinante.

Esta situação poderia piorar? Bem, se houver um terceiro ato, terá como característica uma interação entre a economia e a política: a crise econômica levará à instabilidade política, a instabilidade levará à fuga de capitais com agravamento da crise econômica, e o circo vai pegar fogo. Mas, até o momento, somente a Indonésia mostra sinais, e mesmo assim fracos, desse novo círculo vicioso — e mesmo ali os observadores mais sensatos acham que a possibilidade de ocorrerem distúrbios realmente sérios tem sido exagerada.

Espero que estejam certos. Para os que andam atrás de tempestades econômicas, o desastre na Ásia pode ter sido a tormenta perfeita. Mas quem se preocupa com a miséria daquela gente de carne e osso, cujos meios de subsistência e, em alguns casos, até mesmo as vidas, estão em risco, só pode torcer para que a tempestade acabe logo.

POR QUE A ALEMANHA NÃO É KAPAZ DE KOMPETIR

Fortune, 19 de julho de 1999

Algum tempo atrás, circulou via *e-mail* um documento forjado atribuído à Comissão Européia, afirmando que, tendo sido criada uma moeda comum, o próximo passo óbvio seria a adoção de uma língua comum na Europa. Por motivos práticos, essa língua deveria ser o inglês, com alguns ajustes. Assim, o documento sugeria que a dura consoante "c" fosse substituída pelo "k", eliminando uma fonte de konflito, e que, para confusão de escritores evitar, o verbo no fim da frase colocado fosse. Quando se chegava ao fim da leitura do memorando, o idioma inglês tinha se transformado em alemão.

O que deu relevância a essa piada foi, é claro, a suposição de que a Alemanha iria dominar a nova Europa. A Alemanha, além de ser a mais populosa nação da Comunidade Européia, tem tido tradicionalmente a economia mais poderosa do continente. Na verdade, desde o início da década de 1980, a Alemanha tem exercido hegemonia monetária sobre seus vizinhos; a função dos banqueiros centrais holandeses, belgas, até mesmo franceses, era simplesmente seguir as diretrizes do Bundesbank. Mas, de alguma maneira, enquanto ninguém estava prestando atenção, a Alemanha deixou de ser a força da Europa e se tornou a sua principal fonte de fraqueza.

Quando foi que a Alemanha virou o país enfermo da Europa? Quem tiver idade suficiente para se lembrar do que aconteceu nos anos 1950 e 1960 sabe que a simples menção da palavra "alemão" fazia pensar em "milagre econômico". Até o início da década de 1990, o desempenho alemão ainda parecia satisfatório pelos padrões internacionais. Mas, ultimamente, quase todas as notícias vindas da Alemanha são ruins.

Alguns atribuem o problema aos erros cometidos pela administração de Gerhard Schröder, que abalou a confiança do meio dos negócios, ao retomar a tradicional retórica socialista. Mas a verdade é que o crescimento da economia alemã já vinha vacilando antes mesmo de Schröder ser eleito; o que ele fez foi piorar uma situação que já era ruim.

Outros acham que o problema data da reunificação alemã depois da queda do Muro de Berlim. É certo que o efeito imprevisto dessa reunificação foi transformar a Alemanha numa Itália sem a *dolce vita*. Assim como a Itália é dividida entre um norte próspero, produtivo, e um sul atrasado, a Alemanha hoje está dividida entre um oeste produtivo e um leste dependente; e, nos dois casos, a ajuda fornecida à região mais atrasada esgota não só o orçamento, mas também a própria sociedade, criando naqueles que a recebem uma espécie de cultura de dependência.

Há ainda quem ache que o problema começou bem antes. Já faz 20 anos que o economista alemão Herbert Giersch cunhou o termo "euroesclerose", para descrever como uma regulamentação excessiva e um Estado previdenciário generoso demais prejudicam a eficiência e a criação de empregos; e ele estava pensando particularmente no caso da Alemanha.

Mas isso pode dar a impressão de que o contraste entre a Alemanha e as vigorosas economias anglofônicas é uma simples questão de direita e esquerda: livre mercado *versus* intervenção do Estado. Embora haja algum sentido nessa distinção, qualquer um que tenha tido a oportunidade de conversar com economistas e funcionários alemães sabe que em alguns aspectos eles são mais conservadores — isto é, mais contrários a um governo ativista — do que os americanos. Talvez não concordem em deixar que o comércio decida o horário de funcionamento das lojas, mas acreditam em política monetária, orçamentos responsáveis, e têm horror à idéia de que o governo deva reduzir as taxas de juros ou — pior ainda — desvalorizar a moeda como meio de combater o desemprego.

Bem, eis a minha teoria: a diferença real entre as economias atualmente bem-sucedidas, como a americana, e as que estão em crise, como a alemã, não é política, mas sim filosófica. Não é Karl Marx *versus* Adam Smith. É o imperativo categórico de Immanuel Kant *versus* o pragmatismo de William James. O que os alemães querem é um conjunto de princípios claros: regras que especifiquem a natureza da verdade, a base da moralidade, a que horas as lojas devem abrir e quanto vale um marco alemão. Os americanos, pelo contrário, são desleixados nos planos filosófico e pessoal: eles ficam a favor de tudo aquilo que, de um modo ou de outro, funcione. Se as pessoas quiserem fazer compras às 11 da noite, tudo bem; se um dólar às vezes vale 80 ienes e às vezes vale 150, também está tudo bem.

A maneira americana nem sempre é a melhor. Mesmo hoje em dia, Detroit não consegue fabricar carros com o padrão de qualidade dos alemães, ou não se interessa; a Amtrak não consegue cumprir um horário preciso para os trens como os alemães fazem, ou não se esforça para isso. Os Estados Unidos são notoriamente fracos no setor de exportação; a qualidade de alguns produtos da Alemanha, a eficiência da técnica e do planejamento permitiram ao país ser um poderoso exportador, apesar do alto custo da mão-de-obra. E os alemães conseguiram resistir melhor do que nós, americanos, às pressões inflacionárias dos anos 1970 e 1980.

Mas o mundo mudou de um modo que parece mais propício à flexibilidade do que à disciplina. Com a tecnologia e os mercados em mudança, nem tudo pode ser feito da melhor maneira possível; num quadro em que a deflação é uma ameaça maior do que a inflação, a obsessão por uma política monetária restritiva pode ser uma receita para uma recessão permanente.

Portanto, a Alemanha está em dificuldades — e com ela, todo o projeto de uma Europa mais unificada. Supunha-se que a Alemanha seria o motor econômico de uma nova Europa; se, pelo contrário, constitui um fardo, talvez o trem inteiro esteja indo na direção errada, não?

NÃO SOMOS O JAPÃO

27 de dezembro de 2000

Quando Lucy diz a Charlie Brown que dessa vez vai deixar que ele chute aquela bola de futebol, você sabe o que vai acontecer. Quando o Coiote insiste que desta vez vai mesmo conseguir agarrar o Papaléguas, você sabe o que vai acontecer. E quando as autoridades japonesas dizem que desta vez o país está no caminho de uma recuperação auto-sustentável...

Os últimos indicadores confirmam que a economia japonesa estagnou de novo. A confiança nos negócios caiu, os gastos do consumidor estão diminuindo, o desemprego está aumentando, a deflação vem-se acelerando. E o índice de ações Nikkei, que estava acima de vinte mil no início deste ano, oscila agora em torno de quatorze mil.

No caso do Japão, essa é uma velha história. Mas com a economia americana atravessando sua fase mais difícil em vários anos, com analistas em pânico e políticos atentos aos seus próprios interesses declarando que o céu está desabando, vale a pena explicar por que a nossa história é bem diferente.

Vejam bem, a regra geral — a regra da qual o Japão é a grande exceção — diz que recessões não constituem um problema grave para economias bastante desenvolvidas e modernas. Não é que as forças que causam a recessão tenham sido abolidas — embora todo período de expansão prolongada faça surgir estúpidas afirmações sobre o fim dos ciclos de negócios. Em vez disso, o importante é que as tendências recessivas em geral podem ser tratadas de modo eficaz com remédios baratos que não precisam de receita médica: reduza a taxa de juros em alguns pontos percentuais, proporcione bastante liquidez, e me telefone amanhã de manhã.

Ou, mais precisamente, telefone dentro de seis meses ou talvez um ano. A experiência mostra que o Fed (Banco Central dos EUA) quase sempre consegue convencer os consumidores e as empresas a gastarem mais e o faz por meio da redução da taxa de juros, mas há um longo intervalo entre a redução dos juros e o momento em que os gastos aumentam. E é por isso que continuamos vulneráveis a recessões: de vez em quando, o Fed demora a reconhecer que a economia está enfraquecendo e quando toma medidas já é tarde para evitar a estagnação. Foi o que aconteceu em 1990 e pode ser que isso esteja acontecendo agora.

Especificamente, agora ficou claro que o Fed deixou passar a hora de agir — pois, se era correto aumentar os juros no final de 1999 e no começo de 2000, para moderar uma economia excessivamente aquecida, o último aumento de meio ponto em maio foi maior do que o necessário. É claro que estou falando com a vantagem da visão retrospectiva; na época, a medida pareceu oportuna.

O Fed pode, e certamente vai, em breve, reverter o efeito desse aumento mais recente, mas os efeitos favoráveis dessa reversão vão demorar a se materializar. Enquanto isso, a economia vai desacelerar, e pode mesmo encolher durante uns dois trimestres — como se sabe, isso constitui a definição clássica de "recessão". Mas seria um revés temporário, o que nos leva de volta ao tema da diferença entre o nosso caso e o do Japão.

No Japão, o céu de fato está desabando. Como a taxa de juros já está perto de zero (não chega a zero, devido à tola decisão do Banco do Japão de aumentar os juros em agosto —, mas não me provoquem para começar a falar sobre isso), a desaceleração é um sinal de que as políticas econômicas básicas do país não estão funcionando e de que está na hora de tomarem alguma medida radical. Em comparação, a morosidade da nossa economia é apenas uma dessas coisas que ocorrem de vez em quando; não indica qualquer falha fundamental da nossa política econômica, nenhuma necessidade de se fazer algo, a não ser manter baixas as taxas de juros.

Portanto, de que devemos ter medo? O pior que pode acontecer, e que não é possível excluir, é que acabemos por nos parecer mais com o Japão do que desejaríamos: podemos estar vivendo a nossa própria versão da notória "economia da bolha" e podemos estar prestes a descobrir que, dessa vez, somente reduzir os juros não vai solucionar nada. Mas é preciso dizer que, no momento, esse cenário pessimista não parece plausível.

O que me preocupa não é a recessão que poderemos, ou não, ter pela frente, mas a reação dos políticos a esta desaceleração econômica. Será que eles vão aproveitar uma moléstia branda e fácil de ser tratada como justificativa para enfiar pela goela da nação remédios duvidosos, caros e perigosos? Estou me referindo, é claro, às reduções de impostos — que não irão remediar a desaceleração econômica a curto prazo e que prejudicarão a nossa saúde fiscal a longo prazo.

Não precisamos temer uma recessão; se acontecer, será algo em que o Fed pode facilmente dar um jeito. Devemos ter medo do próprio medo: a perspectiva bastante provável de que a ameaça de uma recessão provoque um clima de pânico capaz de nos levar a agir de um modo do qual nos arrependeremos nos anos vindouros.

UM SALTO NO ESCURO

8 de julho de 2001

De certo modo, eu gostaria de ter mais coisas negativas para dizer sobre os executivos e funcionários japoneses com os quais conversei nos últimos dias. Se os executivos tivessem demonstrado que estão desligados da realidade dos negócios atuais, se as autoridades tivessem se mostrado obstinadas e tolas, seria fácil classificar o mal-estar econômico do Japão como mero produto de um sistema social e político profundamente defeituoso — algo que não poderia acontecer nos Estados Unidos.

Mas, de modo geral, as pessoas com as quais conversei pareceram razoáveis e bem informadas. Na verdade, os japoneses fazem mais sentido agora do que quando a economia deles estava prosperando. Quinze anos atrás, não era possível manter uma conversa racional; até mesmo os economistas do setor privado se recusavam a criticar qualquer política do governo, por mais absurda que fosse. Agora, é possível ter um diálogo com substância.

Apesar disso, tenho maus pressentimentos a respeito da situação do Japão.

Se boas intenções e entusiasmo bastassem para resolver problemas macroeconômicos, a recuperação do país asiático teria grande probabilidade de ocorrer em breve. Ao assumir o cargo, o primeiro-ministro Junichiro Koizumi gozava de imensa popularidade, da qual se valeu para implementar um programa ambicioso de "reformas estruturais". Seu índice de aprovação permaneceu elevado, embora tivesse advertido que as reformas causariam vários anos de sofrimentos antes de surgirem resultados positivos.

Mas, quando analisamos o que a expressão "reformas estruturais" realmente significa, surgem dúvidas.

A expressão parece sugerir duas coisas: forçar os bancos a cancelar dívidas que não vão ser pagas e reduzir o imenso programa de obras públicas que tem sido usado, ano após ano, para incentivar a criação de empregos. As duas medidas são plenamente justificáveis. Mais cedo ou mais tarde, os bancos japoneses vão ter que adotar uma contabilidade mais confiável. E o programa de obras públicas tornou-se uma fonte não só de ineficiência, mas também de vasta corrupção.

Mas há um problema: o perigo claro e iminente para a economia japonesa não é a ineficiência, mas a fraca demanda. Em outras palavras, o problema imediato não é que o Japão esteja deixando de obter o máximo dos recursos que emprega, mas sim que não consegue utilizar os recursos de que dispõe. E as reformas do senhor Koizumi só agravarão o problema imediato. Quando os bancos determinarem a execução da dívida de companhias que nunca estarão aptas a fazer os pagamentos, ou quando o governo parar de construir diques e estradas de que o país não necessita, o resultado imediato será o aumento do desemprego. Numa economia próspera, quando as firmas entram em falência e as obras públicas são canceladas, os empregados que são despedidos podem encontrar outros bons empregos. Mas numa economia persistentemente deprimida, esses empregados continuarão sem trabalho — e como desempregados compram menos artigos de consumo, a economia ficará ainda mais deprimida.

Então, onde fica a perspectiva de recuperação? Fiz a pergunta a Heizo Takenaka, um professor e analista popular que foi alçado à posição de arquiteto do plano econômico de Koizumi — numa dessas reviravoltas de atuação profissional que são comuns nos Estados Unidos, mas extremamente raras no Japão. Diga-se a seu favor que ele não procurou confundir a questão: admitiu que seu plano se enquadrava na "economia da oferta", isto é, foi concebido para tornar a economia do Japão mais eficiente. Mas o problema premente que a economia enfrenta está no lado da demanda — as pessoas estão consumindo pouco. Mesmo assim, argumentou que, mais cedo ou mais tarde, as reformas também vão ajudar reforçar a demanda. Acrescentou que, quando os consumidores perceberem que as perspectivas a longo prazo melhoraram, tenderão a abrir mais as carteiras para gastar. Também afirmou que outras reformas estruturais futuras — sobretudo desregulamentação e privatização — oferecerão novas oportunidades de negócios e, portanto, estimularão os investimentos.

Bem, talvez. Mas, de qualquer modo, o plano parece um salto no escuro — medidas radicais tomadas porque talvez venham a funcionar, e não porque haja motivos concretos que autorizem a acreditar que vão de fato funcionar.

As chances de sucesso do plano seriam muito maiores se ele fosse sustentado por medidas igualmente audaciosas por parte do Banco do Japão, que controla a política monetária. Mas a atitude dos funcionários do Banco parece ser oposta à de Koizumi: aparentemente, temem tomar certas medidas por acharem que poderão não dar certo.

Será que Koizumi se sairá bem? Espero que sim, mas, como eu disse, tenho maus pressentimentos a respeito disso tudo. O lema implícito do governo Koizumi é: "Ou reforma ou racha." Porém, o mais provável é que tenha de ser perigosamente mudado para: "Reforme e rache."

CAPÍTULO 3

A economia de Greenspan

NÃO PERGUNTE AO ALAN

6 de agosto de 2000

No palco, o espetáculo de canções e danças desenrolou-se com perfeição. No entanto, fora dali, o principal conselheiro econômico do presidente George W. Bush tropeçou na sua fala. Quarta-feira, *The Financial Times* publicou uma entrevista de Lawrence Lindsey na qual o ex-funcionário do Fed se gabava de sua relação com Alan Greenspan e dava a impressão de que o presidente do Federal Reserve endossava o plano econômico de Bush. No dia seguinte, Lindsey foi obrigado a desmentir enfaticamente o que dissera, admitindo que na verdade nunca discutira o plano do governo com Greenspan e acrescentando que não competia a Greenspan "endossar um ou outro plano fiscal, ou favorecer um ou outro dos candidatos".

É de se supor que Lindsey — talvez um pouco irritado com os analistas da Goldman Sachs e outros que tinham alertado que a proposta de redução de impostos de Bush provocaria a elevação das taxas de juros — estava sendo apenas descuidado. Deve-se esperar que de agora em diante a equipe republicana defenda seus planos com base nos méritos — começando por explicar, no caso da Previdência Social, em que consiste o plano —, em vez de tentar nos garantir que está tudo bem porque o tio Alan aprovou a idéia. No entanto, há mais coisas nessa história do que a gafe de Lindsey. Se me perguntarem, acho que estamos sendo bombardeados nos dias atuais com informações demais sobre o que Greenspan pensa.

Afinal de contas, Greenspan tem um cargo que precisa ser ocupado com muita discrição, porque seu detentor goza de certa autonomia que é peculiar numa sociedade democrática. Nem o Congresso nem o presidente podem dizer o que Greenspan deve fazer: ele, por si só, constitui uma fonte de poder.

É fácil encontrar justificativas para essa posição privilegiada. A política monetária oferece muitas tentações aos políticos — por exemplo, a de inflar a economia pouco antes de uma eleição. A fim de se protegerem contra esses perigos, mesmo países em que o Banco Central costumava receber ordens do Ministério da Fazenda, como a Grã-Bretanha e o Japão, decidiram (depois de aprenderem duras lições) criar comitês independentes de política monetária.

E nenhum Banco Central tem justificado sua independência tanto quanto o Fed. Greenspan teve a sorte de presidir o Banco num período em que tudo deu certo na economia americana e soube explorar a sorte, agindo de modo a deixar a economia crescer sem reanimar a inflação. Por duas vezes — em 1987 e 1998 — acalmou mercados, num momento em que um colapso financeiro parecia iminente. Não surpreende que haja grande interesse em se conhecer as opiniões de um homem como Greenspan a respeito de muitos assuntos.

Mas aí está o problema: se o Fed deve ficar isento de qualquer controle político, ele deve ser escrupulosamente apolítico em seu próprio benefício. Coisas acontecem. Pode-se ter certeza de que um dia o Fed — na gestão de Greenspan ou de seu sucessor — cometerá um grande engano. Se a sua reputação for a de uma instituição neutra que respeita seus limites, o engano será perdoado. Mas, se o presidente do Fed for visto como um protagonista a mais da atividade política, tentando influenciar programas que não têm nada a ver com sua missão, a pergunta "quem o elegeu?" será difícil de responder.

Portanto, fico inquieto quando vejo Greenspan se envolvendo em questões que parecem distantes dos requisitos do seu cargo. Por exemplo, o que ele estava fazendo ao prestar depoimento no Congresso a favor de relações normais de comércio com a China? Por acaso, concordo com ele nesse ponto — mas política comercial nada tem a ver com política monetária e ele deveria ter evitado participar desse tema.

Até a resposta à gafe de Lindsey foi inadequada. Segundo o porta-voz de Greenspan, o presidente do Fed "prefere superávits orçamentários elevados ou crescentes", mas se "superávits crescentes se tornarem difíceis de justificar politicamente, ele preferiria que esses superávits fossem aplicados em cortes de impostos e não de iniciativas de aumentos de gastos". Acho que a primeira parte desse pensamento está certa — já que as políticas monetária e fiscal são interdependentes: o presidente do Fed pode legitimamente recomendar cautela fiscal. Mas decisões sobre o uso de superávits para possibilitar reduções de impostos ou benefícios sociais — devemos eliminar o imposto sobre herança ou fornecer remédios com desconto aos idosos? — constituem, evidentemente, assunto para o eleitorado decidir, e não estão na alçada de tecnocratas que não foram eleitos.

Se e quando o senhor Alan Greenspan se tornar um cidadão privado, suas opiniões a esse respeito merecerão ser ouvidas. Mas, na condição de presidente do Fed, ele tem de ser prudente, evitando qualquer suspeita de que esteja ultrapassando os limites de seu cargo.

CONTANDO ATÉ ONZE E MAIS

14 de dezembro de 2001

Constrangedor, mas verdadeiro: há apenas um mês, o Instituto James A. Baker III concedeu a Alan Greenspan o Prêmio Enron. Não estou insinuando nenhum comportamento desonesto; é apenas mais um indício do nível de envolvimento da famosa empresa de energia, que faliu mergulhada ultimamente em tanta confusão com a elite no poder. (A Enron foi enquadrada no capítulo 11, o mais importante da Lei de Falências nos EUA.)

E, ainda por cima, o sr. Greenspan está envolvido com outro capítulo 11, ou seja, o Fed já reduziu as taxas de juros 11 vezes e ainda não apareceram resultados. O que está acontecendo?

Uma resposta possível é que algo saiu errado com o "mecanismo de transmissão", o motor que liga normalmente as ações do Fed à economia real. E quem emperrou a engrenagem do Banco foi o próprio Greenspan.

O poder direto do Fed sobre a economia é, na verdade, mais limitado do que geralmente se pensa. Costuma-se dizer que o Fed controla as taxas de juros, mas a única taxa que realmente se controla é a do mercado *overnight* dos fundos federais que, por si só, tem pouca importância na economia.

Mas, normalmente, uma queda na taxa dos fundos federais afeta indiretamente algumas variáveis financeiras que, essas sim, são importantes. Uma redução pode fazer subir os preços das ações, enfraquecer o dólar e — acima de tudo — reduzir as taxas de juros a longo prazo. Economistas da Goldman Sachs incorporaram essas variáveis a um "índice de condições financeiras" que, segundo eles, tem permitido, ao longo do tempo, prever o desempenho futuro da economia.

Com base em experiências anteriores, podia-se pensar que as drásticas reduções de juros determinadas pelo Fed desde janeiro reduzissem o índice Goldman Sachs em pelo menos cinco pontos — o suficiente para permitir um 2002 retumbante. No entanto, o índice caiu apenas meio ponto, em grande parte porque os juros a longo prazo não caíram. O Fed, portanto, não conseguiu um impacto extraordinário. Por quê?

A explicação, em parte, é um otimismo autodestrutivo. Os negociadores de títulos de renda fixa continuam a acreditar, apesar da crescente evidência em contrário, que Greenspan é um mágico — que ele, em breve, vai conseguir produzir como que por encanto um outro *boom* espetacular e então vai determinar um aumento dos juros para esfriar a economia. Ironicamente, esta crença contribui para manter altos os juros a longo prazo e, portanto, elimina a possibilidade de um *boom* imediato.

É preciso levar em conta também o orçamento federal. Apenas alguns meses atrás, fomos seduzidos por notícias de que estavam sendo projetados imensos superávits. O governo Bush insistia em dizer que havia dinheiro suficiente para permitir reduzir consideravelmente os impostos, aumentar os gastos e ainda saldar a dívida federal. Mas na terça-feira [o secretário do Tesouro] Paul O' Neill pediu discretamente ao Congresso para aumentar o teto da dívida do Governo Federal, o que ele antes havia dito que não seria necessário até 2008.

Será que a súbita volta dos déficits federais teve impacto nos juros a longo prazo? Claro que sim. Há apenas alguns meses, todos esperavam que o governo federal liquidasse sua dívida, reduzindo drasticamente a emissão de títulos; agora, vê-se que o governo, na verdade, vai pedir dinheiro emprestado. É inevitável que isso reduza o preço das ações, o que é o mesmo que elevar as taxas de juros a longo prazo. Assim, a rápida deterioração das finanças federais faz parte do problema que Greenspan enfrenta. (Será que o impacto negativo dos cortes de impostos na economia, por meio do efeito nas taxas de juros, superou o efeito positivo do aumento de gastos do consumidor? Sim, qualquer que seja o critério usado nos cálculos.)

Greenspan, portanto, colocou-se numa posição em que tem menos capacidade de influenciar a economia do que se imaginava. E isto é, em parte, culpa dele. Afinal, ele empenhou-se em criar em torno dele uma mística que acabou se transformando em desvantagem. E não esqueçamos que ele interferiu decisivamente a favor de uma grande redução de impostos em janeiro, quando insistiu para que o Congresso impedisse o que ele, naqueles dias, via como um grande risco: a possibilidade de que os superávits ficassem grandes demais e que a dívida federal fosse liquidada prematuramente.

Seria bom que Greenspan dissesse agora algo que servisse para minimizar a expectativa autodestrutiva de uma reviravolta econômica repentina. Seria mais útil ainda se ele admitisse, mesmo que indiretamente, ter dado um mau conselho ao Congresso em janeiro. Isso poderia preparar o terreno para a volta a um clima de responsabilidade fiscal. Mas o presidente do Fed, que não hesitou em se meter na política fiscal quando isso ajudou o governo Bush, manteve-se estranhamente em silêncio sobre o assunto, agora que aquelas previsões de superávits mostraram que não passaram de ficção científica ruim.

Talvez o senhor Alan Greenspan merecesse mesmo receber o Prêmio Enron.

COMPORTAMENTO E OUVIDOS DO MERCADO

30 de abril de 2002

Na sexta-feira, o Departamento do Comércio nos EUA anunciou que a economia cresceu 5,8% no primeiro trimestre de 2002. O Dow imediatamente caiu para menos de 10.000, no que acabou sendo a pior semana do mercado de ações desde o 11 de setembro. E ontem a Bolsa esteve novamente em baixa.

O que está acontecendo? Talvez o mercado esteja assustado com o planejado vazamento de notícias sobre ataques ao Iraque, o que, na opinião geral, é uma cortina de fumaça, mas ninguém sabe o que se pretende esconder com isso. Ou talvez o melhor seja simplesmente ignorar o Dow. Costuma-se dizer, em tom de brincadeira, que o mercado de ações previu nove das cinco últimas recessões. Mas a verdade é que os números, quando examinados atentamente, são de fato decepcionantes. Como é que uma taxa de crescimento de 5,8 por cento pode decepcionar? Bem, tenham paciência enquanto faço uma demonstração dessas que se encontram em livros-texto. Não vai doer (muito).

Imaginem uma empresa que esteja produzindo um troço (nesse tipo de exemplo, a empresa sempre fabrica um troço qualquer) e que venda normalmente cem unidades por mês. Ela tenta manter em estoque essa mesma quantidade. No entanto, por algum motivo as vendas caem para noventa por mês, e a empresa leva um mês para perceber o que aconteceu.

No fim desse mês, a empresa, tendo produzido cem unidades mas vendido apenas noventa, fica com cento e dez em estoque, embora queira manter apenas noventa. A fim de eliminar rapidamente o excedente, ela pode cortar a produção para sessenta no mês seguinte, e depois fazer a produção voltar para noventa. Mas, a menos que as vendas aumentem de novo, a produção nunca conseguirá voltar ao nível inicial.

Acontece com a economia o mesmo que acontece com os fabricantes no nosso exemplo. Quando a demanda cai, os estoques se acumulam, e depois a produção diminui acentuadamente quando as empresas tentam se livrar do excedente. Finalmente, ocorre um reequilíbrio no estoque, mas não se trata necessariamente de uma verdadeira recuperação. Para que isso acontecesse, seria preciso um aumento das vendas.

Mais de metade da taxa de crescimento de 5,8% da economia se deveu meramente a um reajuste dos estoques. As vendas, na verdade, cresceram apenas 2,6%, menos do que no trimestre anterior. E mesmo essa taxa de crescimento pode não ser sustentável: é certo que a construção de casas aumentou consideravelmente, em parte devido às temperaturas excepcionalmente altas, mas já há indícios de que essa situação começa a se deteriorar. Enquanto isso, os investimentos das empresas diminuíram, deprimidos pela capacidade ociosa e pelos lucros fracos. Em suma, não existe nada nos dados que indique que um grande *boom* esteja vindo aí.

Isso não deveria causar supresa, mas, na realidade, surpreende, porque a maioria dos analistas de negócios que fazem projeções têm agido como aqueles animadores de torcidas em eventos esportivos. Como Alan Abelson escreveu, no *Barron's*: "Estamos hoje... onde não devíamos estar, a julgar pelo que disse a sabedoria convencional na passagem do ano. Economicamente, uma tormenta perfeita teria de ser seguida por uma recuperação perfeita."

Nunca entendi de onde veio essa sabedoria. Os economistas de Wall Street nos garantiram que os investimentos corporativos estavam prestes a subir radicalmente, mas os dirigentes de empresas — que, na prática, tomam as decisões sobre os investimentos — têm se mostrado repetidamente mais pessimistas do que os analistas. O que é que eles sabem?

Ainda assim, uma grande pressão tem sido exercida sobre os economistas de empresas para que sigam o mesmo comportamento altista do mercado.

Os que não acreditam num milagre econômico iminente não foram apenas ridicularizados, foram também marginalizados. Stephen S. Roach, do Morgan Stanley — que foi um cético solitário nos dias em que o índice Nasdaq estava em cinco mil, e hoje é um dos poucos analistas do mercado a desafiar a ortodoxia — assina os *e-mails* que me envia com os dizeres: "Escrevendo do deserto."

Naturalmente, ainda é possível que os profetas do *boom* venham a ser justificados pelos acontecimentos. Mas também é possível — eu diria que as chances são iguais — que a recuperação não se concretize. No momento, a melhor aposta para os próximos trimestres é provavelmente uma "recuperação sem empregos" na qual o PIB aumente, mas ainda assim a taxa de desemprego permaneça alta. Afinal de contas, a economia precisa crescer pelo menos 3,5% para impedir que o desemprego aumente — e tudo leva a crer que ela não conseguirá manter esse ritmo de expansão.

O engraçado é que uma recuperação lenta, sem empregos (e sem lucros) é o que gente sensata — como, por exemplo, os economistas do Federal Reserve — vem prevendo há muito tempo. É o caso de se perguntar: então, como foi que uma visão altista não somente prevaleceu em Wall Street, como se tornou quase obrigatória? Como é que, num cenário dos negócios em que os pedaços da bolha estourada estão ainda espalhados por todos os cantos, o otimismo exagerado voltou tão rapidamente a ser a praxe? Parece que os exageros jorram de uma fonte inesgotável.

CONVIVENDO COM OS URSOS

23 de julho de 2002

Parece que os autores de *Dow 36.000* — lembram-se? — puseram um algarismo a mais no título da obra. Esperemos que o número extra tenha sido um três, e não um zero.

O mercado em alta acabou mesmo. Na verdade, se o índice S&P 500 — um instrumento de medida muito melhor do que o desgastado índice Dow — for corrigido pela inflação, ficará evidente que ele hoje está situado abaixo do nível do final de 1996, quando Alan Greenspan fez o seu famoso discurso sobre a "exuberância irracional".

Então, o que é que os funcionários responsáveis — Greenspan, George W. Bush e o secretário do Tesouro (como é mesmo o nome dele?) — deveriam estar fazendo?

Um primeiro passo seria parar de tentar estimular o mercado enaltecendo a solidez fundamental da economia. Mesmo porque isso cheira a desespero, e as ações continuam supervalorizadas em relação aos lucros. E — o que é mais importante ainda — as bases da economia não estão tão bem assim. As dúvidas a respeito da administração das empresas não diminuem; pelo contrário, estão aumentando. Os governos estaduais e municipais passam por uma tremenda crise fiscal. E antes mesmo da súbita queda do mercado, os dados indicavam não um *boom*, mas uma "recuperação sem empregos", na qual a economia cresce muito lentamente, sem conseguir influir no índice de desemprego.

Na verdade, o relatório preparado para fundamentar o recente depoimento de Greenspan não prevê nenhuma redução significativa do desemprego este ano, nem no ano que vem. E, diante dos mercados em queda, devemos nos preocupar com a possibilidade de que até mesmo essa previsão seja otimista demais.

Em face da perspectiva problemática da economia, Greenspan não deveria estar pensando seriamente em reduzir de novo as taxas de juros? É verdade que as taxas já estão bem baixas. Mas, se há uma coisa que aprendemos com a experiência japonesa é que quando encaramos a ameaça de deflação — uma hipótese não tão remota quanto poderia parecer há alguns meses —, não adianta querer "economizar munição", deixando o corte de juros como uma medida de reserva. A hora de combater a deflação é antes da deflação se instalar na psicologia da nação.

O Fed receia que mais uma redução de juros possa fazer o mercado entrar em pânico. Mas o mercado já está em pânico; portanto, não há nada a perder.

E quanto ao resto do governo? A reforma corporativa é essencial; se os investidores não puderem ser convencidos de que estão sendo tratados com justiça, vão pegar seu dinheiro e se afastar. Mas não se deve esperar que a reforma por si só estimule de imediato a economia; a confiança, depois que acaba, não pode ser restaurada num piscar de olhos. O que mais o governo pode fazer?

Deixemos de lado o ângulo político e consideremos a situação de modo objetivo. De um lado, graças, em parte, ao fim do mercado em alta, a perspectiva a longo prazo para o orçamento federal piorou, na medida em que superou as expectativas dos mais pessimistas (entre os quais me incluo). Em termos realistas, teremos pela frente uma década de déficits, o que mais cedo ou mais tarde causará graves problemas para a Seguridade Social e para a assistência médica aos idosos.

Por outro lado, com a recuperação ainda vacilante, não é o momento de se adotar um regime de austeridade fiscal — só resta ao governo injetar mais dinheiro na economia.

A solução óbvia para esse aparente dilema é afrouxar as rédeas agora, para depois voltar a puxá-las, assim que a economia tiver se recuperado plenamente. Por exemplo, o governo Bush deveria agir rapidamente para socorrer os estados em dificuldades, evitando cortes drásticos nos programas essenciais capazes de provocar um encolhimento da economia. Enquanto isso, para aliviar preocupações com a situação fiscal a longo prazo, poderia deixar em suspenso cortes de impostos no futuro, que foram incluídos na lei num momento em que nossas cabeças estavam cheias de visões açucaradas de superávits.

No dia em que o governo tomar essas medidas responsáveis e sensatas, milhares de porcos serão vistos voando baixo sobre as ruas de Washington.

Vejamos: os planos econômicos do governo Bush não se alteraram significativamente desde o outono de 1999, quando foram apresentados como uma maneira de afastar a ameaça representada pela candidatura do milionário Steve Forbes à Casa Branca. Na época em que a redução dos impostos — que se tornaria lei mais tarde — foi divulgada, o livro *Dow 36.000* figurava na lista dos best sellers. O cenário da economia mudou completamente desde então, mas os planos do governo continuaram inalterados.

Nossos problemas econômicos são reais, mas não chegam a ser catastróficos. O que me assusta é a total falta de flexibilidade das pessoas encarregadas de solucionar esses problemas.

UM DUPLO MERGULHO COMO "W"

2 de agosto de 2002

Se a história da economia americana atual fosse transformada em um filme, seria algo como "55 dias em Pequim" (filme *cult* de 1963). A trama giraria em torno de um grupo de pessoas comuns — os consumidores americanos — cercado por uma horda de atacantes, representando as forças da recessão. Para surpresa geral, o grupo resiste com firmeza.

Mas eles não podem resistir eternamente. Será que a tropa de socorro — ou seja, os novos investimentos das empresas — chegará a tempo?

Os roteiros desse tipo de filme sempre aguçam o clima de tensão. A cidadela sitiada rechaça ataque após ataque, mas o socorro demora a chegar. E foi também o que aconteceu na prática. Os consumidores continuaram gastando enquanto a bolha da Internet entrava em colapso; continuaram gastando apesar dos ataques terroristas. Aproveitando a vantagem dos juros baixos, refinanciaram as hipotecas de suas casas e transferiram os recursos para as compras nos centros comerciais.

Mas as previsões de uma iminente retomada dos investimentos mostraram-se prematuras. A maioria das empresas não está inclinada a se meter numa nova orgia de gastos. E aquelas que poderiam ter começado a investir de novo foram desencorajadas pelos preços das ações em queda, pelos custos cada vez maiores na renda fixa, e pelas revelações sobre escândalos em empresas.

Será que as tropas de socorro chegarão em cima da hora? Não necessariamente. O filme, afinal de contas, poderá ser diferente de "55 dias em Pequim". Poderá ser "Uma ponte longe demais" (1977).

Alguns meses atrás, a grande maioria dos economistas das empresas zombava das preocupações com um "duplo mergulho", uma segunda etapa de declínio econômico. Mas havia alguns iconoclastas no meio deles, principalmente Stephen Roach, do Morgan Stanley. Como tenho dito repetidamente nesta coluna, os argumentos dos que acreditam num duplo mergulho na forma de "W" fazem bastante sentido. E agora mais do que nunca.

O ponto fundamental é que a recessão de 2001 não foi uma estagnação típica do pós-guerra, surgida quando o Federal Reserve elevou os juros para combater a inflação e facilmente contida depois que o Fed baixou os juros, provocando grande atividade no setor da construção civil e aumento dos gastos do consumidor. Foi, pelo contrário, uma recessão no estilo pré-guerra, ocasionada por uma exuberância irracional. Para controlar essa recessão, o Fed precisa de algo mais do que uma efêmera e brusca retomada; precisa, isso sim, de um aumento acentuado de gastos de consumo para compensar os investimentos agonizantes das empresas. E para isso, como disse Paul McCulley, da Pimpco, Alan Greenspan tem de criar uma bolha da construção para substituir a bolha do Nasdaq.

A julgar pelo recente depoimento extraordinariamente otimista de Greenspan, ele ainda acha que vai conseguir atingir esse objetivo. Mas a bola de cristal do presidente do Fed anda meio embaçada de uns tempos para cá; basta lembrar como ele instou o Congresso a cortar os impostos para afastar o risco de excessivos superávits orçamentários. E uma análise fria dos últimos dados estatísticos não leva a conclusões encorajadoras.

À primeira vista, o acentuado declínio no crescimento da economia, de 5% no primeiro trimestre para 1% no segundo, é decepcionante. Se olharmos mais a fundo, a impressão é ainda pior. Mesmo no primeiro trimestre, os investimentos e os gastos do consumidor foram fracos; a maioria dos ganhos ocorreu porque as empresas pararam de reduzir os seus estoques. No segundo trimestre, os estoques constituíram o fator de maior peso; na verdade, a demanda real caiu. E ultimamente essas pequenas mudanças na direção do vento, que prenunciam alterações nas estatísticas oficiais, como o movimento nos shoppings, têm soprado na direção errada.

Apesar das más notícias, muitos analistas, como Greenspan, continuam otimistas. Será que isso é um motivo para você se sentir tranqüilo?

É preciso ter em mente que muitos dos que têm a função de prever o andamento dos negócios sofrem fortes pressões para que atuem como animadores ou torcedores. "Devo confessar que fico admirado com a ira venenosa que despertam os meus comentários sobre o duplo mergulho" — Roach escreveu ontem no cbsmarketwatch.com. Nunca devemos esquecer que Wall Street basicamente reflete o prisma dos vendedores.

Lembremos também que os funcionários do governo têm interesse em acentuar o lado positivo. O governo precisa de uma recuperação porque, com os déficits explodindo, a única maneira de justificar o corte de impostos é alegando que era exatamente disso que a economia necessitava. Greenspan precisa de uma recuperação da economia para poder contornar questões embaraçosas sobre seu próprio papel na criação da bolha do mercado de ações.

Mas, deixando de lado o que a gente gostaria que acontecesse, eu simplesmente não entendo os motivos do otimismo. Quem exatamente vai começar a gastar mais? A esta altura, é muito mais fácil contar uma história sobre a paralisação da recuperação do que sobre a aceleração. E, embora eu goste, como todo mundo, de filmes com final feliz, um filme não é convincente se seu enredo não fizer sentido.

ATENÇÃO PARA O HIATO

16 de agosto de 2002

Até que ponto a economia do Japão encolheu depois que a bolha estourou? Trata-se de uma pergunta capciosa: o fato é que a economia do Japão praticamente não encolheu. Na verdade, na última década só foram registrados dois anos de queda e, na média, houve um crescimento de 1% ao ano.

No entanto, não há dúvida de que a economia do Japão é uma economia deprimida. Como a expansão foi muito lenta, criou-se um hiato entre o que a economia seria capaz de produzir e o que, na realidade, produz. Esse "hiato do produto" se reflete em desemprego crescente e deflação acelerada. Uma expansão lenta pode ser um problema tão grave quanto um declínio efetivo de produção.

Agora, uma pergunta simples: o que uma análise semelhante mostraria a respeito dos Estados Unidos?

O "produto potencial" americano — o que a economia numa situação de pleno emprego seria capaz de produzir — tem crescido ultimamente na proporção de 3,5% ao ano, graças ao surto de produtividade que começou em meados dos anos 1990. Mas, segundo as estatísticas revisadas que foram divulgadas há duas semanas, o crescimento real ficou aquém do potencial durante sete dos últimos oito trimestres.

O ponto de vista tradicional é que tivemos uma recessão curta e superficial no ano passado e que a recuperação já começou. Mas o "hiato do produto" conta uma história diferente: há dois anos, caímos num clima de distúrbio econômico que ainda não acabou. De certa forma, toda a controvérsia em torno do chamado "duplo mergulho" não passa de uma pista falsa; a verdadeira questão é saber quando o PIB vai começar a aumentar com rapidez suficiente para reduzir o "hiato do produto". Por enquanto, não há indícios de que isso esteja acontecendo.

A causa do nosso distúrbio não é nenhum mistério: os anos da bolha nos deixaram com capacidade ociosa, dívidas demais e acúmulo de escândalos envolvendo empresas. Não havia motivo para se esperar uma recuperação rápida e suave e ela não veio mesmo.

Alguns leitores já devem ter adivinhado onde quero chegar. A bolha do mercado de ações americano na segunda metade da década de 1990 foi tão grande quanto a bolha do Japão na segunda metade da década de 1980. Será que o nosso distúrbio de dois anos irá durar cinco ou até dez anos, como o do Japão?

Muita gente já está protestando em coro: "Não somos o Japão!" Eu também, às vezes, faço parte desse coro, dependendo do que comi no café da manhã (arroz e picles?). Mas permitam que eu compartilhe com vocês alguns pensamentos inquietantes.

Quando comecei a ficar profissionalmente obcecado com os problemas do Japão, cerca de quatro anos atrás, elaborei mentalmente uma lista das razões pelas quais a década de estagnação vivida pelo Japão não poderia ocorrer nos Estados Unidos. Ela era mais ou menos assim:

1. O Fed tem bastante espaço para reduzir as taxas de juros, o que bastaria para lidar com qualquer eventualidade.
2. A posição orçamentária dos Estados Unidos a longo prazo é bastante sólida. Assim, é possível recorrer a estímulos fiscais, na hipótese pouco provável de que os cortes de juros não sejam suficientes.
3. Não precisamos nos preocupar com uma perda de confiança no estilo asiático em nosso setor empresarial, porque contamos com uma excelente governança corporativa.
4. Temos uma bolha no mercado de ações, mas não temos uma bolha no setor imobiliário.

Agora, vejo-me obrigado a eliminar os primeiros três itens da lista e começo a ficar preocupado com o quarto.

Uma quantidade cada vez maior de pessoas está ficando descrente do mercado imobiliário. Uma análise recente feita por Dean Baker, do Center for Economic Policy Research, leva, de modo convincente, à conclusão de que existe uma bolha no setor imobiliário. Os preços das casas têm subido muito em relação aos aluguéis, sugerindo que muitas pessoas estão agora comprando casas para especulação e não para morar. E as explicações dadas para esses preços elevados se parecem cada vez mais com as que eram dadas para o Nasdaq 5.000.

Se existe mesmo uma bolha no setor imobiliário, e se ela vier a explodir, vamos ficar muito parecidos com os japoneses, o que não é um consolo.

Uma análise recente da experiência do Japão feita pelo Federal Reserve indica que o grande erro cometido pelo Japão no início dos anos 1990 "não foi que os formuladores oficiais da política econômica não tenham previsto a estagnação — o que, aliás, nenhum comentarista econômico previu —, mas o fato de não terem tomado precauções contra os riscos de declínio por meio de um afrouxamento preventivo da política monetária". Se interpretarmos corretamente o jargão comumemente usado pelo Fed, veremos que a frase significa o seguinte: "Se você acha que existe a mais remota possibilidade de uma deflação, injete dinheiro na economia agora e não se preocupe em ser moderado."

No entanto, o Fed decidiu na última terça-feira não reduzir as taxas de juros. Por quê?

No ano passado, alguns economistas começaram, privadamente, a se referir ironicamente a Greenspan como "Greenspan-san". A brincadeira não durou muito, pois logo se instalou um clima de otimismo quanto à possibilidade de uma recuperação. Mas talvez o apelido tenha sido mesmo apropriado.

FUGINDO DA RESPONSABILIDADE

3 de setembro de 2002

Li em algum lugar a respeito de uma conferência, alguns anos antes da queda do comunismo, em que se falava sobre o melhor planejamento econômico possível. O delegado soviético afirmou na ocasião que sua agência de planejamento sempre fazia o melhor possível, de acordo com as circunstâncias. O planejamento soviético, portanto, era impecável.

O representante do Gosplan teria se dado bem com Alan Greenspan. Greenspan recusa qualquer responsabilidade pela enorme bolha do mercado que cresceu durante sua gestão à frente do Federal Reserve; afirma que a política que seguiu estava certa, já que ele fez o melhor possível naquelas circunstâncias.

No seu discurso de posicionamento na conferência de Jackson Hole, semana passada, Greenspan apresentou duas justificativas. Primeiro, alegou que não ficou claro, mesmo durante a excitação do mercado de 1999, que algo estava errado: "Era muito difícil identificar de modo categórico uma bolha, a não ser depois que ela estourou, confirmando assim sua existência." Em segundo lugar, afirmou que, de qualquer modo, o Fed não poderia ter feito nada. "Existe algum programa de ação capaz de, pelo menos, limitar o tamanho de uma bolha, e, por conseguinte, seus efeitos colaterais destrutivos?... A resposta parece ser não."

Não fui o único a considerar esse discurso inquietantemente evasivo. *The Financial Times* observou que os formuladores de políticas sempre têm de agir com base em informações limitadas: "O ônus da prova para um Banco Central nunca deveria ser a certeza absoluta." O editorial do periódico britânico também lembrou aos leitores que, embora atualmente o senhor Greespan se apresente como tendo sido cético e impotente durante os anos da bolha, naquela época muita gente o via como um agente empenhado em estimular otimismo: "O presidente do Fed... pode mesmo ter contribuído para a explosão de exuberância no final dos anos 1990 com suas declarações cada vez mais entusiásticas a respeito do mercado."

Além do mais, há evidências de que o senhor Greenspan tinha pleno conhecimento do que estava se passando. Em setembro de 1996, durante uma reunião do Comitê de Mercado Aberto, ele disse aos seus colegas: "Reconheço que existe, no momento, um problema de bolha no mercado de ações." E apresentou a solução: "Temos a possibilidade de... aumentar os requisitos para depósitos em dinheiro como margem. Posso garantir que, se quisermos nos livrar da bolha, isso vai resolver."

No entanto, ele nunca chegou a aumentar os depósitos de garantia de margem, ou seja, nunca exigiu que os investidores entrassem com maior quantidade de dinheiro à vista ao adquirir ações. Em vez disso, fez um discurso sobre a exuberância irracional e depois aumentou um pouco a taxa de fundos federais. Agora, alega que não poderia ter feito mais que isso — mas como ele sabe disso, se nem ao menos tentou? Suspeita-se que o que realmente aconteceu foi que, no início de 1997, Greenspan compreendeu que seus esforços iniciais para esvaziar a bolha que surgia deixavam os investidores furiosos — e não teve coragem.

Pior ainda, passou a fazer discursos cada vez mais eufóricos sobre as maravilhas da Nova Economia. Ele não podia ignorar que esses discursos eram interpretados pelos investidores como uma negação de suas advertências prévias, ou seja, um sinal de que os preços exorbitantes das ações eram afinal justificados.

O mais importante nos argumentos de defesa de Greenspan não é o que dizem sobre o passado, mas o que indicam para o futuro.

Vejam, o sr. Greenspan é o único formulador oficial de política econômica de que nós, americanos, dispomos. A política fiscal está definitivamente fora de consideração, em parte devido aos déficits agravados pelos maus conselhos do presidente do Fed. É curioso que ele não tenha percebido que o Nasdaq a 5.000 era uma bolha, mas, por outro lado, tenha acreditado que as previsões de superávits para os dez anos seguintes eram suficientemente confiáveis para justificar imensos cortes de impostos. Seja como for, a adoção de uma política fiscal responsável é agora impensável, por causa do implacável oportunismo do governo Bush; todas as propostas de estímulo econômico a curto prazo se transformam numa tentativa de embutir reduções permanentes de impostos para as grandes empresas e para os ricos. Assim, se a recuperação continuar a perder seu ímpeto, cabe ao Fed encontrar uma saída.

No entanto, observações feitas pelo senhor Greenspan reforçam uma preocupação que venho tendo nos últimos meses: de que os diretores do Fed reajam ao contínuo enfraquecimento da economia não com ações, mas com desculpas.

Vimos esse tipo de coisa acontecer no Japão. Primeiro, diretores do Banco do Japão negaram que tivessem qualquer responsabilidade no sentido de combater a estagnação da economia; sua obrigação, disseram, era apenas garantir a estabilidade dos preços. Depois, quando a inflação foi substituída pela deflação, até a estabilidade dos preços deixou de fazer parte da agenda. Em outras palavras, em vez de tentar resolver os problemas econômicos, ainda que com risco de fracasso, o Banco redefiniu repetidamente sua missão para não precisar nem sequer tentar encontrar uma solução.

Nunca imaginei que o Fed iria seguir o mesmo caminho. Mas, depois de ouvir o senhor Greenspan explicar por que não pode fazer e por que não deve fazer, já estou começando a pensar diferente.

AÇÕES E BOMBAS

13 de setembro de 2002

"Para esta situação do mercado de ações — quais são as opções militares?" Foi esta a pergunta feita na legenda de um cartum da *New Yorker*, no mês passado. Mas a realidade atual consegue ser mais absurda do que a sátira; em junho, por exemplo, o conhecido comentarista Larry Kudlow publicou artigo no *Washington Times* com o título: "Retomando o mercado de ações — à força". No texto, pregou a invasão do Iraque como meio de estimular o aumento do índice Dow Jones.

É uma coisa espantosa, mas não é nada em comparação com uma coluna de John Podhoretz de *The New York Post*, em julho, intitulada "Surpresa em outubro, por favor", na qual é feita a seguinte recomendação: "Vá em frente, senhor Presidente: crie uma crise."

Em geral, é um mau presságio quando os defensores de uma política afirmam que ela é capaz de resolver problemas para os quais não foi inicialmente concebida. As justificativas são sempre diferentes também para a redução de impostos de Bush — devolver ao povo os superávits orçamentários; ou melhor, um estímulo à demanda; não, não é bem isso, trata-se de uma política de incentivo à oferta. Portanto, há uma busca obsessiva de uma justificativa.

As explicações variadas para a guerra contra o Iraque — Saddam Hussein estava por trás dos ataques de 11 de setembro e dos atentados com antraz; não, mas está desenvolvendo armas nucleares; não, não é bem isso, mas é um homem perverso (e é de fato) — causam a mesma impressão.

A idéia de que a guerra seria boa para a economia parece ser mais uma etapa nessa sequência de justificativas. Na verdade, já houve guerras com efeitos positivos na economia. A Segunda Guerra Mundial, por exemplo, tirou os Estados Unidos da Grande Depressão. E não há dúvida de que a economia americana de hoje, embora não esteja às voltas com uma depressão, precisa de algum tipo de ajuda; os últimos dados indicam uma recuperação tão lenta e inconstante que até parece a continuação de uma recessão. Então, a guerra é a solução?

Não. A Segunda Guerra Mundial não é um bom exemplo para se ter uma idéia dos efeitos econômicos de uma nova guerra no Golfo Pérsico. Pensando bem, uma guerra desse tipo serviria mais provavelmente para deprimir do que para estimular nossa economia em crise.

Não há nada de mágico nos gastos militares — não proporcionam mais estímulo econômico do que a mesma quantia gasta para, digamos, limpar os locais de armazenamento de resíduos tóxicos.

O motivo pelo qual a Segunda Guerra Mundial conseguiu fazer o que o *New Deal* não conseguira foi que ela eliminou as inibições habituais. Até Pearl Harbor, Franklin Roosevelt não tinha a determinação nem dispunha da mesma influência política que eram necessárias para a implementação de programas realmente amplos de estímulo à economia. Mas a guerra não só tornou possível, mas obrigatório para o governo gastar somas enormes numa escala antes inimaginável, restabelecendo o pleno emprego pela primeira vez desde 1929.

Em contraste, hoje em dia o Congresso está ansioso para gastar em projetos dentro do país; se o governo quiser injetar dinheiro na economia, basta abandonar suas objeções a coisas como ajuda aos agricultores em caso de seca ou novos equipamentos de comunicação para o Corpo de Bombeiros. Em outras palavras, se a economia precisa de uma injeção de dinheiro do governo, nem a economia nem a política justificam que isso seja feito na forma de uma guerra.

Seja como for, não está claro qual o estímulo que a guerra poderia proporcionar. Supõe-se que os arsenais já têm munição suficiente, de modo que não haveria aumento de encomendas às fábricas. Haveria despesas com a força de manutenção da paz, certo, mas elas seriam distribuídas ao longo de vários anos.

No entanto, há um aspecto negativo potencial que pode ser resumido em uma palavra: petróleo.

O Iraque fornece atualmente tão pouco petróleo para o mercado mundial que a interrupção da produção durante uma guerra não causaria grandes problemas. Mas nem a guerra árabe-israelense de 1973 nem a revolução iraniana de 1979 afetaram diretamente a produção petrolífera.

O que provocou o aumento dos preços do petróleo foi a repercussão política indireta. Desta vez, porém, os líderes árabes advertiram que uma invasão do Iraque abriria "os portões do inferno". Não é uma boa notícia para o mercado do petróleo.

Vale lembrar que cada uma das crises do petróleo nos anos 1970 foi seguida de uma grave recessão — e a ligeira subida do preço do produto antes da Guerra do Golfo foi também seguida de uma recessão. Será que o aumento dos preços do óleo cru poderá solapar nossa frágil recuperação econômica, criando uma recessão do tipo duplo mergulho? A resposta é sim.

Nada disso seria suficiente para nos impedir de invadir o Iraque se o governo conseguisse provar que isso é necessário por motivos de segurança nacional. Mas é perigoso e tolo minimizar as possíveis conseqüências econômicas da guerra, quanto mais afirmar que ela beneficiaria a economia.

FALTA DE VISÃO

20 de setembro de 2002

É assim que a recuperação acaba — com um gemido, não com um estrondo.

OK, posso estar errado. A produção industrial está caindo e as demissões no setor aumentam, mas ainda não se pode ter certeza de que os meses vindouros serão suficientemente ruins para que os peritos no ciclo de negócios proclamem a existência de uma nova recessão. E, por outro lado, o governo parece decidido a ter algum tipo de estrondo antes de 5 de novembro.

Mas, no momento, tudo indica que a economia esteja estagnada e também que as pessoas no comando não têm a menor idéia do que fazer. Em síntese, o quadro lembra o que acontecia no início dos anos 1990.

Não importa realmente se o que está ocorrendo seja chamado de recuperação lenta ou recessão. A maioria das pessoas não quer saber se o crescimento do PIB está ligeiramente acima de zero ou zero; o que importa é se existem empregos e se podem ser mantidos. E a situação nessa área é cada vez mais sinistra. Um índice de desemprego de 5,7% não parece ruim, mas o fato é que um número inusitado de pessoas desistiu de continuar procurando trabalho. O índice de desemprego como um todo também não reflete o número cada vez maior de americanos que estão desesperados por não terem trabalho há seis meses ou mais. A situação de emprego piorou ultimamente com o aumento acentuado, no mês passado, do número de pessoas que solicitaram seguro-desemprego, um importante indicador de futuro desemprego.

Na melhor das hipóteses, portanto, esta é uma recuperação que, em relação aos trabalhadores, pode ser considerada uma continuação da recessão. O Centro de Prioridades Orçamentárias enfatiza que, em termos de perda de empregos e desemprego a longo prazo, a estagnação atual equivale à grave recessão do início da década de 1990.

Portanto, estamos revivendo o drama daqueles anos. A semelhança econômica entre nossas dificuldades atuais e a depressão da época do pai de Bush é maior do que muita gente pensa. Em 1990, como em 2001, a economia entrou numa recessão em parte devido a excessos do passado — embora aqueles escândalos envolvendo *junk bonds* (papéis de alto risco e alta rentabilidade) e especulação imobiliária pareçam bem-comportados em comparação com o que acontece na era da Tyco e da Enron. No início dos anos 1990, como hoje, a recessão foi seguida de uma "recuperação sem empregos", na qual o PIB crescia, mas o número de empregos não. E naquele tempo, como agora, havia a preocupação de que as reduções das taxas de juros poderiam não ser suficientes para provocar uma reviravolta na economia, embora naquela época ainda não tivéssemos o exemplo do Japão para mostrar que "a armadilha da liquidez" — em que mesmo uma taxa de juros zero não é capaz de gerar uma recuperação — é realmente possível no mundo moderno.

Porém a semelhança mais espantosa entre a situação de hoje e a de uma década atrás, segundo me parece, é política. Apesar das diferenças entre Bush pai — um moderado — e Bush filho — um conservador ferrenho — temos agora, como naquele tempo, um governo em que as figuras mais importantes não demonstram interesse pela política econômica e não se sentem à vontade para tratar do assunto.

Esta afirmação pode parecer estranha: afinal, a redução de impostos não foi a principal iniciativa do governo de George W. Bush até o aparecimento de Osama bin Laden? Bem, a redução de impostos nunca foi considerada uma política econômica; foi apenas um gesto político, destinado a afastar a ameaça representada pela candidatura do milionário Steve Forbes e a satisfazer as bases conservadoras. Só mais tarde o governo fez a descoberta "oportuna" de que o corte era também uma arma para combater a recessão, promover os valores da família e curar o resfriado comum.

O governo não conseguiu apresentar nenhuma outra opção depois que a redução de impostos, que não tinha sido concebida para combater a recessão, demonstrou que não era mesmo capaz de fazer isso. Quando perguntaram ao secretário do Tesouro, Paul O'Neill, sobre as novas idéias que tinham surgido na cômica reunião de cúpula de Waco, sua resposta foi — preparem-se! — a idéia de dar às reduções de impostos um caráter permanente.

Será que devemos nos preocupar com a falta de visão do governo em matéria de economia? Claro que sim. Os excessos dos anos 1990 superaram em muito os dos anos 1980; portanto, os riscos econômicos que teremos de enfrentar serão proporcionalmente maiores. Suponham que, como parece cada vez mais provável, a deterioração do mercado de trabalho acabe por abalar o teimoso otimismo dos consumidores americanos. Nesse caso, vamos precisar de uma ação decisiva — ação determinada por aquilo de que a economia precisa, e não pelo que Karl Rove acredita que dê bons resultados nas pesquisas de opinião pública. E quais as possibilidades de que isso vá acontecer?

LIDANDO COM UMA RECESSÃO "W"

1° de outubro de 2002

Tóquio — Minha obsessão com a economia japonesa começou depois que ela saiu de moda.

Os americanos prestaram muita atenção no Japão nos anos 1980, quando a indústria daquele país estava conquistando o mundo. Lembram-se de quando as livrarias dos aeroportos estavam lotadas de obras sobre administração de empresas com samurais na capa? Então, a bolha japonesa estourou e a maioria dos americanos concluiu que não tínhamos nada a aprender com o Japão — a não ser como um país pode escorregar quando lhe falta liderança adequada nos negócios e na política. E é claro que nós não temos esse problema.

Ou será que temos? Parece que o dinamismo de Jack Welch (CEO da General Electric) foi tão superestimado quanto o talento dos samurais para negócios. E nossos líderes políticos não chegam a inspirar confiança. Recentemente, comecei a ter um pensamento deprimente: por piores que tenham sido as políticas econômicas no Japão, é possível que aqui nos Estados Unidos sejam ainda piores.

É difícil dizer algo de bom sobre o modo como o Japão lidou com sua economia depois da bolha. Mas há anos me preocupo com o modo como outros países enfrentariam uma situação idêntica. Com certeza, agora que os Estados Unidos tentam lidar com sua própria bolha, é mais fácil perceber como as más decisões econômicas são tomadas.

Alan Greenspan e seus colaboradores se saíram bem melhor, no início, do que seus colegas japoneses. Sabiam que o Banco do Japão demorou muito a reduzir as taxas de juros e que, quando a situação do país chegou a um ponto crítico, já era tarde demais: nem mesmo uma taxa de juros zero foi suficiente para provocar uma recuperação. Portanto, o Fed optou por cortar logo as taxas e com freqüência. As 11 reduções de juros em 2001 causaram expansão tanto na compra de imóveis quanto no refinanciamento das hipotecas, o que ajudou a economia a evitar uma recessão mais profunda.

Mas estamos começando a perceber que as reduções não bastaram. Nem preciso falar na Bolsa de Valores. Os indicadores econômicos sugerem claramente que a economia está caindo, ou prestes a cair, numa recessão de duplo mergulho, em forma de "W" — aposto que vocês estão pensando que me refiro a George W. Bush, mas é perto disso e não faz diferença. O mercado de títulos de renda fixa prevê que será necessário reduzir os juros de novo. Mas e se o Fed, como o Banco do Japão, fizer os juros caírem para zero e descobrir que nem isso é capaz de reativar a economia?

Nem todo mundo se deu conta de que, de certo modo, a política econômica japonesa reagiu com bastante eficácia a uma queda sustentada. É fácil zombar dos imensos gastos do Japão com obras públicas — todas aquelas pontes que não levam a lugar nenhum, todas aquelas vias expressas sem tráfego e coisas assim. Sem dúvida, foram desperdiçadas somas enormes. Mas é igualmente claro que os gastos serviram para injetar dinheiro na economia, impedindo o que, de outro modo, teria sido uma depressão em larga escala.

Então, como será o equivalente americano? Neste momento, estamos seguindo a política oposta: cortando despesas públicas em meio a uma estagnação da economia. Parte desse processo ocorre em nível federal: o governo Bush está poupando o que pode, salvando um bilhão aqui, um bilhão ali, em despesas que vão desde benefícios para os veteranos de guerra e segurança interna até pagamentos de assistência médica a idosos. E, ainda mais importante, o governo federal não faz nada para ajudar os governos estaduais e municipais, cuja arrecadação foi devastada pela recessão, e que se vêem forçados a cortar verbas de tudo que não é necessário e urgente e até de muitas coisas necessárias e urgentes.

É verdade que ainda não acordamos para a possibilidade de que o tio Alan, sozinho, não seja capaz de nos tirar das dificuldades. O debate sobre estímulos à economia no outono passado mostrou que nossa liderança política não é capaz de reagir com eficiência aos problemas econômicos. Onde os economistas viam perigo, a Casa Branca e seus aliados no Congresso viam oportunidades — sobretudo a oportunidade de impor mais cortes nos impostos das corporações e dos ricos —, medidas que se adequavam à sua agenda política oficial, mas eram irrelevantes para os problemas da economia. Lembram-se da proposta para conceder benefícios fiscais retroativos à Chevron Texaco e à Enron?

No fim das contas, ficou evidente que a necessidade de estímulo era menos urgente do que parecera a princípio. Mas não há motivo para se acreditar que, agora que a recuperação está vacilando, conseguiremos nos sair muito melhor.

Naturalmente, o pior de tudo seria o governo decidir que sua prioridade não é a economia e simplesmente tentar desviar a atenção do público do aumento do desemprego e da queda das ações invadindo algum país. Mas não precisamos nos preocupar com isso, certo?

MEU PLANO ECONÔMICO

4 de outubro de 2002

Embora as outras notícias tenham sido abafadas pelo barulho feito pelos adeptos da guerra, algo de sinistro está acontecendo no *front* da economia. Não é nada de sensacional, mas o fato é que, mês após mês, as informações só fazem piorar. Deixemos de lado as considerações políticas e examinemos onde estamos e o que deve ser feito.

O ponto fundamental é que esta não é uma recessão da geração do pai do leitor, mas do seu avô. Ou seja, não se trata da típica recessão do pós-guerra, engendrada pelo Fed para combater a inflação e facilmente controlada quando o Fed afrouxa as rédeas. Trata-se da estagnação clássica, do tipo que era normal antes da Segunda Guerra Mundial, e que não se consegue eliminar simplesmente com reduções das taxas de juros.

Não há dúvida de que as rápidas reduções efetuadas pelo Fed no ano passado conseguiram evitar uma recessão que poderia ser bem mais grave. Mas um exame rigoroso da política monetária leva à conclusão de que o Fed não fez o suficiente — e talvez nem seja capaz de fazê-lo. Embora a taxa de fundos federais, a medida habitual da política monetária, esteja no seu nível mais baixo em décadas, a taxa de fundos federais "real", isto é, a taxa de juros menos a taxa de inflação — que é o que importa nas decisões sobre investimentos — se situa no mesmo nível em que estava no auge da última recessão, no início dos anos 1990, porque a inflação é hoje consideravelmente mais baixa.

E a queda da taxa de fundos federais arquitetada por Alan Greenspan & cia embora mais rápida do que a da última recessão, até agora tem sido bem menor; da última vez, caiu 6,75 pontos e agora, apenas 4,75. Mesmo que a taxa de fundos federais chegue a zero, a redução das taxas de juros será menor do que da última vez. Quando se pensa que os excessos dos anos 1990 foram maiores do que os dos anos 1980 e que a economia precisa de um estímulo mais forte, compreende-se que o Fed não fez o bastante e é possível que mesmo uma redução para zero não seja suficiente.

E esta situação poderá durar algum tempo. O acúmulo de capacidade ociosa, sobretudo no setor de telecomunicações, vai demorar a desaparecer. É de se prever uma economia morosa em 2004, talvez mais além. O Fed deveria fazer cortes mais radicais nos juros — pode não bastar, mas ajuda. O que mais poderíamos fazer?

A resposta é que deveríamos ter um plano de estímulo fiscal — um que estimule mais gastos agora para preencher a lacuna até que os investimentos privados voltem a crescer. Alguns elementos de um plano assim são óbvios, e foram descritos por Jeff Madrick no *Times* de ontem [3 de outubro de 2002]. Em primeiro lugar, amplar os benefícios do seguro-desemprego, que são muito menos generosos agora do que na última recessão; isso teria duas vantagens: ajudaria os mais necessitados e colocaria dinheiro nas mãos das pessoas mais dispostas a gastar. Em segundo lugar, dar ajuda aos estados, que enfrentam dificuldades fiscais cada vez maiores. Isso também traria duas vantagens, impedindo cortes drásticos nas verbas para os serviços públicos — que têm como alvo mais provável a assistência médica aos pobres — e estimulando a demanda.

Se esses elementos não proporcionarem uma soma suficientemente grande — concordo com Madrick no cálculo de US$ 100 bilhões para o ano que vem —, por que não determinar uma nova restituição, desta vez beneficiando todos aqueles que pagam impostos sobre a folha de pagamento?

E como vamos financiar tudo isso? A resposta é conhecida: cancelem-se os cortes de impostos previstos para o futuro. A economia precisa de estímulo agora, e não de reduções de impostos para os ricos daqui a cinco anos.

Não estou falando aqui de algo complicado como tecnologia de mísseis. O que você está lendo é apenas economia de livro-texto aplicada à nossa situação atual.

Infelizmente, também é — e sei disso — algo politicamente fora de questão. Mas acho que temos o direito de querer saber por quê.

CAPÍTULO 4

Capitalismo entre amigos à moda americana

CAPITALISMO ENTRE AMIGOS À MODA AMERICANA

15 de janeiro de 2002

Quatro anos atrás, quando a Ásia lutava com uma crise econômica, muitos observadores puseram a culpa no "capitalismo entre amigos". Os ricos homens de negócios na Ásia não se preocupavam em dizer a verdade aos investidores a respeito de seus ativos, passivos ou lucros; a aura de invencibilidade proveniente de suas ligações políticas bastava. Somente quando surgiu uma crise financeira as pessoas examinaram com mais atenção os seus negócios, que rapidamente entraram em colapso.

Isso parece familiar?

A julgar pelas aparências, a súbita tempestade política em torno da Enron causa certa perplexidade. Afinal, o governo Bush não salvou a empresa da falência. Mas, então, por que dissimulou por tanto tempo seus contatos com ela? Por que George W. Bush fez a afirmação absurda de que o CEO da Enron, Kenneth Lay, se opusera à sua candidatura a governador e que os dois só tinham se conhecido depois das eleições? E por que a mídia se comporta como se um grande escândalo estivesse sendo tramado?

Porque o governo teme e a imprensa suspeita de que as últimas revelações sobre a Enron possam desvendar a face do "capitalismo entre amigos" à moda americana.

O negócio entre compadres não é novidade nos Estados Unidos; o governo Clinton nos conduziu à beira de uma guerra comercial para beneficiar a Chiquita Bananas, importante doadora de fundos para as campanhas políticas. Mas o governo Bush, com seu apego aos privilégios adquiridos, não parece se preocupar nem mesmo diante dos mais flagrantes conflitos de interesse — como, por exemplo, a intenção de Marc Racicot, o novo presidente do Comitê Nacional Republicano, de continuar desfrutando seu altíssimo salário de lobista (ele diz que não vai mais fazer *lobby*, mas, de qualquer forma, continuará a receber o salário).

O que realmente importa saber sobre as relações da Enron com o governo é o que aconteceu antes que a empresa de energia entrasse em colapso. Foi quando Lay supostamente disse ao chefe da Comissão Reguladora de Energia que ele deveria colaborar mais se quisesse conservar o cargo (o que ele não fez e por isso caiu fora). E foi quando a Enron ajudou Dick Cheney a preparar um plano de energia que parecia ter sido concebido para as corporações que tinham assessorado a força-tarefa. Num desafio claro à lei, Cheney se recusou a divulgar qualquer informação sobre as deliberações de sua força-tarefa. O que estará escondendo?

E enquanto a Enron se estilhaçava, outras empresas do setor de energia continuavam a manter seu prestígio com o governo. Apenas alguns dias antes de surgirem as últimas revelações sobre a Enron, o governo anunciou sua intenção de afrouxar as regras sobre a poluição nas usinas de energia elétrica; no final da semana passada, divulgou sua decisão de levar adiante um controvertido plano de armazenar lixo radioativo no estado de Nevada. Cada uma dessas decisões vale bilhões de dólares para as empresas que têm fortes vínculos com o senhor Bush. A CBSMarketWatch.com informou, em reportagem sobre a decisão relativa aos resíduos nucleares, que "um grupo de importantes doadores políticos do setor de energia acaba de tirar a sorte grande".

Prestemos atenção à fonte dessa notícia. Nos últimos meses, enquanto os repórteres políticos cantavam louvores à situação, seus colegas do setor de economia e negócios se empenhavam em contar o que realmente estava acontecendo. E pareciam estar indignados com o que viam. Foi o editor executivo da CBSMarketWatch, e não algum comentarista político, que advertiu que "um pequeno grupo de líderes empresariais tem uma enorme influência sobre Bush e sua equipe, capaz de fazer as regras do jogo mudarem em seu próprio benefício".

E a revista *Red Herring* publicou a denúncia mais detalhada até agora sobre o misterioso grupo Carlyle, uma companhia de investimentos cuja história parece o enredo de uma série medíocre de televisão.

Carlyle é especializado em comprar contratos do governo que ninguém quer e depois revendê-los quando seus negócios prosperam milagrosamente, graças a novas encomendas do governo. Um dos integrantes da equipe da empresa é o ex-presidente George H.W. Bush. Entre os investidores do grupo encontrava-se, até fim de outubro, a família bin Laden, da Arábia Saudita.

Um outro governo teria considerado impróprio o papel do pai de Bush no grupo Carlyle, mas parece que este não liga. E o secretário da Defesa, Donald Rumsfeld, deu recentemente a Frank Carlucci, seu antigo companheiro de luta livre na escola, e agora diretor da Carlyle, um belo presente: ordenou o prosseguimento do criticadísso sistema de artilharia Crusader, que até mesmo o Pentágono queria cancelar. O resultado foi outro golpe de sorte para uma empresa de propriedade do Carlyle.

É triste dizer, mas nada disso é claramente ilegal — apenas cheira mal. É por este motivo que o governo Bush vai tentar manter todas as atenções voltadas para a Enron que está morrendo. Mas a história verdadeira é outra, muito maior.

DUAS, TRÊS, QUANTAS MAIS?

1° de fevereiro de 2002

Eis uma pergunta de assustar: quantas empresas como a Enron existem por aí?

A opinião corrente é de que a Enron representa um caso isolado de trapaça. Certo, outras empresas têm praticado uma "contabilidade agressiva", chamada no passado de fraude. Mas qual a probabilidade de que outras empresas importantes, por trás de suas imponentes fachadas, acabem confirmando que são novos exemplos dos antigos esquemas de enriquecimento conhecidos como "pirâmides" ou esquemas Ponzi?

Lamentavelmente, a probabilidade é grande. Não posso dizer quais as corporações dentre as que são consideradas exemplares vão acabar demonstrando que são feitas de papelão, mas seria uma surpresa para mim se não tivermos duas, três, talvez muitas Enrons no nosso futuro.

Por que digo isso? Como qualquer crime, um esquema financeiro equivalente a uma pirâmide requer recursos, motivo e oportunidade.

Ultimamente, os três fatores podem ser encontrados em abundância.

Vejamos primeiro os recursos: sabemos agora com que facilidade uma empresa que tem lucros modestos, ou que seja até deficitária, é capaz de se apresentar como altamente rentável. O simples truque de pagar os funcionários não com salários diretos, que são contabilizados como despesas, mas com opções de ações, que não o são, pode ter um efeito considerável sobre os lucros declarados ao mercado por uma companhia. Segundo o economista britânico Andrew Smithers, em 1998 a Cisco anunciou um lucro de US$ 1,35 bilhão; no entanto, se ela tivesse computado o valor de mercado das opções de ações que emitiu como despesa teria registrado um prejuízo de US$ 4,9 bilhões. E o pagamento de salários com opções de ações é apenas uma das várias técnicas que fazem com que o resultado de uma empresa adquira artificialmente uma aparência saudável.

Motivo: O objetivo de inflar os lucros é, naturalmente, estimular uma alta nos preços das ações. Mas por que as empresas desejariam fazer isso?

Uma resposta é que a cotação elevada de suas ações ajuda a empresa a crescer; torna mais fácil levantar recursos para adquirir outras empresas, atrair empregados e assim por diante. E, sem dúvida, muitos executivos manobraram para obter valores artificiais para as ações de suas empresas pelo desejo genuíno de fazê-las crescer. Mas quando vemos os executivos do primeiro escalão ficarem ricos, enquanto as empresas que administram entram em colapso — há casos mais graves do que a Enron; basta ver o fundador da Global Crossing, que saiu da crise com US$750 milhões no bolso enquanto sua companhia falia —, começamos a prestar mais atenção aos incentivos que movem os próprios executivos. Não pergunte o que os preços elevados das ações podem fazer por sua empresa; pergunte o que podem fazer por você e suas finanças pessoais.

Bem a propósito, os preços altos das ações facilitam os truques de contabilidade que as companhias usam para criar lucros fantasmas, e assim aumentam ainda mais esses preços. Esta é a hora do esquema Ponzi!

E o que dizer da oportunidade? Uma confluência de três fatores, no final dos anos 1990, abriu as portas para os esquemas fraudulentos de um modo nunca visto antes.

Primeiro, foi o surgimento da "Nova Economia". As novas tecnologias criaram, sem dúvida, novas oportunidades e deram uma mexida na estrutura industrial. Mas isso criou justamente as condições favoráveis à proliferação dos esquemas de fraude. Como saber se uma empresa encontrou realmente um nicho altamente lucrativo na Nova Economia ou está apenas blefando?

Em segundo lugar, tivemos a bolha do mercado de ações. Como Robert Shiller enfatizou em seu livro *Irrational Exuberance*, um mercado em alta equivale a um esquema Ponzi natural, como uma "corrente" ou "pirâmide", no qual cada onda sucessiva de investidores gera lucros para a onda anterior, fazendo tudo parecer fabuloso, até que não haja mais otários a explorar. O que ele não disse, mas hoje parece óbvio, é que um ambiente como esse facilita também a vida daqueles que praticam deliberadamente a fraude. Quando o público acredita em mágica, é tempo de festa para os charlatães.

E finalmente havia (e há) um ambiente permissivo legal. Já se perdeu a lembrança dos tempos em que pairava a ameaça de um processo na justiça para companhias e contadores que se envolviam em práticas contábeis duvidosas. Mas em 1995 o Congresso, passando por cima de um veto de Bill Clinton, aprovou uma lei, o chamado *Private Securities Litigation Reform Act* (Lei de Reforma de Processos Legais sobre Valores Mobiliários Privados), que torna muito mais difícil contestar judicialmente operações dúbias. Em pouco tempo, as firmas de auditoria, as empresas que auditavam e os bancos de investimentos que vendiam as ações se tornaram amigos íntimos.

E, nesse caso, devemos examinar não só os motivos das empresas, mas os motivos pessoais dos seus executivos. Sabemos hoje que os dirigentes da Enron deram aos seus banqueiros de investimentos — não aos bancos, mas aos próprios banqueiros — uma oportunidade de investir nas companhias de fachada que eram utilizadas para ocultar dívidas e desviar dinheiro. Querem apostar que outras empresas fazem o mesmo que a Enron?

Espero que a Enron seja um caso isolado. Mas isso me deixaria muito surpreso.

OS INIMIGOS DA REFORMA

21 de maio de 2002

"Deixem-me dizer o seguinte: a maior inovação na formação do mercado de capitais dos Estados Unidos foi a idéia da adoção de princípios de contabilidade de aceitação geral." Assim falou Lawrence Summers, então subsecretário do Tesouro, num discurso de 1998. Summers recomendou às economias asiáticas, na época às voltas com uma desastrosa crise financeira, que imitassem a "transparência e a disposição de divulgar" do estilo americano.

Mas agora, os Estados Unidos enfrentam seus próprios problemas de contabilidade em empresas, exemplificados pelo caso da Enron. Será que vamos seguir os conselhos que demos aos outros? Será que iremos fornecer aos investidores os fatos de que eles precisam para tomar decisões bem fundamentadas? É pouco provável. E isso é mau, porque o caso da Enron, embora extremo, não é o único.

Para as corporações dos Estados Unidos como um todo, 1997 foi um divisor de águas. Segundo estatísticas oficiais, os lucros corporativos em geral cresceram rapidamente entre 1992 e 1997, mas depois estagnaram; os lucros líquidos no terceiro trimestre de 2000 foram apenas um pouco maiores do que os de três anos antes. Mas os ganhos operacionais dos competentes da categoria 500 do índice Standard and Poor — isto é, os lucros que as empresas comunicaram aos investidores — aumentaram 46% durante esses três anos.

Existem fatores técnicos que explicam por que essas medições de lucros não seguem ritmos idênticos, mas historicamente elas têm estado sempre perto uma da outra. Por que é que de repente passaram a divergir? Certamente, o motivo principal disso foi que, depois de 1997, as empresas passaram a usar cada vez mais malabarismos contábeis para criar a ilusão de aumento de lucros.

Vejam: os dirigentes de empresas estavam desesperados para manter em elevação os preços das ações num ambiente onde qualquer coisa inferior a um aumento de 20% nos lucros era considerada um fracasso. E por que estavam tão desesperados? A explicação se resume a uma coisa: opções de compra de ações. O mercado em alta, combinado com pacotes de opções cada vez mais generosos, resultou numa explosão da remuneração financeira dada aos executivos. Em 1980, segundo cálculos da *Business Week*, os altos executivos das grandes empresas ganhavam 45 vezes mais do que os funcionários sem responsabilidades de supervisão; em 1995, a proporção passou para 160; em 1997, chegou a 305. Os CEOs queriam prolongar ao máximo os bons tempos e conseguiram: em 2000, embora os lucros não tivessem realmente aumentado, eles receberam 458 vezes mais do que os funcionários comuns.

O que estamos querendo salientar não é que os executivos recebem uma remuneração excessiva, embora seja o que de fato acontece; o caso é que eles são remunerados por criarem a ilusão de sucesso, não importando a realidade.

No entanto, é exatamente isso o que uma contabilidade-padrão supostamente deveria impedir que acontecesse. O que permitiu aos nossos reis corporativos esconder sua nudez foi uma mistura de padrões mal elaborados — sobre os quais escrevi na semana passada — e a atuação de auditores complacentes. As principais firmas de contabilidade se deixavam enganar facilmente pela fumaça e pelos truques das corporações, desde que conseguissem contratos polpudos.

Chegou a hora da reforma? Nem todos acham que sim. Hoje mesmo, a Comissão Bancária do Senado deve examinar um rascunho de projeto de lei de autoria de seu presidente, Paul Sarbanes, que representa um modesto esforço de reforma. O projeto foi endossado pelos mais respeitáveis nomes do mundo das finanças — gente como Paul Volcker, o grande ex-presidente do Fed, e John Bogle, o famoso investidor. Mas o senador Phil Gramm, juntando seu prestígio político à ação de *lobby* do setor de auditoria, já deixou claro que vai tentar derrubar o projeto.

Quero me comportar aqui com isenção, sem espírito partidário — quero mesmo. Afinal, deve-se admitir que alguns democratas também receberam grandes contribuições financeiras de firmas de auditoria. Mas a tentativa atual de matar qualquer reforma do setor é uma iniciativa explicitamente republicana, de acordo com ordens vindas de cima: *The New York Times* informou que Gramm "está agindo em estreita colaboração com o governo Bush" para torpedear a proposta de Sarbanes.

Vou repetir o que disse da última vez: a honestidade na contabilidade empresarial não é uma questão de direita-esquerda; trata-se de proteger todos os investidores contra a exploração dos que possuem informações de bastidores. Ao bloquear a reforma de um sistema falho, o governo Bush está favorecendo os interesses de uma minúscula oligarquia corporativa, em prejuízo de uma vasta maioria.

Um pensamento final: o que importa não é tratar com justiça somente os investidores americanos. A exemplo das nações asiáticas antes da crise, os Estados Unidos dependem bastante do capital estrangeiro e a entrada desses recursos depende da confiança internacional na integridade do mercado americano. O governo Bush parece acreditar que os investidores estrangeiros não têm mais para onde ir e que o dinheiro continuará chegando mesmo que não haja reforma. Suharto também pensava assim...

A GANÂNCIA É UM MAL

4 de junho de 2002

"O fato, senhoras e senhores, é que a ganância é um bem. A ganância dá certo, é boa... e a ganância, atentem bem para as minhas palavras, vai salvar não somente a Teldar Paper, mas também aquela outra corporação que funciona mal, conhecida como Estados Unidos."

Gordon Gekko, o falcão corporativo que deu esse conselho no filme "Wall Street", de 1987, foi punido como merecia, mas, na vida real, a filosofia que defendeu tornou-se a norma comum no mundo empresarial. E esta é a história que está por trás da onda de escândalos em que se afundou o mundo dos negócios nos Estados Unidos.

Quero deixar bem claro que não estou falando de moralidade: estou falando de teoria de administração. Como indivíduos, os dirigentes de empresas não são melhores nem piores do que sempre foram. O que mudou foram os incentivos.

Há 25 anos, as empresas americanas não se pareciam com as organizações insensíveis de hoje. Na verdade, pelos padrões modernos, assemelhavam-se a repúblicas socialistas. O salário de um CEO era pequeno, em comparação com os atuais pacotes generosos. Os executivos não se preocupavam exclusivamente em maximizar os preços das ações: eles achavam que serviam aos interesses de múltiplas clientelas, incluindo seus próprios empregados. A típica empresa pré-Gekko era conhecida internamente como "Generous Motors".

Atualmente, estamos tão impregnados da ideologia de que a ganância é uma coisa boa que é difícil imaginar que um sistema como aquele tenha funcionado algum dia. Mas o fato é que, na geração que se seguiu à Segunda Guerra Mundial, o padrão de vida nacional dobrou. Mas depois o crescimento vacilou — e apareceram os predadores corporativos.

Eles afirmavam — de modo geral, corretamente — que eram capazes de aumentar os lucros e, portanto, os preços das ações, induzindo as companhias a se tornarem mais enxutas e mais eficientes. Substituindo grande parte das ações de uma companhia por dívidas, forçavam a administração a se organizar ou pedir falência. Ao mesmo tempo, dando aos executivos uma grande aposta pessoal no preço das ações da companhia, eles os levavam a se empenhar ao máximo para conseguir o aumento dos preços.

Tudo isso parecia fazer sentido para os professores de finanças corporativas. A fala de Gekko era praticamente a exposição de um livro-texto sobre a teoria do "agente principal", segundo a qual os salários dos executivos deveriam depender em grande parte dos preços das ações: "Hoje, os administradores não se envolvem com a companhia. Os homens sentados aqui (os altos executivos), considerados em conjunto, possuem menos de 3% da empresa."

E nos anos 1990, as corporações puseram essa teoria em prática. Os predadores desapareceram do cenário porque não eram mais necessários; a América corporativa havia interiorizado o seu Gekko. Ou, como disse em tom de aprovação Steven Kaplan, da Escola de Administração da Universidade de Chicago, em 1998: "Hoje, somos todos Henry Kravis." (Kravis é equivalente a um Gekko na vida real.) A nova mentalidade entrou em vigor com pacotes de remuneração para executivos que ofereciam generosas recompensas se os preços das ações subissem.

E até alguns meses atrás acreditávamos que a coisa estava funcionando.

Agora, quando a cada instante surge um novo escândalo no mundo dos negócios, temos condições de perceber a falha fatal da teoria: um sistema que recompensa magnificamente os executivos pela alta das ações constitui uma tentação para que esses executivos, que controlam grande parte das informações disponíveis para terceiros, fabriquem a ilusão do sucesso. Contabilidade agressiva ou transações fictícias que inflam as vendas, tudo foi usado.

É verdade que, mais cedo ou mais tarde, a realidade se impõe. Mas alguns anos de sucessos ilusórios podem enriquecer imensamente um executivo. Ken Lay, Gary Winnick, Chuck Watson, Dennis Kozlowski — todos eles vão ter o consolo de polpudas recompensas na hora da aposentadoria prematura. A menos que se vá para a cadeia — e alguém realmente acredita que algum dos nossos magnatas irá cumprir pena? —, a desonestidade é a melhor política.

Não, não estamos falando apenas de um punhado de exceções desonrosas. As estatísticas dos últimos cinco anos mostram uma grande divergência entre os lucros anunciados pelas empresas aos investidores e outras avaliações do crescimento dos lucros; isto constitui uma clara evidência de que muitas das grandes empresas, talvez a maioria, estavam manipulando os números.

Ora, a desconfiança em relação às corporações ameaça a nossa ainda vacilante recuperação econômica; assim, a ganância, no fim das contas, mostra que é um mal. Mas como reformar esse sistema? Washington parece ter decidido confirmar o que diz sobriamente o *site* apolítico *Corporate Governance* (corpgov.net): "Levando-se em conta o poder dos lobistas de empresas, conclui-se que o controle do governo acaba se revelando um controle de fato por parte das corporações."

Talvez as grandes empresas venham a fazer elas próprias o trabalho de reforma, mas até o momento não dão mostras de querer mudar de procedimentos. E devemos nos perguntar: quem vai salvar essa grande corporação chamada Estados Unidos, que está funcionando mal?

OS CHEIROS DE FRAUDE

28 de junho de 2002

Digamos que você seja o dono de uma sorveteria. Ela não está dando muito dinheiro, então como é que você pode ficar rico? Cada um dos escândalos corporativos já descobertos tem uma estratégia diferente para os executivos conseguirem se arrumar.

Primeiro, consideremos a da Enron. Assine contratos para fornecer um sorvete de casquinha por dia aos fregueses pelos próximos 30 anos. Subestime o custo de cada sorvete; depois, contabilize todos os lucros previstos para as vendas futuras como se fizessem parte do corrente ano. De repente, você dá a impressão de que tem um negócio bastante rentável. Poderá, então, vender ações de sua loja a preços bastante exagerados.

Existe também a estratégia Dynegy. As vendas de sorvetes não estão dando grande lucro, mas você convence os investidores de que a situação vai mudar no futuro. Aí você faz discretamente um acordo com o dono de outra sorveteria na mesma rua: cada um vai comprar centenas de sorvetes de casquinha do outro diariamente. Ou melhor, fingir que compra — não há necessidade de transferir fisicamente os sorvetes o tempo todo de uma loja para a outra. O resultado é que você parece estar administrando um negócio promissor e, portanto, vai conseguir vender ações a preços inflados.

Temos ainda a estratégia Adelphia. Você assina contratos com os fregueses e faz com que os investidores prestem mais atenção no volume de contratos do que na sua lucratividade. Nessa estratégia, você não faz transações imaginárias, simplesmente inventa um monte de fregueses imaginários. A base de subscritores aumenta rapidamente, o que agrada aos analistas e, por conseguinte, você pode vender as ações por preços artificialmente elevados.

Finalmente, há a estratégia da WorldCom. Você não precisa criar vendas imaginárias, apenas faz os custos reais desaparecerem, ao incluir ficticiamente as despesas operacionais — creme, açúcar, xarope de chocolate — como parte do que foi pago na compra de uma geladeira. O resultado é que o negócio pouco rentável ganha — no papel — a aparência de algo muito lucrativo e que só toma empréstimos para adquirir novos equipamentos. E você pode vender as ações por preços inflados.

Ah, já ia me esquecendo: como é que você pessoalmente pode enriquecer? O modo mais fácil é dar a si mesmo numerosas opções de compra de ações, de modo que você pode se beneficiar dos preços excessivos. Mas você pode também usar a estratégia Enron, com sociedades *de propósito específico*, ou a estratégia Adelphia, com empréstimos pessoais, e assim por diante, para aumentar sua sorte. É bom ser o principal executivo.

Há um lado funesto nesse leque de trapaças. Em primeiro lugar, nota-se que, em cada um dos escândalos envolvendo empresas, a fraude assume um aspecto diferente. De modo que não adianta dizer que outras empresas não seriam capazes de utilizar a mesma estratégia da Enron ou da WorldCom; na verdade, isso não importa, porque outras empresas são capazes de inventar seus próprios estratagemas. Em segundo lugar, não devia ter sido difícil descobrir os truques. Por exemplo, a WorldCom agora admite que 40% dos seus investimentos no ano passado não corresponderam à realidade; eram, na verdade, despesas operacionais. Como é que as pessoas que deveriam estar atentas à possibilidade de fraude empresarial — auditores, bancos, fiscais do governo — deixaram de perceber algo de tamanha dimensão? A resposta, claro, é que eles não queriam ver; ou viram, mas foram impedidos de tomar alguma providência a respeito.

Não estou dizendo que todas as corporações americanas sejam corruptas. Mas é inegável que os executivos que querem ser corruptos encontraram poucos obstáculos. Os auditores não tinham interesse em criar problemas para companhias que eram uma boa fonte de renda de consultoria; os dirigentes de bancos não tinham interesse em criar problemas para companhias que, como ficamos sabendo pelo caso Enron, davam a eles oportunidade de participar desses lucrativos negócios paralelos. E as autoridades eleitas, induzidas pelas contribuições dadas às campanhas eleitorais e por outros incentivos, impediam os fiscais de fazer seu trabalho — negando verbas às repartições em que eles trabalhavam ou criando "buracos negros" nos regulamentos, dentro dos quais práticas escusas podiam proliferar à vontade.

(Ao mesmo tempo em que George W. Bush denuncia em voz alta a WorldCom, tenta nomear para um alto cargo numa agência reguladora o homem que concebeu a notória "isenção Enron" — uma medida legislativa elaborada intencionalmente para livrar da fiscalização essa empresa. E alguns parlamentares parecem mais empenhados em dar um aperto no promotor de Nova York, Elliot Spitzer, do que em fazer algo a respeito da corrupção que ele está investigando.)

Enquanto isso, novas revelações continuam a surgir. Seis meses atrás, numa coluna que foi bastante criticada, sugeri que, no fim das contas, o escândalo da Enron pode vir a ter um papel mais importante no modo como os americanos percebem a si mesmos do que o atentado de 11 de setembro. Será que isso ainda hoje parece pouco plausível?

TODOS ESTÃO INDIGNADOS

2 de julho de 2002

Arthur Levitt, escolhido por Bill Clinton para dirigir a Comissão de Valores Mobiliários, fez campanha para melhorar a fiscalização da contabilidade das empresas — embora seus esforços tenham sido constantemente obstruídos pelos lobistas. George W. Bush o substituiu por Harvey Pitt, que prometeu que a Comissão seria "mais bondosa e gentil". Mesmo depois do caso Enron, o governo Bush se opôs firmemente a qualquer tentativa de alteração das práticas contábeis. Por exemplo, rejeitou apelos de gente como Warren Buffet para que o custo das opções concedidas aos executivos fosse deduzido dos lucros declarados.

Apesar disso, os senhores Bush e Pitt se dizem indignados com o comportamento da WorldCom.

O deputado republicano Michael Oxley, presidente da Comissão de Assuntos Financeiros da Câmara, desempenhou um papel fundamental na aprovação de um projeto de lei em 1995 (depois de derrubado o veto de Clinton) que, ao dificultar o acesso dos investidores à Justiça, pode ter aberto as portas para uma onda de crimes corporativos. Mais recentemente, quando a Merrill Lynch admitiu ter supervalorizado ações que seus analistas, confidencialmente, consideravam sem valor, Oxley ficou furioso — não porque a firma tivesse enganado os investidores, mas porque tinha concordado em pagar uma multa, abrindo assim um possível precedente. Mas esse deputado também se diz indignado com a WorldCom...

Será que este repentino surto de indignação moralista tem algo a ver com o fato de que as pesquisas de opinião revelaram que o público está cada vez mais assombrado com a desonestidade das corporações?

De qualquer forma, mesmo esse fenômeno miraculoso induzido pelas pesquisas de opinião pública poderia ser visto com um bom sinal, se fosse genuíno. Mas não é. Como foi dito no site *dailyenron.com*, na semana passada, "as raposas garantiram aos americanos que estão na pista das galinhas desaparecidas".

É extremamente difícil levar a sério a indignação do presidente. Segundo disse delicadamente Chuck Lewis, da entidade apartidária *Center for Public Integrity*, "Bush tem mais familiaridade com empresas de energia em dificuldades e com irregularidades contábeis do que qualquer um dos seus antecessores". Lewis estava se referindo à saga da Harken Energy, que agora precisa se tornar do conhecimento público.

Minha última coluna, descrevendo as técnicas da fraude em empresas, omitiu um método também utilizado pela Enron: a venda fictícia de bens. Voltando ao exemplo da sorveteria, o que você faz é vender seu velho caminhão de entregas à Corporação XYZ por um preço extravagante e classificar o ganho de capital como lucro. Mas a transação é um embuste: a Corporação XYZ é você mesmo com outro nome. Antes que os investidores descubram o truque, você poderá vender um bocado de ações por um preço artificialmente alto.

Consideremos agora o caso da Harken Energy, como foi relatado por *The Wall Street Journal* de 4 de março. Em 1989, Bush fazia parte do conselho de diretoria e da comissão de auditoria da Harken. Ele conseguiu o cargo, juntamente com um grande número de ações, quando a Harken pagou US$ 2 milhões pela Spectrum 7, uma empresa pequena e deficitária do setor de energia, com grandes dívidas, da qual Bush era o principal executivo. Explicando o que estava comprando, o fundador da Harken disse simplesmente: "Bem, o nome de George Bush."

Infelizmente, tal como a Spectrum, a Harken também estava perdendo dinheiro. Mas em 1989 a empresa conseguiu esconder a maior parte de suas perdas com os lucros declarados provenientes da venda, por um alto preço, de uma subsidiária, a Aloha Petroleum. Quem comprou a Aloha? Foi um grupo de dentro da Harken, que obteve o dinheiro para a compra fornecido pela própria Harken. A Comissão de Valores Mobiliários concluiu que se tratava de uma transação espúria e obrigou a empresa a fazer nova declaração dos lucros de 1989.

Mas muito antes de a Comissão ter decidido isso — embora apenas algumas semanas antes que más notícias que não podiam ser encobertas fizessem as ações da empresa despencar —, Bush vendeu dois terços de sua participação por US$848 mil. É bom que se diga que essa quantia é quatro vezes maior que a da venda que deixou Martha Stewart em maus lençóis. Curiosamente, embora a lei exija que seja feita divulgação imediata de vendas por pessoas ligadas a uma firma, Bush só comunicou a transação à Comissão depois de 34 semanas. Um memorando interno da CVM concluiu que ele tinha violado a lei, mas nenhuma providência foi tomada a respeito. Mesmo assim, muita gente parece achar que isso nada tem a ver com o fato de que o pai de Bush era o presidente dos Estados Unidos na época...

Levando em consideração esse episódio — e outro igualmente interessante envolvendo a posição de Cheney como CEO da Halliburton —, é possível dizer que este governo está plenamente qualificado para ir ao encalço de malfeitores corporativos. Afinal, Bush e Cheney têm experiência pessoal no assunto.

E, se algum cínico insinuar que a recente indignação de Bush com fraudes corporativas não é exatamente sincera, sei como seu porta-voz reagirá. Ficará indignado.

VENCENDO NOS NEGÓCIOS

7 de julho de 2002

Na terça-feira, George W. Bush vai pronunciar um discurso destinado a colocá-lo na vanguarda do crescente movimento nacional de indignação diante da desonestidade de empresas. Ele deverá fazer um sermão severo sobre ética para os executivos de Wall Street e certamente vai se apresentar como alguém que acredita na probidade dos negócios, como eram conduzidos antigamente.

No entanto, esta postura é surrealista, por causa da maneira como os mais altos funcionários desse governo, como o secretário do Exército, Thomas White, o vice-presidente Dick Cheney e o próprio Bush enriqueceram. Como disse Joshua Green num artigo de leitura obrigatória em *The Washington Monthly*, escrito pouco antes que o governo passasse de repente a defender princípios éticos no mundo das corporações, "o 'novo tom' que George W. Bush trouxe para Washington não é de integridade, mas de ausência de freios... nesse governo, o enriquecimento pessoal de um dirigente de uma empresa que entra em colapso não é necessariamente desaprovado".

Infelizmente, o governo conseguiu que a imprensa, até agora, se limitasse a abordar a falha ética menos importante na conduta de Bush nos negócios, ou seja, o fato de que ele não comunicou logo, como manda a lei, a venda de ações feita por alguém, como ele, ligado a determinada empresa. As versões dessa omissão apresentadas por Bush mudaram repentinamente, desde "o cachorro comeu meu dever de casa" até "meu advogado comeu meu dever de casa". Mas o governo espera que o foco dos críticos num ponto menor desvie a atenção do que é realmente importante: Bush se beneficiou pessoalmente de uma contabilidade agressiva, idêntica à que foi usada nos grandes escândalos recentes que abalaram o país.

Em 1986, Bush merecia ser considerado um homem de negócios fracassado. Tinha manipulado milhões de dólares de outras pessoas sem ter nada a oferecer a não ser uma firma deficitária e muito endividada. Mas foi salvo da falência quando a Harken Energy comprou a firma dele por um preço exorbitante. Não há dúvida de que a Harken, na verdade, estava pagando a Bush por causa das poderosas ligações que ele tinha.

Apesar dessas ligações, a Harken continuou indo mal. Mas conseguiu ocultar temporariamente o seu fracasso — sustentando o preço alto das ações o tempo suficiente para Bush vender com grande lucro as que ele tinha, utilizando os mesmos truques contábeis que a Enron utilizaria mais tarde (sim, isso mesmo, Arthur Andersen era o auditor). Como expliquei em minha coluna anterior, o estratagema usado foi o seguinte: pessoas de dentro da corporação criam uma empresa de fachada que parece independente, mas que, na realidade, está sob seu controle; essa empresa compra parte do ativo da firma por um preço absurdamente alto, gerando assim um lucro fantasma que faz subir o preço das ações, permitindo aos executivos trocar a posição de ações por dinheiro vivo.

Foi exatamente o que aconteceu com a Harken. Um grupo de pessoas de dentro da corporação, usando dinheiro emprestado pela própria Harken, adquiriu por um preço exorbitante uma subsidiária da Harken, a Aloha Petroleum. Isso criou um lucro fantasma de US$ 10 milhões, que serviu para dissimular 75% das perdas da empresa em 1989. Assessores da Casa Branca tentaram minimizar a importância dessa transação, alegando que US$ 10 milhões não representavam uma grande soma, em comparação com os escândalos que vieram à tona ultimamente. De fato, é uma pequena fração dos lucros aparentes que a Halliburton criou por meio de uma mudança repentina em suas práticas contábeis durante a gestão de Dick Cheney como seu principal executivo. Mas, para o aumento dos preços das ações da Harken — e, portanto, para a fortuna pessoal de Bush —, o truque contábil funcionou.

Ah!, sim, os falsos lucros da Harken foram várias vezes superiores aos do negócio imobiliário de Whitewater — embora apenas a sétima parte do que custaram as investigações sobre o caso Whitewater (a respeito de supostas irregularidades cometidas por Bill e Hillary Clinton).

Bush fazia parte da comissão de auditoria da empresa, bem como de uma comissão especial de reestruturação; em 1994, outro membro das duas comissões, E. Stuart Watson, afirmou aos jornalistas que ele e Bush eram constantemente informados sobre as finanças da companhia. Se apesar disso Bush ignorava a manobra com a Aloha, era um diretor bastante negligente.

Seja como for, Bush foi informado do que se passava quando a Comissão de Valores Mobiliários ordenou à firma que fizesse nova declaração revisada de seus lucros de 1989. Portanto, não há motivo para ele ficar chocado com os escândalos recentes. Afinal, sua própria companhia recorreu aos mesmos truques para seu grande benefício. É claro que o que realmente fez de Bush um homem rico foram os investimentos que ele fez nos Texas Rangers com o lucro que teve da Harken — e o caso dos Texas Rangers é outra história esquisita.

O ponto essencial é a discrepância entre a imagem e a realidade. Bush faz questão de se apresentar como um homem comum com quem os americanos comuns conseguem se identificar. Mas sua fortuna pessoal foi adquirida por meio de privilégios e transações baseadas em informações que não eram públicas — e depois da venda das suas ações da Harken, com o apoio de um verdadeiro sistema de assistência social das corporações. Algumas pessoas levam uma vida mansa.

O JOGO DAS INFORMAÇÕES PRIVILEGIADAS

12 de julho de 2002

A atual crise do capitalismo americano não se limita a detalhes específicos, como contabilidade fraudulenta, opções de compra de ações, empréstimos a executivos e assim por diante. Trata-se de um jogo de cartas marcadas em favor dos *insiders*, ou seja, daqueles que têm acesso a informações privilegiadas sobre as empresas a que estão ligados.

E o governo Bush está cheio de gente assim. É por isso que o presidente não convence quando faz uma oposição meramente retórica aos executivos desonestos. Para dar aqui um exemplo extremo (até o momento): como é possível levar a sério a postura moralizante de Bush, quando Thomas White — o homem que comandou um departamento na Enron que gerou falsos lucros de US$ 500 milhões e que vendeu US$ 12 milhões em ações da empresa pouco antes do colapso — continua a ser o secretário do Exército do seu governo?

No entanto, tudo que Bush fez e disse ultimamente demonstra que ele não entendeu a situação. Indagado sobre a transação com a Aloha Petroleum em que esteve envolvida a Harken Energy, da qual ele era dirigente — transação em que foram registrados enormes lucros provenientes de uma venda em que foi utilizado dinheiro da própria Harken e que serviu apenas para inflar artificialmente os lucros —, Bush respondeu: "Houve uma legítima diferença de opiniões a respeito... às vezes, as coisas não são exatamente preto-e-branco quando se trata de práticas de contabilidade."

E o presidente ainda agora se opõe não só às reformas que reduziriam os incentivos a fraudes corporativas — como exigir das empresas que deduzam dos seus ganhos as opções de compra de ações concedidas aos executivos —, mas também às reformas que dificultariam a efetivação dessas fraudes, como proibir que os auditores cobrem comissões de consultoria de companhias que vão auditar.

A coisa mais próxima de uma proposta concreta na falação moralista de Bush da terça-feira, quase sem conteúdo, foi sua recomendação de uma punição mais severa para os executivos condenados por fraude. Mas esta é uma ameaça vazia. Na realidade, os executivos importantes raramente são acusados de crimes; nenhuma acusação formal foi feita até agora contra os dirigentes da Enron, e até mesmo Al Dunlap, contumaz manipulador de contas, enfrenta apenas um processo civil. E quase ninguém é condenado. Os assuntos contábeis são muito técnicos e confundem o júri; advogados experimentados sabem como explorar essa confusão; e se tudo o mais falhar, os executivos famosos têm amigos importantes que os protegem.

Nesse aspecto, e em outros da governança corporativa, não há lugar para surpresas: a recente onda de escândalos já estava prefigurada na história pregressa do presidente Bush.

Cabe aqui um comentário: alguns medalhões têm classificado de injustas as perguntas sobre a carreira empresarial de Bush; afinal, dizem eles, tudo aconteceu há muito tempo e hoje é irrelevante. Mas esses mesmos figurões consideraram absolutamente apropriado gastar sete anos e US$ 70 milhões na investigação dos negócios com terras de Bill Clinton, um caso que era muito mais antigo na vida de Clinton. E se eles querem algo mais recente, que tal o relato dos investimentos extraordinariamente lucrativos de Bush nos Texas Rangers, transação que se tornou lucrativa por causa de uma rede extremamente incestuosa de programas públicos e negócios particulares? Como no caso da Harken, não será preciso fazer um grande esforço de investigação: o assunto foi esmiuçado por Joe Conason na revista *Harper's* há quase dois anos.

Mas o caso da Harken ainda tem mais a nos ensinar, porque a investigação da Comissão de Valores Mobiliários sobre a venda de ações feita por Bush ilustra perfeitamente o fato de que suas palavras duras de reprovação não intimidam os malfeitores bem relacionados.

Bush alega ter sido examinado exaustivamente pela Comissão. Na verdade, a investigação foi bastante superficial. Os investigadores, sem sequer entrevistarem Bush ou qualquer outro dirigente da Harken, concluíram que a oportuna e perfeitamente sincronizada venda de ações feita por Bush não evidenciou o acesso a nenhuma informação privilegiada. Talvez os altos funcionários da Comissão tenham achado que já conheciam suficientemente Bush, cujo pai, então presidente dos Estados Unidos, tinha nomeado um de seus bons amigos para chefiar a Comissão. E o consultor jurídico, a quem cabia a decisão sobre as questões legais, tinha sido advogado pessoal de George W. Bush — foi ele quem negociou a compra dos Texas Rangers. Não, não estou inventando isso.

É certo que a maioria dos malfeitores corporativos não é tão bem relacionada com gente importante quanto o jovem Bush; mas, assim como ele, esperam e provavelmente recebem um tratamento especial. Num paralelo interessante, vale assinalar que a Comissão atual, que afirma estar investigando as práticas contábeis suspeitas da Halliburton — que transformaram magicamente prejuízos em lucros declarados — ainda não entrevistou o CEO daquela época, o atual vice-presidente americano Dick Cheney.

O fato é que não há mais esperanças de que o presidente Bush rompa com o seu passado e venha a apoiar as reformas tão necessárias das práticas corporativas. Bush não é realmente um reformador; ele apenas desempenha esse papel diante das câmeras de televisão.

A INDIGNAÇÃO QUE LIMITA

23 de agosto de 2002

A elevada remuneração dos CEOs americanos reflete a intensa competição entre as empresas na busca dos maiores talentos administrativos. As opções de compra de ações e outras formas típicas de compensação financeira para os executivos têm a finalidade de proporcionar incentivos ao bom desempenho. Esses incentivos tendem a harmonizar os interesses pessoais dos dirigentes com os dos acionistas.

Bem, nada do que acaba de ser dito no parágrafo anterior é verdade. Foi o que ficou provado num extraordinário *paper* divulgado pelo National Bureau of Economic Research, órgão de pesquisas do setor privado. Este referido documento de pesquisa é leitura obrigatória para todo aquele que desejar entender o que está realmente acontecendo em nossa economia.

Foi em dezembro que tomei conhecimento desse *paper*, intitulado "Executive compensation in America: Optimal contracting or extraction of rents?", de autoria de Lucian Bebchuk, Jesse Fried e David Walker (das Universidades de Harvard, Berkeley e Boston, respectivamente). A análise feita pelos autores me ajudou bastante a perceber, logo no início, que o escândalo da Enron seria apenas o primeiro de uma série.

O que o documento mostra é que a teoria oficial, segundo a qual o CEO está sob o controle de um conselho de diretores que por sua vez representa os interesses dos acionistas, é totalmente enganosa. Na prática, o executivo determina a sua própria compensação financeira, e nisso ele é limitado apenas pela possibilidade de haver alguma forte objeção — não da parte do conselho de diretores, que dele depende para receber alguns privilégios, mas de grupos de fora, capazes de criar problemas. E a verdadeira finalidade dos pacotes de compensação financeira não é proporcionar incentivos, mas criar um mecanismo de "camuflagem" — ou seja, deixar que o CEO conceda a si mesmo uma generosa recompensa, ao mesmo tempo em que minimiza a possibilidade de indignação que isso poderia suscitar.

O caso mais óbvio é o da opção de compra de ações. Pode-se defender a vinculação do pagamento dos executivos ao preço das ações da companhia, mas um verdadeiro esquema de incentivos teria características que nunca são encontradas na prática corporativa. Por exemplo, o pagamento do executivo deveria depender do preço das ações da companhia em comparação com um referencial baseado na situação de outras empresas semelhantes, de forma que a quantia que coubesse ao executivo refletiria o que ele faz e não as condições gerais do mercado.

No entanto, o que realmente acontece é que um CEO recebe quase sempre opções de ações pelo preço corrente do mercado — e ponto final. Se o preço subir, ele ganhará mais. Se cair, receberá mais opções de ações a preço mais baixo. Sejamos justos: existem cláusulas na legislação tributária que incentivam esse procedimento. Mas a verdadeira razão pela qual os executivos são remunerados dessa forma é que se trata de um mecanismo garantido. A menos que haja uma degringolada geral do mercado, um executivo pago com opções sobre ações ao preço em vigor sempre acaba ganhando muito dinheiro. E o faz de uma maneira que esconde o privilégio embutido na transação. A concessão da opção freqüentemente não chega a ser computada como despesa da companhia, e o pagamento, quando ocorre, entra na contabilidade como recompensa por bom desempenho.

Devido à habilidade cada vez maior das empresas na camuflagem, e também ao constante desgaste das inibições tradicionais diante de excessos, a remuneração média dos CEOs das principais corporações aumentou vertiginosamente. Há uma geração, era "apenas" 40 vezes mais do que ganhava um funcionário médio; hoje, é 500 vezes mais. É muito dinheiro, mas o desembolso em si não é o maior problema. O que importa é que os truques usados para camuflar o salário exorbitante dão aos executivos um incentivo para fazer subir os preços das ações de qualquer modo, a fim de que possam trocar as ações por dinheiro vivo.

Estamos apenas começando a perceber até que ponto esse incentivo distorce o comportamento das empresas. Sabemos hoje que algumas companhias se envolveram em programas grandiosos de expansão e aquisições que terminaram mal — mas só depois que os principais executivos enriqueceram ainda mais. Sabemos também que companhias que se empenham em confirmar ou superar previsões de analistas recorreram maciçamente a métodos fantasiosos de contabilidade; em cada um dos últimos anos do período da bolha, a maioria das grandes companhias declarou um crescimento fabuloso dos lucros; no entanto, as estatísticas mostraram que os lucros verdadeiros das empresas quase não aumentaram no período.

Não estou querendo dizer que os CEOs sejam vilões conscientes, torcendo os bigodes e rindo diabolicamente de prazer pelas más ações que cometeram. As pessoas sabem muito bem encontrar justificativas para o que fazem — até Jeff Skilling (Enron) se acha uma vítima — e a maioria dos CEOs sem dúvida se manteve nos limites da lei.

Mas o fato é que temos um sistema corporativo que dá incentivos imensos ao mau comportamento. E eu ficaria muito surpreso se a admissão de culpa por Michael Kopper, executivo da área de finanças da Enron, na última quarta-feira, fosse o começo do fim; na melhor das hipóteses, é o fim do começo.

NEGÓCIOS DE ROTINA

22 de outubro de 2002

O estado de espírito dos lobistas de empresas, segundo um exultante funcionário da Heritage Foundation, é de "otimismo, beirando o delírio". Eles esperam que as eleições legislativas de 5 de novembro coloquem os republicanos no controle das três áreas de governo e já prepararam a lista do que desejam. "Isto equivale, no plano interno, a planejar o Iraque do pós-guerra", comentou o funcionário.

A Casa Branca também parece esperar o Natal em novembro. Na verdade, está tão confiante que já deu aos lobistas o presente que eles mais queriam: o fim daquela bobagem toda sobre reforma do sistema corporativo. Em julho, Bush havia declarado que "os crimes corporativos serão descobertos e punidos," e havia mencionado uma nova lei que autoriza "mais recursos para investigadores e tecnologia para a Comissão de Valores Mobiliários para descobrir fraudes". Bem, isso foi em julho; mas agora vocês não sabem que está sendo travada uma guerra?

O primeiro grande passo para solapar a reforma foi dado quando Harvey Pitt, presidente da Comissão, recuou nos planos para nomear uma personalidade independente e respeitada para chefiar uma nova junta de supervisão das práticas contábeis e de auditoria.

Mas isso foi apenas o prelúdio. Durante anos, a Comissão recebeu verbas insuficientes e a maioria dos observadores — entre eles Richard Breeden, que chefiou a Comissão quando o pai de Bush era presidente — achou que mesmo o orçamento assinado por George W. Bush em julho continuou sendo bastante inadequado. E, recentemente, o governo falou em cancelar as "novas verbas" antes anunciadas com tanta ênfase.

Fontes oficiais afirmam que a Comissão poderá desempenhar sua missão, mesmo com o orçamento reduzido. Mas o fato é que a Comissão carece de recursos, o que é ridículo: seus advogados e contadores ganham metade do que poderiam ganhar no setor privado, costumam ficar em situação numericamente inferior à das equipes jurídicas das companhias que devem investigar, e freqüentemente eles próprios têm que executar as tarefas de digitar e tirar cópias. Admitem que deixam de levar adiante certas investigações por falta de recursos. E a nova lei ainda amplia as responsabilidades da Comissão.

Então, que está acontecendo? Aqui está uma comparação. Desde 1995, o Congresso vem obrigando o Serviço da Receita Federal a reduzir suas operações; o número de auditores caiu 28 por cento. No entanto, é claro que, ao dar para a agência mais recursos, o governo estaria de fato diminuindo o déficit do orçamento federal; os funcionários da Receita Federal informam que todo ano deixam de ser recolhidos US$ 30 bilhões em impostos, sobretudo porque contribuintes de renda elevada acham que podem se safar com táticas de sonegação fiscal. Assim, quando se deixa o Serviço da Receita Federal à míngua, não se trata de economizar dinheiro, mas de proteger os ricos sonegadores.

Do mesmo modo, altos funcionários do governo sabem que a Comissão de Valores Mobiliários não pode funcionar a contento com as verbas minguadas que recebe. Acontece que o objetivo é justamente impedir que a Comissão cumpra sua missão.

Em retrospecto, é difícil entender como alguém chegou a acreditar que o governo estava sendo sincero ao falar sobre reforma das corporações. Num grau nunca visto na história recente, este é um governo de *insiders* para *insiders* (quer dizer, um governo que tem informações que são privilegiadas e que não cria problemas para as atividades daqueles que têm acesso a informações privilegiadas sobre empresas). Não estou falando apenas de influência, estou falando de experiência na carreira pessoal de vários. O governo Bush tem, entre seus integrantes, mais ex-CEOs do que qualquer governo anterior. No entanto, como escreveu James Surowiecki na revista *The New Yorker*, "praticamente nenhum dos CEOs da equipe de Bush comandou organizações competitivas e gerenciadas com espírito empresarial". Em vez disso, esses CEOs vieram de um mundo de "capitalismo de amigos, no qual quem você conhece é mais importante do que o que você faz e como faz". Por que iriam dar as costas ao mundo de onde vieram?

E não esqueçamos os incentivos pessoais. Quase todos esses ex-CEOs do governo Bush ficaram ricos graças às relações que estabeleceram em Washington; a exceção é o próprio Bush, que enriqueceu graças às relações que seu pai estabelecera em Washington. O processo continua. O senador Phil Gramm, que insistiu numa lei que isentava as práticas comerciais da Enron da regulamentação vigente — enquanto sua esposa integrava o conselho diretor da empresa —, está agora se aposentando e achou um novo emprego: vai para a UBS Warburg, a companhia que comprou a divisão comercial da Enron. Os inimigos dos abusos no mundo dos negócios não recebem ofertas tão vantajosas.

Vocês não devem se preocupar com as imagens na televisão, que mostram respeitáveis cidadãos de terno e gravata sendo levados por policiais como suspeitos para serem autuados numa delegacia. Aquilo foi só para impressionar o público. Agora que o público está com a atenção voltada para outras coisas, os negócios de rotina voltam a imperar, inclusive a rotina da manipulação de informações privilegiadas.

Parte II

MATEMÁTICA NEBULOSA

HÁ TEMPOS, LI UMA HISTÓRIA sobre um país latino-americano onde os políticos tinham o hábito de prometer tudo sem dar nada. Um partido chegou a garantir que iria facilitar a economia de combustível, mandando construir todas as estradas só com declives, nenhuma subida.

Agora, a piada se aplica a nós, norte-americanos.

Há uma semelhança óbvia entre a redução de impostos determinada por Bush em 2001 e a de Reagan, 20 anos antes. Mas a política por trás da medida é diferente agora e muito mais assustadora. Não sou um admirador de Reagan, mas pelo menos ele apresentou seu plano de maneira honesta: não negou que a medida iria beneficiar os ricos e não escondeu o fato de que os cortes de impostos só pareciam razoáveis quando se aceitava a chamada "teoria da oferta" (*supply-side economics*) que ele defendia. Bush, no entanto, ao propor um plano semelhante, distorceu tudo a respeito: afirmou que favorecia sobretudo a classe média e que o plano se encaixava perfeitamente nos limites de um orçamento responsável. Mas bastava o observador fazer uma análise superficial para perceber que nenhuma das afirmações tinha fundamento — porém, por algum motivo, ninguém na mídia se dispôs a fazer essa análise.

Nos primeiros meses da campanha de 2000, tive dificuldade em acreditar no que estava acontecendo. O candidato a presidente de um importante partido político estava realmente mentindo descaradamente sobre o conteúdo do seu programa? A mídia estava realmente deixando que ele fizesse isso com toda a liberdade? As respostas às duas perguntas eram sim.

O resultado? Bush levou a cabo a maior operação de venda de gato como se fosse lebre da história. Primeiro, descreveu a redução de impostos — na verdade, uma medida que estourava o orçamento federal e beneficiava somente os ricos — como um plano modesto pelo qual o governo devolvia às famílias comuns uma renda de que ele não precisava. Depois, quando os déficits se evidenciaram, embrulhou-se na bandeira nacional junto com seu programa e atribuiu os déficits à ação dos terroristas e a forças fora do seu controle. Como economista, pude entender o que ocorria e tentei explicar nas minhas colunas. Alguns críticos me chamaram de Cassandra e tinham razão — pois, embora ninguém quisesse acreditar nas profecias de Cassandra, elas acabavam se realizando.

O capítulo 5 descreve a propaganda em torno do plano de impostos de Bush — os truques, omissões e mentiras brutais de que ele se valeu, inicialmente na campanha eleitoral, e mais tarde para facilitar sua aprovação pelo Congresso. Um subtexto dessa história foi o fracasso das instituições e dos indivíduos, que deveriam ter defendido o interesse público. A imprensa falhou catastroficamente em esclarecer as questões em pauta, permitindo que Bush se saísse bem no manejo de mentiras incrivelmente gritantes a respeito do orçamento federal. E aqueles que haviam se posicionado como guardiães da probidade fiscal jogaram fora seus supostos princípios; foi o caso, sobretudo, de Alan Greenspan, o sumo sacerdote da disciplina fiscal durante o governo Clinton, que deu cambalhotas intelectuais para justificar seu apoio ao plano absolutamente irresponsável de cortes de impostos de Bush.

Para mim, parecia claro que o plano do presidente iria acabar com os superávits orçamentários conseguidos a duras penas. O que não previ foi a rapidez com que as coisas iriam desmoronar, com superávits recordes transformados num piscar de olhos em déficits recordes. E, naturalmente, eu não podia saber que o 11 de setembro iria proporcionar ao governo a oportunidade de encobrir suas pegadas e de culpar malfeitores estrangeiros pelo desequilíbrio do orçamento do país. O capítulo 6 conta o debate sobre o orçamento após o 11 de setembro, quando a dimensão do desastre orçamentário ficou evidente — e ninguém parecia ligar para isso.

Ora, por que iríamos ligar? Os defensores do governo Bush dizem que a dívida do governo federal pelos padrões históricos não é tão grande assim, se levarmos em conta o tamanho da economia nacional, e que o atual déficit orçamentário, embora sem precedentes em termos de dólar, também não é excepcional, se fizermos a mesma comparação. No entanto, essas comparações de cunho histórico são muito enganosas; as políticas deste governo são desastrosamente irresponsáveis, criando condições para uma imensa crise em futuro não muito distante. Por quê? Porque faltam apenas alguns anos para o Dia B, o dia em que os bebês nascidos logo depois da guerra começarão a se aposentar.

O governo norte-americano pode ser visto como uma grande companhia de seguros que também dispõe de um exército. Os gigantescos programas de aposentadoria — Seguridade Social e *Medicare* — absorvem a maior parte do orçamento federal; daqui a dez anos, vão se tornar ainda mais dispendiosos. Como temos de pagar essas contas, sem falar nos juros da grande dívida nacional, é claro que algo vai ter de acontecer. Então, este seria o momento para providenciarmos superávits orçamentários e para tentarmos liquidar a dívida nacional. É difícil imaginar uma época menos oportuna para se gerar déficits imensos.

Mas por que, em vez disso, não reformar a Seguridade Social e o *Medicare* (sistema de assistência médica aos idosos)? Parece boa idéia — e o plano de Bush para "reformar" a Previdência causou boa impressão durante a campanha eleitoral. No entanto, como é explicado no capítulo 7, o plano era uma fraude desde o início. Chegando ao essencial, verificamos que Bush estava querendo fingir que 2 – 1 = 4, insistindo no fato de que o desvio de parte da renda do sistema previdenciário para o setor privado fortaleceria as finanças do sistema, quando um simples cálculo aritmético demonstrava que o resultado seria exatamente o oposto. A hipocrisia do plano de Bush para a assistência médica aos idosos era mais sutil, mas, de qualquer modo, inegável. Em ambos os casos, a suposta cura para as deficiências dos programas tornaria as coisas muito piores — e agravaria ainda mais os problemas criados por uma política fiscal irresponsável.

Para onde tudo isso irá levar? Ao organizar esta parte do livro, examinei detidamente as perspectivas do futuro fiscal da nação e focalizei a questão como uma hipoteca imobiliária de juros fixos. Daqui a alguns anos, e talvez mais cedo do que se pensa, os mercados financeiros vão olhar para essa situação e perceber que o governo fez promessas inconsistentes — promessas de benefícios para os futuros aposentados, pagamentos aos que comprarem a dívida e alíquotas de impostos muito abaixo do que seria preciso para financiar todos esses pagamentos. Alguém vai ter de ceder, e o espetáculo não vai ser nada agradável. Na verdade, acredito que os Estados Unidos estejam caminhando para uma crise financeira no estilo latino-americano, na qual o temor de que o governo tente solucionar o seu dilema, recorrendo à inflação para fazer desaparecer a dívida, possa provocar o aumento das taxas de juros.

Quando acontecer, lembre-se: foi aqui que você leu primeiro.

CAPÍTULO 5

A isca da lebre

EPA! LÁ VEM ELE DE NOVO...

1° de outubro de 2000

Parece que estamos no período das confissões no noticiário financeiro da televisão. Enquanto muitas empresas admitem que seus lucros não alcançaram o que o mercado esperava, programas como "Moneyline", da CNN, são penosos de se assistir. Noite após noite, vemos executivos se contorcendo diante do interrogatório cerrado dos repórteres, que procuram saber por que os ganhos das companhias ficaram aquém das expectativas. Nem é preciso dizer que ninguém consegue se esquivar. Afinal, os jornalistas se prepararam bem para a tarefa e protestariam se lhes fosse apresentado algum número duvidoso.

No entanto, algumas pessoas recebem um tratamento especial. Acreditem, eu não pretendia mais escrever sobre a aritmética do sr. Bush. Mas o modo como ele se comportou em "Moneyline" na última quarta-feira foi estarrecedor. Tive de consultar o texto transcrito do programa para me convencer de que realmente ouvira direito. Foi como se os assessores do presidente lhe tivessem enviado um memorando dizendo: "No seu último discurso, o senhor mencionou algumas coisas que não eram verdadeiras. Agora, nos poucos minutos à sua disposição, é importante repeti-las. Não se perca em generalidades — cite números específicos falsos. Isso os convencerá!"

Primeiro, Bush falou sobre o orçamento: "Há uma projeção de um superávit de US$ 4,6 trilhões", declarou, o que é verdade, ainda que as projeções sejam duvidosas. E prosseguiu: "Quero que uma parte desse dinheiro, cerca de US$ 1 trilhão, vá para projetos como o que facilita a compra de remédios indicados para pessoas idosas. Também reservarei dinheiro para aumentar a capacidade das Forças Armadas, a fim de que possam manter a paz. Tenho algumas idéias sobre a educação no mundo. Quero — bem, vocês sabem — dar algum dinheiro para a defesa do meio ambiente."

Quase um trilhão? O comunicado sobre o orçamento divulgado pela equipe da campanha eleitoral do candidato há três semanas citou a soma de US$ 474,6 bilhões para novos projetos, ou seja, menos de meio trilhão. Bush certamente quer dar a impressão de ser muito sensível, preocupado com a educação, o meio ambiente e tudo o mais. Mas isso não justifica a afirmação de que vai gastar com esses objetivos meritórios o dobro do número mencionado em seu próprio orçamento.

Ele disse em seguida: "Mas ainda sobrou um quarto da soma a ser gasta, cerca de US$ 1,3 trilhão (o valor da redução de impostos que ele propôs). Acho que esse dinheiro deve ser devolvido ao povo, que é quem paga as contas." Infelizmente, 4 vezes US$ 1,3 trilhão dá US$ 5,2 trilhões (e não US$ 4,6 trilhões) — e, de qualquer modo, o custo total do corte de impostos, incluindo os juros, é de US$ 1,6 trilhão, mais de um terço do superávit previsto.

Depois, ele falou sobre a Seguridade Social. Aqui, é preciso esclarecer primeiro alguns pontos. O motivo pelo qual a Previdência está em dificuldades é que o sistema tem um enorme "buraco" — isto é, uma dívida oculta — porque as gerações anteriores de aposentados receberam benefícios pagos com as contribuições de trabalhadores mais jovens. Esse buraco significa também que não se pode justificar a privatização da Seguridade Social — defendida por Bush — com a comparação da taxa de retorno dos títulos do Tesouro com a das contribuições da Previdência. Essa comparação deixa de levar em conta uma dívida de muitos bilhões de dólares que alguém vai ter de pagar.

Bush, sem perder tempo, fez logo essa falsa comparação: "O mais seguro dos investimentos — de cerca de 4% (referência aos títulos do Tesouro) — é o dobro do que o fundo da Seguridade Social consegue hoje."

Haverá alguma maneira de justificar as observações de Bush — três afirmações falsas e em benefício próprio no decorrer de poucos minutos? Não que eu saiba. Não estamos falando aqui de análises econômicas questionáveis, apenas de fatos: o que Bush disse na televisão para um público do país inteiro simplesmente não era verdade.

O surpreendente é o silêncio da mídia — essa mídia "liberal" de que se queixam os conservadores. O "Moneyline" nunca deixaria um CEO dizer, sem contestação, que iria destinar duas vezes mais recursos ao setor de pesquisas do que a soma citada no próprio comunicado da empresa para a imprensa. Mas, quando Bush afirmou que iria gastar duas vezes mais em novos projetos do que o valor anunciado pela sua própria equipe da campanha eleitoral, o entrevistador não disse nada — e ninguém mais abordou esse ponto.

Não quero ficar martelando na mesma tecla. Mas os jornalistas parecem estar muito ocupados com miudezas para poderem analisar corretamente o que os candidatos dizem de fato a respeito de seus programas de ação. Assim, alguém tem de chamar atenção para o fato de que, numa entrevista destinada a expor seu programa econômico, Bush mais uma vez exagerou o valor dos gastos com programas, ao mesmo tempo em que reduziu o custo de seu plano de cortes de impostos e apresentou uma visão distorcida da questão da Seguridade Social.

NÃO SOMOS RESPONSÁVEIS

18 de outubro de 2000

Qualquer que seja o resultado das eleições, os futuros historiadores tenderão a considerar este ano como o ano em que os Estados Unidos fracassaram em um grande teste político.

Depois de décadas de irresponsabilidade fiscal bipartidária, os Estados Unidos, por volta dos anos 1990, milagrosamente começaram a parecer uma nação adulta — uma nação capaz de planejar e de tirar vantagem dos bons tempos a fim de estar preparada para o mau tempo. Mas isso não passou de uma ilusão: nós estávamos apenas brincando de ser adultos.

A regra fundamental de responsabilidade fiscal para o governo de uma nação é praticamente idêntica à que se aplica a uma família: pague suas dívidas e faça reservas financeiras quando as coisas vão bem para poder recorrer a essas reservas mais tarde. E o período atual é o melhor possível para o governo americano fazer isso, por três motivos, pelo menos.

O primeiro é que estamos em paz, sem rivais militares de vulto. Mesmo sem acreditar numa nova Guerra Fria, é razoável supor que as coisas não vão permanecer tão favoráveis para sempre, sem que, de alguma maneira, surja a necessidade de aumentar as despesas com a segurança nacional, que atualmente são baixas.

O segundo motivo é que a nossa demografia se encontra na melhor condição possível. Compete ao governo americano garantir a renda e cobrir as despesas médicas dos idosos. Daqui a dez anos, o segmento da população que tem direito ao *Medicare* e à Seguridade Social vai começar a crescer cada vez mais, incessantemente. E também as despesas. Se os impostos sobre a parcela cada vez menor da nossa população que ainda não se aposentou precisam permanecer toleráveis, é melhor começarmos a economizar desde já.

Finalmente, a economia dos Estados Unidos no momento — e indiretamente o orçamento federal — se beneficia da impressão que prevalece no resto do mundo de que este país é o lugar indicado para se investir. Uma grande entrada de capital estrangeiro tem mantido as taxas de juros em nível moderado nos Estados Unidos e os preços das ações da Bolsa em nível elevado. Esses dois fatores contribuem para que o dinheiro alimente os cofres públicos. Alguns economistas acham que esse ingresso de capital, assim como ocorreu nos países asiáticos antes de 1997, está preparando o terreno para uma futura crise — e admito que essa situação também me preocupa. Mas mesmo sem o surgimento de uma crise, sabemos que os investidores estrangeiros (e também os americanos) vão acabar descobrindo oportunidades melhores fora dos Estados Unidos, que os ingressos se transformarão em saídas de capitais, e que nos arrependeremos de não nos termos preparado para esse dia.

Por conseguinte, a coisa mais sensata e responsável que o governo americano poderia fazer seria gerar superávits bem grandes agora mesmo. Na verdade, analistas de orçamentos que vêem a situação a longo prazo afirmam que, mesmo sem a redução de impostos e as iniciativas de gastos propostas pelos candidatos presidenciais, não contaremos na próxima década com um superávit tao grande quanto desejaríamos. O que temos a fazer, portanto, é aumentar os impostos e cortar as despesas.

Mas como explicar ao público essa visão a longo prazo? A verdade é que nossos líderes nunca tentaram fazer isso. Pelo contrário, até políticos que estavam tentando ser responsáveis recorreram a meias-verdades. Toda aquela conversa de meter os recursos da Seguridade Social e do *Medicare* em uma gaveta especial (para que seus eventuais recursos excedentes não possam ser desviados para outros fins) é uma tentativa de vender aos eleitores a idéia de responsabilidade fiscal sem explicar realmente por que isso é necessário. Portanto, não nos deve surpreender que acabássemos ficando com o pior dos mundos. Por um lado, o público acha, corretamente, que políticos como Al Gore, que se valem dessas meias-verdades para promover políticas semi-responsáveis, estão agindo como se lidassem com crianças. Por outro lado, o público acha, erroneamente, que políticos como George W. Bush — que dizem ser possível comer o bolo e ao mesmo tempo ficar com ele — são homens do povo.

A tendência de Bush para explorar a falta de conhecimentos matemáticos do público é de causar pasmo. No segundo debate, ele torceu a verdade ao extremo quando comentou, a respeito do seu plano de redução de impostos, que "a maior parte das deduções de impostos vai para os que estão situados nos degraus mais baixos da escada econômica". (Esses ruídos que vocês estão ouvindo ao fundo são as risadas dos milionários e as estrondosas gargalhadas dos multimilionários.)

Mas o contentamento das multidões, ao adotarem o canto orwelliano de "nada de números nebulosos" (orwelliano porque, na realidade, o que ele quer dizer é: "nada de números claros — não queremos saber"), sugere que este país ainda não está preparado para a árdua arte de raciocinar, que nos levaria a agir com responsabilidade. Talvez políticos melhores pudessem usar argumentos mais razoáveis na defesa de políticas certas? Mas talvez o problema não esteja nos políticos, e sim em nós mesmos.

A CONFUSÃO É CADA VEZ MAIOR

25 de outubro de 2000

Vocês sabiam que, se Al Gore for eleito e seu plano econômico chegar a ser implementado, 2,3 milhões de americanos vão morrer no ano que vem? As pessoas em Washington que estão por dentro das coisas podem tentar confundir vocês ainda mais lembrando que, mesmo que Gore não seja eleito, 2,3 milhões de americanos vão morrer no ano que vem. Afinal, a taxa de mortalidade não tem nada a ver com a eleição. O melhor é reagir entoando "chega de matemática nebulosa!" até que a eleição termine.

Não, na verdade Bush não chegou a culpar Gore pela taxa de mortalidade americana. Mas fez algo equivalente. Gore tem enfatizado, corretamente, que Bush prometeu o mesmo US$ 1 trilhão dos impostos sobre a Previdência Social a dois tipos de pessoas — dizendo aos trabalhadores jovens que vai lhes permitir investir em contas pessoais e garantindo aos trabalhadores mais idosos que o dinheiro estará disponível para pagar a sua aposentadoria. Bush reagiu dizendo que o plano de Seguridade Social de Gore provocará um aumento de US$ 40 trilhões na dívida nacional.

Essa quantia é enorme. Ela corresponde, na realidade, a uma estimativa do valor total dos pagamentos, com base no orçamento federal, incluindo os juros, que o governo deverá fazer à Seguridade Social nos próximos cinqüenta anos. Não quero entediá-los explicando em detalhes por que essa soma não tem importância.

No entanto, o que realmente surpreende é que esse número não tem nada a ver com Gore. É verdade que a Seguridade Social precisará de transferência de recursos da receita geral do governo se o plano de Gore for executado. Mas, se não for, a necessidade do dinheiro será igual. A única maneira de diminuir essa necessidade de ajuda seria pela redução dos benefícios prometidos aos aposentados.

Por enquanto, Bush nada disse sobre redução de benefícios. Portanto, seu plano para a Previdência Social custará tanto quanto o do seu adversário — ou talvez ainda mais, porque, para cumprir as promessas contraditórias que fez, ele terá de descobrir outra fonte de recursos em algum lugar.

Culpar Gore pela taxa de mortalidade não teria convencido ninguém, mas os assessores de Bush parecem acreditar que atribuir ao candidato democrata a responsabilidade por todos os compromissos futuros do sistema de Seguridade Social poderá encontrar receptividade na opinião pública. Ou, pelo menos, poderá confundir eleitores que estavam começando a perceber a situação com mais clareza. Faltam apenas duas semanas para a eleição, e a confusão poderá ser desfeita mais tarde, não é?

Mas que confusão! Esses pagamentos da Seguridade Social não são as únicas quantias que estão sendo prometidas a dois grupos diferentes de pessoas.

Os planos de Bush — e, em menor grau, os de Gore — baseiam-se em projeções que supõem que, durante os próximos dez anos, não haverá aumento dos gastos federais determinados pelo Congresso. Mas nos últimos meses, enquanto ninguém estava prestando atenção, o Congresso entregou-se a uma orgia bipartidária de gastos — com um custo estimado tanto por analistas democratas como republicanos de mais de US$ 800 bilhões durante a próxima década.

Como é que o próximo presidente vai lidar com essa má notícia? Gore dispõe de certa folga em seu projeto orçamentário e anunciou que proteger o superávit será sua prioridade máxima; talvez ele decida descartar-se dos cortes inoportunos de impostos que sugeriu. Mas o plano orçamentário de Bush só faz sentido se for justificado por meio de algum truque contábil. E foi categórico ao dizer que em nenhuma circunstância abrirá mão da intenção de reduzir os impostos. (Será que ouvi alguém dizer "leiam bem meus lábios"? [referência ao pai de Bush em 1988].)

As perspectivas são de que em breve, talvez no ano que vem, as projeções de futuros superávits orçamentários terão de ser revistas para baixo e as perspectivas a longo prazo mostrarão déficits no horizonte. Isto representará riscos econômicos reais; terá também um impacto severo em nossa autoconfiança. Balançaremos a cabeça num sinal de perplexidade diante do nosso otimismo inicial e nos perguntaremos em que estávamos pensando então.

Mas a resposta naturalmente é que não estávamos pensando — e reprovávamos quem estava pensando. Qualquer que seja o resultado da eleição, as reações aos debates deixaram claro que os eleitores antipatizam profundamente com candidatos que tenham ares de intelectual, e mais ainda com aqueles que queiram levar o eleitorado a fazer cálculos aritméticos.

De fato, o tema deste ano eleitoral — e o epitáfio para o superávit orçamentário prestes a desaparecer — deveria ser: "Homens de verdade não pensam." Infelizmente, mesmo que nos recusemos a pensar, ainda assim podemos nos machucar.

ATÉ TU, ALAN?

28 de janeiro de 2001

Apesar do seu notório estilo obscuro, o que Alan Greenspan tem a dizer costuma ficar claro e intelectualmente coerente depois de traduzido para o inglês. Mas seu depoimento, na última quinta-feira, diante da Comissão Orçamentária do Senado, foi evasivo e freqüentemente inconsistente. Foi difícil evitar a impressão de que sua intenção era ajudar e tranqüilizar o novo governo, enquanto tentava, ao mesmo tempo, deixar margem para uma eventual retratação.

É verdade que o sr. Greenspan rejeitou explicitamente o argumento do governo de que precisamos reduzir imediatamente os impostos a fim de evitar uma recessão. Embora admitindo que a economia vai crescer pouco, ou nada, neste trimestre, ele insinuou que poderá ocorrer uma recuperação antes que o corte de impostos tenha algum efeito. A propósito, novas evidências indicam que o setor de manufaturados, que sofreu um declínio acentuado nos últimos meses, já começou a se recuperar.

No entanto, as manchetes dos jornais se ocuparam sobretudo do endosso dado por Greenspan ao plano de redução dos impostos — algo que o presidente do Fed deveria saber que ia acontecer. E quando consideramos a lógica distorcida usada por Greenspan para chegar ao endosso, devemos nos perguntar se aquelas manchetes não eram exatamente o que ele estava querendo.

Sua argumentação foi a seguinte: devido aos superávits projetados para a próxima década, o governo federal poderá não só pagar a dívida nacional, mas também comprar com o excesso de caixa ativos financeiros do setor privado. Isso, ele sugeriu, poderia causar problemas, porque seria difícil "isolar das pressões políticas as decisões de investimentos do governo". Assim sendo, deveríamos tomar logo medidas preventivas para suavizar o caminho, isto é, reduzir os impostos o suficiente para impedir o governo de pagar a dívida.

Eu não me deixo convencer por essas projeções de superávits. Também gostaria de comentar que, ao declarar que "é melhor... que os superávits diminuam por meio de cortes de impostos do que por aumentos de gastos", o sr. Greenspan passou dos limites. Desde quando é função do Fed dizer se precisamos ter uma redução de impostos em vez de um benefício na área dos remédios para os idosos — ou, mesmo, em vez de um sistema de defesa antimísseis? (nenhum desses programas, aliás, foi usado como um fator nas projeções de superávits). Greenspan parece ter compreendido que estava pisando em terreno escorregadio, e por isso apresentou a desculpa — inaceitável — de que "estou falando em meu nome, e não em nome do Federal Reserve".

Porém, o mais estranho em sua argumentação foi que ele deu a impressão de ignorar que o principal motivo que fará o governo federal se tornar um dia um investidor é o acúmulo de ativos nas mãos da Seguridade Social e do *Medicare* — e esses fundos precisam acumular ativos para poderem atender às futuras necessidades da geração nascida logo depois da guerra (os *baby boomers*). Na verdade, segundo todas as estimativas, mesmo os imensos superávits projetados para esses fundos serão inadequados para a tarefa. "Certamente", declarou o sr. Greenspan, "devemos fazer o necessário para que os superávits da Seguridade Social sejam suficientemente grandes para suprir nossas necessidades a longo prazo". Bem, lamento dizer, mas não será possível fazer isso sem permitir que o governo federal vire um investidor.

Portanto, se essa era a verdadeira preocupação do sr. Greenspan, ele deveria ter-se concentrado nos modos de atuação para impedir que a posição do governo como investidor possa abrir caminho para abusos. E há muitas maneiras de se fazer isso — adotando, por exemplo, planos realistas de privatização parcial da Seguridade Social, o que (ao contrário das promessas fantasiosas de Bush durante a campanha eleitoral) exigiria que o governo bancasse trilhões de dólares para liquidar todas as obrigações financeiras, solucionando facilmente o "problema" de superávits excessivos.

Mas Greenspan parecia decidido a adotar a qualquer custo a idéia do corte de impostos. Depois de descartar o argumento de que precisamos reduzir os impostos a fim de impedir uma recessão agora e de admitir que cortes de impostos "têm-se mostrado ao longo da História difíceis de serem implementados nos períodos em que as recessões começam e acabam", ele passou a divagar, dizendo: "Se a fragilidade da economia durar mais do que parece provável, reduzir os impostos será uma boa coisa." Por esse mesmo critério, se a economia tiver se fortalecido de novo quando o impacto dos cortes de impostos se fizer sentir, não seria ruim? Greenspan não quis entrar nesse tipo de consideração.

Quando um homem que costuma pensar de maneira clara se entrega a malabarismos intelectuais para dizer exatamente o que o novo presidente quer ouvir, não é difícil imaginar o que está acontecendo. Não é algo bonito de se ver.

AS FATIAS DO SALAME

11 de fevereiro de 2001

A divulgação do projeto de corte de impostos de George W. Bush utiliza a tática de cortar salame — removendo as fatias das objeções uma a uma. Para compreender como essa divulgação é enganosa, devemos dar uma olhada no salame inteiro.

Basicamente, existem (nos Estados Unidos) três tipos de impostos federais que incidem sobre a pessoa física. O principal deles — pago por quatro em cada cinco famílias — é o que se baseia na folha salarial e é cobrado do assalariado a uma taxa fixa de 15,3% do rendimento, com um limite máximo de US$ 70 mil. O imposto de renda representa menos de 10% do que a maioria das famílias ganha, mas pode chegar a 30% para os que têm rendimentos medidos em milhões de dólares. E, finalmente, o imposto sobre a transmissão da herança, que se aplica somente a espólios de mais de US$ 675 mil (o dobro quando é um casal) e afeta somente uma minoria: apenas 2% dos espólios são tributáveis. A maior parte desse tipo de imposto é pago por alguns poucos milhares de espólios de multimilionários a cada ano.

Agora, vejamos em que consiste a tática do salame.

Os conservadores que denunciam a taxação excessiva sempre incluem o imposto sobre a folha salarial em seus cálculos. E o governo, quando defende reduções de impostos, apresenta logo de início números que incluem o salame inteiro. Ouvimos falar repetidamente de uma previsão de superávit de US$ 5,6 trilhões. Não se deve acreditar nessa projeção, mas, de qualquer forma, metade da soma (a metade mais plausível) se origina na Seguridade Social e no *Medicare* — programas financiados pelo imposto sobre a folha salarial.

Mas os colaboradores de Bush, quando falam de cortes de impostos, ignoram o imposto sobre a folha salarial — isto é, não propõem qualquer corte no imposto que a maioria das famílias paga e querem redução do imposto sobre a renda, que atinge sobretudo os ricos. Pretendem eliminar também o imposto sobre a herança, que afeta quase exclusivamente os muito ricos.

Ao propor a eliminação de ônus que recai inteiramente sobre os ricos, ao reduzir um imposto que atinge sobretudo os que estão bem de vida, mas ao mesmo tempo ignorando um imposto que é pago pela maioria do povo, o governo mostra que tomou a decisão de reservar o alívio fiscal exclusivamente para os que já têm fortuna. As famílias que ganham US$ 50 mil por ano teriam um benefício médio de US$ 800 anualmente; famílias ganhando US$ 1 milhão seriam beneficiadas em US$ 50 mil. Certo, famílias abastadas em geral pagam uma parcela maior de sua renda em impostos — mas não muito maior assim. E não se trata de pregar a "guerra de classes" quando se mostra que os cortes de impostos beneficiam desproporcionalmente os muito, muito ricos.

Seria possível tentar justificar a tendência em prol dos ricos com o argumento de que uma onda que se avoluma levanta todos os barcos e que diminuir os impostos dos ricos fará a economia crescer mais depressa. Mas, de qualquer modo, não é isso que o governo está argumentando — talvez porque, devido à extraordinária prosperidade dos anos Clinton, seja difícil alegar que impostos excessivos retardam o crescimento da economia.

Na verdade, o governo pretende dar a impressão de que está proporcionando um grande alívio fiscal para as famílias dos que trabalham. Na semana passada, o secretário do Tesouro, Paul O'Neill, declarou que o plano do governo "visa ajudar aqueles que se situam perto dos níveis de renda baixo ou médio", acrescentando que "vai afetar praticamente todos os americanos que pagam impostos". Esta declaração não é tecnicamente mentirosa: "perto dos" não significa necessariamente o mesmo que "nos"; e "afetar" não quer dizer que os impostos de uma família sejam efetivamente reduzidos. Mas devemos admitir que O' Neill, que a imprensa tem descrito como alguém que fala claro, está aprendendo rapidamente a se adaptar às conveniências do seu cargo.

A simulação de que o que está em discussão é uma medida de cunho popular é sustentada pela técnica que estamos chamando de "cortar o salame em fatias". Os assessores de Bush adoram enfatizar que famílias de baixa renda terão uma redução proporcionalmente maior em seus impostos de renda do que as que se situam no topo da escala; esperam que ninguém note que o maior ônus para essas famílias não é o imposto sobre a renda, mas o imposto sobre a folha salarial, que não será diminuído — e que ninguém note que os filhos dos ricos receberão uma grande ajuda fiscal adicional, com a eliminação do imposto sobre a transmissão da herança.

Essas declarações oficiais com "famílias tributáveis" cortam o salame em fatias cada vez mais finas, evitando cuidadosamente qualquer referência aos principais beneficiários. O único contribuinte de alta renda e o único provável herdeiro de espólios tributáveis a que esses eventos podem se referir é o próprio sr. Bush.

Consta que Otto von Bismarck teria dito que "o povo dorme melhor quando ignora como são feitas a política e a salsicha". Bush certamente concorda com isso; ele tem esperanças de que o povo americano não irá examinar muito atentamente a composição do salame tributário, nem o modo como o governo se propõe a cortá-lo em fatias.

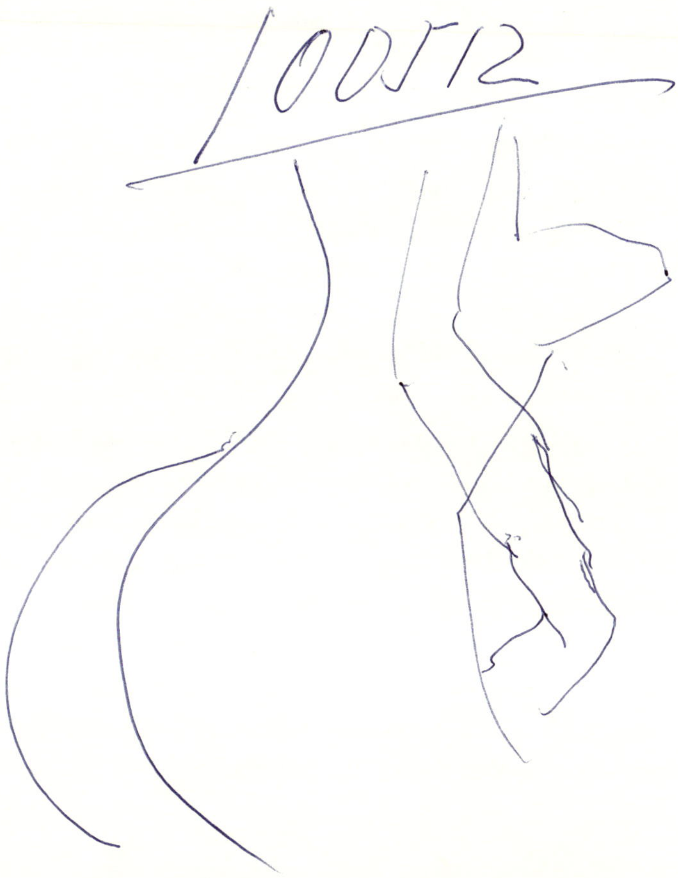

O SUMIDOURO DE DINHEIRO

18 de março de 2001

Bem, vamos dizer que um empreiteiro foi contratado para reformar sua casa. A maneira como conseguiu o contrato foi estranha. Você pôs um X no lugar errado de um formulário e um juiz amigo do empreiteiro determinou que você tinha assumido um compromisso. De qualquer modo, embora você tenha dito que sua prioridade era o vazamento no telhado, o fornecedor insistiu em que, antes, ele quer instalar um banheiro luxuoso.

Na fase inicial, quando estava tentando ganhar a encomenda do serviço, o fornecedor prometeu que faria essa obra do banheiro por US$ 10 mil, embora outros achassem que isso era insuficiente. Agora, parece que vai custar no mínimo US$ 25 mil. Mas o empreiteiro alega que isso será compensado pela economia que será feita em outras partes da obra. E um empregado deu sua garantia pessoal de que o telhado não será esquecido, embora acabasse admitindo que a decisão não era dele, mas do seu patrão. E o patrão se recusava a dar qualquer garantia por escrito.

Em maio passado, quando Bush estava afirmando que seu plano de corte de impostos equivalia a apenas US$ 1 trilhão — lembram-se daquela encenação com as notas de dólar? —, peritos independentes calcularam que o custo real do plano em termos de 10 anos de orçamentos seria de US$ 2 trilhões. Também advertiram que, pelo plano de Bush, um item até então quase esquecido, o imposto alternativo mínimo, se tornaria um problema sério — e tentar resolvê-lo aumentaria ainda mais o custo do plano.

De fato, no início do mês a Comissão Mista de Tributação do Congresso calculou que a proposta de Bush reduziria a receita fiscal em US$ 2,2 trilhões na próxima década. E a Comissão também fez alguns cálculos surpreendentes a respeito do imposto alternativo mínimo.

A maioria das pessoas nunca ouviu falar desse imposto, cuja função, ao que parece, é impedir os ricos de sonegar impostos, mas que, na verdade, acaba atingindo famílias da classe média alta que têm direito a numerosas deduções. Quando esse imposto é introduzido no cômputo da quantia a pagar, o contribuinte fica doido; depois de feitos todos os cálculos, tem de refazê-los e descobre que vai ter de pagar muito mais do que pensara. Isso só acontece agora com 1,5% dos contribuintes. No entanto, a Comissão concluiu que, se o plano de Bush for adotado, um terço dos contribuintes será atingido. Bem, dirão, o imposto pode ser alterado. E pode, mas as providências para isso farão o plano custar mais US$ 300 bilhões.

Assim, o corte de US$ 1 trilhão vai virar US$ 2,5 trilhões, talvez mais ainda. O que significa que Bush, para financiar iniciativas como defesa antimísseis e medicamentos para os idosos, precisará recorrer às reservas da Seguridade Social e do *Medicare*.

Na semana passada, o secretário da Saúde e Serviços Humanitários, Tommy Thompson, tentou afastar suspeitas sobre a possibilidade de uma operação de ataque a essas reservas por parte do governo, dando sua garantia pessoal de que o dinheiro acumulado pelo Medicare para beneficiar os *baby boomers* não será desviado para outras finalidades, embora Bush inclua esse tipo de recursos em seu "plano de contingência". Mas Thompson admitiu que não compete a ele a última palavra sobre o assunto. De fato, os aliados do governo no Senado obstruíram uma medida que permitiria o cumprimento da promessa feita pelo secretário. Seja como for, não estou tranqüilo.

As últimas notícias dão conta de que Bush quer reduzir mais os impostos este ano para estimular a economia; ele parece não compreender que uma redução que vai ser implementada ao longo de um período de dez anos não ajudará a aumentar gastos de consumo agora. E isso vai acrescentar bilhões de dólares ao custo do plano em termos de orçamento. Seria natural supor que Bush admitiria esses fatos e abriria mão de cortes futuros. Nada disso. Funcionários do governo alegam que os cortes de impostos deste ano não afetam os cálculos que fizeram porque seu orçamento é para o período de 2002 a 2011, de modo que o que acontece este ano não conta. Sério, não estou inventando não, foi mesmo o que disseram.

O que importa salientar é que os custos do plano não explodiram por causa de novas informações, mas porque, desde o início, os números fornecidos não correspondiam à realidade. Bush sempre soube que estava enganando o público quanto ao impacto de suas propostas sobre o orçamento, assim como sabe que atualmente está dando uma idéia deliberadamente falsa sobre quem será beneficiado pelos cortes, e em que proporção. O empreiteiro de que falamos no início deste artigo não cometeu um autêntico erro de cálculo; ele enganou deliberadamente o cliente. E enquanto continuar saindo incólume, ele não vê motivo para deixar de agir assim.

O ELIXIR UNIVERSAL

16 de maio de 2001

Relembremos algumas cenas da divulgação do pacote de cortes de impostos proposto pelo presidente Bush.

Janeiro de 2001: O assessor econômico da Casa Branca, Lawrence Lindsey, afirma que a redução de impostos, como pretende fazer George W. Bush — e não a redução das taxas de juros — é a melhor solução para uma desaceleração da economia, porque o corte de impostos tem "um peso muito maior". Os economistas estão perplexos com a tentativa do governo de apresentar um corte de impostos a longo prazo como a solução para a desaceleração da economia a curto prazo, principalmente devido ao fato de que a maioria dos cortes sugeridos pelo presidente só vai ocorrer na segunda metade da década. Mais tarde, quando o Congresso aprovou proposta orçamentária autorizando cortes de US$ 1,35 trilhão, os aliados do governo tentaram eliminar um dispositivo que exigia que US$ 100 bilhões fossem destinados a estimular de imediato a economia. Preferiram usar o dinheiro para proporcionar alívio fiscal a famílias de renda elevada, mesmo que a medida não seja totalmente implementada antes de 2006.

Março de 2001: O presidente Bush declara que "existem neste país mais de 17,4 milhões de proprietários de pequenas empresas que podem ser beneficiados se a taxa de impostos cair de 39,6 para 33%". Um comunicado do Tesouro à imprensa aparentemente lhe dá razão, ao dizer que "é evidente que pelo menos 17,4 milhões de proprietários de pequenas empresas, muitos dos quais pagam atualmente uma taxa de 39,6%, seriam beneficiados pelo plano de alívio fiscal do presidente". Os economistas estão perplexos, já que somente um milhão de contribuintes são taxados em 39,6% — e a maioria não é composta de donos de pequenas empresas. Estimativas independentes indicam que apenas 1% dos pequenos empresários teria algum benefício com a redução efetuada da taxa mais alta, e isso dá um novo significado à palavra "muitos", que consta do comunicado do Tesouro que mencionamos.

Maio de 2001: Jornalistas perguntam a Bush o que pretende fazer em relação ao preço elevado da gasolina. Ele respondeu: "Deixem-me dizer-lhes novamente, bem, vejamos se consigo ser mais claro: Cabe ao Congresso aprovar meu plano de alívio fiscal o mais depressa possível. Pusemos de lado cem bilhões de dólares para ajudar os consumidores a lidarem com o preço elevado do combustível. É a maneira mais rápida de ajudar os consumidores. Preocupo-me bastante com os consumidores. Preocupo-me muito com o preço alto da gasolina. A todos os interessados em ajudar os consumidores, digo: o essencial é aprovar logo o plano de cortes de impostos."

Os economistas ficam intrigados porque as famílias mais pobres, justamente as mais afetadas pelo alto custo da gasolina, não seriam beneficiadas pelo plano de Bush. Além disso, os US$ 100 bilhões que Bush disse ter separado "para ajudar os consumidores a lidar com o preço elevado do combustível" equivalem ao corte a curto prazo que seus aliados no Congresso tentaram torpedear na proposta orçamentária.

Junho de 2001: A alta vertiginosa dos preços da energia castiga muitas famílias e pequenas empresas em várias partes dos Estados Unidos. Bush continua a insistir que não existe solução a curto prazo para os problemas da energia; a solução seria buscar petróleo nas Reservas Nacionais do Ártico. No entanto, acrescenta que o alívio fiscal a ser proporcionado pelo seu plano de cortes é capaz de ajudar as famílias a pagar a conta da eletricidade, ou a comprar velas e lâmpadas a gás.

Julho de 2001: A febre aftosa propaga-se rapidamente nos Estados Unidos. Bush nega que o surgimento da doença irá alterar os planos de reduzir o orçamento do Departamento de Agricultura. A melhor resposta, argumenta, é um amplo alívio fiscal, que ajudará os fazendeiros a comprar novos animais, ajudará os consumidores a pagar por alimentos mais caros e permitirá que as donas-de-casa tenham aulas de culinária vegetariana.

Agosto de 2001: O mau tempo e regulamentos ineficazes contra a poluição causam graves problemas de qualidade do ar em Houston, Texas, cidade que na gestão de Bush como governador superou Los Angeles em matéria de poluição pelo ozônio. Bush nega que a poluição seja um sinal de alerta para os efeitos negativos de sua política energética orientada para o crescimento da produção. Ele argumenta que seu plano de redução de impostos ajudará a solucionar o problema, proporcionando às famílias o dinheiro para comprar filtros purificadores de ar e para pagar as despesas do tratamento médico dos males respiratórios.

Setembro de 2001: Os críticos arrasam a programação da televisão, dizendo que o melhor é o telespectador ficar longe, pois os programas são os piores das últimas décadas. Bush se declara "bastante preocupado" com a má qualidade do entretenimento pela TV. Faz um apelo aos telespectadores para que apóiem seu plano de alívio fiscal, que dará às famílias dinheiro para poderem fazer assinatura do canal a cabo HBO, permitindo, assim, que assistam ao seriado "Os Sopranos".

O DIA DO MAU HERDEIRO

30 de maio de 2001

Há uma cena na comédia britânica "The Wrong Box", de 1966, em que o filho de um colérico plutocrata empurra a cadeira de rodas do pai até a beira de um precipício, enquanto responde respeitosamente "sim, meu pai" a todos os insultos que ouve. Então o pai aponta para a paisagem lá embaixo e diz: "Quando eu morrer, tudo isso será seu." "Sim, meu pai", replica o rapaz — e empurra o velho para o precipício.

Lembrei-me da cena quando eu estava analisando a absurda peça de legislação fiscal aprovada por uma Comissão Conjunta Câmara—Senado e triunfantemente ratificada por George W. Bush no último fim de semana.

O plano de redução de impostos de Bush sempre foi um tanto esquisito: a fim de dissimular o verdadeiro impacto no orçamento, os autores do plano retardaram sua implementação, para que os maiores cortes só venham a ter efeito quase no fim de um período de 10 anos; a eliminação do imposto sobre a transmissão de herança, por exemplo, foi marcada somente para 2010. Mas nem isso representou uma manipulação suficiente das contas, de modo que na semana passada a Comissão acrescentou uma cláusula chamada de "pôr-de-sol", que fará com que toda a legislação fiscal de que estamos falando aqui expire em 2011, resultando no retorno das alíquotas tributárias aos níveis do ano 2000.

Assim, na lei, tal como está redigida agora, o herdeiro de uma grande fortuna fica na seguinte situação: se a mãe dele falecer em 30 de dezembro de 2010, ele não terá que pagar imposto sobre a herança. Mas se ela conseguir sobreviver até 1º de janeiro de 2011, o imposto incidirá sobre metade do espólio. Isso cria alguns incentivos peculiares. Talvez as medidas devessem ser chamadas de "Lei 2001 para Jogar a Mamãe do Trem".

Não pensem que este é o único elemento bizarro do projeto fiscal. Quase tão bizarro é o súbito aumento da carga de impostos sobre as famílias da alta classe média, previsto para o final de 2004. Qualquer um que esteja acompanhando os debates sobre o assunto — particularmente no instrutivo site do Centro de Prioridades Orçamentárias — sabe que o imposto mínimo alternativo equivale a uma mina terrestre colocada na estrada. Pelo projeto recém-aprovado, o número de contribuintes sujeitos a pagar esse tipo de imposto vai subir vertiginosamente, de 1,5 milhão para mais de 36 milhões, e o resultado é que muita gente — tipicamente famílias bem de vida, mas não necessariamente ricas e que já pagam altos impostos estaduais e municipais — vai descobrir que o corte de impostos que estava esperando lhe será arrebatado.

Então, por que não ajustar a lei? Porque isso aumentaria o impacto do corte sobre o orçamento em centenas de bilhões de dólares. Apesar de tudo, os membros da Comissão acharam que deveriam fazer alguma coisa, de modo que arranjaram uma solução parcial para o problema do Imposto Alternativo Mínimo. Mas mesmo essa solução parcial, se for mantida ao longo de uma década, tornaria o corte de impostos grande demais para caber no projeto orçamentário. Imaginem, então, o que foi combinado! A solução para imposto mínimo ficará em vigor somente até o final de 2004, o que significa que milhões de famílias vão ter que enfrentar nesse ano um aumento repentino e considerável da carga tributária.

Em resumo, isso não passa de uma piada. Mas se o governo conseguir o que quer, nós é que seremos as vítimas da piada. Porque as medidas são deliberadamente absurdas. Consciente de que os cortes de impostos não se encaixariam em qualquer proposta orçamentária responsável, o governo insistiu num projeto que contém tudo o que ele mais queria — ou seja, a redução de impostos para os muito ricos — e recorreu a todos os truques contábeis para dar a impressão de que o impacto sobre o orçamento é menor do que realmente é. A idéia é que quando o absurdo disso tudo se tornar evidente — quando, por exemplo, multidões de executivos juniores de Nova Jersey começarem a protestar contra o imposto mínimo alternativo, ou quando multimilionários idosos começarem a sofrer acidentes fatais suspeitos —, o Congresso reagirá aprovando cortes adicionais de impostos. E se o resultado de todos esses cortes for o de impedir Bush de cumprir o que prometeu durante a campanha eleitoral — como medicamentos para os idosos no âmbito do Medicare ou maiores subsídios para a educação —, bem, isso também faz parte do plano.

Algum dia, políticos com senso de responsabilidade — ou será que isso é uma contradição? — terão que desembaralhar toda essa confusão. Sim, isto significa que será preciso anular alguns dos cortes de impostos recentemente aprovados pelo Congresso (que tal uma medida que resolva o problema do imposto mínimo alternativo e financie o custo dessa providência, fazendo as faixas mais altas de tributação retornarem ao nível do ano 2000? Apenas uma idéia...).

Mas, por enquanto, trata-se de um jogo defensivo. O governo, depois de ter conseguido impor um projeto fiscal ridículo, tentará nos fazer engolir outras iniciativas. Portanto, a questão seguinte é saber se homens honrados vão insistir em que a prestação de contas seja feita com lisura quando se tratar da reforma da Seguridade Social. Sim, senador Moynihan, é com o senhor mesmo que estou falando.

PINÓQUIO

24 de agosto de 2001

Mensagem para Mitch Daniels, Escritório de Administração e Orçamento.

Caro Mitch: tenho uma sugestão para você. Ela é enganosa e irresponsável, mas desconfio que isso não o incomode. E o ajudaria a se livrar de um problema que, como nós dois sabemos, não vai sumir sem mais nem menos.

Certo, as manobras e os ziguezagues que você fez foram impressionantes. Algumas pessoas se deixaram mesmo convencer pelo seu argumento de que o superávit foi eliminado por causa das despesas exorbitantes autorizadas pelo Congresso, embora, na verdade, os dados estatísticos sobre os gastos praticamente não tenham se alterado desde que você fez aquelas projeções otimistas. E a maioria dos repórteres — benditas sejam suas cabecinhas — tem escrito sobre o déficit como se se tratasse de algo temporário. Não se deram ao trabalho de examinar a tabela 3 do relatório que você preparou, no qual, apesar de todas as manipulações dos números, é previsto somente um pequeno superávit para os próximos cinco anos, excluindo-se a Seguridade Social.

Mas outros problemas vão surgir. Você pressionou o Escritório do Orçamento, órgão pertencente ao Congresso (CBO), a adiar a divulgação das projeções sobre o orçamento por uma semana, a fim de poder apresentar antes as suas próprias estatísticas. Não importa. Quando o CBO divulgar os resultados a que chegou, todo mundo sabe que os números serão muito mais negativos do que aqueles que você forneceu ao público.

E é claro que nós dois sabemos que a realidade é ainda pior, já que o CBO se julga na obrigação de fingir que acredita no que os políticos lhe comunicam. Por exemplo, quando você afirma que o programa de auxílio para compra de medicamentos vai custar um terço do que a maioria das pessoas realmente acredita, ou quando você diz que não vai ajustar o imposto alternativo mínimo, mesmo quando milhões de contribuintes furiosos quiserem saber por que os cortes de impostos a que tinham direito lhes foram surrupiados, os dados a serem fornecidos pelo CBO lhes darão razão.

Foi uma boa coisa para você os jornalistas terem tido preguiça de ler o relatório distribuído na semana passada pelo Fundo Monetário Internacional. Admito que o título do documento — "Consulta de 2001 sobre o Artigo IV" — não seja muito atraente, mas o conteúdo é muito importante. O que o FMI disse, em essência, foi o seguinte: "Mentiroso, mentiroso, parece o Pinóquio!" Quando os técnicos do Fundo mostram a verdade, como o fato de que o suposto custo de um corte de impostos de US$ 1,35 trilhão vai ser, na verdade, de US$2,5 trilhões, fica evidente que o governo vai ter que meter a mão no superávit da Seguridade Social ano após ano, interminavelmente.

Bem, aqui vai minha sugestão: Mitch, você deve argumentar que o orçamento da defesa nacional faz parte da Seguridade Social. Afinal, os militares garantem a segurança da sociedade, certo? Por conseguinte, você poderá dizer, com cara-de-pau, que não existe superávit na Seguridade Social: se forem incluídos os gastos com a defesa nacional, o que existe é um déficit! Com isso, você sairá de suas dificuldades, porque não terá mais de se preocupar em proteger o superávit, já que você afirmou que ele não existe.

É fácil ver que minha proposta, no essencial, não passa de uma versão ampliada do plano desonesto do governo em relação ao *Medicare*.

O programa de seguro hospitalar do *Medicare* é administrado do mesmo modo que a Seguridade Social: arrecada recursos provenientes do imposto sobre a folha salarial e vai acumulando um fundo de reserva para ajudar a pagar os benefícios no momento em que os *baby boomers* se aposentarem. Se o superávit do programa de seguro médico fosse tratado de modo idêntico ao da Seguridade Social — o que faz sentido, já que os dois programas são administrados de modo idêntico —, ficaria óbvio que os cortes de impostos estariam sendo financiados com o dinheiro supostamente reservado para os futuros aposentados.

No entanto, o *Medicare* opera também com um programa suplementar de seguro, que tem sido financiado com recursos provenientes da receita geral do governo — assim como o Pentágono. Mas o governo do qual você faz parte costuma insistir que esse programa tem que ser posto no mesmo saco que o seguro hospitalar, o que lhe permite proclamar que não existe superávit do *Medicare*, e assim o superávit do seguro hospitalar pode ser utilizado à vontade para o pagamento do custo do projeto de redução de impostos.

Já disseram que essa é uma maneira muito estranha de governar. Mesmo sem levar em conta a manipulação enganosa dos dados, é claro que um país com uma população em fase de envelhecimento deveria estar reservando dinheiro para custear a assistência médica dos futuros aposentados. Mas você tem sido muito hábil em abafar as vozes dos que objetam. Portanto, não vejo razão para que não faça o mesmo quando chegar a hora de apresentar a conta do programa de defesa antimísseis aos administradores da Seguridade Social.

É claro que no final — nós dois sabemos — a verdade vai aparecer. Chegará o momento em que não será mais possível esconder o fato de que, devido aos cortes de impostos, o país não tomou as providências adequadas para fazer frente ao dilúvio demográfico e que o dinheiro supostamente acumulado para pagar os benefícios dos aposentados foi usado para proporcionar alívio fiscal aos muito ricos.

Mas foi esta a intenção do plano desde o início, não foi?

CAPÍTULO 6

A troca pelo gato

TIRANDO A SORTE GRANDE

7 de dezembro de 2001

Pouco depois do 11 de setembro, George W. Bush interrompeu seus ataques contra os vilões a fim de fazer graça. Ele tinha prometido repetidamente providenciar um superávit no orçamento geral pelo menos tão grande quanto o da Seguridade Social, mas avisara que não poderia fazer isso no caso de haver recessão, guerra ou algum tipo de emergência nacional. "Sou um felizardo", comentou com Mitch Daniels, seu diretor de orçamento. "Tirei a sorte grande."

Felizardo, de fato. A analogia com o escândalo da Enron já virou um clichê batido, mas nesse caso a comparação é irresistível. A direção da Enron e o governo que a Enron ajudou a colocar no poder aplicaram a mesma estratégia: primeiro, usar números maquiados para justificar a distribuição de benesses para o topo da escala social e econômica. Depois, se as coisas não derem certo, deixar que os trabalhadores comuns que confiaram no governo paguem o preço. A diferença é que os dirigentes da Enron foram apanhados, enquanto Bush acredita que os acontecimentos do 11 de setembro lhe permitirão sair incólume.

No início do ano, Bush valeu-se de previsões de grandes superávits para promover um imenso corte de impostos ao longo de dez anos. A maior parte da redução da carga fiscal beneficia pessoas com renda superior a US$ 200 mil por ano. Agora, Daniels vem nos dizer que o orçamento — não apenas o orçamento com exclusão da Seguridade Social, mas o pacote inteiro — estará em situação deficitária durante o ano de 2004. Como a enganosa matemática do governo referente ao orçamento se torna cada vez mais confusa com o passar do tempo, isto significa que, na realidade, voltamos à situação de déficits permanentes.

No entanto, a revelação desse fato, no momento em que a televisão está ocupada em transmitir diretamente da caverna de Tora Bora (procurando Bin Laden), não é tida como digna de figurar nas manchetes, embora tenha ficado claro que o corte de impostos foi divulgado com base em premissas totalmente falsas.

O governo insiste em dizer que não são os cortes de impostos os responsáveis pelo déficit, mas sim a desaceleração da economia e a guerra contra o terrorismo. Mas isso é flagrantemente falso: as despesas com a luta contra o terror são um fator insignificante e a persistência dos déficits em futuro indefinido nos diz que a causa não pode ser a recessão.

De qualquer modo, o ponto principal está sendo desprezado. Os críticos dos planos do governo sempre advertiram que seria tolice atrelar as reduções gigantescas de impostos a projeções de superávits hipotéticos. Fizeram um apelo, que de nada adiantou, para que esperássemos para ver quais seriam os resultados concretos em matéria de orçamento. Agora se vê que aquelas advertências eram proféticas — e os americanos comuns vão ter que sofrer porque elas foram ignoradas.

O governo agora diz que as reduções de impostos foram necessárias para combater a atual recessão. Mas ninguém está se queixando da devolução de US$40 bilhões que já foi feita e pouca gente vai reclamar de cortes de impostos que forem feitos no ano que vem. Os imensos cortes que vão ocorrer depois de 2002 é que constituem o problema — cortes que já estão incluídos na legislação. Somos levados a aceitar esses cortes futuros como fatos consumados. É mesmo, Bush tirou a sorte grande.

Enquanto isso, a volta dos déficits tem conseqüências funestas. O plano de garantir medicamentos para os idosos já morreu, claro. Resguardar a Seguridade Social? Não sejamos ingênuos. A receita do imposto sobre a folha salarial não está sendo usada nem para adquirir ativos nem para pagar a dívida federal. Em vez disso, está subsidiando déficits da máquina administrativa.

E a austeridade de gastos predomina, mesmo em áreas que poderiam ser consideradas de máxima prioridade. Recursos para reconstruir Nova York? Lamentavelmente, não é possível. Os próprios especialistas do governo dizem que precisamos de US$ 3 bilhões para a defesa contra o bioterrorismo? Cortemos a quantia pela metade. As reduções de impostos são mais importantes.

Enquanto isso, os governos estaduais e municipais, afetados pela recessão e pelo aumento dos gastos com segurança, estão demitindo professores e enxugando serviços. Que tal receberem auxílio federal? Nem pensar.

Todas as vezes que foram consultados, os eleitores afirmaram que o aspecto generoso das promessas de Bush durante a campanha — como sustentar a Seguridade Social e arranjar mais dinheiro para medicamentos e educação — era mais importante do que reduzir impostos. Mas lhes foi dito que havia dinheiro suficiente para tudo. Essa afirmação era falsa. Para o governo, a redução de impostos é algo sacrossanto, enquanto o resto é dispensável.

Bush ainda poderia tentar desfazer o prejuízo se cancelasse os cortes futuros de impostos para os ricos. Mas ao contrário, ele quer acelerar a implementação desses cortes. Isto é o equivalente moral daqueles bônus que a Enron deu aos seus executivos poucos dias antes de falir.

Apostar em cavalos é um jogo de soma zero: leva uns a perder e outros a ganhar. Parece que o mesmo acontece na política orçamentária. Bush tirou a sorte grande nos cavalos, mas a imensa maioria dos americanos saiu perdendo muito.

O HOMEM TRANQÜILO

8 de janeiro de 2002

Os jornais de domingo publicaram em manchete a declaração de George W. Bush de que só haverá cancelamento dos cortes futuros de impostos "se passarem por cima do meu cadáver". Esse tipo de pensamento não é novidade; o que há de novo é a escolha das palavras — palavras que não voltou a pronunciar, talvez por recomendação dos assessores, que perceberam que essas palavras não se coadunavam com a fala de um presidente e que são de mau gosto em vista dos acontecimentos recentes.

O que é notícia em matéria de política econômica diz respeito a um outro personagem — e se refere ao seu silêncio, não às suas palavras. O que aconteceu com Alan Greenspan, o sumo sacerdote da responsabilidade fiscal?

Mas falemos primeiro do senhor Bush: ninguém esperava que ele fosse ceder um milímetro, embora as projeções utilizadas para justificar os cortes de impostos tenham se revelado uma grande tolice. O governo Bush se orienta pelo princípio de "não fazer inimigos à direita"; também toma por base a noção de que Bush é infalível. Quaisquer que tenham sido as políticas propostas no passado, seus colaboradores sempre insistem que elas são inteiramente adequadas ao presente — na verdade, foram concebidas tendo em mente a situação atual. Isto é muito engraçado, embora ninguém tenha coragem de dizer.

No mês passado, por exemplo, Karl Rove explicou que o corte de impostos, ainda que inicialmente proposto em meio a um período de expansão econômica, foi elaborado para agüentar a recessão que ocorre no presente. "Todos os indícios estavam ali no segundo trimestre ou pelo menos no terceiro trimestre de 2000", disse Rove. Quando alguém observou delicadamente que Bush tinha arquitetado o seu plano ainda em 1999, Rove simplesmente esquivou-se de responder.

E já que Bush é infalível, por que iria reconsiderar suas decisões?

Mas voltemos a Alan Greenspan. Um ano atrás, deu uma ajuda decisiva ao novo governo Bush, que tentava promover um amplo plano de corte de impostos. Preocupado com a possibilidade de que a dívida nacional fosse paga antecipadamente e cedo demais, insistiu com o Congresso para que reduzisse os impostos a fim de colocar o orçamento no rumo de uma gradual eliminação de superávits.

Gradual, que nada! Foi mais uma queda brusca. Em 2000, os Estados Unidos registraram um superávit recorde; agora, como afirmam especialistas de ambos os partidos, o orçamento federal vai ficar em situação deficitária pelo menos por alguns anos. Superávits estão previstos para o fim da década. Mas se você é do tipo que acredita numa previsão dessas, olhe, tenho aqui umas ações da Enron para vender...

Greenspan tem motivos para estar inquieto. Não se trata apenas de que, na gestão de Clinton, ele se transformou num modelo de probidade fiscal; o brusco mergulho do país em déficits desfaz a sua própria obra.

No início da década de 1980, antes de ser nomeado para a direção do Fed, Greenspan chefiou uma comissão supostamente encarregada de garantir o futuro da Seguridade Social. O principal resultado dos trabalhos dessa comissão foi o aumento do imposto sobre a folha salarial, mesmo quando Ronald Reagan reduzia o imposto sobre a renda. O objetivo desse aumento regressivo do imposto sobre a folha salarial — que incide principalmente sobre famílias de renda baixa ou média — era gerar um superávit que tornaria mais fácil para o governo federal pagar benefícios ao segmento idoso da população.

Mas agora, graças ao desaparecimento do superávit orçamentário, a renda adicional arrecadada pelo imposto sobre a folha salarial não está sendo utilizada para adquirir ativos, nem mesmo para abater a dívida federal: está sendo utilizada para cobrir déficits em outras partes do orçamento. Não estamos falando aqui de coisa pequena; somente 70 centavos de cada dólar da receita da Seguridade Social se destinam a cobrir benefícios atuais. Na verdade, os outros 30 centavos foram expropriados para outros usos — especialmente para assegurar cortes de impostos para a parcela minúscula e mais rica da população.

Seria isso o que Greenspan pretendia — aumentar os impostos pagos pela classe média e pelos pobres a fim de poder reduzir os dos ricos? Se não era, por que não diz nada? Afinal, uma palavra sua poderia alterar o quadro do debate econômico, como ocorreu um ano atrás.

É verdade que, para dizer essa palavra, Greenspan teria de admitir, pelo menos tacitamente, que estava errado no ano passado. Mas ele não é um político em busca de votos — e, se está preocupado com sua reputação, deveria compreender que, se continuar calado, a História não fará bom juízo. No momento, o veredicto a seu respeito é de que ele é um hipócrita: exigiu responsabilidade fiscal quando os democratas estavam no poder, mas não se queixou quando um governo republicano desperdiçou rapidamente os frutos daquela austeridade. Ele não só não se opôs, como, na verdade, agiu como um facilitador da ação dos republicanos.

O veredicto não precisa ser imutável. Bastariam algumas palavras do senhor Greenspan. Sou todo ouvidos.

NOSSOS ESTADOS MISERÁVEIS

11 de janeiro de 2002

Muitos americanos se surpreenderam com a rapidez com que as garantias do governo de que os imensos superávits iriam durar foram desmentidas pelos fatos — a realidade dos déficits. Alguns de nós, porém, não ficaram surpresos; estávamos seguindo pistas que partiam de lugares como Richmond e Austin. Nos anos 1990, a maioria dos estados era governada por republicanos, que empregavam a mesma estratégia utilizada pelo governo Bush em nível nacional em 2001, isto é, citação de números inverídicos para justificar cortes de impostos para os ricos.

A diferença é que os governos estaduais são proibidos por suas Constituições de fazer empréstimos para cobrir déficits. Há um momento em que o governo federal também tem de viver de acordo com os seus recursos — mas tergiversações e negativas podem apenas adiar a hora de prestar contas. As galinhas estatais se recolhem ao poleiro mais rapidamente. Em outras palavras, a situação em que se encontram os estados ilustra o modo como as coisas vão se apresentar em breve no plano nacional.

Até que ponto é grave a crise fiscal dos estados? Bem, a Associacão Nacional dos Governadores informou recentemente que seus membros enfrentam em conjunto uma defasagem — quer dizer, um hiato entre receita prevista e gasto previsto — de pelo menos US$ 40 bilhões, talvez de US$ 50 bilhões. Este último número equivale a 10% dos orçamentos estaduais, o que não é pouca coisa.

Se você acha que 10% não é muito, lembre-se de que grande parte dos gastos estaduais, a exemplo dos federais, não pode ser cortada, sobretudo a curto prazo. Uma defasagem orçamentária de 6,5% ocorrida no início dos anos 1990 provocou grandes cortes nos serviços e obrigou 44 estados a aumentar os impostos. A situação atual parece bem pior.

Como é que os estados caíram nessas dificuldades? A causa mais provável do sufoco orçamentário foi o fim da grande expansão dos anos 1990. O aumento dos custos da assistência médica também contribuiu. E não se deve ignorar a importância das despesas com a segurança do território nacional.

Muita coisa sempre acontece; então, por que os estados não se prepararam para períodos difíceis? Embora os governos estaduais não sejam autorizados a fazer empréstimos em épocas ruins, eles poderiam pelo menos acumular reservas quando as coisas andassem bem. Mas o fato é que muitos governos agiram como se o período de expansão econômica nunca fosse acabar. Aumentaram os gastos, embora não demais. Na verdade, os gastos dos governos estaduais e municipais no final dos anos 1990 foram praticamente os mesmos, em termos de proporção do PIB, do início da década.

O mais importante, contudo, é que reduziram os impostos. É verdade que os governos estaduais aumentaram os impostos no início dos anos 1990, mas como mostra um novo estudo do Centro de Prioridades Orçamentárias, eles não reduziram os mesmos impostos que haviam aumentado antes. Os aumentos dos impostos regressivos — como a taxa de consumo, que incide mais pesadamente sobre famílias de rendas média ou baixa — nunca chegaram a ser revertidos. Em vez disso, os estados reduziram impostos que incidiam mais pesadamente sobre famílias de renda elevada. O resultado foi uma redistribuição do ônus fiscal, de modo a aliviar os ricos e sobrecarregar ainda mais os de baixa renda. Um família com renda de, digamos, US$ 30 mil por ano pagava muito mais impostos estaduais do que uma com renda semelhante em 1990 enquanto uma família com renda de US$ 600 mil por ano pagava bem menos.

O caminho para esses cortes seletivos de impostos foi aberto não só por projeções que não incluíam planos de contingência mas também por uma manipulação dos números que faria inveja à Enron. Por exemplo, em 1999 o governador do Texas — sim, ele mesmo — justificou a colher de chá dada nos impostos corporativos mediante a apresentação de um orçamento que, além de subestimar em US$ 550 milhões os custos do *Medicaid*, ocultou pagamentos regulares refentes a custos de enfermagem e outros serviços, e fez isso por meio do estratagema de transferi-los do último mês do ano fiscal de 2001 para o primeiro mês de 2002. No ano passado, quando o panorama fiscal estava ficando mais sombrio, o governador da Virgínia, James Gilmore (que tinha se afastado da chefia do Comitê Nacional Republicano depois que seu partido perdeu o controle dos legislativos estaduais da Virgínia e de Nova Jersey), contornou um regulamento automático que supostamente adiava qualquer corte de impostos na eventualidade de um queda da receita. Ele incluiu na receita corrente a estimativa do valor integral dos futuros pagamentos a serem feitos pela indústria do tabaco.

Agora, os estados precisam lidar com as dificuldades provocadas pela manipulação dos números no passado justamente quando mergulham na recessão, enfrentam o custo crescente da assistência médica e o impacto fiscal do terrorismo. O resultado será a demissão de professores e policiais, a recusa de assistência médica aos pobres, o adiamento de consertos em estradas e pontes, e a decretação — quando o assunto não puder mais ser evitado — de aumentos de impostos. E por que eu acho que sei quais serão as classes mais atingidas pelo aumento?

Não é um belo quadro, mas vocês devem se acostumar. O que ocorre com os estados é o que vai ocorrer com o país.

A CONTABILIDADE AGRESSIVA DE BUSH

5 de fevereiro de 2002

O senador democrata Kent Conrad, de Dakota do Norte, não teve razão quando criticou ontem o novo orçamento do governo Bush por sua semelhança com a contabilidade da Enron. Na verdade, era o orçamento do ano passado, que incluía um imenso corte de impostos, que apresentava muita semelhança com as práticas da Enron; o orçamento deste ano faz uso de um tipo diferente, embora igualmente pernicioso, de contabilidade agressiva.

A ilusão de rentabilidade da Enron se baseava, em grande parte, no fato de incluir nas contas os contratos que só dariam lucros — se dessem — em alguns anos. Mas a Enron foi impaciente, largando antes do sinal de partida: tratou o valor capitalizado dos hipotéticos ganhos futuros como lucros atuais, que poderiam ser usados para justificar não só o alto preço das ações na Bolsa, mas os polpudos bônus dados aos executivos e assim por diante.

E foi mais ou menos isso que aconteceu no orçamento do ano passado. O governo Bush aproveitou uma projeção indevidamente otimista dos superávits para os próximos dez anos — uma projeção que só deveria ter sido considerada um exercício de adivinhação — e se valeu disso como se se tratasse de um fato real. Com base nessa fantasia, e ajudado por uma comissão de auditoria — conhecida também pelo nome de Congresso dos Estados Unidos — que não agiu com o devido zelo, o governo deu a si mesmo um grande bônus: o corte de impostos.

Um ano depois, o equívoco das suposições por trás do último orçamento tornou-se evidente aos olhos de todos. Se vivêssemos num mundo racional, o governo teria sido chamado a explicar por que enganou o público americano. Mas, em vez disso, o governo Bush recorreu a mais um conhecido estratagema de contabilidade, a provisão para despesas extraordinárias.

Segundo a Investopedia.com, esse truque é usado para "enterrar despesas desvantajosas ou investimentos que deram errado". Ou seja, em vez de admitir que agiu mal, a direção de uma firma alega que os resultados desfavoráveis foram causados por acontecimentos extraordinários e imprevisíveis. "Estávamos ganhando bastante dinheiro, mas tivemos de fazer despesas extras de US$ 1 bilhão para comprar a Corporação XYZ". É claro que podem ocorrer despesas extraordinárias; o errado é aproveitar isso para fugir da responsabilidade (algumas empresas, como a Cisco, usam a desculpa das despesas extras o tempo todo).

Os acontecimentos do 11 de setembro chocaram e horrorizaram o país, mas também deram ao governo Bush uma excelente oportunidade para relegar ao esquecimento o que fizera de errado até então. Por exemplo, como foi que os US$ 4 trilhões de superávits orçamentários se evaporaram? É, os cortes de impostos não tiveram nada a ver com isso; foi tudo culpa da guerra contra o terrorismo.

Em resumo, a estratégia do governo é evitar críticas ao que equivale a um verdadeiro desastre fiscal, embrulhando o orçamento no manto do patriotismo. Estou falando literalmente: o relatório oficial sobre o orçamento, divulgado ontem, tem na capa o vermelho, o branco e o azul da bandeira dos Estados Unidos.

Mas por que estou sendo tão cínico? Afinal, a guerra contra o terrorismo não é algo de suma importância?

A resposta é que, de um ponto de vista moral e emocional, trata-se, de fato, de algo sumamente importante, mas no plano fiscal é apenas um meio de arredondar indevidamente as contas.

O governo está usando a ameaça terrorista para justificar a hipertrofia da máquina bélica. Mas há dois aspectos curiosos nessa situação. Primeiro: se realmente precisamos sacrificar o pão e a manteiga de cada dia para comprar canhões, não seria o caso de reexaminarmos a conveniência de futuros cortes de impostos concebidos em dias de abundância?

"Só passando por cima do meu cadáver" (como disse o presidente Bush) não é uma resposta aceitável. E é difícil levar a sério toda essa falação sombria sobre a guerra quando o governo, ao mesmo tempo, está propondo cortes adicionais de impostos no montante de US$ 600 bilhões.

Em segundo lugar, toda a exagerada preparação militar parece ter pouco a ver com a ameaça real, a menos que você acredite que o próximo lance da al-Qaeda será um ataque frontal aos Estados Unidos usando divisões blindadas. Nós, que não somos especialistas em defesa nacional, temos certa dificuldade para entender como um ataque de maníacos armados de canivetes pode justificar despesas de US$ 15 bilhões na compra de canhões de 70 toneladas, ou a construção de três modelos diferentes de aviões de combate da mais moderna tecnologia (mesmo antes do 11 de setembro, funcionários do governo já haviam admitido que isso era um exagero).

Nenhum político que pretenda ser reeleito tem coragem de dizer, mas o novo lema do governo parece ser: "Não abandone nenhuma empresa do setor de defesa." Eu poderia prosseguir com essas considerações, mas vocês já entenderam. O governo insiste — e pode até ser que acredite nisso — que a guerra contra o terror é uma missão. Mas, no que se refere ao orçamento, não se trata de uma missão, é apenas uma desculpa.

OS VERDADEIROS AMERICANOS DE SANGUE AZUL

7 de maio de 2002

Vocês se lembram das dificuldades que os parlamentares de Nova York enfrentaram para conseguir uma ajuda de US$ 20 bilhões a fim de reconstruir a cidade devastada — uma ajuda que já tinha sido prometida? Bem, recentemente o Congresso concordou em dar aos agricultores subsídios de US$ 180 bilhões ao longo da próxima década. A propósito, a população de Nova York equivale ao dobro do número de agricultores do país.

Tenho sido um crítico severo do governo Bush, mas, no exemplo de que estamos falando, os senadores democratas foram os verdadeiros vilões. O governo — justiça seja feita —inicialmente tentou se opor ao aumento dos subsídios para o campo, embora, como aconteceu no caso da proteção à indústria siderúrgica, o oportunismo político acabasse prevalecendo sobre os supostos princípios do governo.

Deixando de lado a política, o debate sobre o projeto de lei da agricultura talvez nos ajude a acabar com um mito prejudicial, ou seja, de que o interior do país — formado pelos estados centrais, na maioria agrícolas — é moralmente superior ao resto da nação.

Vocês conhecem a história, já ouviram inúmeras vezes: os habitantes do interior são rústicos, auto-suficientes, dedicados à família, enquanto os habitantes da região costeira são *yuppies* chorões. George W. Bush já declarou que costuma visitar sua fazenda em Crawford para se manter "em contato com os americanos de verdade" (e o que somos nós, que vivemos em Nova Jersey — porcaria?)

Mas nem o louvor ao interior nem o desprezo com que a região costeira é tratada têm base na realidade.

Fiz algumas comparações estatísticas, utilizando uma definição popular de interior: os "estados vermelhos" (interior) — numa eleição que jogou as das costas (Leste e Oeste) contra o centro do país — votaram a favor de Bush.

E como eles se situam, quando comparados com os "estados azuis" (costeiros), que votaram em Al Gore?

Com certeza, não podem se vangloriar de qualquer superioridade quando se trata dos valores da família. Os estados vermelhos se mostram um pouco piores do que os azuis na análise da responsabilidade individual e da dedicação à família. É mais provável que as mães das crianças dos estados vermelhos sejam solteiras ou adolescentes. Em 1999, 33,7% dos bebês dos estados vermelhos nasceram de mães solteiras, contra 32,5% nos estados azuis. Os dados sobre divórcio são precários, mas, numa avaliação *per capita*, indicam que houve 60% mais divórcios em Montana do que em Nova Jersey. Os estados vermelhos têm mau desempenho no que diz respeito ao Sexto Mandamento: o índice de assassinatos foi de 7,4 por cem mil habitantes nos estados vermelhos, contra 6,1 nos estados azuis e 4,1 em Nova Jersey.

Mas realmente escandalosa é a afirmação de que o interior do país é auto-suficiente. Bastaria o grotesco projeto de lei sobre agricultura para desmentir esse tipo de afirmativa. Esse projeto aumenta ainda mais os enormes subsídios que o interior já recebe do resto do país. Considerados como um grupo, os estados vermelhos pagam muito menos impostos do que o governo federal gasta dentro de suas fronteiras: os estados azuis contribuem com muito mais. Pode-se dizer que, no geral, a América azul subsidia a América vermelha com US$ 90 bilhões ou mais por ano.

E dentro dos estados vermelhos, é a região metropolitana que paga mais impostos, enquanto a região rural abocanha os subsídios. Se excluirmos as cidades principais, os números referentes aos estados vermelhos se assemelham aos de Montana, que em 1999 recebeu US$1,75 por cada dólar que pagou em impostos. Os números do meu estado natal, Nova Jersey, foram praticamente o oposto. Se acrescentarmos os subsídios embutidos — como o fornecimento de água a baixo custo para a irrigação, ou o uso quase gratuito de terras federais para o pastoreio e coisas semelhantes — fica claro que, em termos econômicos, o interior rural dos Estados Unidos é a nossa versão do sul da Itália, ou seja, uma região cujos habitantes são em grande parte sustentados pela ajuda dada por seus compatriotas mais produtivos.

Não há mistério a respeito do motivo pelo qual o interior recebe um tratamento tão especial: é o resultado do nosso sistema eleitoral, que dá aos estados com pequena população — na maioria, os estados vermelhos — uma representação desproporcional no Senado e, em grau menor, no Colégio Eleitoral. Na verdade, metade dos senadores do país é eleita por apenas 16% dos americanos.

Mas se esse aspecto político tende a ser visto como um fato consumado, por outro lado podemos exigir pelo menos o fim da hipocrisia. O interior não tem direito a querer representar os Estados Unidos "de verdade". E os estados azuis têm o direito de querer saber por que, no momento em que o governo federal voltou a mergulhar em déficit e em que os programas de cunho social estão ameaçados, uma minoria quase insignificante de americanos bastante subsidiados acha que merece receber ainda mais ajuda.

A GRANDE EVASÃO FISCAL

14 de maio de 2002

Na semana passada, a Stanley Works, uma firma de equipamentos de Connecticut, suspendeu seu plano de formar uma corporação nas Bermudas que tinha por finalidade fugir dos impostos. A decisão foi tomada em decorrência de pressão da Casa Branca, que denunciou a medida como impatriótica numa época de emergência nacional.

É claro que inventei a segunda parte, referente à Casa Branca. O voto dos acionistas aprovando a medida foi contestado pelas autoridades de Connecticut e a companhia foi posta na berlinda pela investigação do valioso colunista do *New York Times* para assuntos fiscais, David Cay Johnston. Mas o governo Bush, sempre rápido em questionar o patriotismo de todo aquele que se mete no seu caminho, nada disse sobre a Stanley Works e disse muito pouco sobre o número cada vez maior de empresas americanas que se declaram estrangeiras para obter vantagens fiscais.

Sejamos justos: o governo não criou a brecha na legislação que a Stanley quer aproveitar. E não basta denunciar as empresas que se valem da brecha; a resposta certa seria negar-lhes a oportunidade de fazer isso. Seja como for, o silêncio do governo é estranho. O que está havendo?

Praticamente, o único documento oficial a comentar a mudança de empresas para o exterior veio do Departamento do Tesouro, que afirmou: "Talvez tenhamos que reconsiderar alguns dos nossos regulamentos, que foram redigidos há 30 anos, quando a situação da economia era bem diferente, e que agora estão prejudicando a capacidade de nossas empresas de competirem no plano internacional."

Infelizmente, esse documento distorce a realidade dos fatos. Primeiro, as companhias americanas não pagam mais impostos do que as estrangeiras: o imposto sobre corporações na Alemanha é bem maior do que o nosso, na França é praticamente igual e na Grã-Bretanha, um pouco menor. De qualquer modo, o documento do Tesouro dá a entender que estamos perdendo receita porque as empresas americanas estão transferindo suas sedes para locais de custo mais baixo ou porque estão perdendo para competidores estrangeiros a parcela que ocupavam no mercado. Nenhuma dessas afirmativas é válida. Na verdade, estamos perdendo receita porque empresas americanas lucrativas recorrem a truques de contabilidade para sonegar impostos.

Ao criar uma corporação nas Bermudas, uma firma com sede nos Estados Unidos — sem transferir sua sede ou tomar qualquer outra providência — isenta de taxação seus lucros no exterior. Melhor ainda: a companhia pode estabelecer sua "residência legal" em um local como Barbados, onde os impostos são baixos, e arranjar as coisas de modo a tornar suas operações nos Estados Unidos misteriosamente pouco rentáveis. Em outras palavras, não estamos falando de competição, mas de evasão fiscal.

A reação natural seria dar em cima dos sonegadores — encontrar um meio de taxar o lucro que as companhias realmente obtêm nos Estados Unidos e impedir que recorram a uma contabilidade fantasiosa para que os lucros apareçam em algum outro lugar. Isso é difícil, mas não impossível.

Mas aqui está o ponto-chave: os funcionários do governo não estão interessados em cobrar o imposto das corporações. Diante da dificuldade de conseguir no Congresso mais alívio fiscal para elas, o governo tem-se utilizado de todos os meios possíveis para proporcionar esse alívio por fora da legislação. *The Hill*, uma publicação apartidária que cobre os assuntos do Congresso, descreveu recentemente: "Um conjunto de decretos do Executivo passou quase despercebido e visava dar às corporações bilhões de dólares em alívio fiscal sem o consentimento do Congresso."

E agora o silêncio das autoridades sobre o caso da Stanley torna-se compreensível. O governo não quer dizer abertamente que é a favor da sonegação de impostos, mas também não quer cobrar os impostos. Sendo assim, o melhor mesmo é calar.

O problema é que insinuar, mesmo pelo silêncio, que não pagar impostos é aceitável acaba sendo um jogo perigoso porque pode rapidamente acarretar uma importante perda de receita. Os contadores entenderam o recado:

agora estão convencidos de que é seguro passar dos limites habitualmente permitidos.

A receita fiscal deste ano está abaixo da expectativa, mesmo levando em conta a recessão; minha impressão é que o fato de corporações (e pessoas ricas) usarem truques contábeis para se safar do pagamento de impostos é um fator relevante nessa história toda. E a situação vai piorar no ano que vem.

Além do mais, o que vai pensar o povo quando notar que empresas que têm orgulho de permanecer americanas são punidas, enquanto aquelas que não se acanham de desfraldar uma bandeira estrangeira de conveniência são recompensadas? Se o governo quer mesmo eliminar o imposto sobre o lucro das empresas então que seja travado um debate honesto e aberto sobre o assunto — começando com a explicação sobre a maneira como a receita perdida será substituída, num momento de acentuados déficits orçamentários. Enquanto isso, vamos dar duro naqueles que sonegam impostos.

PRIMAVERA PARA HITLER

18 de outubro de 2002

Vocês devem estar lembrados de que George W. Bush prometeu, entre outras coisas, mudar o tom do que é dito em Washington. Cumpriu a promessa: o tom de fato mudou.

Pelo que sei, no passado não era considerado apropriado o ocupante da Casa Branca declarar que os membros do partido de oposição não estavam interessados na segurança do país. E certamente não era habitual comparar com Adolf Hitler todo aquele que acha que os ricos também devem pagar impostos ou todo aquele que afirma que o corte de impostos do governo tem o objetivo de privilegiar os ricos.

Bem, talvez não devamos dar muita importância a certos comentários do senador Phil Gramm. Quando ele disse que a proposta para cobrar um imposto especial sobre ganhos de capital dos indivíduos que renunciam à cidadania americana para fugir dos impostos era uma idéia que só poderia "ser aceita na Alemanha nazista", até mesmo o mais credenciado republicano na Comissão de Finanças do Senado, Charles Grassley, fez objeções a essa comparação.

Mas o senhor Grassley deve ter-se arrependido de suas objeções, porque algumas semanas depois ele próprio decidiu usar a comparação com Hitler: "Acho que os eleitores estão saturados das estatísticas que mostram que o corte de impostos de Bush oferece 40% dos seus benefícios a 1% dos contribuintes. Isto não é só enganoso, é categoricamente falso. Há quem pense que repetir bastante um erro faz com que ele seja aceito como correto. Foi assim que Adolf Hitler chegou ao poder."

A bem da verdade, é bom dizer que Robert McIntyre, da organização "Cidadãos pela Justiça Fiscal" — a fonte da informação sobre os 40% —, não é nenhum Adolf Hitler. O curioso é que Grassley às vezes é descrito como um moderado. Suas palavras indicam, no entanto, que entramos numa era de ferrenho sectarismo, que não deixa espaço para o reconhecimento de fatos politicamente inconvenientes. Pois a afirmação que Grassley classifica de "categoricamente falsa" é, pelo contrário, indubitavelmente verdadeira. Se vivêssemos num mundo racional, ela nem seria objeto de discussão.

Pode-se imaginar que Grassley tenha resposta alternativa para a pergunta: "Afinal, quanto vai para aquele 1% cento dos contribuintes?" Ou então que o governo tenha, em algum momento, produzido um número que mostra que os ricos não estão sendo indevidamente privilegiados pelo projeto da redução de impostos. Nada disso. Quando lhes fazem perguntas insistentes sobre esse ponto, os funcionários do governo se esquivam e passam a falar de outro tema.

No ano passado, o Departamento do Tesouro divulgou inadvertidamente uma tabela que mostra que mais de 25% do corte de impostos beneficiam os contribuintes com renda superior a US$ 200 mil por ano. Esta cifra não levou em conta o efeito da eliminação do imposto sobre a transmissão de herança; em 1999, somente 2% dos espólios foram taxados e metade desse imposto foi pago por 0,16% dos espólios. A cifra do Tesouro também não parece levar em conta o imposto alternativo mínimo, que atingirá as famílias da classe média alta mas não afetará os verdadeiramente ricos.

Junte-se tudo isso e fica claro que, de fato, algo em torno de 40% do corte de impostos — pode ser um pouco menos, porém o mais provável é que seja muito mais — irá beneficiar 1% da população. E a recusa sistemática do governo em abordar a questão equivale a uma admissão de *nolo contendere*.

O que nos faz voltar ao tema inicial da mudança de tom em Washington.

Quando Ronald Reagan reduziu os impostos dos ricos, não tentou disfarçar o que estava fazendo. Podia-se concordar ou não com a teoria da economia da oferta (*supply-side economics*) que ele usou para justificar sua iniciativa, mas Reagan não fingiu que estava ampliando o caráter progressivo do sistema de tributação.

No entanto, a estratégia usada para promover o corte de impostos de Bush foi simplesmente a de negar os fatos — e atacar todos aqueles que tentassem trazê-los à baila. E foi uma estratégia que, tendo sido bem-sucedida uma vez, passou a ser usada de modo indiscriminado.

Michael Kinsley escreveu recentemente que "a campanha de Bush pela guerra contra o Iraque tem sido um insulto à inteligência dos americanos, não só por ter sido desonesta, mas também por ter sido leviana. Uma mentira é um insulto; uma mentira óbvia é um insulto duplo". Mas por que só agora Kinsley percebeu isso? Afinal, tem sido sempre assim no terreno da política econômica.

Vejam, tem gente que pensa que repetir algo com muita freqüência faz com que vire verdade. Foi assim que George W. Bush chegou ao poder.

SERÁ QUE O MAESTRO É UM LACAIO?

7 de fevereiro de 2003

Talvez seja apenas como gostaríamos que fosse a realidade — mas há quem acredite que o velho Alan Greenspan — o homem que costumávamos respeitar — vai reaparecer na semana que vem.

Na era Clinton, Greenspan se tornou um modelo de probidade fiscal, que lembrava constantemente aos políticos a importância de eliminar os déficits e saldar as dívidas. Então George W. Bush foi empossado e Greenspan se tornou — ou revelou ser — um homem diferente.

Primeiro, o presidente do Fed deu um apoio decisivo ao corte de impostos proposto por Bush, recomendando ao Congresso reduzir os impostos a fim de evitar que o país tivesse um superávit exagerado e fosse tentado a pagar a dívida nacional depressa demais. Sério, não estou brincando.

E depois que o orçamento mergulhou no déficit, Greenspan não só se recusou a reconsiderar o que disse, como se manifestou a favor de tornar permanentes os cortes de impostos. O severo diretor da escola se tornou um tio indulgente.

Mas agora a deterioração fiscal atingiu proporções alarmantes. Em seu primeiro orçamento, o governo Bush havia projetado um superávit de US$ 262 bilhões para 2004. No segundo, divulgado há um ano, previa um déficit de US$14 bilhões para o mesmo ano. Agora, está falando num déficit de US$ 307 bilhões. Trata-se de uma deterioração de US$ 570 bilhões somente para o ano que vem — e soma igual para cada ano seguinte. Pois é, US$ 570 bilhões aqui, US$ 570 bilhões ali, dentro em pouco estaremos falando de dinheiro de verdade.

Não é minha culpa, diz Bush. "Uma recessão e uma guerra que não foi de nossa escolha resultaram na volta dos déficits." É mesmo? Será que a recessão e a guerra vão custar US$ 570 bilhões todos os anos? Além do mais, um ano atrás, quando suas projeções mostraram um retorno aos superávits em 2005, Bush já sabia da recessão e de Osama bin Laden. Agora, as projeções mostram déficits para sempre, embora não incluam os custos de uma guerra contra o Iraque.

De qualquer modo, não é de se supor que um líder, em vez de apresentar desculpas, deva solucionar problemas? Ora, o que Bush faz é agravar problemas. Ao contrário de todos os antecessores, ele quer cortar ainda mais os impostos, e isso em meio a déficits "de tempo de guerra".

Embora os repórteres de economia já tenham começado a compreender que Bush está descontrolado — "ele perdeu a cabeça", sentenciou o CBS Market Watch —, o alcance da irresponsabilidade de seus planos, mais adequados a uma *banana republic*, ainda não ficou claro para todo mundo. O corte de impostos de US$ 674 bilhões, de que vocês certamente ouviram falar, não corresponde nem à metade da realidade dos fatos. Até mesmo as estimativas moderadas do governo indicam que a meta é chegar a cortes de US$ 1,5 trilhão durante a próxima década — mais do que foi mencionado em 2001. Cerca de US$ 575 bilhões adicionais serão necessários para ajustar o imposto alternativo mínimo, algo que os funcionários disseram que vão fazer, mas não incluíram no orçamento.

O governo tem recorrido a estratagemas para adiar a maior parte dos cortes para depois de 2008 — e, vejam só, agora o Escritório de Administração e Orçamento parou subitamente de falar em projeções para dez anos e se refere oficialmente apenas ao período dos próximos cinco anos. Mas projeções a longo prazo estão embutidas no orçamento. Elas são exageradamente otimistas, e mesmo assim sugerem um desastre fiscal quando os *baby boomers* começarem a receber benefícios da Seguridade Social e do *Medicare*. ("Não queremos transferir nossos problemas para futuros Congressos, futuros presidentes, futuras gerações", afirmou Bush no seu Discurso sobre o Estado da União. E falou isso com a cara mais séria do mundo, imaginem só...)

Bem, e onde entra Greenspan nessa história? Na próxima semana vai depor na Comissão Bancária do Senado. Será que finalmente vai reconhecer a irresponsabilidade do governo?

Greenspan deve saber que muita gente, a despeito do que possa proclamar publicamente, o considera agora um oportunista partidário. Os republicanos pensam assim e esperam que ele apóie qualquer coisa que Bush venha a propor. O que ele disser na semana que vem determinará se essa impressão é correta.

Greenspan já esgotou todas as desculpas possíveis. Na condição de alguém que ficou famoso pela austeridade fiscal, não pode adotar a posição do governo sobre a irrelevância dos déficits. E não ficaria bem para ele concordar com a tese da "teoria da oferta" (*supply-side economics*) de que a redução de impostos na verdade faz a receita crescer, já que, dois anos atrás, recomendou para diminuir o superávit justamente um corte de impostos.

Se, mesmo assim, Greenspan encontrar um jeito de justificar a irresponsabilidade de Bush, ou se procurar refúgio numa linguagem obscura capaz de significar qualquer coisa, ele passará à História como um homem que recomendou escolhas difíceis aos outros, mas se recusou a fazer o mesmo quando chegou a sua vez.

Esta pode ser a última oportunidade de Greenspan para salvar sua reputação — e garantir a solvência do país.

CAPÍTULO 7

2 – 1=4

O BEZERRO DENTRO DA JIBÓIA

21 de junho de 2000

Os demógrafos descrevem a geração do *baby boom* como "o bezerro dentro da jibóia", quer dizer, uma grande protuberância numa linha de distribuição por idade que, sob outros aspectos, é bem magrela. À medida que os *boomers* envelhecem, a protuberância vai se deslocando. Quando o focinho do bezerro se aproxima das regiões inferiores da jibóia, surgem dois problemas distintos: um problema "financeiro" específico e um problema "real" mais amplo. No entanto, os debates da campanha presidencial ignoram os dois.

O problema "financeiro" refere-se ao que deve ser feito para custear a Seguridade Social. Este problema é um legado do método utilizado no passado, em que o dinheiro recolhido dos contribuintes é pago imediatamente aos que se aposentam. Como as contribuições dos *boomers* foram usadas para proporcionar generosos benefícios às gerações anteriores, não sobrou dinheiro suficiente no sistema para pagar os benefícios prometidos aos próprios *boomers*. A boa notícia é que não há dificuldade para se solucionar esse problema "financeiro". Apesar da retórica apocalíptica que se ouve às vezes, injeções razoáveis de dinheiro permitiriam que o sistema funcionasse tranqüilamente por mais 50 anos. É só uma questão de enfrentar os fatos.

O problema "real" é que, em algumas décadas, a distribuição etária nos Estados Unidos como um todo vai se parecer com a da Flórida de hoje. Como é que um número relativamente pequeno de trabalhadores vai conseguir produzir o bastante para viver bem e, ao mesmo tempo, proporcionar à imensa população de aposentados o elevado padrão de vida que ela espera?

Este problema é muito mais difícil de resolver. A única saída — deixando de lado a opção de permitir uma imigração em grande escala — é tornar os trabalhadores de amanhã tão produtivos quanto for possível. Podemos esperar um milagre tecnológico; com máquinas suficientemente espertas, quem precisa de trabalhadores? Mas um governo verdadeiramente responsável procuraria, enquanto isso, garantir que a poupança nacional — pública e privada — fosse de bom tamanho, para que os trabalhadores do futuro ficassem bem providos de capital e livres de pesadas dívidas externas.

Infelizmente, a campanha eleitoral parece preocupada com um assunto bem diferente: a idéia de que as contribuições dos americanos para a Seguridade Social têm um retorno muito pequeno. Como expliquei em colunas anteriores, o retorno implícito da Seguridade Social só é baixo porque os trabalhadores de hoje estão sendo taxados para que possam ser pagas as dívidas passadas do sistema. Vocês podem não gostar disso, como podem não gostar do fato de que 15% do dólar que você paga de imposto federal destinam-se ao pagamento de juros de uma dívida contraída nos anos 1980 e início dos 1990. Mas, em ambos os casos, essas dívidas fazem parte da vida, são fatos consumados.

No entanto, a promoção feita em torno do plano de Bush para a Seguridade Social gira em torno do contraste — sem o menor sentido — entre os retornos que um indíviduo sem encargos é capaz de obter em seus investimentos e o retorno que uma Seguridade Social fortemente onerada pode proporcionar. E o novo plano de Al Gore em favor de contas de aposentadoria subsidiadas também não trata do problema real: é apenas uma resposta à promoção feita pela campanha de Bush.

Apesar disso, o plano de Gore não é tão ruim assim; poderia ser bem pior. Afinal, não vai estourar o orçamento e de certa maneira poderá até estimular os investimentos privados. E, como a própria Seguridade Social, será progressivo — isto é, tenderá a reduzir as disparidades da riqueza.

É justo também dar crédito a Gore pela honestidade de suas posições. Os detalhes do seu plano são expostos de maneira clara e ele mostra como vai prolongar a vida do sistema de Seguridade Social — especialmente, transferindo dinheiro do orçamento geral do governo.

Em contraste, Bush não disse nada sobre o tamanho da redução que pretende fazer nos benefícios, em troca da permissão para que os trabalhadores invistam os montantes de suas contribuições onde quiserem — e nem explicou como vai lidar com as conseqüências das obrigações assumidas no passado. Ele só oferece asteriscos mágicos: "*Os detalhes serão explicados mais tarde." Minha impressão é de que se e quando Bush fornecer os detalhes, a revelação do tamanho dos cortes de benefícios propostos provocará uma tempestade política, obrigando-o a recorrer ao orçamento geral para salvar a Seguridade Social. Mas isso só acontecerá depois das eleições.

E de onde virá o dinheiro? Lembrem-se de que Bush também está propondo imensas reduções de impostos. Além de eliminar os superávits que serviriam para ajudar a Seguridade Social, os cortes irão incentivar o país como um todo a consumir mais e poupar menos, o que é exatamente o contrário do que deve fazer uma sociedade em processo de envelhecimento.

Enquanto isso, o bezerro continua dentro da jibóia, avançando inexoravelmente para o seu destino. Alguém está prestando atenção nisso?

RECEITA PARA O FRACASSO

26 de julho de 2000

Ao denunciarem o plano do presidente Clinton de estender a cobertura do *Medicare* aos medicamentos com receita e ao apresentarem sua contraproposta, os republicanos recorreram à retórica habitual. Criticam o plano do governo como uma solução burocrática, que não leva em conta as diferenças, e afirmam que o plano que apresentam oferece mais opções.

E uma vez na vida uma afirmação dos republicanos está absolutamente certa. De fato, o plano deles permite mais escolhas.

Infelizmente, estamos diante de um desses casos em que ter mais opções não é uma boa coisa. Ao tentar dar mais opções às pessoas, o plano republicano acaba não dando nenhuma.

Enquanto os democratas querem dar aos beneficiários do *Medicare* acesso direto aos medicamentos, os republicanos propõem oferecer mais dinheiro às companhias privadas de seguro-saúde, na esperança de incentivá-las a atender às necessidades do mercado dos idosos. Mas tudo indica que este plano não tem chances de ser bem-sucedido. As próprias seguradoras particulares se mostram céticas. Não é comum os lobistas de um setor dizerem ao Congresso que não estão interessados em subsídios. Mas foi o que aconteceu. E uma tentativa do estado de Nevada de por em prática um plano semelhante redundou em fracasso — nenhuma seguradora registrada no estado mostrou interesse em proporcionar cobertura aos idosos e aposentados.

O motivo disso é o que se conhece como "seleção adversa" — um problema que afeta muitos mercados, sobretudo o do seguro-saúde. A "seleção adversa" é a razão pela qual não se deve contratar seguro com aquelas companhias que dizem que "não é necessário fazer exame médico". Quando o seguro é vendido pelo mesmo preço tanto a clientes com perspectivas boas quanto aos que têm perspectivas ruins, os segurados que apresentam maior risco acabam expulsando os de menor risco.

Por que os idosos não podem fazer seguro para medicamentos? Bem, suponhamos que uma companhia ofereça um plano desse tipo, com mensalidades suficientemente altas para cobrir os custos de um beneficiário típico do *Medicare*. Acontece que as despesas anuais com medicamentos sob receita variam bastante de aposentado para aposentado — dependendo de fatores como doenças crônicas e tipos de doenças. Aposentados com boa saúde, que sabem que não precisam gastar muito com remédios, estariam pouco inclinados a fazer um seguro cujas mensalidades fossem destinadas a cobrir os gastos do idoso comum com suas mazelas. Portanto, o plano iria atrair sobretudo aqueles cujas contas farmacêuticas fossem acima da média e isso afugentaria os outros, fazendo com que as mensalidades tivessem de ser aumentadas, e, no fim, restariam poucos segurados, ou nenhum. As seguradoras entendem muito bem esta lógica, e por isso não têm interesse em entrar nesse tipo de mercado.

A raiz do problema é que o seguro privado para medicamentos só poderia ser oferecido a um preço razoável se as pessoas se comprometessem a pagar uma mensalidade alta antes de saber se iriam precisar de remédios caros. Esses seguros não podem ser oferecidos se as pessoas que descobrirem depois que não precisam desses remédios tiverem o direito de suspender os pagamentos.

E ainda que, em princípio, possa ser feito um contrato que negue ao segurado a opção de largá-lo quando quiser, imaginem as complicações legais que surgiriam se uma companhia privada tentasse obrigar um aposentado saudável a continuar pagando, durante anos a fio, mensalidades altas por um benefício de que não precisa. No plano prático, o único meio de contornar essa dificuldade é ter um seguro oferecido pelo Estado.

Tudo que foi dito aqui é mais ou menos baseado em princípios econômicos de livro-texto. Então, porque os líderes republicanos insistem num plano que ninguém (com familiaridade no assunto) acha que pode funcionar?

Sem dúvida, a resposta é que se trata de uma política de cinismo.

O dinheiro também desempenha um papel. De modo geral, as seguradoras privadas são contra o plano republicano, mas a indústria farmacêutica está ansiosa para evitar qualquer coisa capaz de causar uma redução dos preços dos medicamentos e receia que o plano do governo faça exatamente isso. Mas também faz parte do cenário um fanatismo autêntico. Os líderes republicanos na Câmara acreditam piamente nos poderes milagrosos do livre mercado. Eles pertencem a uma seita que julga que o mercado produz bons resultados, mesmo quando os homens de negócios diretamente envolvidos acham que não. Essa seita considera um mal qualquer intervenção do governo na economia, mesmo que a análise convencional a veja como necessária.

O plano republicano, em síntese, é afirmação de uma fé que transcende a lógica prosaica da economia.

Mas que valor tem para nós, que somos pagãos?

UMA FÁBULA SOBRE A APOSENTADORIA

11 de outubro de 2000

Era uma vez um país onde as pessoas só viviam durante dois anos. No primeiro ano, trabalhavam; no segundo, viviam da poupança.

Era uma vez um governo que decidiu ajudar os idosos. Então, criou um sistema chamado Seguridade Social. Todo indivíduo jovem que trabalhava pagaria uma taxa que seria usada para cobrir os benefícios dados naquele mesmo ano às pessoas mais velhas que se aposentassem.

Para a primeira geração de beneficiários, a Seguridade Social foi um grande negócio. Esses beneficiários não tinham sido obrigados a contribuir quando jovens, mas assim mesmo receberam os benefícios. Mas as gerações subseqüentes adquiriram uma noção errada do sistema. Consideraram suas contribuições uma espécie de investimento, quando, na realidade, eram taxas necessárias para pagar os benefícios à geração de seus pais. E imaginaram que poderiam obter rendimentos maiores investindo aquele dinheiro diretamente no mercado.

Assim sendo, um dia surgiu um político ambicioso que declarou: "Este dinheiro pertence a vocês! Eu tenho confiança no povo, não no governo!" Acrescentou que deixaria os trabalhadores investirem metade do dinheiro de suas contribuições onde quisessem. Quando os críticos objetaram que aquele dinheiro já estava comprometido para pagar os benefícios aos idosos (cujas contribuições tinham sido usadas para pagar os benefícios dos aposentados da geração anterior), as objeções foram abafadas pelos clamores de "nada de números confusos". E assim o esquema entrou em vigor.

O que aconteceu? No ano seguinte, a Seguridade Social faliu. Sem a entrada de dinheiro suficiente, não era possível pagar os benefícios dos aposentados.

Eu gostaria de poder dizer que a fábula que acabo de contar constitui uma simplificação exagerada dos debates sobre a Seguridade que estão sendo realizados este ano. Mas a realidade é esta mesma. A proposta de George W. Bush para que uma parte das contribuições para a Seguridade seja posta em contas individuais apartadas, sem que os recursos assim desviados venham a ser substituídos, é mesmo de um simplismo irresponsável. Como os americanos vivem mais do que os dois anos que mencionamos acima, o drama vai levar mais tempo para se desenrolar. A Seguridade Social não vai falir nos próximos 30 anos, de modo que as vítimas serão aqueles que hoje estão na faixa da meia-idade, não os que já se aposentaram. Mas a crise ocorrerá bem antes desses 30 anos, quando o desastre iminente começar a se tornar óbvio.

Bush fez uma importante descoberta política. Suas declarações equivocadas não podem ser efetivamente contestadas porque os eleitores não conseguem acreditar que um homem tão simpático possa recorrer a artimanhas desse tipo. No debate da semana passada, Bush voltou a afirmar que pretende aplicar 25% do superávit em novos programas populares, embora sua própria proposta orçamentária indique que ele vai empregar menos de metade do montante que está mencionando agora. ("Nada de números confusos!", vociferou a multidão — mas esses números são os do próprio governo). E o presidente insiste em dizer que tem um plano para salvar a Seguridade quando, na verdade, o plano, se posto em prática, faria o sistema desmoronar.

Como é que há bons economistas, até mesmo especialistas em Previdência Social, que apóiam o plano de Bush? Encarem a questão como um dilema de Fausto — vender a alma não em troca de poder e dinheiro (talvez isso também, mas esse não é o meu departamento), mas em troca da implementação da reforma.

Existem, de fato, boas razões para se querer a reforma da Seguridade Social — se estivermos preparados para pagar o preço. O sistema atual promete aos trabalhadores de hoje que as gerações futuras tomarão conta deles, assim como eles estão tomando conta dos que já se aposentaram. Como salientou um assessor de Bush, Martin Feldstein, essa idéia faz com que as pessoas tenham a impressão de que são mais ricas do que na verdade são, levando-as a consumir muito e poupar pouco.

Mas resolver este problema exigiria muito dinheiro — recursos para liquidar as obrigações já contraídas pelo sistema. Ou, em outras palavras (vendo a coisa de um ângulo diferente): já que o problema da Seguridade Social é que ela faz as pessoas se sentirem artificialmente ricas, qualquer reforma autêntica tem que fazê-las se sentirem mais pobres. Mas isso, naturalmente, não é o que Bush está divulgando.

Os economistas que aprovam o plano de Bush talvez pensem que as falhas poderão ser corrigidas depois das eleições. Quando o plano verdadeiro for apresentado, vai se ver que ele faz sentido.

Mas é difícil entender como isso acontecerá. Imaginem um Bush vitorioso explicando que vai ter que eliminar benefícios, ou abandonando seu projeto de corte de impostos a fim de dispor de recursos para financiar a reforma da Seguridade Social.

O que é certo é que o plano de Bush, tal como hoje se apresenta, levaria a Previdência Social à falência.

Não estamos manipulando cifras confusas — é a dura realidade dos fatos.

NENHUMA BOA AÇÃO FICA IMPUNE

5 de novembro de 2000

Tudo começou com uma boa ação. Na década de 1980, o Congresso decidiu agir de maneira responsável e tomou providências para enfrentar uma crise que, embora previsível, só deveria ocorrer 30 anos mais tarde.

Até a década de 1980, a Previdência Social operou quase exclusivamente na base do método *pay as you go*, ou seja, toda a receita de determinado ano é utilizada para pagar os benefícios do mesmo ano. Mas já naquele tempo estava claro que, 30 anos mais tarde, o sistema estaria às voltas com imensas dificuldades. Os vilões são os *baby boomers*: quando eles começarem a se aposentar, o número de contribuintes da Seguridade Social vai se estabilizar, enquanto o número de aposentados que o sistema terá de sustentar vai subir vertiginosamente. No momento, a proporção é de 3,4 trabalhadores para cada aposentado; em 2030, será de apenas dois. Dessa forma, um sistema baseado no método *pay as you go* exigiria um aumento drástico de impostos ou um corte drástico de benefícios, ou ambos.

O que o Congresso fez nos anos 1980 foi majorar as taxas da Previdência — um aumento moderado, apenas 2 pontos percentuais — com a finalidade de evitar conseqüências muito mais graves posteriormente. No período que antecede a grande crise demográfica, o sistema teria acumulado grandes reservas, adiando assim o dia da prestação de contas, talvez até por tempo indeterminado. Pode não ser uma solução permanente, mas cria uma certa margem de alívio. O sistema poderá continuar a funcionar como agora até pelo menos 2037; medidas adicionais moderadas poderiam facilmente garantir sua sobrevivência até 2050.

Mas qualquer providência para um prazo tão longo corre o risco de ser solapada pelos políticos de amanhã, que se sentirão tentados a avançar no pé-de-meia.

É hora de voltarmos ao tema do debate atual. George W. Bush quer eliminar aquele aumento de 2 pontos percentuais da taxa da Seguridade Social que mencionamos. Na verdade, não pretende nos devolver a soma em dinheiro vivo, mas sim colocá-la em contas individuais, que pertenceriam sobretudo aos trabalhadores jovens e, portanto, não serviriam para sustentar os atuais trabalhadores de meia-idade que esta reserva deveria proteger. E?

Sim, certamente haverá um "e". Se o dinheiro que supostamente proporcionaria benefícios aos *baby boomers* vai ser usado para outra finalidade, teremos de fazer alguma outra coisa — cortar benefícios, arranjar dinheiro de outras fontes, enfim, alguma coisa. Certo?

Mas Bush nunca terminou sua frase. Os anúncios de sua campanha continuam a proclamar que ele vai colocar a Seguridade Social em sólidas bases financeiras — embora sua proposta não faça literalmente nada para aumentar as reservas do sistema. Nem mesmo tenta. Este não é sequer um tema a ser debatido, pois não existem na proposta medidas que possam servir para discussão.

Não entendo por que a imprensa falhou em tornar este ponto claro. Talvez os repórteres não ousem dizer que o governador Bush está nu e que uma proposta importante feita pelo homem que provavelmente será o presidente possa não conter qualquer medida que ao menos tente fazer o que ele diz que a proposta vai fazer.

Mesmo agora, a cobertura dos jornais encontra desculpas para o não-plano, alegando que ele não põe em risco os benefícios dos atuais aposentados porque ainda há dinheiro suficiente para manter os benefícios nos níveis atuais por mais 20 anos. Mas isso é um drible. A necessidade de reforma da Seguridade Social é devida à suspeita de que o sistema, a longo prazo, é insustentável — e agora, de repente, espera-se que aceitemos uma "reforma" que, na verdade, encurta a vida do sistema em 14 anos?

Seja como for, o que se pode pensar que vai realmente acontecer? Será que a Administração da Seguridade Social continuaria a pagar benefícios integrais nas próximas duas décadas, até que um dia, de repente, diria: "Desculpe, pessoal, o dinheiro acabou. Vamos reduzir em 40% os benefícios imediatamente?" A realidade é que a pressão para a redução dos benefícios começaria assim que a transferência dos impostos para contas individuais fosse posta em prática; muitos dos atuais aposentados seriam afetados.

Se Bush ganhar as eleições, talvez venha a revelar um plano secreto — que forçosamente envolverá cortes de benefícios —, pois onde mais irá encontrar recursos? (A essa altura, os superávits terão desaparecido por causa da redução de impostos.) Ou talvez ele peça a uma comissão bipartidária que elabore um plano e depois culpe os democratas pela incapacidade total da comissão de encontrar um meio de criar algo do nada.

É uma ironia: a iniciativa responsável do Congresso nos anos 1980 preparou o caminho, ao que parece, para uma jogada política irresponsável. Mas o ditado é conhecido: “Nenhuma boa ação fica impune.”

2016 E OUTRAS COISAS

22 de julho de 2001

Eu sabia que a comissão encarregada por George W. Bush da reforma da Seguridade Social produziria um relatório tendencioso, destinado a pressionar o Congresso para privatizar o sistema. Mas o esboço do documento divulgado na semana passada não faz nenhum sentido.

Na tentativa de semear o pânico, a comissão afirma que a Seguridade Social corre perigo iminente — que o sistema entrará numa fase crítica já em 2016. Isso diverge totalmente da projeção tradicional, segundo a qual as reservas vão durar até 2038. E mesmo essa projeção se fundamenta em premissas bastante pessimistas sobre o crescimento futuro da economia e, portanto, sobre a receita futura do imposto sobre a folha salarial. Se forem utilizadas premissas mais otimistas — digamos, aquelas que foram apresentadas para justificar o corte de impostos de Bush —, o sistema ainda estará financeiramente sólido em 2075.

Então, como é que a comissão chegou a conclusões tão pessimistas? Por meio da prática autenticamente orwelliana de acreditar ao mesmo tempo em duas coisas contraditórias.

É verdade que em 2016, segundo as projeções pessimistas, os pagamentos de benefícios começarão a ultrapassar a receita do imposto sobre a folha salarial. Mas, quando isso vier a ocorrer, o sistema terá acumulado um fundo fiduciário de trilhões de dólares. A exemplo dos fundos de pensão privados, que usam os ganhos de seus ativos para pagar benefícios, o sistema da Seguridade Social pode usar lucros do seu fundo para pagar os benefícios. E esse fundo prorrogará a vida do sistema durante décadas, talvez indefinidamente.

Mas a comissão declara que esses ativos acumulados não são "reais" e não servem para pagar benefícios futuros. Por quê? Porque estão investidos em títulos do governo — uma boa coisa quando se trata de fundos de pensão privados, mas que, segundo a comissão, não têm valor quando acumulados por uma repartição do governo.

Isto faz sentido? Há uma escola de pensamento que acha que a Seguridade Social não deveria ter um orçamento separado, que a sua receita deveria ser considerada apenas parte da receita geral do governo e os seus desembolsos como parte dos gastos gerais da máquina de governo. Mas, nesse caso, é difícil entender por que deveríamos nos preocupar com 2016: que importa que o imposto sobre a folha salarial, que é apenas um entre vários impostos, arrecade menos dinheiro do que o governo gasta com benefícios para os aposentados, que representam apenas uma das muitas despesas do governo? Os benefícios da Seguridade Social podem ser pagos a partir do orçamento geral — uma transferência de receita plenamente justificável se a receita do imposto sobre a folha salarial tem sido usada para saldar a dívida nacional, liberando grandes somas que, de outra forma, teriam sido engolidas pelo pagamento dos juros.

Alternativamente, pode-se dizer que, por motivos políticos, é importante que a Seguridade tenha sua conta separada. Mas, nesse caso, os títulos do governo constantes do fundo fiduciário serão contados como ativos reais, como seria feito se fosse um fundo de pensão privado. (Eis uma sugestão: vamos fazer a "lavagem" do fundo fiduciário, colocando-o em bancos particulares, que então comprarão títulos do governo. Será que isso tornaria o ativo mais "real"?)

O que se vê é que a comissão está querendo ganhar o argumento de qualquer jeito. Quando a Seguridade Social apresenta superávits, não merece crédito porque faz parte da máquina do governo. Mas quando apresenta déficits, tem de arcar com a responsabilidade. Essa lógica deturpada resulta na expropriação de todo o dinheiro extra que os trabalhadores pagaram ao sistema desde 1983, quando o senador Patrick Moynihan, entre outros, agiu em prol de um aumento do imposto sobre a folha salarial — cujo objetivo era formar o fundo fiduciário que a comissão, co-presidida pelo senhor Moynihan, diz agora que não é real.

E até que ponto crescerá o déficit depois que o fundo for expropriado? A comissão diz que crescerá até 37% da receita do imposto sobre a folha salarial, o que parece enorme. Mas isso é apenas 2% do Produto Interno Bruto.

Esta é uma cifra interessante: equivale ao que o governo federal paga em juros de sua dívida — a dívida que os superávits do sistema estão ajudando a saldar.

Ah, eis um outro item do orçamento que corresponde em tamanho ao déficit hipotético da Seguridade Social: o corte de impostos de Bush, que acabará reduzindo a receita em cerca de 1,7% do PIB.

Pode-se argumentar a favor da reforma da Seguridade Social; podem até ser encontrados motivos para privatizar o sistema. Mas não se pode ter um debate significativo sobre a reforma se as partes envolvidas no debate não estiverem dispostas a falar francamente. E os membros da comissão, entre eles o sr. Moynihan, demonstraram que estão desqualificados.

PECANDO POR COMISSÃO

25 de julho de 2001

Você começou a economizar para a sua aposentadoria há 18 anos. Poderia ter comprado ações ou títulos de renda fixa de empresas, mas seu sobrinho o convenceu a deixar o dinheiro na família. Portanto, desde então você vem emprestando dinheiro a ele, para ajudá-lo a superar dificuldades financeiras, e recentemente ele usou o dinheiro que você emprestou para pagar a hipoteca da casa.

Mas agora seu sobrinho diz que você deveria começar a pôr de lado algum dinheiro para a aposentadoria, pois você não tem nenhum patrimônio. "E o dinheiro que você me deve?" "Isso não corresponde a nada de real", ele responde. "É apenas uma promessa de restituição. A única maneira que eu tenho de honrar essa promessa é ganhar mais, ou então gastar menos comigo mesmo — e você não pode esperar que eu faça isso." Nesse meio tempo, você fica sabendo que ele encomendou um iate — e o dinheiro que o iate vai custar seria suficiente para pagar o que ele lhe deve.

A maioria das pessoas julgaria o comportamento do seu sobrinho injustificável. Mas a comissão que George W. Bush arranjou para estudar a reforma da Seguridade Social pensa que o seu sobrinho está certo. A Seguridade Social vem apresentando superávit desde 1983, quando o imposto sobre a folha de salários foi aumentado a fim de formar um fundo fiduciário do qual seriam tirados os recursos para pagar os futuros benefícios. Esses superávits poderiam ter sido investidos em ações da Bolsa ou em títulos de empresas, mas pareceu mais seguro e menos problemático investir em títulos do governo. O sistema dispõe atualmente de um fundo fiduciário em rápido crescimento que já chega a US$ 1,2 trilhão. Mas a comissão afirma que os títulos de governo constantes do fundo não correspondem a ativos "reais".

É o mesmo que dizer que, quando você ajudou seu sobrinho a liquidar a hipoteca da casa, não colaborou para que ele ficasse com maior fluxo de liquidez.

Cada dólar que a Seguridade Social investe em títulos do governo — em comparação com investimentos, por exemplo, em títulos corporativos de renda fixa — é um dólar que o governo não precisa tomar emprestado de outras fontes. Se o fundo não tivesse usado seus superávits para adquirir US$ 1,2 trilhão em títulos do governo, o governo teria sido obrigado a arranjar esses recursos em algum outro lugar. E, em vez de creditar ao fundo US$ 65 bilhões em juros este ano, o governo teria sido obrigado a desembolsar soma equivalente em dinheiro vivo para pagar juros aos portadores particulares de títulos do Tesouro. Portanto, o fundo da Seguridade Social dá uma útil contribuição para o orçamento federal. Será que isso não faz com que seja um ativo de verdade?

Como o fundo tem sido usado para amortizar a dívida nacional, reduz a quantia que o governo tem de desembolsar para pagar os juros dessa dívida, o que facilita o pagamento dos benefícios aos aposentados. Não deixa de ser verdade que, quando o sistema começar a descontar os seus vales, o governo vai ter que majorar os impostos e/ou cortar gastos, já que não poderá simplesmente deixar de cumprir seus compromissos. Mas será que estamos realmente, como afirma a comissão, falando de um fardo esmagador?

Consultemos a matemática. Se tivéssemos hoje a situação demográfica de 2040 (48 aposentados por cem trabalhadores, em vez dos trinta atuais), o pagamento dos benefícios este ano ultrapassaria a receita do imposto sobre a folha salarial em US$ 180 bilhões. Parece muito. Mas acontece que se o corte de impostos de Bush, aprovado há dois meses (o equivalente ao novo iate do sobrinho), estivesse totalmente implementado, reduziria a receita deste ano em US$ 170 bilhões.

Ontem, Alan Greenspan, que assume uma atitude cada vez mais partidária — e que, há 18 anos, chefiou a comissão que aumentou o imposto sobre a folha salarial e, assim, criou os superávits —, disse em depoimento no Senado que o corte de impostos de Bush era "bastante modesto". Bem, se é assim, então as somas de que a Seguridade Social vai precisar para cobrir os seus déficits são também moderadas. Ou uma coisa ou outra.

Mas o que a comissão almeja é ganhar dos dois lados — o que George Orwell chamou de "dois pensamentos simultâneos contraditórios". Espera-se que acreditemos que os superávits setoriais do sistema de Seguridade Social são irrelevantes, já que tudo é um orçamento só grande na máquina do governo, mas os déficits são terríveis porque o programa supostamente tem de se sustentar sozinho. Querem que acreditemos que US$ 170 bilhões por ano constituem uma quantia modesta quando se trata de uma redução de impostos dos ricos, mas constituem um ônus insuportável para o orçamento quando se trata de honrar os compromissos com os aposentados.

E esperam que ouçamos respeitosamente as recomendações de uma comissão que acaba de divulgar um relatório tendencioso, internamente inconsistente e intelectualmente desonesto.

ASSISTÊNCIA MÉDICA RUIM

19 de março de 2002

A matéria de primeira página do *The New York Times* de domingo sobre os médicos que fogem dos pacientes que têm *Medicare* foi alarmante. De fato, parece que os recentes cortes nos pagamentos do *Medicare* estão fazendo com que os médicos deixem de tratar os beneficiários desse seguro médico oficial. Mas isto é apenas o começo de uma luta que, em breve, vai dominar a política americana.

Pode-se ver essa situação como a colisão entre uma força irresistível (o custo crescente da assistência médica) e um objeto irremovível (a determinação do movimento conservador deste país de reduzir a interferência do Estado). Até o momento, o governo Bush e seus aliados ainda não admitem que exista um conflito entre suas promessas aos aposentados e sua ideologia de um governo enxuto. Mas já ultrapassamos a fase em que esse conflito podia ser dissimulado com números fantasiosos. O esforço para operar dentro de limites irrealisticamente baixos para as despesas do *Medicare* já se refletiu em pagamentos absurdamente pequenos para os provedores de assistência médica. E a situação está se agravando.

Por que os custos da assistência médica crescem tanto? Não se trata de ganância dos médicos e dos hospitais; o motivo é o progresso da medicina. É maior hoje o número de doenças que antes estavam fora do alcance da ação dos médicos e que hoje podem ser tratadas, aumentando o tempo de vida dos pacientes e melhorando sua qualidade de vida — mas isso a um custo cada vez mais elevado. Uma tripla ponte de safena é mais útil do que as boas maneiras do médico à beira do leito, porém, custa muito mais.

Durante a década de 1990, a tendência de aumento dos custos da assistência médica parecia estar estabilizando. Mas hoje sabemos que foi o resultado de um episódio isolado de enxugamento de gastos, devido a alterações administrativas. Agora, os custos voltaram a subir.

Se a medicina fosse apenas uma questão privada, seu progresso não traria mais dilemas do que, por exemplo, o avanço na tecnologia do entretenimento eletrônico em casa. Mas o fato é que os Estados Unidos, como qualquer outro país industrializado, tratam a assistência médica básica como um direito, não um privilégio. Nossa combinação *Medicare/Medicaid* proporciona o exercício desse direito de uma maneira um tanto aleatória; seja como for, o objetivo do nosso sistema é não negar a ninguém um tratamento capaz de salvar a vida por falta de recursos financeiros.

Por que não deixamos que os próprios indivíduos cuidem dessa tarefa? Basicamente, mesmo nos Estados Unidos existem limites para o que o público está disposto a tolerar em matéria de desigualdade. Uma coisa é os ricos terem mansões de luxo ou passarem férias mais dispendiosas do que o homem comum — os americanos aceitam isso com bom humor. Mas uma sociedade em que os ricos solucionam facilmente seus problemas médicos enquanto os pobres morrem por causa deles é algo difícil de engolir, mesmo para nós.

Por conseguinte, temos o *Medicare* e o *Medicaid*. E a opinião pública aprova firmemente a ampliação do *Medicare* para incluir remédios com receita médica pela mesma razão. Para a maioria dos americanos, parece errado que medicamentos capazes de fazer uma grande diferença nas perspectivas de cura sejam acessíveis apenas aos ricos que não têm dificuldade em pagar do próprio bolso. Incluir a cobertura desse tipo de medicamento no menu do *Medicare* não significa, na realidade, ampliar o programa, e sim manter fidelidade ao seu propósito original.

Mas satisfazer as expectativas do público a esse respeito — isto é, garantir que cada americano, e em particular cada aposentado, faça jus ao tratamento médico essencial — vai exigir enormes gastos governamentais. E o movimento conservador de modo geral, e o governo Bush em particular, não se dispõem a tornar os recursos disponíveis; afinal, gastos do governo têm de ser pagos por meio de impostos.

No entanto, eles não ousam dizer abertamente que estão dispostos a negar assistência médica aos necessitados. Então, o que podem fazer?

O governo Bush continua tentando enrolar; a proposta orçamentária que divulgou no mês passado deixou perplexos os economistas especializados em questões de assistência médica. A proposta levou em conta uma taxa de crescimento das despesas do *Medicare* muito menor do que qualquer um acha plausível — no todo, mencionou uma soma que é US$ 300 bilhões menor do que o número projetado pelo apartidário Escritório de Orçamento do Congresso para a próxima década. E repetiu a afirmação inacreditável de que poderemos ter um seguro para medicamentos com receita a um preço baixo — cortando pela metade a soma que outros acham necessária.

A verdade é que chegamos ao ponto em que ou arranjamos mais recursos ou teremos que negar assistência médica aos aposentados. A moral da história de domingo no *Times* é que os pagamentos pelo *Medicare* foram espremidos ao máximo, a ponto de os beneficiários não conseguirem mais encontrar médicos dispostos a cuidar deles. Algo tem de ser feito logo.

MEDO DA ARITMÉTICA

21 de junho de 2002

"É difícil fazer alguém entender algo", escreveu Upton Sinclair, "quando, para fazer jus ao salário, ele precisa justamente não entender". No debate sobre a reforma da Seguridade Social, os defensores da privatização — ou seja, substituir o sistema atual, pelo menos em parte, por contas individuais — estão decididos a não entender os rudimentos da aritmética. Do contrário, teriam que admitir que essas contas iriam enfraquecer, e não fortalecer, as finanças do sistema.

A Seguridade Social é um sistema em que o dinheiro arrecadado na forma de impostos sobre a folha salarial de cada geração é usado para pagar os benefícios de aposentadoria da geração anterior. Se transferirmos as contribuições dos trabalhadores jovens para contas individuais, o problema se torna óbvio: quem vai pagar os benefícios dos trabalhadores mais velhos que se aposentaram? É uma simples questão de aritmética: 2 – 1 = 1. Portanto, a privatização cria um buraco financeiro que precisará ser preenchido ou pela redução dos benefícios ou pela transferência de grandes somas de recursos de outras áreas do governo, ou talvez recorrendo às duas alternativas.

Durante a campanha eleitoral de 2000, George W. Bush conseguiu empurrar a afirmação tola de que as contas particulares não só iriam proporcionar rendimentos maiores e de menor risco mas também iriam salvar a Seguridade Social. Seja qual for o motivo, poucos foram os jornalistas que enfatizaram que ele estava afirmando que 2 – 1 = 4. Mas, quando chegou a hora de apresentar planos concretos, não foi mais possível evitar a dura realidade dos números.

Os planos preparados pela comissão encarregada por Bush de reforçar a Seguridade Social, embora apresentados de maneira confusa, envolvem grandes cortes de benefícios e "asteriscos mágicos", isto é, injeções de trilhões de dólares provenientes não se sabe de onde. A questão é bem analisada num relatório do Centro sobre Prioridades do Orçamento, preparado por Peter Diamond, do Massachusetts Institute of Technology, e Peter Orszag, da Brookings Institution (Diamond, um dos mais destacados economistas do mundo, e certamente o maior especialista mundial em sistemas de aposentadoria, foi meu colega quando ensinei no MIT).

O relatório Diamond-Orszag é bastante informativo; eu mesmo me surpreendi com algumas de suas revelações. Por exemplo, as misteriosas injeções de dinheiro que a comissão supõe que vão aparecer seriam suficientes para sustentar o sistema tal como ele é hoje durante décadas, talvez para sempre, sem necessidade de cortes de benefícios. Os planos da comissão incluem também drásticas reduções nos benefícios para deficientes físicos, uma parte importante da Seguridade Social que os adeptos da privatização costumam ignorar.

Porém, o mais interessante a respeito do relatório foi a reação do governo.

Charles Blahous, que foi diretor executivo da comissão e atualmente faz parte da equipe da Casa Branca, respondeu com um memorando que pode ser classificado de "histérico". A abundância de falsas ilações e distorções que Blahous conseguiu enfiar em poucas páginas deve ser um recorde. Entre outras coisas, ele acusa furiosamente Diamond e Orszag de não abordarem certos tópicos que, pelo contrário, são analisados claramente. Referindo-se a uma dessas acusações, Orszag comentou secamente que "na pressa de responder ao nosso relatório, o diretor executivo parece ter deixado de ler o trecho final, que focaliza exatamente essas questões e mostra as comparações que ele estava exigindo (embora os resultados possam não ser do seu agrado). Pedimos que ele dirija sua atenção para o trecho no qual o assunto é tratado."

A tática de Blahous fica evidente quando ele insiste em dizer que as contas particulares não enfraquecem a Seguridade Social porque, na sua opinião, o desvio do dinheiro do fundo fiduciário para as contas não reduz o total das somas disponíveis — se as contas particulares forem consideradas parte do total. Como dizem na literatura técnica da economia: "Ora essa!" É claro que o dinheiro não desaparece — mas não continua disponível para cobrir os benefícios dos idosos, cujas contribuições para a Previdência foram usadas para pagar os benefícios das gerações anteriores.

À medida que os fatos sobre a privatização vão surgindo, a estratégia geral dos privatistas parece ser a de manter o público num estado de confusão pelo maior tempo possível. Na verdade, os republicanos estão agora sendo instruídos a negar que as contas particulares — que expõem seus donos a todos os riscos inerentes a qualquer investimento privado — constituam o que se chama de "privatização". "Não se deixem envolver pela demagogia dos democratas", recomenda um memorando do partido. Portanto, parece um pato e anda como um pato, mas não é um pato — pelo menos até depois da próxima eleição.

Não importa o que digam, é um pato. E os economistas do governo que afirmam que a privatização vai fortalecer a Seguridade Social mostram que são, agora mais do que nunca, patos charlatães.

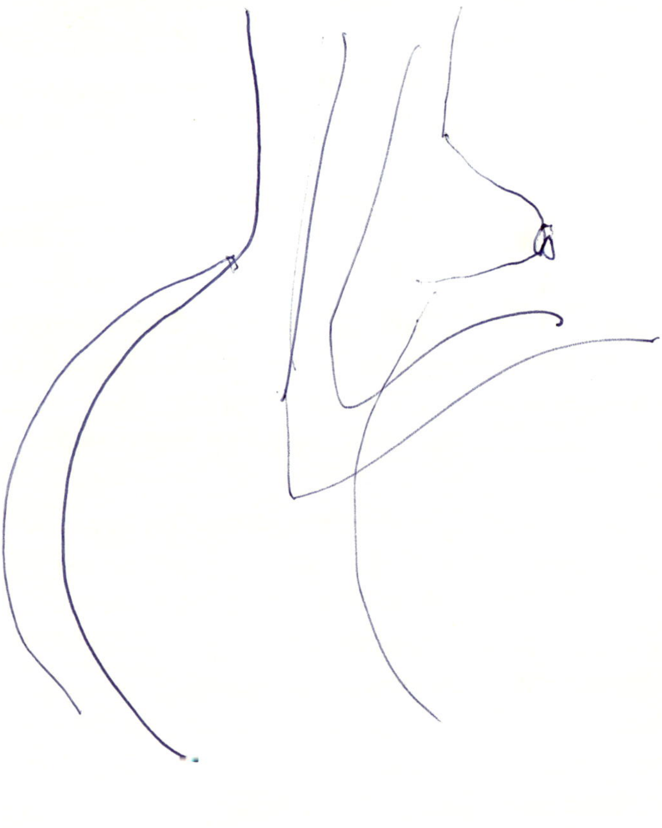

Parte III

VITORIOSOS E BENESSES

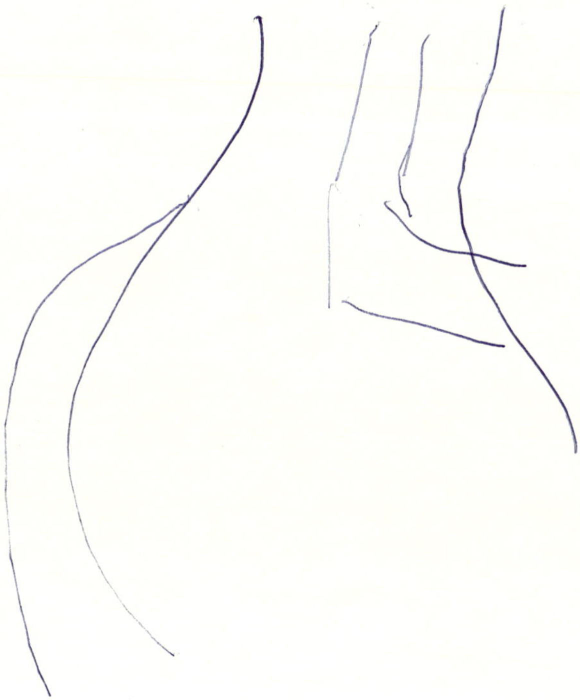

COMO FOI QUE CHEGAMOS a este ponto? Como foi que o sistema político americano, que produziu uma liderança econômica tão razoável nos anos 1990, nos levou ao lamaçal atual de desonestidade e irresponsabilidade? Esta é uma pergunta que jamais pensei que teria de responder: não me considero, basicamente, um colunista político. Na verdade, como expliquei na introdução deste livro, inicialmente esperava que minhas colunas no *New York Times* se concentrassem na economia internacional e negócios, e não em política nacional. Mas à medida que o panorama se deteriorava, achei necessário tentar explicar por que nossos programas políticos são tão ruins.

Acredito que, em parte, isto se deve ao fato de que a política americana ficou bastante polarizada: o centro não se sustentou. Por trás dessa polarização está a crescente disparidade de renda. Disso resulta uma espécie de guerra de classes — impelida não pelo desejo dos pobres de arruinar os ricos, mas pelos esforços de uma elite econômica para ampliar ainda mais seus privilégios. O capítulo 8 vai analisar a polarização da política americana segundo linhas econômicas, fazendo um paralelo com a polarização da distribuição de renda. Também descreve como certas idéias que pareciam fora de propósito não muito tempo atrás — por exemplo, que os privilégios herdados são uma boa coisa ou que os pobres não pagam impostos suficientes — têm começado a se infiltrar no discurso político.

A cruzada contra o estado previdenciário se baseia numa ideologia que condena quase tudo o que um governo faz fora da área da defesa nacional. Os conservadores de hoje querem expulsar o governo até mesmo de suas funções tradicionais, como a proteção do meio ambiente, a regulamentação dos valores mobiliários e o controle do tráfego aéreo. Alguns — incluindo os redatores da página editorial do *Times* — julgaram que os ataques terroristas do 11 de setembro, que não tiveram qualquer semelhança com um conflito militar convencional, poderiam influir no sentido de mudar essa atitude. Mas isso não aconteceu. Como demonstra o capítulo 9, o governo Bush e seus aliados no Congresso permaneceram intransigentes. Por exemplo, apenas alguns dias após o 11 de setembro, ainda tentavam impedir que a segurança das companhias de aviação passasse para o controle do Estado. E, depois de alguns dias de manifestações exuberantes de simpatia por Nova York e de fotografias de promoção na companhia de bombeiros, começaram a quebrar as promessas de ajuda. Em fevereiro de 2003, a lógica da privatização atingiu o máximo do absurdo: não tendo feito praticamente nada para garantir a segurança do território nacional, o governo apelou ao público para que protegesse seus lares usando fitas adesivas e pedaços de plástico.

Compreende-se por que muita gente esperava que o governo Bush fosse reduzir sua agenda doméstica depois do 11 de setembro. Afinal, o governo tinha dito que estávamos em guerra — e a tradição diz que, nos períodos de guerra, não devem ser adotados programas políticos capazes de dividir a nação. Depois de Pearl Harbor, Roosevelt declarou que seu programa do *New Deal* tinha de ser substituído pelo programa de ganhar a guerra. Ele suspendeu a execução de sua agenda política em benefício da unidade nacional.

No entanto, depois do 11 de setembro o governo Bush fez o contrário: tratou o terrorismo como uma oportunidade a ser explorada em favor da política partidária. Poucas das coisas que escrevi provocaram tantas cartas furiosas de protesto quanto as colunas em que acusei o governo de explorar o 11 de setembro para obter ganhos políticos, e de se enrolar na bandeira nacional enquanto batalhava para enfraquecer os regulamentos ambientais, para cortar os impostos das grandes empresas e dos ricos e, sobretudo, para tirar vantagens nas eleições para o Congresso e para governador. Mas, como explica o capítulo 10, a exploração começou algumas horas depois do ataque terrorista — e aos poucos ficou evidente, não só para mim, mas para um número cada vez maior de observadores, o fato de que temos gente bastante inescrupulosa governando o país. Todo governo tem uma certa cota de operadores políticos cínicos — sem eles, nem mesmo o melhor dos candidatos teria chance de chegar ao poder. Mas este governo parece ser formado somente de operadores políticos cínicos, capazes de usar uma tragédia nacional para obter ganhos políticos enquanto ignoram os problemas reais, e imaginam que alguém vai consertar a bagunça que deixam para trás.

Como foi que acabamos sendo governados por gente assim? O capítulo 11 focaliza a sujeira não tão secreta da recente política americana: a crescente manipulação da mídia e do processo político por grupos de direita fartamente financiados. Sim, Virgínia, há uma grande conspiração da direita. E nem é algo muito escondido; qualquer um que tenha um modem e tempo disponível pode se informar na Internet sobre a rede de instituições que sistematicamente importunam liberais de destaque e intimidam fontes de notícias que não sigam a linha desejada (eu mesmo, é claro, tenho sido um alvo). Mas este assunto não é discutido nos principais jornais. Você só pode ler aqui.

CAPÍTULO 8

Direções opostas

A POLARIZAÇÃO DOS EUA

4 de janeiro de 2002

Quando os congressistas voltarem a Washington depois do recesso parlamentar, as disputas recomeçarão — e cada partido acusará o outro de sectarismo. Por que eles não conseguem se entender?

O fato é que estão em jogo questões fundamentais e os partidos estão mais distanciados do que nunca a respeito dessas questões.

O *Slate* publicou recentemente um artigo de Keith Poole e Howard Rosenthal, cientistas políticos que utilizam dados sobre votações no Congresso para criar "perfis" das posições ideológicas dos políticos. Eles descobriram que os votos de um parlamentar podem ser previstos corretamente a partir de seu posicionamento no tocante a duas áreas: uma relativa às questões raciais e a outra, concernente à área econômica (direita *versus* esquerda), focalizando temas como as alíquotas de impostos e a generosidade dos benefícios concedidos aos pobres.

Além disso, os articulistas concluíram — o que não deve causar surpresa — que o centro não se manteve. Ralph Nader pode zombar dos "republicratas", mas democratas e republicanos vêm divergindo acentuadamente desde os anos 1980, e atualmente têm pontos de vista mais antagônicos sobre problemas econômicos do que jamais tiveram desde o início do século XX.

Quem mudou? Tom Daschle não parece ser hoje mais liberal do que era, por exemplo, o falecido Tip O'Neill. Por outro lado, Tom DeLay, que em breve será o líder da maioria na Câmara, situa-se claramente à direita de líderes republicanos anteriores. Em resumo, uma observação superficial é suficiente para indicar que a política americana se polarizou porque os republicanos penderam mais para a direita enquanto os democratas não se deslocaram. E os dados de Poole-Rosenthal, que mostram uma divergência profunda entre os partidos, mostram também que essa divergência reflete um alinhamento dos republicanos com uma política econômica mais conservadora, enquanto os democratas não alteraram suas posições. Como puderam constatar James Jeffords e Lincoln Chafee, ficou muito difícil alguém ser o que costumávamos chamar de "um republicano moderado".

Mas por que os republicanos foram mais para a direita?

Pode ter sido puramente em decorrência de convicções intelectuais. Os republicanos acham que impostos baixos e governo limitado são coisas boas para todos e os democratas não pensam assim. Mas idéias tendem a criar raízes quando o solo é fertilizado por tendências econômicas e sociais. Poole sugere que a causa mais provável da polarização política é a polarização econômica: a crescente desigualdade de renda e riqueza.

Sei por experiência própria que a simples menção à distribuição de renda provoca acusações iradas de fomento de guerra de classes. Mas vejamos o que diz sobre isso o apartidário Escritório do Congresso para o Orçamento: corrigida pela inflação, a renda anual de famílias situadas no meio do patamar da distribuição de renda subiu de US$ 41.400 em 1979 para US$ 45.100 em 1997, um aumento de 9%. Enquanto isso, a renda das famílias que estão no topo (1%) da escala subiu de US$ 420.200 para US$ 1.016.000, um aumento de 140%. Em outras palavras, a renda das famílias mais abastadas (1%) era 10 vezes mais alta do que a renda de uma família típica em 1979 e 23 vezes superior em 1997; este número continua a aumentar.

Seria de admirar se esses movimentos dramáticos na paisagem econômica não se refletissem no campo da política.

A concentração de renda nas mãos de uns poucos poderia provocar nos pobres o desejo de arruinar os ricos. Mas, como eu já disse, uma observação superficial e os dados fornecidos por Poole-Rosenthal nos mostram que os democratas não se deslocaram para a esquerda; os republicanos é que foram mais para a direita. Na verdade, os republicanos se deslocaram tanto para a direita que os eleitores comuns ainda não chegaram a apreender plenamente a nova situação. Segundo enfatizei numa coluna anterior, grupos focais analisados em certos estudos literalmente se recusaram a acreditar nas descrições minuciosas do projeto de lei de estímulo à economia que os líderes republicanos na Câmara conseguiram aprovar em outubro, em conformidade com a linha partidária.

Por que a reação a uma desigualdade cada vez maior foi um impulso para reduzir os impostos dos ricos? Boa pergunta. Não é que os ricos tenham conseguido pelo voto arranjar um bom negócio para eles; eles são muito poucos para fazer isso pelo voto. Para compreendermos as tendências políticas nos Estados Unidos, precisamos considerar temas como financiamento de campanhas eleitorais, *lobby* e o poder do dinheiro para moldar em linhas gerais o debate político.

Seja como for, a moral da história é que a luta política em Washington atualmente não consiste em rixas insignificantes. A direita partiu para a ofensiva; a esquerda — ocupando a posição conhecida no passado como centro — quer conservar seu território. Muitos comentaristas continuam a se iludir com a idéia tranqüilizadora de que todo esse sectarismo não passa de uma aberração passageira. Lamento dizer: é assim que as coisas vão ser de agora em diante, em futuro previsível. É bom vocês irem se acostumando.

OS FILHOS TAMBÉM SOBEM NA VIDA

22 de novembro de 2002

Os Estados Unidos, como sabemos, são a terra da oportunidade. O sucesso na vida depende da capacidade e da ambição de cada um, e não de quem é o pai.

Basta perguntar aos irmãos Bush. Basta conversar com Elizabeth Cheney, para quem foi criado especialmente um cargo no Departamento de Estado, ou com seu marido, principal assessor jurídico do Escritório de Administração e Orçamento.

Entrevistem Eugene Scalia, advogado-chefe do Departamento do Trabalho, e Janet Rehnquist, inspetora geral do Departamento de Saúde e Serviços Humanitários. E não esqueçamos William Kristol, editor de *The Weekly Standard*, e o comentarista conservador John Podhoretz.

O curioso é ver como a menção dessa lista suscita poucos comentários, quanto mais críticas. Talvez seja só mais um exemplo do tratamento camarada da imprensa, mas creio que é um sintoma de um fenômeno mais amplo: a verdade é que o *status* herdado está novamente sendo alvo de um tratamento favorável.

Sempre foi conveniente ter um pai rico ou poderoso. Na semana passada, Alan Krueger, meu colega em Princeton, escreveu um artigo em *The Times* analisando estudos estatísticos que derrubam o mito da mobilidade social americana. "Se os Estados Unidos se destacam em comparação com outros países", ele escreveu, "é justamente por ter uma distribuição de renda estática, através das gerações, com menos oportunidades de progresso". E Kevin Phillips, no seu livro *Wealth and Democracy*, mostra que as fortunas dos capitalistas que enriqueceram no século XIX ou no início do século XX têm sido mais persistentes do que em geral se acredita.

Mas o passado é apenas um prólogo. De acordo com um estudo citado por Krueger, a transmissão do *status* por herança tem-se tornado mais freqüente nas últimas décadas. E é apenas o começo. Tendências econômicas, sociais e políticas subjacentes dão aos filhos de pais ricos de hoje uma grande vantagem sobre aqueles que escolheram, por assim dizer, os pais errados.

Um aspecto importante a ser notado é que existem mais privilégios a serem passados adiante. Trinta anos atrás, um CEO de uma grande empresa era apenas um burocrata — bem remunerado, mas não realmente rico. Não tinha nem uma posição importante nem uma grande fortuna para transmitir aos filhos. Hoje, pelo contrário, os majestosos executivos podem legar imensos patrimônios — e quase sempre podem deixar também empregos lucrativos para os filhos. O aumento espetacular da desigualdade nos Estados Unidos fez com que a separação entre os ricos e a classe média ficasse maior, e por isso mais difícil de superar do que no passado.

Enquanto isso, um instrumento crucial para a mobilidade ascendente — um bom sistema educacional acessível a todos — está se fechando. Cada vez mais, pais ambiciosos concluem que um sistema de ensino público é beco sem saída. Vale notar que Jack Grubman, ex-analista da Smith Barney, aparentemente vendeu sua alma não para adquirir riqueza pessoal, mas para arranjar duas boas vagas na escola infantil apropriada. Lamentavelmente, as almas da maioria dos americanos não valem tanto assim.

Além disso, a transferência de *status* será bastante reforçada depois da eliminação do imposto sobre a herança — um exemplo eloqüente de como a opinião pública tornou-se favorável a medidas que beneficiam os ricos, mesmo quando nossa sociedade é cada vez mais separada por classes.

Nem sempre foi assim. As influentes dinastias do século XX, como os Kennedy, os Rockefeller e — por que não? — os Sulzberger tiveram de enfrentar a desconfiança da opinião pública sobre posições herdadas. Eles superaram essa desconfiança demonstrando um forte espírito de *noblesse oblige*, justificando sua existência ao se colocarem sempre a favor de princípios elevados. Na verdade, a lenda em torno dos Kennedy tem uma aura de Bonnie Prince Charlie, sendo os herdeiros legítimos também considerados defensores dos desfavorecidos contra os poderosos.

Mas os herdeiros de hoje não sentem necessidade de demonstrar preocupação com os menos favorecidos. Pelo contrário, eles quase sempre são ardentes defensores dos poderosos contra os desfavorecidos.

A principal justificativa da fama do senhor Scalia é sua cruzada contra a regulamentação que visa a proteger os trabalhadores dos riscos ergonômicos, enquanto a senhora Rehnquist provocou controvérsia devido ao seu esforço para amenizar as punições aplicadas a empresas de assistência médica acusadas de fraude.

A ideologia oficial da elite americana é a meritocracia, do mesmo modo que nossa liderança política finge ser populista. Mas isso não vai durar para sempre. Em breve, nossa sociedade vai redescobrir a importância de ter o antepassado certo e a vulgaridade da atitude das pessoas talentosas que querem subir na vida.

Durante anos, nossos líderes vêm insistindo em que tudo gira em torno dos valores da família. E é isso mesmo, mas levará algum tempo até que a maioria perceba que os líderes estavam falando mesmo sobre a vantagem de alguém nascer na família apropriada para ter sucesso na vida.

VOCÊS SÃO PATOS FELIZARDOS

3 de dezembro de 2002

Críticos intransigentes do movimento conservador têm dito que ele propõe um programa econômico que consiste praticamente em cortes de impostos e mais cortes de impostos. Eu mesmo já devo ter afirmado isso.

Se o fiz, peço desculpas. Encorajados pelos resultados das últimas eleições para o Congresso e para governador, os principais ideólogos conservadores agora apóiam aumentos de impostos — mas só para as pessoas de baixa renda.

Essa idéia veio a público, como costuma acontecer, na página editorial de *The Wall Street Journal*. Os editores da página parecem estar contrariados com o fato de que pessoas de baixa renda pagam pouco ou nenhum imposto. Mas não porque isso diminui a receita fiscal. Nada disso. O motivo é que, por não terem de se preocupar com impostos, esses "patos felizardos" — o termo não é meu, é do *Journal* — não estão sentindo o ódio que deveriam sentir do governo.

O *Journal* considera um desses hipotéticos sortudos que ganha apenas US$ 12 mil por ano — tem gente que até nada num mar de rosas! — e que paga somente 4% de imposto. Esta afirmativa é totalmente tendenciosa, pois baseia o cálculo somente no imposto de renda. Se forem incluídos o imposto sobre a folha salarial e o imposto sobre vendas, um trabalhador que recebe US$ 12 mil anuais paga bem mais de 20% em impostos. Mas quem está fazendo a conta?

O curioso, porém, é o que o *Journal* considera errado nesta situação: o nível dos impostos não é "suficientemente alto para fazer o contribuinte ficar com raiva".

Se você está se perguntando qual o significado disso, devo explicar que se trata de uma briguinha interna da direita. O *Journal* tem muito medo de que os futuros cortes de impostos possam incluir concessões, ainda que mínimas, às famílias do homem comum. Ele quer ter certeza de que todos os benefícios se destinam aos ricos e às grandes empresas. Mas a teoria política revelada pelo editorial do *Journal* — isto é, a política econômica deve tratar mal as pessoas de baixa renda para que eles fiquem indignados com o governo — explica boa parte do que tem acontecido ultimamente.

Por exemplo, os deputados republicanos se recusaram a prorrogar o seguro-desemprego. Isto significa que ainda este mês mais de oitocentos mil trabalhadores receberão como presente de Natal um comunicado do governo informando-lhes que seus benefícios foram cortados. Esta seria uma decisão dura em qualquer circunstância. Mas, no momento em que o governo afirma que serão necessários novos cortes de impostos para estimular a demanda, reduzir a renda das famílias mais inclinadas a diminuir seus gastos parece ser uma iniciativa contraproducente. Mas quando você entende que a medida é boa por prejudicar as pessoas e assim incitar seu ódio ao governo, tudo faz sentido.

Um exemplo ainda melhor é o fracasso do Congresso em arranjar recursos para o programa do seguro-saúde das crianças. Os detalhes dessa manobra legislativa são complexos, mas o que interessa assinalar aqui é a falta de interesse dos conservadores em continuar financiando esse programa bem-sucedido. As somas envolvidas não são grandes pelos padrões de Washington. Mas o resultado do corte será dramático: segundo o Escritório de Administração e Orçamento, novecentas mil crianças vão perder o seguro-saúde nos próximos três anos.

Estamos vivendo atualmente no que George W. Bush chamou de "era da responsabilidade pessoal". Se uma criança escolhe pais que não estão em condições de lhe proporcionar assistência médica, ela terá de aceitar as conseqüências. Mas não esqueçamos que estão em jogo cálculos políticos. Quer dizer, o governo não deve fazer nada de bom, porque do contrário o povo não vai perceber que a instituição do governo é uma coisa ruim. Entenderam?

O que aprendemos com esse catálogo de crueldades? Aprendemos que o "conservadorismo generoso" e o lema "nenhuma criança deve ser deixada para trás" são coisas vazias — mas se isto é surpresa para alguém como John J. Dilulio, que se baseia na fé, para alguns de nós já era evidente há tempos.

O mais importante é que ficamos sabendo como o movimento conservador atual é implacável e extremista.

Algumas pessoas — entre elas, republicanos que não querem admitir o que aconteceu com o seu partido e democratas que julgam que podem satisfazer a direita prometendo lutar por um papel menor para o governo — ainda não vêem a situação com clareza. Imaginam que em algum momento a direita vai concluir que já conseguiu o que queria inicialmente.

Mas as ambições da direita não têm limites, e nada que os moderados possam lhe oferecer será suficiente. Mais cedo ou mais tarde, o público que se beneficia da maioria dos programas que a direita quer eliminar vai entender o que se passa. Mas a rapidez com que os eleitores vão entender dependerá da atitude dos moderados: será que vão articular claramente os problemas ou vão-se esquivar e tentar passar por conservadores?

CAPÍTULO 9

O interesse privado

PAGANDO O PREÇO

16 de setembro de 2001

No momento, a maioria dos americanos está interessada em punir os culpados. Mas a tragédia da terça-feira foi, em parte, causada por nós mesmos. Como foi que nos tornamos tão vulneráveis?

Pois esta não é apenas uma história de infâmia, mas também de contenção de despesas que contribuiu para o desastre — e de um sistema que estimulou e até forçou essa contenção. É um problema que vai além do terrorismo. Algo está errado em nossa filosofia política: somos uma nação que se recusa a pagar o preço da segurança pública.

Em retrospecto, nossa negligência em matéria de segurança dos aeroportos causa perplexidade. Sabíamos há muitos anos que os Estados Unidos eram um alvo dos terroristas. E todos os especialistas advertiam que os mais prováveis planos de ataque dos terroristas envolveriam as empresas aéreas.

No entanto, a maioria dos aeroportos americanos depende de funcionários de segurança que recebem seis dólares por hora, menos do que ganhariam trabalhando em lanchonetes. Esses guardiães das nossas vidas recebem apenas algumas horas de treinamento, e mais de 90% dos encarregados de fiscalizar a bagagem dos passageiros estão na função há menos de seis meses.

Não precisava ser assim. No ano passado, um relatório do Escritório de Contas da União denunciou a situação da segurança dos aeroportos americanos, comparando-a desfavoravelmente com os sistemas de outras nações desenvolvidas. Na Europa, os encarregados de fiscalizar a bagagem recebem US$ 15 por hora, além dos benefícios, e são meticulosamente treinados. Por que os Estados Unidos não tiveram o mesmo cuidado?

A resposta é que na Europa a segurança dos aeroportos é vista como uma questão de cumprimento das leis e é paga pelos aeroportos ou pelo governo. Mas nos Estados Unidos a segurança dos aeroportos é financiada pelas companhias aéreas e não surpreende o fato de que elas gastem com isso o mínimo possível. Não se deve pôr a culpa nelas — a culpa é nossa, por dependermos de empresas privadas para realizar uma tarefa que compete ao setor público.

Ao longo dos anos surgiram muitas propostas para entregar a tarefa nas mãos certas. Por exemplo, em 1997, Robert Crandall, presidente da American Airlines, sugeriu que uma corporação nacional sem fins lucrativos fosse incumbida da segurança nos aeroportos. Mas a sugestão não deu em nada. Ela e outras do mesmo tipo divergiam da mentalidade da época, que era de reduzir, e não ampliar, o papel do governo.

E a mentalidade da época se opunha a tudo que significasse aumento de gastos do governo, a menos que fosse para fins militares. Se examinarmos a triste história das precauções que não foram tomadas, verificaremos que as dificuldades giravam em torno de somas que parecem hoje triviais. Em 1996, um comitê de assessoria do governo sobre segurança aérea recomendou o dispêndio de US$ 1 bilhão por ano — cerca de US$ 2 por passageiro — em melhorias. O comitê rejeitou a idéia de uma taxa especial de aeroporto para financiar as medidas necessárias, alegando que, como se tratava de uma questão de segurança nacional, o dinheiro deveria ser tirado da receita fiscal geral. Mas funcionários do Escritório de Administração e Orçamento alertaram que o comitê alimentava "expectativas irreais em relação às perspectivas dos recursos disponíveis" — ou seja, não se deve esperar que os políticos forneçam o dinheiro. E eles não forneceram.

Esta é uma questão que vai além do terrorismo. No ano passado, Laurie Garrett, depois de publicar *The Coming Plague*, nos deu o aterrorizante

Betrayal of Trust: The Collapse of Global Public Health. A história que ela conta lembra a da segurança dos aeroportos: uma peça crucial, mas não necessariamente glamourosa, de nossa infra-estrutura pública foi negligenciada a ponto de entrar em colapso — em parte porque confiamos no setor privado para desempenhar funções que competem ao setor público, e em parte porque as agências do governo foram privadas de recursos pelos políticos que se posicionam contra o que chamam de "supergoverno". Não se surpreendam se for revelado que nos tornamos tão vulneráveis a um ataque bacteriológico quanto estávamos vulneráveis a um ataque terrorista, e exatamente pelos mesmos motivos.

Espero que consigamos levar à Justiça os criminosos responsáveis pelo atentado da semana passada. Mas também espero que, tão logo a indignação esmoreça, os americanos se disponham a aprender uma das principais lições do horror desse episódio: existem coisas em que o governo tem de gastar dinheiro e nem todas elas envolvem soldados. Se nos recusarmos a aprender esta lição, se continuarmos a contar os tostões quando se tratar de financiar serviços públicos essenciais, poderemos acabar descobrindo — como aconteceu na semana passada — que a contenção exagerada de gastos públicos nos levou à beira da morte.

O INTERESSE PÚBLICO

10 de outubro de 2001

Identifiquei uma repartição pública que, pelos critérios habituais, é uma boa candidata a ser enxugada — talvez até extinta.

Alguns prefeririam transferir a maior parte das tarefas dessa repartição para o setor privado. E não há dúvida de que seus gastos poderiam ser reduzidos se o seu trabalho fosse entregue a firmas contratadas, que não estariam sujeitas a regulamentos rígidos para empregar ou demitir pessoas. Na verdade, muitos dos funcionários dessa repartição recebem salários superiores aos que receberiam com qualificações equivalentes no setor privado.

De que repartição estou falando? Do Corpo de Bombeiros de Nova York.

Para que Nova York precisa de um Corpo de Bombeiros? É ou deveria ser óbvio por que não se pode deixar a proteção dos edifícios a cargo dos seus donos: um incêndio que tem início no meu prédio pode se espalhar para o seu.

Pode ser menos óbvio o motivo pelo qual Nova York não deveria contratar empresas particulares para debelar incêndios. A resposta básica é que a prefeitura não pode assinar um contrato que cubra todas as eventualidades, de modo que uma empresa privada sempre teria um incentivo para poupar dinheiro em detrimento da segurança pública. E isso não é aceitável quando o que está em jogo é tão importante e, principalmente, quando precisamos da dedicação de servidores públicos preparados para fazer o que for necessário para nos proteger — gente como os heróicos bombeiros de Nova York — e não de empregados que sentem que são mal remunerados por uma firma interessada em fazer o mínimo.

Em resumo, existem coisas que os governos têm de fazer. O que nos traz ao assunto do momento: a segurança dos aeroportos.

Todos os estudos a respeito recomendam a federalização da segurança dos aeroportos, pelas mesmas razões que fazem os governos municipais serem responsáveis pelo combate aos incêndios. Talvez não devamos esperar que as pessoas encarregadas da segurança dos aeroportos arrisquem suas vidas, mas nós colocamos nossas vidas em suas mãos. Existe uma outra razão: a necessidade de compartilhar informações sigilosas sobre terroristas potenciais. Será que os acontecimentos recentes convenceram os descrentes?

Nada disso. O deputado Bob Barr, republicano da Geórgia, assim se manifestou: "Como conservador que sou, examino um problema e me pergunto: é um caso para o governo federal tomar conta?"

Reflitam sobre isso por um minuto. Terroristas embarcam em aviões em Boston e usam esses aviões para matar milhares de inocentes em Nova York — e o deputado Barr mesmo assim, não percebe por que a segurança dos aeroportos é um dever do governo? O que seria preciso para convencê-lo? Pode-se suspeitar que, se o Exército americano não existisse, ele seria contra a sua criação — talvez alegasse que milícias estaduais, ajudadas por algumas firmas contratadas (ou seja, companhias de mercenários), seriam capazes de desempenhar as mesmas funções.

E o senhor Barr não é uma exceção. Os líderes republicanos no Congresso se manifestaram firmemente contra qualquer proposta de federalizar a segurança dos aeroportos, argumentando que isto criaria mais uma burocracia — eles chegaram a denunciar a federalização como "socialismo". E, segundo consta, disseram ao governo Bush que prefeririam não ter projetos de lei sobre segurança nos aeroportos a ter um projeto que criasse novas funções federais.

A história que estamos focalizando transcende o plano da segurança dos aeroportos. O que ficou claro, caso você ainda tivesse dúvidas, é que a direita americana é simplesmente fanática — não há literalmente nada capaz de convencer essa gente a aceitar a necessidade de mais gastos governamentais. E não estamos falando de indivíduos marginais e isolados, estamos falando dos homens que controlam o Partido Republicano no Congresso — e que estão de novo no controle da Casa Branca.

O governo Bush, depois de ter flertado com a idéia da moderação nas semanas seguintes ao ataque terrorista, parece ter retornado nos últimos dias à convicção de que a direita radical — que é implacável e vingativa — deve ser atendida sempre, mesmo em períodos de crise nacional.

Admito que é difícil para mim entender todos os aspectos do que se passa. Compreendo que alguém possa se opor à redistribuição de renda, embora eu não concorde. Mas como é que alguém pode se opor em princípio a um programa cujo único propósito é proteger o público e restaurar a confiança?

Qualquer que seja a explicação, o debate sobre a segurança dos aeroportos não deixa dúvida sobre uma coisa: a fanática resistência da direita à instituição do governo constitui o fato central da política americana, mesmo numa época de terror.

A SOLUÇÃO BARATA

21 de novembro de 2001

Quando Gerald Ford recusou o apelo de Nova York por ajuda financeira, a primeira página de *The Daily News* estampou a seguinte manchete: "Ford diz à cidade: quero mais é que você morra!" Era assim naqueles tempos.

Hoje, somente leitores atentos que lêem os jornais de cabo a rabo ficam sabendo que George W. Bush deu para trás na promessa de ajudar a cidade combalida. E somente quem acompanha muito de perto as questões políticas sabe que isso faz parte de um cenário mais amplo — que as medidas econômicas que agora estão sendo discutidas em Washington empobrecerão governos estaduais e municipais de todo o país.

Gerald Ford não merecia aquela manchete. Ele nunca havia feito qualquer promessa a uma cidade cujas dificuldades financeiras eram em grande parte conseqüência dos erros que ela própria cometera. Por que o presidente se sentiria na obrigação de ajudá-la?

Dessa vez, a história é bem diferente. Bush, vocês devem se lembrar, passou uns dois dias bastante tumultuados depois do ataque terrorista. Alguns questionavam os seus movimentos em 11 de setembro; os nova-iorquinos ficaram indignados porque ele não visitou logo a cidade. A Casa Branca respondeu à primeira crítica com uma história sobre a existência de provas a respeito de uma ameaça ao avião presidencial, o Air Force One. E Bush rapidamente contornou as críticas prometendo a uma delegação da bancada de Nova York no Congresso que daria ampla ajuda — chegou a dizer ao senador Charles Schumer que a cidade receberia um "cheque em branco".

Bush pode não ter sido específico a respeito dos detalhes, mas todos os envolvidos acharam que sabiam o que ele prometera. Todas as notícias dos jornais que consegui encontrar naqueles primeiros dias após o atentado relatavam que Bush iria destinar metade dos quarenta bilhões de dólares do pacote antiterrorismo à cidade de Nova York. E, de modo geral, acreditava-se que esta seria apenas a primeira parcela.

Mas, na semana passada, a Comissão de Empenhos de Verbas da Câmara finalmente forneceu os detalhes. E ficamos sabendo que o pacote antiterrorismo, que seguia as diretrizes do governo, destinava apenas US $9 bilhões para Nova York, menos de metade dos US$ 20 bilhões prometidos. Em negociações de última hora com os republicanos, a quantia foi elevada para US$ 11 bilhões, mas isso representa apenas 55 centavos para cada dólar.

Funcionários do governo garantem que todos os vinte bilhões serão dados na ocasião oportuna. Mas, já que eles não cumpriram a promessa de Bush de incluir no pacote aquela soma, por que deveríamos acreditar neles agora? À medida que o impacto do ataque vai diminuindo e o governo, como nos dias anteriores ao 11 de setembro, volta a se comportar em consonância com a direita, é cada vez menos provável que Nova York vá ver o resto do dinheiro.

Pode não chegar nunca o dia em que o governo Bush diga à cidade para "cair morta". Em vez disso, haverá promessas vagas e depois um bocado de contabilidade fantasiosa — por exemplo, o custo de ter mobilizado a Guarda Nacional poderá ser contabilizado como parte dos vinte bilhões. Mas cada vez fica mais claro que a ajuda que os nova-iorquinos pensavam que lhes tinha sido prometida, a ajuda que supostamente se destinaria à reconstrução da cidade, não passou de uma miragem.

Como eu disse, tudo isso faz parte de um cenário mais amplo. A combinação de uma recessão econômica com efeitos do 11 de setembro deixou os governos estaduais e municipais de todo o país num grande aperto financeiro. Já que todos os governos estaduais são obrigados por lei a equilibrar seus orçamentos, isso acarretará cortes drásticos nos gastos.

Poderíamos esperar que os pacotes de medidas de estímulo que estão sendo estudados em Washington serviriam para ajudar os governos estaduais nesses tempos difíceis. Pelo contrário, agravarão ainda mais a situação. As propostas destinadas a reduzir os impostos federais sobre os lucros das grandes empresas reduzem também os lucros sujeitos a impostos estaduais. No ano que vem, o mais provável é que presenciemos um espetáculo deplorável: grandes reduções nos impostos das corporações e das pessoas que ganham mais de US$ 300 mil por ano, no momento em que os estados, em desespero, cortam os gastos — e as áreas mais sacrificadas serão a educação e a assistência médica para os pobres.

Voltando à questão de Nova York, o que me deixa perplexo é a pouca atenção dada à quebra de promessa de Bush. Nas semanas após o 11 de setembro, todo mundo tinha certeza de que haveria um grande esforço nacional para ajudar na reconstrução de Nova York. Agora ficou claro que isto não vai acontecer; o governo poderá alegar que está dando o que prometeu, mas Nova York terá de mendigar cada dólar dos US$ 20 bilhões de dólares.

Por que ninguém se escandaliza? Será que os nova-iorquinos — logo quem! — se esqueceram de se queixar?

MANOBRAS POR VERBAS

8 de fevereiro de 2002

Primeiro veio a promessa. Depois sumiu. Depois veio de novo a promessa — até que as atenções se desviaram para outra coisa.

Logo após o atentado de 11 de setembro, antes da subida vertiginosa de George W. Bush nas pesquisas de opinião — e pouco antes de sua visita pós-terror a Nova York — ele fez uma promessa pessoal: a cidade iria receber pelo menos US$ 20 bilhões em ajuda para as obras de reconstrução. Na época, todos pensaram que se tratava de uma primeira parcela, não de um teto.

Então aconteceu uma coisa curiosa: somente US$ 11 bilhões em ajuda à cidade foram incluídos no projeto orçamentário do governo federal. Escrevi sobre isso em novembro, numa coluna intitulada "A solução barata" — e fui atacado por aqueles que acham que Bush cumprirá sua promessa.

Agora temos a proposta orçamentária de US$ 2,1 trilhões do governo Bush. Pode parecer estranho, mas nela não consta qualquer ajuda adicional para Nova York. Aparentemente, o desembolso ficará em 55% do compromisso inicial.

Os legisladores de Nova York reagiram rapidamente e exigiram que Mitch Daniels, o diretor da Casa Branca para orçamento, explicasse a omissão. Daniels primeiro respondeu que pretendia contabilizar cinco bilhões de dólares gastos em socorro às vítimas do 11 de setembro como parte do pacote de ajuda — uma violação flagrante do que tinha sido prometido. Depois, fustigou os representantes de Nova York dizendo: "Acho estranho que isso (o atentado terrorista) seja tratado como uma oportunidade para uma manobra destinada a arranjar mais verbas."

A Casa Branca apressou-se a neutralizar o efeito desse comentário infeliz. Daniels foi obrigado a se retratar e Bush reiterou sua promessa de dar os US$ 20 bilhões — a tempo de posar para uma foto de promoção com policiais e bombeiros de Nova York. Mas o dinheiro ainda não foi incluído no orçamento. E isso — junto com o fato de que as observações iniciais de Mitch revelavam o que ele realmente pensa — dá bem uma idéia das prioridades do governo.

Para colocar dentro do contexto o calote de que Nova York foi vítima, é preciso lembrar que quando se trata de cortes de impostos ou gastos com defesa nacional, o orçamento do governo Bush é um exemplo de indulgência excessiva. Ouve-se uma retórica empolgante advertindo que o país está em guerra e lembrando que todos devem fazer sacrifícios — mas essa austeridade não abrange o segmento minoritário mais rico da população, que não só vai ser beneficiado pelos cortes de impostos já inseridos na lei, como também pelos cortes adicionais de seiscentos bilhões de dólares que agora estão sendo propostos (na verdade, a soma chega a um trilhão de dólares, se eliminarmos os truques de contabilidade, mas quem está prestando atenção e fazendo contas?).

E enquanto se fala de escolhas difíceis, o governo parece pouco inclinado a fazer qualquer escolha quando se trata de gastos com a defesa nacional. Se uma filial do grupo Carlyle tiver uma peça de artilharia de setenta toneladas apropriada para os dias da Guerra Fria, ou talvez nem para isso, vamos comprá-la. Duas firmas concorrentes estão oferecendo aviões de combate sofisticados concebidos para lutar contra a próxima geração de MIGs que não existe? Ficaremos com ambos os modelos, pronto.

Mas, fora desse campo, só se fala em cortes e transferências de recursos que vão obrigar a novos cortes. Sabe-se que foi tirado dinheiro do superávit da Seguridade Social para cobrir déficits em outros setores da máquina do governo — déficits que seriam muito menores se o governo desistisse de algumas das reduções de impostos que propõe e que poderiam até desaparecer se houvesse um pouco mais de moderação na aquisição de armas. Mas vocês sabiam que o governo cortou do projeto orçamentário uma parcela de US$ 300 bilhões do *Medicare* que, segundo o Escritório do Congresso para Orçamento, seria necessária para manter os benefícios atuais — sem contar adicionais como o seguro-saúde para medicamentos com receita? Não está claro se o governo pretende realmente negar assistência médica aos aposentados ou está simplesmente tentando dissimular a dimensão do desastre fiscal que surge no horizonte.

A quebra da promessa feita a Nova York perde importância quando se compara a tudo o mais. E isto surpreende. Já que o orçamento está mergulhado no déficit, por que não acrescentar mais nove bilhões ao déficit por um ano e evitar assim oferecer aos críticos do governo um alvo tão fácil?

Uma resposta plausível é que, com terror ou sem, os líderes republicanos continuam tendo uma grande antipatia pela *Big Apple* — e este governo jamais ofende os seus adeptos da direita.

Acho que um fator capaz de explicar isso tudo é a arrogância. Estimulados pelos resultados das pesquisas de opinião, os membros deste governo acham que suas promessas anteriores não têm importância. Afinal, será que as pessoas não sabem que estamos em guerra?

A LONGA ESTRADA

10 de setembro de 2002

Os americanos devem estar orgulhosos da maneira como reagiram ao 11 de setembro. Não se dispuseram a fazer sacrifícios porque isso não lhes foi pedido. Mas reagiram ao horror com calma e tolerância. Não houve pânico; embora tenham ocorrido alguns crimes de ódio, não havia multidões em fúria atacando pessoas de aparência diferente. O povo americano permaneceu fiel aos valores essenciais que o caracterizam.

No entanto, transcorrido um ano, um clima de ansiedade envolve a nação. Escândalos corporativos, ações em baixa e desemprego crescente são responsáveis por boa parte dessa ansiedade. Mas trata-se também do fato de que ainda não entendemos bem o que se passou. Nossos líderes e muitos jornais nos dizem que estamos em guerra. Mas esta foi uma metáfora inadequada desde o início e cada vez parece mais fora de propósito.

Tanto em termos humanos como econômicos, os efeitos do 11 de setembro não se assemelharam aos de um ataque militar; lembram mais os efeitos de um desastre natural. De fato, nota-se um paralelo curioso entre o 11 de setembro e as seqüelas do terremoto que atingiu o Japão em 1995. Assim como o ataque terrorista, o terremoto em Kobe matou milhares de pessoas inocentes sem aviso. Como o ataque terrorista, o terremoto provocou pesadelos e um profundo sentimento de insegurança. E como o ataque terrorista, o terremoto atingiu uma nação já abalada pelos efeitos de uma bolha financeira.

No entanto, o terremoto de Kobe repercutiu muito pouco na economia japonesa — o que sugere que os efeitos do 11 de setembro na nossa economia também serão passageiros. É, de fato, o que estamos vendo. Kobe teve efeitos mais prolongados na psique dos japoneses, assim como o 11 de setembro repercutiu na nossa. Mas o Japão seguiu em frente e é o que também vamos fazer.

É claro que existe uma diferença entre um ato divino e uma atrocidade deliberada. Ficamos indignados e também chocados, decididos a perseguir os criminosos e puni-los. Era natural pensar no 11 de setembro como o equivalente moral do ataque contra Pearl Harbor, e na luta que começou naquele dia como o equivalente à Segunda Guerra Mundial.

Mas se isto é guerra, pouco se parece com as guerras que os Estados Unidos venceram no passado. Onde está o apelo ao sacrifício, ao grande esforço nacional? Como ficaremos sabendo se vencemos? Não é preciso ser um perito militar para perceber que a luta pela frente não terá Dia D, e nunca haverá um Dia V. Nunca chegará o dia em que poderemos anunciar que o terrorismo desapareceu para sempre. Esta luta será mais parecida com o combate ao crime — no qual o sucesso é sempre relativo e a vitória nunca é definitiva — do que com uma guerra convencional.

E é importante que empreguemos a metáfora adequada para descrever essa luta. Algumas coisas que são justificáveis em tempo de guerra não o são na luta permanente contra o crime, mesmo que os criminosos sejam assassinos fanáticos.

Isto vale inclusive quando se lida com assuntos prosaicos como o orçamento federal. Numa guerra, admite-se a existência de déficits porque faz sentido o governo tomar empréstimos para cobrir os gastos de uma emergência grave mas temporária. Mas a emergência que enfrentamos atualmente não é nem grave nem temporária. Haverá motivos para se esperar que os gastos com a segurança do território nacional e a defesa nacional voltem para os níveis anteriores ao 11 de setembro, sobretudo de forma a garantir o equilíbrio orçamentário em futuro previsível? A resposta é não. Teremos, portanto, de achar um meio de pagar as contas do governo em bases permanentes.

Bem mais importante, claro, é a questão da lei e das liberdades civis. Grandes líderes democratas desobedeceram às regras em tempo de guerra: se Abraham Lincoln não tivesse suspendido o direito de *habeas corpus* em 1861, não haveria Estados Unidos hoje. Mas a situação naquele período era extrema e o lapso, temporário. A vitória na Guerra Civil trouxe de volta os procedimentos legais normais. Alguém pode imaginar um fato capaz de convencer nossos líderes atuais de que não precisam mais de poderes extraordinários?

O caso é que a situação ameaçadora em que nos encontramos não é temporária. A estrada a percorrer é longa, de modo que as medidas que forem adotadas para combater o terrorismo devem ser providências com as quais possamos conviver indefinidamente.

O verdadeiro desafio agora não é eliminar o terrorismo, pois isso seria uma meta inatingível. O desafio é achar um meio de lidar com a ameaça do terrorismo sem sacrificar a liberdade e a prosperidade que fazem dos Estados Unidos um grande país.

CAPÍTULO 10

Explorando o terror do 11 de setembro

O HOMEM CAOLHO

31 de outubro de 2001

Li em algum lugar que, para se entender um projeto legislativo, é preciso procurar o dispositivo que dá atuação especial a um homem barbado, caolho e manco — quer dizer, é preciso achar a cláusula que torna um projeto de lei ostensivamente voltado para o bem público em algo destinado a defender interesses privados.

A maioria dos comentários sobre o projeto de estímulo à economia aprovado pela Câmara na semana passada focaliza os imensos benefícios concedidos às grandes empresas. Mas isso não revela muito sobre os interesses específicos em causa. O que é bom para a América corporativa é bom para a General Motors; seria difícil conceber um projeto de lei destinado a conceder benefícios corporativos que não distribuísse dinheiro às maiores empresas. Para entender realmente o projeto, é preciso observar as facilidades dadas a companhias que não são tão grandes.

Uma parte do projeto foi preparado por encomenda para beneficiar um pequeno grupo de firmas financeiras multinacionais. Outra parte serve a certos provedores de Seguro-saúde. Porém, o mais notável é a parcela do benefício acarretado pela eliminação do imposto alternativo mínimo que vai para companhias que não são tão grandes assim. A medida faz parte do suposto projeto de estímulo e parece ser uma das principais prioridades do governo Bush.

Por exemplo, não surpreende que, segundo cálculos do grupo "Cidadãos pela justiça tributária", a General Motors, com seus 380 mil empregados, receba um cheque de US$ 800 milhões. Mas é curioso que a TXU (ex-Dallas Power and Light), uma companhia com apenas 16 mil empregados, receba um cheque de US$ 600 milhões. E várias companhias de tamanho médio, como a TXU, estão na fila para receber benefícios surpreendentemente grandes. Entre elas, podemos citar a Chevron Texaco, Enron, Phillips Petroleum, IMC Global e CMS Energy. O que elas têm em comum?

Bem, em primeiro lugar elas atuam no setor de energia ou de mineração e estão sediadas no Texas ou nas proximidades. Em outras palavras, o homem barbado, caolho e manco é muito parecido com Dick Cheney.

Há muita superposição entre as companhias que seriam beneficiadas pela eliminação do imposto alternativo mínimo e aquelas que fariam jus a enormes subsídios nos termos do plano de energia concebido pela força-tarefa chefiada por Cheney. Vocês devem estar lembrados de que o governo, num evidente desrespeito à lei, recusou-se a entregar ao Congresso as minutas das reuniões dessa força-tarefa. Esta é uma das questões que foram relegadas ao esquecimento depois do 11 de setembro.

Creio ser supérfluo chamar a atenção para o fato de que os grandes vencedores nisso tudo parecem ser as empresas que fizeram grandes doações ao Partido Republicano nas últimas eleições (não pretendo sugerir com isso que os democratas sejam menos suscetíveis à influência do dinheiro).

Para mim, a história do governo Bush está começando a ficar parecida com o enredo do filme "Vítor ou Vitória". Primeiro, tivemos um candidato supostamente moderado. Depois, ficamos sabendo, ou acreditamos ter descoberto, que o candidato usava uma máscara: ele era, na verdade, um conservador linha-dura, que fingia ser moderado para poder conquistar a Presidência.

Mas as últimas propostas econômicas do governo, como o plano de energia de Cheney, não parecem ter sido feitas por gente que acredita no livre mercado. Elas não fazem sentido em termos nem da teoria econômica da demanda nem da teoria da oferta, mas dão um bocado de dinheiro a deteminadas empresas. Portanto, a ideologia pode ter sido apenas uma máscara para alguém que, de fato, é o candidato das grandes empresas — não empresas em geral, mas um pequeno grupo delas com interesses bem específicos — e que apenas finge ser um conservador linha-dura que fingiu ser um moderado para ganhar o cargo.

Este é um quadro interessante e bem plausível. Mas é algo que ninguém verá nas telas da televisão e que muita gente vai-se recusar a admitir, mesmo diante de provas irrefutáveis. Isto é o que torna possível a coisa toda, numa terra em que o homem barbado, caolho e manco é rei.

A OUTRA REALIDADE

25 de novembro de 2001

A maioria dos americanos fica sabendo das notícias pela televisão. E o que vêem é tranquilizador — o retrato de uma nação que se comporta bem em época de crise. Bem, é inegável que a maior parte do povo tem demonstrado generosidade e firmeza.

Mas esta não é a história completa e as imagens que a TV não exibe não têm nada de tranqüilizador. Um quadro completo mostraria políticos e empresários se comportando mal e este mau comportamento foi possibilitado — e agravado — pelo fato de que o egoísmo atual vem enrolado na bandeira americana. Quem prestar atenção na situação como um todo acaba compreendendo que há uma realidade bem diferente daquela que a televisão mostra.

Essa outra realidade não está escondida. Está acessível para qualquer um que tenha um modem e uma parte dela é revelada na imprensa de qualidade. Freqüentemente, é possível acompanhar o que realmente acontece pela leitura das seções de negócios dos jornais porque os repórteres e comentaristas econômicos não tendem a ver o mundo através de lentes cor-de-rosa.

Do ponto de vista de um economista, o indício mais revelador do que está acontecendo após o 11 de setembro é a preferência dos políticos pelas transferências orçamentárias diretas, cujo uso não é detalhado. No jargão dos economistas, essas transferências são para pagamentos que não são dependentes de ações dos beneficiários e que, portanto, não incentivam mudanças de comportamento. Isso é bom se a transferência se destina a ajudar algum necessitado, sem reduzir sua motivação para trabalhar. Mas é condenável se a suposta finalidade da transferência é levar o beneficiário a fazer algo útil, como, por exemplo, investir ou contratar mais empregados.

Portanto, é significativo que o Congresso aprove US$ 15 bilhões em ajuda e empréstimos para companhias aéreas mas nem um centavo para os empregados do setor que foram postos na rua. É ainda mais significativo quando a Câmara aprova um projeto de lei de "estímulo" à economia que não contém quase nada para os desempregados, mas inclui US$ 25 bilhões para as grandes empresas na forma de cortes retroativos de impostos — isto é, transferências diretas para empresas que já são bastante rentáveis.

Os debates sobre o "estímulo" são descritos pelos repórteres políticos como um conflito de ideologias. Mas, na verdade, a ideologia nada tem a ver com isso. Nenhuma doutrina econômica que eu conheça, de direita ou de esquerda, diz que a transferência de uma soma maciça de US$ 800 milhões para a General Motors vai resultar em mais investimentos, quando a empresa já está nadando com US$ 8 bilhões no seu caixa.

Como assinalou Jonathan Chait, havia dúvidas a respeito da verdadeira motivação de gente como Dick Armey e Tom DeLay. Será que eles realmente acreditavam no livre mercado ou simplesmente queriam tirar dos pobres e dar para os ricos? Agora, não há mais lugar para dúvidas.

Naturalmente, nem tudo se resume às transferências diretas. Outro fato curioso é que desde 11 de setembro tem havido esforços, sob o disfarce de uma emergência nacional, para permitir que as companhias de petróleo e exploração florestal tenham acesso às terras públicas. Funcionários do governo afirmam que é tudo no interesse da segurança nacional, mas quando se descobre que também querem cancelar regulamentos que proíbem o uso de veículos especiais para neve no parque nacional de Yellowstone é fácil adivinhar o que estão querendo fazer.

Então, qual é a situação real do país? Segundo as imagens da televisão, parece que estamos no tempo da Segunda Guerra Mundial. Mas, embora nossa causa seja justa, para 99,9% dos americanos esta guerra, travada por um grupo de elite de profissionais bem treinados, é um evento para o espectador. E o cenário doméstico não lembra dias de guerra; parece-se mais com o pós-guerra, durante o qual os instintos normais de um país em guerra — congraçar-se em torno da bandeira nacional e confiar nos líderes — são facilmente manipulados.

De fato, os acontecimentos de hoje se parecem estranhamente com o período que se seguiu ao fim da Primeira Guerra Mundial. John Ashcroft está de novo pondo em cena os *Palmer raids*, que perseguiram milhares de imigrantes suspeitos de radicalismo e bolchevismo, sendo que a maioria acabou se revelando inocente e muitos eram cidadãos americanos. Os executivos da Enron parecem estar reanimando o espírito de Charles Ponzi. E a pressão para deixar que os interesses privados explorem as terras públicas lembra o Teapot Dome (escândalo da década de 1920), que também envolveu perfurações em terras públicas. Presume-se que agora não tenha havido distribuição de propinas, mas o dinheiro dado às corporações é considerável.

Este país precisa voltar à normalidade. E não me refiro à versão de normalidade seletiva que o governo Bush tenta disseminar, na qual todo mundo sai para fazer compras enquanto a mídia continua a divulgar histórias edificantes ou notícias da guerra. Está na hora de se permitir que o público americano conheça o quadro em sua totalidade.

A DOUTRINA ROVE

11 de junho de 2002

Alguns meses atrás, um colega de faculdade bastante ligado aos democratas sugeriu que eu escrevesse algumas colunas elogiando o governo Bush. "O que devo elogiar?", perguntei.

Ele fez uma longa pausa — é engraçado como "manter uma posição equilibrada" pode se tornar um objetivo em si mesmo — e finalmente disse: "Que tal o compromisso com o livre-comércio?"

O quê? Livre-comércio? Como assim? Afinal, George W. Bush age mais como um protecionista. A tarifa sobre o aço e o projeto de lei da agricultura chamaram muita atenção, mas é preciso notar que essas iniciativas fazem parte de um quadro bem maior, que inclui a tarifa punitiva (e, em grande parte, injustificada) sobre a madeira do Canadá, assim como o cancelamento dos privilégios de comércio para a região do Caribe. O atual governo pode ser adepto do livre-comércio — desde que a adoção desse suposto princípio não traga nenhum custo político, por menor que seja.

Isto me leva à história que está agitando os meios políticos de Washington: a matéria da *Esquire* na qual o chefe-de-gabinete da Casa Branca, Andy Card, manifesta sua preocupação de que, com o fim da influência moderadora de Karen Hughes, o assessor linha-dura Karl Rove vá dominar o terreno. Se os últimos 18 meses podem servir de exemplo do que seja uma política de governo com Rove exercendo um controle apenas parcial, imagine-se o que virá pela frente. É de assustar.

A característica mais marcante do *modus operandi* de Rove não é o conservadorismo; é a convicção de que o governo deve fazer qualquer coisa que lhe dê uma vantagem política. Isso inclui, naturalmente, explorar a guerra contra o terrorismo — algo de que Rove tem-se vangloriado. Mas também inclui a subserviência a certos interesses especiais de grupos.

Uma das virtudes de Clinton, que não teve o reconhecimento que merecia, foi o seu idealismo quando se tratava de política econômica. O economista de Berkeley Brad De Long elogiou "a disposição de Clinton de correr riscos políticos para fazer o que achava certo para o país na área da política econômica internacional". Ele estava se referindo ao fato de que Clinton, desafiando as pesquisas de opinião pública e passando por cima da linha partidária, fez aprovar o Acordo de Livre Comércio para a América do Norte em 1993 e correu um risco ainda maior, ao socorrer o México na crise financeira que o país enfrentou em 1995. Como DeLong, conheço alguns dos personagens principais envolvidos nessas decisões e estou certo de que agiram levando em conta o mérito da questão. A equipe de Clinton acreditava sinceramente que estava fazendo a coisa certa.

Essa atitude escrupulosa continuou até o fim do governo. Se Bill Clinton tivesse dado à indústria do aço as tarifas desejadas, provavelmente Al Gore teria ido para a Casa Branca. Mas os funcionários do governo de então estavam preocupados com as conseqüências — para o país e para a economia mundial — que resultariam de ceder aos interesses especiais de grupos.

O governo de que Rove faz parte não tem escrúpulos assim. As transações em que se meteu não se limitaram à concessão de subsídios ao comércio e à agricultura. Como assinalam analistas do Cato Institute, o plano de energia de Bush e Cheney é conservador no sentido de ser antiambientalista, mas no resto está repleto de coisas que os defensores do livre mercado supostamente odeiam, como a ampliação dos poderes do governo para se apropriar de terras particulares (a fim de instalar linhas de transmissão) e a concessão de incentivos fiscais para fontes de energia que não têm valor de mercado (sobretudo a energia nuclear). Esse plano de energia não se baseou em princípios; o que visava era o retorno financeiro.

E se o governo não se orienta por princípios, quem o fará? Fiquei impressionado com uma reportagem do jornal *The Hill* intitulada "Sindicatos começam a olhar o Partido Republicano com outros olhos". O jornal citou o porta-voz da UAW. dizendo que o seu sindicato estava desprezando as vinculações partidárias, preferindo examinar a posição que os políticos adotam efetivamente em relação a "certas questões". Em outras palavras, o sindicato fica com quem favorecer seus interesses especiais.

Até certo ponto, isso não é novidade. Paula Stern, a ex-chefe da Comissão de Comércio Internacional, descreveu Ronald Reagan como "o presidente mais protecionista desde Herbert Hoover", lembrando que ele "achava legítimo que as grandes indústrias recorressem a pressões políticas — em vez de méritos econômicos ou critérios legais — para conseguir o que queriam". Assim, Bush está seguindo os passos de Reagan.

Mas me parece que agora a situação é mais grave — estamos presenciando uma corrida política movida pela defesa de interesses de grupos, numa proporção que não era vista desde antes do *New Deal*. E pelo que diz o artigo da *Esquire*, as coisas vão piorar ainda mais. Alguém está interessado em Smoot-Hawley (Lei de Tarifas de 1930 altamente protecionista)?

O QUE É A REALIDADE

25 de junho 2002

Uma coisa pode ser dita a favor do governo Bush: onde outros vêem problemas, ele vê oportunidades.

Por exemplo, uma desaceleração da economia foi uma oportunidade para promover cortes de impostos que, na verdade, representam um estímulo insignificante a curto prazo, mas irão pressionar o orçamento em 2010. A escassez de eletricidade na Califórnia foi a oportunidade para divulgar a idéia de perfurações no Alasca, que não produziriam eletricidade e praticamente nenhum petróleo antes de 2013. Um ataque feito por terroristas munidos apenas de armamento ligeiro foi a oportunidade para promover a compra de armamento pesado e de um sistema de defesa antimísseis, na hipótese de que a al-Qaeda da próxima vez queira lançar uma ofensiva com divisões blindadas ou disparar mísseis ICBM.

O ex-presidente George H. W. Bush confessou uma vez que não tinha vocação para "visionário". Os assessores do seu filho não enfrentam esse problema: têm uma visão poderosa do futuro da América. No futuro que almejam, como ficamos sabendo recentemente, o ocupante da Casa Branca terá o direito de prender por tempo indeterminado qualquer pessoa que desejar, inclusive cidadãos americanos, e sem qualquer processo judicial ou exame de caso. Os assessores se interessam muito pouco por uma coisa chamada realidade.

A característica distinta de todos os programas desse governo, adotados em resposta a problemas reais, é que fizeram muito pouco ou nada para resolver os problemas. Os problemas existem só para permitir a implementação da visão. E um problema que não servir para essa finalidade — seja o fim da confiança do público na governança corporativa, ou o caos no Oriente Médio — é tratado como um contratempo a ser ignorado, se possível, ou a ser enfrentado com medidas puramente cosméticas. É óbvio que o pessoal de George W. Bush acredita que os problemas do mundo real se resolvem espontâneamente, ou pelo menos não vão se destacar no noticiário da TV do horário nobre, já que, por mera coincidência, serão abafados pelos alertas de terror emitidos pelas autoridades.

Mas os problemas reais, se não forem enfrentados, costumam importunar. Nas últimas semanas, uma série desses problemas atingiu o ponto crítico. Apesar do discurso de ontem, a política do Oriente Médio está sem rumo. O dólar e a Bolsa estão despencando, ameaçando assim uma recuperação econômica já não muito firme. O sistema ferroviário da Amtrak foi levado à beira do colapso, por não conseguir merecer a atenção do governo. E o próprio governo federal está a ponto de ficar sem dinheiro porque os deputados republicanos não têm coragem de enfrentar a realidade e aumentar o limite da dívida federal (essa atitude de se esquivar parece ser contagiosa).

Portanto, agora seria o momento ideal para se fazer o que a Casa Branca sempre recomenda que seus críticos façam, ou seja, pôr de lado o partidarismo. Será que Bush estaria disposto a deixar de lado, pelo menos por um dia ou dois, o seu esforço para consolidar suas bases políticas e realmente fazer algo que não constava de sua agenda preconcebida? Nem pensar.

Acho que a maioria dos comentaristas deixou de perceber o essencial no discurso de formatura que Bush fez na Universidade de Ohio, que, segundo um assessor do governo, foi inspirado em Emily Dickinson, no papa João Paulo II, em Aristóteles e Cícero, entre outros. É claro que a observação do assessor foi tola, mas serviu para dar uma idéia do nível de subserviência que Bush espera dos que trabalham para ele. Vamos acabar ouvindo dizer que Bush é um exímio calígrafo ou que costuma atravessar a nado o rio Yang-tsé. E ninguém terá coragem de rir: afinal, pouco antes de Bush pronunciar o discurso que realmente pronunciou — e que, a propósito, não teve nenhuma influência de Aristóteles —, os estudantes da Universidade de Ohio foram ameaçados de expulsão e cadeia se o vaiassem e receberam instruções para aplaudir ruidosamente.

Vale notar que o planejado Departamento de Segurança Interna, embora de duvidosa utilidade quanto ao seu objetivo declarado, ficará protegido contra futuras Colleen Rowleys (agente do FBI que denunciou a ineficiência contra ataques terroristas como o de 11 de setembro): o novo Departamento estará ao abrigo da ação de denunciantes e não terá que temer a Lei de Liberdade de Informação.

Mas voltemos a falar dos problemas inoportunos: na área da economia, a situação está começando a dar mostras de ser a mais perigosa para o país e para o mundo desde o verão de 1998. Naquela época, felizmente, a política econômica estava nas mãos de gente inteligente e inclinada a aprender com os seus erros. Será que o mesmo pode ser dito desse governo?

Como assinalei antes, o governo Bush tem o complexo da infalibilidade: nunca, nunca mesmo, admite ter errado. E esse tipo de arrogância tende, naturalmente, a trazer consequências desastrosas. Vocês podem ler sobre isso em Aristóteles.

NA REALIDADE...

20 de agosto de 2002

Não diga nada, talvez ninguém pergunte. Essa foi a mensagem do memorando redigido em julho por um funcionário do Departamento de Assuntos dos Veteranos de Guerra, divulgado por Joshua Marshall em "talkingpointsmemo.com." O memorando, citando "diretrizes orçamentárias conservadoras do OMB" para gastos com assistência médica aos veteranos, instruía os subordinados a "não fazerem publicidade dentro de suas organizações para promover a inscrição de um maior número de veteranos". Os veteranos, claro, têm direito à assistência médica, mas o governo tem esperança de que alguns deles não saibam disso. Mantê-los na ignorância ajuda o governo a economizar.

Esta não é a atitude que se poderia esperar de um governo que se vangloria do seu patriotismo — mas é fácil de compreender, desde que se preste atenção. Porque histórias desse tipo estão surgindo com freqüência cada vez maior.

Vejamos, por exemplo, a decisão de Bush na semana passada de demonstrar firmeza impedindo a aprovação do projeto de lei que autorizava gastos de US$ 5,1 bilhões em segurança do território nacional. Foi uma grande gafe porque o projeto rejeitado destinava recursos tanto para melhorar a assistência médica dos veteranos como para a compra de equipamentos para o Corpo de Bombeiros, inclusive um novo sistema de comunicação que poderia ter salvado vidas no 11 de setembro. Relembrando aquelas cenas no *ground zero* que contribuíram tanto para a subida marcante de Bush nas pesquisas de opinião, o presidente da Associação Internacional de Bombeiros advertiu: "De nada vale endeusar nossos companheiros caídos e, no mesmo rompante, nos apunhalar pelas costas."

E o que dizer dos trabalhadores encurralados em minas de carvão? Depois que foram resgatados, Bush fez questão de comprimentá-los pessoalmente — e Michael Novak, escrevendo na *National Review Online*, declarou que a localidade de Somerset na Pensilvânia era "a capital mundial do conservadorismo".

Mas Novak não mencionou a ajuda decisiva dada pela Administração da Segurança e Saúde nas Minas que faz parte do governo federal. Isso teria suscitado algumas questões delicadas: embora o plano de energia de Bush recomende o aumento da produção de carvão, a parte referente aos gastos inclui cortes na verba destinada à segurança nas minas. Eis aí mais uma amostra das diretrizes orçamentárias conservadoras.

O fato é que há um abismo cada vez maior entre a imagem e a realidade das políticas do governo Bush.

Bush é um mestre quando se trata de posar para fotos populistas de propaganda para agradar ao público; seus assessores não perdem qualquer oportunidade de mostrar o presidente se misturando com operários. Mas a verdade é que o governo adora o povo quando as câmeras de televisão estão por perto, mas o abandona quando chega a hora de fazer algo por ele. E esta realidade está ficando cada vez mais difícil de esconder.

O orçamento federal está atualmente com um grande déficit e todo mundo, menos o governo, pensa que vai continuar assim, não por causa de gastos excessivos, mas porque a maior parte dos cortes de impostos do ano passado ainda não entrou em vigor. E como assinalou meu colega Frank Rich, para compensar a perda de receita ocasionada pelos cortes de impostos, Bush teria que vetar diariamente uma proposta de gastos de US$ 5 bilhões durante o próximo ano. O presidente não pode continuar afirmando, como fez durante a campanha eleitoral de 2000, que há dinheiro para tudo. Agora, para justificar o corte de impostos, ele tem de sacrificar, no todo ou em parte, programas sociais importantes para a vida do cidadão comum.

Mas os cortes de impostos também não são importantes para a vida do cidadão comum? Depende. No ano passado, muitas famílias tiveram direito a reembolsos. Mas o que ainda falta fazer é reduzir impostos dos contribuintes de renda mais alta e eliminar o imposto sobre a transmissão de herança. Um casal precisa ganhar mais de US$ 297 mil por ano para ser beneficiado e somente um espólio superior a US$ 2 milhões pagará algum imposto sobre herança. Bombeiros e mineiros não ganham tanto dinheiro.

Em outras palavras, por trás das fotos de propaganda, o governo está ocupado em enxugar programas que beneficiam bombeiros, policiais, mineiros, veteranos e outras "pessoas humildes da América" (a frase é de Novak), a fim de permitir cortes de impostos que favorecem apenas um punhado de indivíduos que nada têm de humildes. Isso não é fazer demagogia, é a pura verdade. E uma verdade que ficará cada vez mais difícil disfarçar.

Quais são as implicações políticas? Quando Al Gore escreveu um artigo condenando a política elitista do governo Bush, muitos figurões — inclusive democratas e o seu antigo companheiro de chapa — pularam com os dois pés em cima dele. O populismo, insistiram, não funciona na política americana.

No entanto, os conservadores confiam entusiasticamente no populismo — um populismo falso, baseado numa confraternização ensaiada com o homem do povo, e em ataques contra o suposto elitismo cultural da mídia liberal. Por que é que os liberais, que têm os fatos a seu favor, não se esforçam para proclamar a realidade dos fatos?

A SOCIEDADE DOS PAGAGAIOS MORTOS

25 de outubro de 2002

Há alguns dias, Dana Milbank escreveu em *The Washington Post* que, para George W. Bush, "os fatos são maleáveis". Dando exemplos de declarações "duvidosas ou mesmo inteiramente erradas" sobre vários temas — desde a capacidade militar do Iraque até o orçamento federal —, o repórter que acompanha a Casa Branca afirmou que "a retórica de Bush voa de vez em quando nas asas da fantasia".

Também recentemente, *The Wall Street Journal* relatou que "altos funcionários têm feito repetidas referências a dados dos serviços de inteligência... que, em grande parte, permanecem sem confirmação". O ex-chefe do setor de contraterrorismo da CIA foi mais direto: "Basicamente, informações deturpadas estão-se infiltrando nas declarações dos altos escalões do governo." Segundo o jornal *USA Today*, "os serviços de inteligência estão sendo pressionados para que fabriquem estimativas que se encaixem na agenda política".

Lendo todos estes eufemismos, lembrei-me do papagaio do Monty Python (programa satírico da TV britânica): está liquidado, os seus processos metabólicos já entraram para a História, juntou-se ao coro invisível. Em suma, o pagagaio já estava morto.

É, o governo Bush mente um bocado.

Apresso-me a dizer que não culpo os repórteres por não contarem as coisas desta maneira. Milbank é um sujeito decente e está pagando o preço normal pela sua coragem: ele agora é o alvo de uma campanha de difamação feita pela Casa Branca.

Essa reação típica pode fazer você compreender como Bush preserva sua imagem pública de homem de fala simples e franca, quando, na realidade, ele é tão escorregadio e evasivo quanto qualquer político de que se tem lembrança.

Você prestou atenção à recente declaração do presidente de que permitir que Saddam Hussein continuasse no poder não significaria renunciar à exigência de uma "mudança de regime", porque, se o déspota do Iraque atendesse às condições da ONU, isso, por si só, já seria "o indício de que o regime tinha mudado"?

A recente série de artigos sobre a desonestidade do governo focaliza principalmente a campanha de promoção da guerra contra o Iraque. Mas a desonestidade remonta à campanha eleitoral de 2000 e está evidente no tratamento de vários assuntos. Entre os destaques dessa desonestidade, figuram: o plano de privatização parcial da Previdência Social, com sua aritmética de 2 – 1 = 4; a afirmação de que um corte de impostos que destina 40% ou mais dos seus benefícios ao grupo mais rico da população (1% apenas) foi concebido para favorecer a classe média; a afirmação de que havia 60 filas de células-tronco disponíveis para pesquisa; e, finalmente, a promessa de fixar limites para o dióxido de carbono num plano para o meio ambiente.

O candidato Bush se apresentou como um moderado, "um unificador, não um divisor". *The Economist* endossou sua causa em 2000, por ter visto nele o candidato mais capaz de transcender o partidarismo; hoje, a revista britânica o descreve como "o sectário por excelência".

É tentador ver tudo isso apenas como uma questão de caráter, mas é muito mais do que isso. Existe método na falsidade desse governo.

O governo Bush é uma "panelinha" extremamente elitista tentando apresentar uma fachada populista. Sua política interna é destinada a beneficiar um número muito pequeno de pessoas — basicamente os que ganham pelo menos US$ 300 mil por ano e, na realidade, não ligam nem para o meio ambiente nem para os seus compatriotas menos afortunados.

Naturalmente, essa base é ampliada por alguns poderosos grupos de interesses especiais, como a direita cristã e o *lobby* das armas de fogo. Mas, embora essa coalizão seja capaz de levantar grandes somas e de mobilizar agentes para encenar motins burgueses quando necessário, seus programas políticos são intrinsecamente impopulares. Daí a necessidade de reformular os fatos maleáveis.

O que continua difícil de entender é a estratégia a longo prazo. Apesar do controle que Bush exerce sobre os mecanismos de coerção, ele ainda não foi capaz de mudar a percepção fundamental do público. Antes do 11 de setembro, o país estava ficando cada vez mais espantado com a virada do governo para a direita. O terrorismo deu a Bush uma imensa popularidade pessoal e o povo se uniu em torno da bandeira nacional; mas o gás tem vazado constantemente desse balão.

No momento, o governo está jogando a cartada da guerra, inventando fatos quando é necessário e tentando explorar o que resta da popularidade de Bush do pós-11 de setembro para assumir o controle de todas as três áreas do governo. Mas, e depois? Não há qualquer indício de que Bush pretenda mover-se para o centro.

Portanto, o círculo mais íntimo do poder deve pensar que ter o controle total do governo pode ajudar a garantir uma vantagem política permanente, embora, quanto mais o público fica sabendo a respeito das políticas da administração, menos gosta delas. A grande questão é saber se a imprensa, que está começando a encontrar sua voz, pode voltar a perdê-la diante do governo de um partido só.

O PRINCÍPIO DE PITT

1º de novembro de 2002

Pois é, Harvey Pitt decidiu não contar aos outros membros da Comissão de Valores Mobiliários um pequeno detalhe sobre o homem que escolhera para ser o encarregado da nova comissão de supervisão das auditorias, depois de ter rejeitado um candidato muito mais qualificado. William Webster, segundo conta Stephen Labaton, de *The Times*, chefiou a comissão de auditoria na U.S. Technologies. Agora, essa companhia está sendo processada por investidores que alegam que a administração os lesou em milhões de dólares.

E o que fez a comissão de Webster depois que um auditor de fora levantou suspeitas sobre os controles financeiros da firma? Isso mesmo: afastou o auditor.

A reação de Pitt, depois que esses fatos vieram à tona, supera tudo o que um escritor satírico poderia imaginar. A manchete de um jornal dizia: "Pitt investiga a si mesmo." Exato. A própria firma de auditoria de Pitt vai apurar como ele escolheu Webster...

Enquanto isso, o que pensava Webster? Ninguém acha que ele seja corrupto, mas tendo falhado tão espetacularmente em monitorar os executivos de uma companhia pequena e isolada, como se poderia imaginar que ele fosse a pessoa ideal para fiscalizar toda a América corporativa?

Mas não foi por acaso que Pitt escolheu o homem errado. Webster foi escolhido em detrimento de candidatos melhores exatamente porque lobistas do setor de auditoria — um grupo que inclui o próprio Pitt — sabia que ele seria ineficiente.

Chamemos isto de Princípio de Pitt. O famoso Princípio de Peter diz que os gerentes falham porque, mais cedo ou mais tarde, alcançam o seu nível de incompetência. O Princípio de Pitt nos diz que a incompetência muitas vezes é exatamente o que desejam os homens que comandam.

Neste caso específico, investidores comuns exigiram medidas enérgicas contra o mau procedimento corporativo — e Pitt fingiu concordar. Mas este governo é administrado por e para pessoas que se beneficiaram esplendidamente de suas ligações com *insiders* (lembram-se da Harken e da Halliburton? E por que o governo não deixa que a história da força-tarefa seja conhecida?). Assim, Pitt escolheu alguém com um desempenho anterior impressionante, mas irrelevante, e que com certeza não daria conta do recado.

Este princípio explica uma porção de coisas. Por exemplo, a tarefa do secretário do Tesouro (equivalente ao ministro da Fazenda) é implementar políticas fiscais e econômicas sensatas. De modo que, se a intenção é não deixar que isso seja feito, o melhor é nomear um executivo conhecido da área industrial com pouca ou nenhuma experiência em matéria de orçamentos federais ou de macroeconomia. Ele será a pessoa mais indicada para presidir uma transição ultra-rápida de superávits recordes para déficits imensos. Ele chegará a afirmar alegremente que "os mais recentes indicadores são bons" apenas alguns dias antes de o índice de confiança do consumidor despencar para o nível mais baixo em nove anos.

Por sua vez, a missão do secretário de Justiça é manter fidelidade à Constituição e impor o cumprimento das leis. Portanto, se a intenção é que isso não seja feito, o melhor é nomear um ex-senador que nunca teve muito respeito pela Constituição nem pelas leis — sobretudo por toda essa tolice de processo legal justo, separação entre Igreja e Estado e tudo mais. Ele será o homem certo para reagir a uma crise nacional prendendo mais de mil pessoas sem acusação formal, mas sem conseguir prender uma só pessoa que tenha praticado um ato terrorista — nem mesmo a pessoa que disseminou antrax pelo correio.

O Princípio de Pitt pode ser aplicado também em escalões mais baixos. Especialistas dos setores de defesa e de inteligência deveriam avaliar de maneira realista as ameaças à segurança nacional e as conseqüências de uma ação militar americana. Portanto, se a intenção é que esse trabalho não seja feito, o melhor é deixar essa tarefa nas mãos de intelectuais neoconservadores de renome sem qualquer experiência do mundo real. Pode-se ter certeza de que eles vão detectar vínculos com o terrorismo onde a CIA diz que eles não existem e vão dar garantias levianas sobre combates em áreas urbanas densamente povoadas, quando os próprios militares se mostram preocupados.

No entanto, a aplicação mais importante do Princípio de Pitt é feita no topo da escala. A função do presidente é unir a nação e liderá-la em tempos difíceis. Se a intenção é que isto não seja feito, o melhor é indicar para o cargo um sujeito afável, de uma família famosa, que levou uma vida mansa no mundo dos negócios e da política graças às relações com gente que sabe das coisas. Este será o tipo de pessoa que não verá nada de errado em buscar vantagens partidárias de uma crise nacional, chegando a declarar que os membros do outro partido não se importam com a segurança do país.

Dessa forma, um grande movimento de fraternidade e unidade nacional pode ser transformado, em pouco mais de um ano, em um crescente desalento, com um número cada vez maior de americanos dizendo que os Estados Unidos estão caminhando na direção errada.

VITORIOSOS E BENESSES

19 de novembro de 2002

Regra nº 1: Tenha sempre à mão uma sugestão para uma matéria de primeira página. A finalidade ostensiva do plano do governo Bush para transferir 850 mil cargos federais para o setor privado é promover a eficiência. O vigor competitivo, segundo nos dizem, acabará com a preguiça da burocracia, os custos cairão e todos — exceto um punhado de membros excessivamente remunerados dos sindicatos — ficarão em situação melhor.

E quem sabe? Aqui e ali, a reforma talvez venha a economizar alguns dólares. Mas duvido que haja um único político ou jornalista em Washington que acredite que a privatização de grande parte do governo federal — uma iniciativa que o governo afirma que poderá pôr em prática sem necessidade de novas leis — seja realmente motivada pelo desejo de reduzir custos.

Afinal, já foram feitas várias experiências de privatização em todos os níveis de governo — federal, estadual e municipal — e o que se viu não sustenta qualquer afirmação exagerada sobre aumento de eficiência. Às vezes os custos diminuem, mas quase sempre a prometida economia não passa de uma miragem. É comum fornecedores privados apresentarem propostas com preços baixos para conseguir o negócio — mas depois elevam o preço logo que o grupo de trabalho é desativado. Projeções de economias de custos de 20 a 30% são tolas — e suspeita-se que os funcionários que as prepararam sabem disso.

Então, o que está em jogo?

Primeiro, trata-se de arranjar um disfarce político. Diante de déficits orçamentários a perder de vista, o governo — decidido a ampliar e a não reconsiderar o programa de cortes de impostos, inicialmente justificado com o argumento da existência de enormes superávits — precisa fingir que vai reduzir gastos. Mas o que pode ser reduzido? O grosso dos gastos públicos serve para sustentar serviços essenciais, como defesa nacional e justiça, ou benefícios consagrados da classe média, como a Seguridade Social ou o *Medicare*, que os governantes não ousam atacar abertamente.

A privatização de tarefas federais é a resposta perfeita para esse dilema. Não é uma resposta de verdade — os salários dos funcionários ameaçados correspondem a apenas 2% do orçamento do governo, de modo que os ganhos com o aumento de eficiência decorrente da privatização, se ocorressem, não teriam grande impacto nos gastos federais em geral. No entanto, durante alguns anos, falar de privatização vai dar a impressão de que o governo está fazendo algo a respeito do déficit.

Desviar a atenção do público da questão do déficit é, temos certeza, apenas um objetivo secundário, do mesmo modo que a privatização é apenas um meio de derrubar um dos últimos baluartes que restam do poder dos sindicatos. Na verdade, Karl Rove está no encalço de uma presa muito maior.

Alguns meses atrás, Rove comparou seu patrão a Andrew Jackson. Como alguns de nós notaram na época, um dos mais importantes legados de Jackson foi o "sistema de benesses", no qual empregos públicos eram reservados aos que davam apoio político ao governo. O serviço público federal, com seu cauteloso mecanismo de proteção dos seus funcionários contra pressões políticas, foi criado especificamente para acabar com o sistema de benesses, mas o atual governo encontrou um meio de contornar essas restrições.

Não precisamos especular sobre o que vai acontecer porque Jeb Bush já mostrou o caminho.

O governador da Flórida tem sido um enérgico privatizador, e, como disse o *Miami Herald* depois de rigoroso exame dos arquivos estaduais, "sua audaciosa experiência foi um sucesso — pelo menos para ele e para o Partido Republicano. Essa política gerou uma série de firmas fornecedoras que deram a ele, a outros políticos republicanos e ao Partido Republicano na Flórida milhões de dólares em doações de campanha".

O curioso nessa rede de fornecedores privados não é apenas o modo como grandes doações estão associadas a grandes contratos de serviços; é que ela representa o fim da prática tradicional pela qual as empresas se preveniam e protegiam suas apostas contribuindo para os dois partidos. Os grandes vencedores na Flórida de Jeb Bush são as companhias que dão muito pouco ou nada aos democratas. Estranho, não é? É como se as firmas que querem fazer negócios com estado da Flórida tivessem de passar primeiro por um teste de lealdade.

Então estou dizendo que estamos voltando aos dias do Boss Tweed e Mark Hanna? Credo, não — esses sujeitos eram gente de segunda classe. O controle do governo por um partido oferece oportunidades de recompensar amigos e punir inimigos de uma maneira como a máquina política de ontem nunca ousou imaginar.

Até que ponto o sistema de benesses pode ser explorado? Até que ponto ele será usado para garantir uma vantagem política permanente do partido que está no comando? Fiquem sintonizados; tenho certeza de que saberemos em breve.

CAPÍTULO 11

Uma vasta conspiração?

A MÁQUINA DE FAZER FUMAÇA

29 de março de 2002

De certo modo, é uma pena que grande parte do livro de David Brock *Blinded by the Right: The conscience of an ex-conservative* seja sobre a vida particular dos nossos autoproclamados guardiães morais. Esse tipo de história vende livros, mas ofusca a mensagem mais importante de que "a vasta conspiração da direita" não é uma metáfora exagerada, mas a pura realidade. E atua de maneira muito parecida com a dos grupos de interesses especiais.

A moderna economia política nos ensina que grupos pequenos, mas bem organizados, freqüentemente prevalecem sobre o interesse público. A indústria siderúrgica conseguiu a tarifa que queria, embora as perdas dos consumidores certamente irão superar os ganhos dos produtores, já que o típico consumidor de aço não entende o que está se passando.

Blinded by the Right mostra que a mesma lógica se aplica a questões não-econômicas. A máquina de escândalos que deu emprego a Brock era, de fato, um grupo de defesa de interesses especiais financiado por um punhado de fanáticos abastados — gente como o reverendo Sun Myung Moon, cuja Igreja da Unificação é dona do jornal *The Washington Times*, e Richard Mellon Scaife, que financiou o escandaloso *American Spectator* e muitas outras publicações de extrema direita. O grupo era eficiente porque o típico consumidor de notícias não comprendia o que estava acontecendo.

Os esforços desse grupo conseguiram transformar Whitewater — um investimento de US$ 200 mil que deu prejuízo — em sinônimo de escândalo, embora uma investigação de oito anos, ao custo de US$ 73 milhões, não tenha encontrado qualquer prova de comportamento ilícito de Bill e Hillary Clinton. Imaginem o que a máquina geradora de escândalos faria se dispusesse de matéria-prima mais promissora, como, por exemplo, as transações de negócios um tanto discutíveis do jovem George W. Bush.

Mas não existe na esquerda uma máquina equivalente de fazer escândalos. Por que não?

O fato é que, por algum motivo, existe na direita uma forte dose de raiva e ódio que provoca, no máximo, um fraco eco na esquerda antiglobalização e nenhum eco no liberalismo tradicional. Na verdade, os liberais que conheço parecem incapazes de entender a mesquinharia da política contemporânea.

Também é verdade que, pela natureza das coisas, os bilionários são mais propensos a ser direitistas do que fanáticos da esquerda. Quando bilionários apóiam causas mais ou menos liberais, estão geralmente tentando salvar o mundo e não controlar o sistema político americano. Enquanto George Soros derramava dinheiro para salvar a democracia no exterior, Scaife tentava solapá-la nos Estados Unidos.

E o que conseguiu realizar foi impressionante: personagens centrais do império de Scaife são hoje altos funcionários do governo Bush (e o jornal do reverendo Moon é uma espécie de porta-voz do governo). É claro que explorar escândalos funciona: o público e — com menos justificativa — a mídia legítima supõem que onde há fumaça, há fogo, quando na verdade o que houve foi que um punhado de ricaços raivosos comprou para seu próprio uso uma máquina de fazer fumaça.

E a mídia se deixa enganar com facilidade. Vejam como ela engoliu a história de vandalismo da equipe de Clinton que estava deixando o governo, ou a mais recente história inventada de que (o presidente da Enron) Ken Lay teria pernoitado na Casa Branca durante o governo Clinton.

Os leitores habituais de minhas colunas sabem que há algum tempo também fui alvo de uma dessas campanhas de difamação. O padrão era típico:

fontes ligadas à direita afirmavam insistentemente que uma transação normal de negócios (no meu caso, ter sido consultor da Enron quando era professor universitário e ainda não era redator de colunas de jornal, portanto sem condições de fazer qualquer favor àquela empresa) era de alguma forma corrupta. A mídia legítima pegou a história, supondo que, dada a ênfase das alegações, devia haver algo a ser investigado. Sem dúvida, fica sempre no ar nessas situações uma impressão sutil — embora nenhum favor tenha sido feito ou recebido — de que o alvo deve ter feito algo errado ("não é hipocrisia criticar o capitalismo de compadres quando ele próprio se aproveitou?"). Agora que li o livro de Brock, entendi o que aconteceu.

Tim Noah, do *Slate*, com quem costumo concordar, escreveu que Brock não contou nada de novo: "Nós sabemos... que uma direita espantosamente bem financiada tinha a obsessão de caluniar Clinton." Mas quem somos "nós"? Muita gente não sabe disso e, de qualquer modo, Noah não deveria ter usado o passado do verbo "ter" em relação à direita. Uma direita espantosamente bem financiada continua a caluniar todos aqueles que discordam de sua agenda — e muitos jornalistas ainda se deixam manipular.

Achei *Blinded by the Right* de mau gosto, porém revelador. E desconfio que seja esta a reação de muitos leitores.

OS QUE ESTÃO COM RAIVA

23 de abril de 2002

Um candidato ligeiramente à esquerda do centro disputa a Presidência. Num mundo racional, ele ganharia facilmente. Afinal, seu partido vem dirigindo o país com grande sucesso: o desemprego diminuiu, o crescimento econômico se acelerou, o clima de mal-estar que predominava no governo anterior desapareceu.

No entanto, tudo dá errado. Sua moderação passa a ser vista como defeito. Outros candidatos de esquerda, que não têm chance de ganhar, mas fazem política como espetáculo, denunciam as suas tendências pró-mercado, dividindo assim os eleitores. O candidato, embora sob qualquer ponto de vista seja um ser humano decente, não tem jeito para fazer campanha eleitoral; exibe, segundo os críticos, um estilo "professoral" que parece a muitos eleitores "condescendente e sisudo". Acima de tudo, há apatia e complacência entre os moderados, que acreditam que ele vai ganhar ou que, de qualquer modo, a eleição não vai mudar nada.

O resultado é uma vitória espantosa da direita linha-dura. O país como um todo é tolerante e compreensivo, mas há um segmento da população, talvez 20% do eleitorado, que está profundamente raivoso, mesmo nos bons tempos. E devido à peculiariedade do nosso sistema eleitoral, a minoria de extrema direita prevalece, embora um número maior de pessoas tenha votado na esquerda moderada.

Se o que estou dizendo soa como *post mortem* da campanha de Gore de 2000, é intencional. Mas, na verdade, estou descrevendo a chocante eleição de domingo na França, na qual o atual primeiro-ministro Lionel Jospin ficou em terceiro lugar, atrás do fanático direitista Jean-Marie Le Pen. Até muito recentemente, Le Pen era visto como carta fora do baralho. Agora ele conseguiu um triunfo surpreendente.

Como sugeri implicitamente, existem importantes paralelos entre o terremoto na política francesa e acontecimentos políticos recentes nos Estados Unidos. Deixem-me discorrer sobre os paralelos primeiro, e depois apontar a grande diferença.

O que a eleição na França revelou é que naquele país, como nos Estados Unidos, há muitas pessoas com raiva. Não formam uma maioria; Le Pen recebeu apenas 17% dos votos, menos do que Ross Perot obteve em 1992. Mas é gente bastante motivada, capaz de exercer uma influência muito maior do que o seu número, já que os moderados consideram uma sociedade tolerante algo garantido, que não corre perigo.

Qual a causa da raiva dessas pessoas? Não se trata da situação da economia; a paz e a prosperidade não as reconciliaram com Bill Clinton ou Jospin. Parece que o problema são os valores tradicionais. A nossa direita encolerizada denuncia os liberais ateus; na França, o alvo são os imigrantes. Em ambos os casos, o que realmente parece incomodar é a falta de certeza. Essas pessoas revoltadas querem a volta aos tempos em que tudo parecia simples, quando não havia a perturbadora mistura atual de pessoas e idéias.

Em ambos os casos, essa minoria raivosa tem exercido muito mais influência do que os números sugerem, basicamente por causa da fraqueza da esquerda e da apatia dos moderados. Al Gore tinha Ralph Nader; Jospin tinha um punhado de esquerdistas bobos (dois trotskistas levaram 10% dos votos). E ambos — Gore e Jospin — foram ridicularizados e negligenciados pelos moderados complacentes.

Bem, vamos agora à diferença que mencionei. Le Pen é um elemento fora do sistema; seu desempenho na eleição de domingo deu-lhe o direito de participar do segundo turno, mas é claro que não chegará a ser o presidente da França, e, por conseguinte, não terá a oportunidade de pôr em prática suas concepções num futuro previsível.

Já nos Estados Unidos, a direita linha-dura foi essencialmente absorvida pelo Partido Republicano, ou talvez tenha sido o contrário. Neste país, pessoas que têm opiniões tão radicais quanto as de Le Pen dispõem de meios de pô-las em prática.

Considerem, por exemplo, o caso do deputado Tom Delay. Na semana passada, Delay falou a um grupo que estava numa missão divina para promover uma "visão bíblica de mundo", e que havia desejado o *impeachment* de Bill Clinton em parte porque Clinton detinha "a visão errada de mundo". Bem, existem políticos estranhos em toda parte. Mas Delay é o líder da maioria na Câmara — e, na opinião de grande parte dos observadores, o poder real por trás de Dennis Hastert, presidente da Câmara.

E, ainda por cima, temos de considerar John Ashcroft.

O que as eleições francesas demonstraram é que os Estados Unidos e a França têm mais em comum do que qualquer dos dois países gostaria de admitir. Lá como aqui, parece haver uma raiva irracional sob a superfície da política rotineira. A diferença é que aqui os raivosos já estão governando.

A TÁTICA DA INTIMIDAÇÃO

6 de setembro de 2002

Guerra é paz. Liberdade é escravidão. Ignorância é força. Colin Powell e Dick Cheney estão de pleno acordo. E o governo Bush não vai privatizar a Seguridade Social.

A insistência de Ari Fleischer (porta-voz da Casa Branca) em dizer que Powell e Cheney não divergem sobre a questão do Iraque levou os jornalistas, pelo menos por pouco tempo, a ressaltar o óbvio. O blog da ABC, "The Note", descreveu a tática do governo como uma afirmação de que "baunilha é chocolate", e comentou que "a equipe de Bush sofre de um problema de credibilidade com alguns jornalistas por causa de sua insistência em dizer que "o que está em cima está embaixo" e que "preto é branco".

Mas o governo não precisa se preocupar; a julgar pelos antecedentes, muitos repórteres logo vão retornar à habitual credulidade. Na próxima vez em que o governo insistir que "baunilha é chocolate", grande parte da mídia — temendo acusações de simpatia pela esquerda e tentando dar a impressão de "equilíbrio" — não vai contradizer; na melhor das hipóteses, irá informar que alguns democratas discordam.

As tendências orwellianas da equipe de Bush são evidentes há muito tempo, para quem tem acompanhado seus pronunciamentos sobre a economia. Mesmo durante a campanha de 2000, os pronunciamentos se alicerçavam no chamado "pensamento duplo", ou seja, a capacidade de se acreditar ao mesmo tempo em duas coisas contraditórias. Por exemplo, o plano de George W. Bush de privatizar parcialmente a Seguridade Social sempre dependeu da afirmativa de que 2 – 1 = 4, ou seja, de que podemos desviar recursos do imposto sobre a folha salarial para contas individuais de alto rendimento e usar esse mesmo dinheiro para pagar os benefícios dos aposentados.

A tática orwelliana não se limita ao *doublethink*; inclui também o *newspeak*, isto é, a redefinição de palavras para excluir pensamentos desleais. A Seguridade Social é um exemplo perfeito. Consultores republicanos descobriram que, num período de ações em queda na Bolsa e de escândalos corporativos, a palavra "privatização" adquiriu uma conotação negativa. A solução? Negar que contas individuais equivalem à privatização e pressionar a imprensa para que siga essa linha. Um memorando do Comitê Nacional da Campanha Republicana delineou a nova estratégia: "É muito importante não deixarmos que os jornalistas sejam influenciados pela demagogia democrata e venham a caracterizar erroneamente as 'contas individuais' como 'privatização'."

Então é errado dizer que contas individuais significam privatização? Isso é discutível. Pelo plano de Bush, a conta individual de um trabalhador reflete ganhos ou perdas das ações da Bolsa que ela representa. Quando os riscos e as recompensas cabem inteiramente ao indivíduo, isso não é privatização?

Mas esperem, podemos fazer melhor ainda. A pressão para transformar a Seguridade Social num sistema de contas individuais tem sido feita em grande parte pelo Cato Institute. O plano de Bush originou-se diretamente de um projeto do Instituto, vários membros da comissão encarregada da reforma da Previdência tinham estreitos vínculos com o Cato e a maior parte da equipe de apoio saiu dessa entidade. Pode-se ler tudo sobre o papel do Cato no *site* que o próprio Cato organizou: www.socialsecurity.org.

E como se chama o projeto do Cato para promover as contas individuais? Ora: Projeto para a Privatização da Seguridade Social, é claro.

O que nos leva de volta à questão da intimidação. O Comitê Republicano não acha que pode realmente convencer alguém de que a privatização não é privatização. Mas esse não é o verdadeiro objetivo. O memorando não diz como deve ser feita a comunicação com o público; é uma lista de exigências a serem feitas aos jornalistas. Como observou Joshua Marshall em www.talkingpointsmemo.com, o objetivo é "pressionar os jornalistas para que deixem de usar a palavra 'privatização' nesse contexto".

E a tática de intimidação provavelmente vai dar certo. Na verdade, já está funcionando. Como observa Marshall, ao entrevistar recentemente o líder da minoria na Câmara, Richard Gephardt, Judy Woodruff da CNN seguiu direitinho as instruções do memorando do Comitê Republicano.

Infelizmente, não se trata simplesmente de Seguridade Social. Quando um governo acredita que pode empregar com sucesso a tática de pretender que preto é branco e que estar em cima é o mesmo que estar embaixo — e tudo indica que acredita nisso —, é difícil imaginar onde o processo vai parar. O hábito de ignorar a realidade inconveniente, e supor que a mídia dócil vai fazer o mesmo, em pouco tempo contamina todos os aspectos da política. E, sim, nisso estão incluídas as questões de guerra e paz.

O problema é que a realidade acaba aparecendo. E, caso você queira saber, ignorância não é força.

PARA O POVO

29 de outubro de 2002

Macabro, mas verdadeiro: enquanto Minnesota chora a morte do senador Paul Wellstone, muitos habitantes do estado estão recebendo folhetos com a imagem de uma sepultura. Esses folhetos, distribuídos por um grupo de comerciantes conservadores, denunciam o apoio dado pelo senador à manutenção do imposto sobre a transmissão de herança. Sob a imagem da sepultura, parte do texto dizia: "Paul Wellstone não quer apenas cobrar impostos de você e dos seus negócios a ponto de você e os negócios serem levados à morte... ele quer tributar você até mesmo no Além".

Justiça seja feita, o pessoal que enviou esses folhetos — redigidos de maneira cautelosa, para que o custo da postagem não entrasse como contribuição para a campanha — não tinha idéia de como pareceriam de mau gosto nas atuais circunstâncias. De qualquer modo, servem como epitáfio para nos lembrar o que Paul Wellstone significava e como ele foi corajoso ao adotar as posições que adotou.

Às vezes, parece que os americanos esqueceram o que significa coragem. Aqui vai um indício: falar duro não faz de você um herói, você precisa correr riscos pessoais. E não estou me referindo apenas a riscos físicos — embora seja curioso que os nossos maiores patriotas jamais se coloquem em posições vulneráveis. O que deveríamos exigir de nossos representantes em Washington é a disposição de assumir riscos políticos — defender um princípio, mesmo que isso resulte na necessidade de enfrentar poderosos grupos de interesses.

Paul Wellstone correu riscos. Todos reconhecem que ele foi um político que votava de acordo com suas convicções, que apoiava o que considerava justo, não o que achasse que iria ajudá-lo a ser reeleito. Adotou posições arriscadas em muitas questões: concordemos ou não, temos que admitir que seu voto contra a guerra no Iraque foi um ato singularmente corajoso. Mas o tema mais consistente em seu desempenho dizia respeito à economia — seu corajoso apoio aos interesses do americano comum contra o poder cada vez maior da nossa plutocracia emergente.

Na nossa política dominada pelo dinheiro, esta é uma posição perigosa de se assumir. Quando Wellstone se candidatou pela primeira vez ao Senado, seu adversário gastou sete vezes mais do que ele na campanha. Segundo um de seus assessores, o sucesso dessa campanha rudimentar, feita de dentro de um velho ônibus escolar, demonstrou que "o populismo voltara a encontrar o seu lugar na atividade política".

Se fosse verdade... Quase todos os políticos nos Estados Unidos de hoje querem dar a impressão de ser populistas. Pode-se observar que, quanto mais um político serve docilmente aos interesses dos ricos e das grandes empresas, mais suas maneiras se tornam informais e folclóricas. Mas ser um populista autêntico, alguém que realmente tenta se contrapor às politicas de "Robin Hood às avessas", como dizia Wellstone, não é fácil. É preciso enfrentar o poder não só do dinheiro, mas também de uma hipocrisia constante e desavergonhada.

E é por isso que aqueles folhetos são o exemplo perfeito do que Wellstone combatia.

De um lado, incluir o tópico da eliminação do imposto sobre a transmissão de herança no projeto de corte de impostos federais do ano passado constitui o exemplo mais espantoso de como o nosso sistema político serve aos interesses dos ricos. Afinal, o imposto sobre a herança afeta apenas uma minoria de famílias; o grosso do imposto é pago por uma elite minúscula. Na verdade, o fim do imposto sobre a herança beneficia a tal ponto os ricos que os defensores do corte de impostos do ano passado — como o senador Charles Grassley, republicano de Iowa, que divulgou uma carta tendenciosa no *Times* de sexta-feira passada (25 de outubro de 2002) — sempre o omitem prudentemente nos cálculos sobre quem se beneficia. (A carta falava somente do imposto de renda; se tivesse incluído os efeitos da eliminação do imposto da herança, o senador teria sido obrigado a admitir que mais de 40% dos benefícios desse corte de impostos iriam para o grupo mais rico da população correspondendo a 1% das pessoas.) Extinguir o imposto da herança diante de déficits orçamentários significa tornar os ricos mais ricos ainda enquanto são cortados serviços essenciais para a classe média e os pobres.

Por outro lado, o debate sobre o imposto da herança ilustra a hipocrisia que caracteriza a nossa política, porque a rejeição do "imposto da morte" é apresentado, por incrível que pareça, como uma questão populista. Devido à propaganda constante e generosamente financiada — da qual o folheto sobre Wellstone é um exemplo clássico —, milhões de americanos imaginam erroneamente que o imposto da herança afeta sobretudo pequenas empresas e fazendas e que sua eliminação favorece o homem comum. E quem paga por essa propaganda? Adivinhem.

É espantoso o que o dinheiro pode comprar.

Numa época de falsos populistas, Paul Wellstone era o artigo genuíno. Agora ele se foi. Será que outros terão a coragem de seguir o seu exemplo?

A MÍDIA EM AÇÃO

29 de novembro de 2002

Esta semana, Al Gore disse o óbvio numa entrevista em *The New York Observer*: "A mídia anda meio estranha em matéria de política e algumas vozes institucionais estão agindo como se fizessem parte do Partido Republicano."

A reação da maioria dos jornalistas da chamada "mídia liberal" foi um silêncio constrangido. Não entendo bem por que, mas há coisas que aparentemente não devem ser ditas, exatamente porque são nitidamente verdadeiras.

A agenda política da Fox News, para citar o exemplo mais importante, não tem nada de obscura. Roger Ailes, o presidente dessa rede de televisão, vem atuando como consultor do governo Bush. O apresentador Brit Hume, da Fox, chegou a reivindicar o crédito pela realização das eleições legislativas: "Foi por causa da nossa cobertura que elas ocorreram", ele disse a Don Imus. "As pessoas assistem a nossos programas e recebem as dicas eleitorais. Ninguém pode duvidar da influência da Fox News nesses assuntos." (O comentário pode ter sido feito em tom jocoso, mas imaginem a reação se os democratas tivessem ganhado e Dan Rather tivesse reivindicado o crédito por isso, mesmo brincando.)

Mas o meu objetivo na coluna de hoje não é atacar a Fox. Quero abordar uma questão mais ampla: será que os interesses econômicos da mídia dificultam uma cobertura objetiva dos fatos?

Durante a maior parte dos últimos 50 anos, a política pública considerou os preconceitos da mídia como um problema potencial. Afinal, só havia três redes nacionais de televisão, um número limitado de estações de rádio e, em algumas cidades, apenas um ou dois jornais. Como seria possível impedir que aqueles que controlavam os meios de comunicação deixassem de abusar de sua posição?

A solução era uma combinação de regulamentos e diretrizes informais. A "doutrina da imparcialidade" obrigava a rede de radiodifusão a dar o mesmo tratamento a pontos de vista contrários. As restrições à posse dos meios de comunicação garantiam a existência de uma diversidade de vozes. E havia uma expectativa geral de que os principais órgãos de comunicação se mantivessem acima do tumulto e das divergências, estabelecendo uma nítida distinção entre o relato dos fatos e a opinião. O sistema nem sempre funcionou a contento, mas fixou alguns limites.

No entanto, nos últimos 15 anos, grande parte desse sistema foi desmantelado. A doutrina da imparcialidade foi abandonada em 1987. As restrições à propriedade dos meios de comunicação foram relaxadas e é provável que no ano que vem a Comissão Federal de Comunicações (FCC) elimine as restrições que ainda restam — talvez até permitindo que uma rede compre outras. E as diretrizes informais sobre reportagens abertamente sectárias também sumiram — pelo menos, desde que você seja sectário na direção certa.

A FCC diz que as regras antigas não são mais necessárias porque o mercado mudou. De acordo com a versão oficial, a nova mídia — primeiro a televisão a cabo, depois a internet — deu ao público acesso a uma grande variedade de fontes de notícias, eliminando a necessidade de diretrizes.

Mas será verdade? A televisão a cabo expandiu o campo do entretenimento disponível, mas não teve o mesmo efeito na cobertura de acontecimentos. Existem agora cinco fontes de notícias na televisão, em vez de três, mas esse aumento foi mais que compensado pela ação de outros fatores. A influência da cobertura pela imprensa escrita continua em seu longo declínio; e todas as cinco fontes de notícias na TV passaram a ser divisões de vastos conglomerados — as notícias são obtidas de AOLTimeWarnerGeneralElectric-DisneyWestinghouseNewsCorp.

E a internet é uma boa coisa para intelectuais e viciados em notícias — qualquer um agora pode ler os jornais do Canadá e da Grã-Bretanha ou tomar conhecimento de análises políticas de *think tanks* [institutos acadêmicos de pensamento]. Mas a maioria das pessoas não tem nem tempo nem disposição para isso. Realisticamente falando, a internet pouco faz para reduzir a influência das cinco grandes fontes de notícias.

Em resumo, temos uma situação cheia de conflitos de interesses. O punhado de organizações que fornecem a maior parte das informações tem interesses comerciais que inevitavelmente as tentam a dar uma certa direção ao noticiário, e, em geral, a se solidarizar com o partido governante. Já houve estranhos exemplos de notícias não veiculadas. Por exemplo, as manifestações de protesto contra a guerra no Iraque, que reuniram cem mil pessoas em Washington no mês passado — um acontecimento importante, qualquer que seja sua opinião sobre a questão — foram praticamente ignoradas por alguns dos principais canais.

Por enquanto, as tendências explícitas da mídia ainda são limitadas por velhas regras e velhas normas de comportamento. Mas em breve as regras serão abolidas e as normas vão se desfazer diante dos nossos olhos.

Será que os conflitos de interesses de nossa mídia altamente concentrada constituem uma ameaça à democracia?

Eu relatei; vocês decidem.

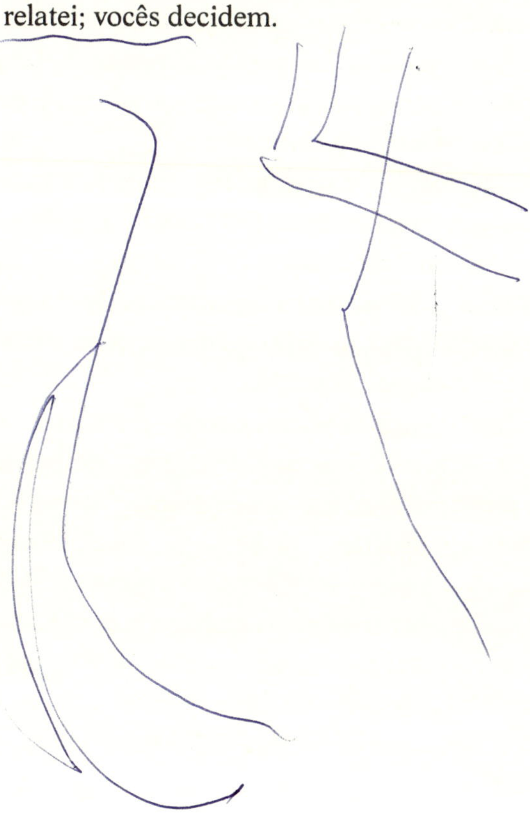

CAPITALISTAS DIGITAIS GANANCIOSOS?

6 de dezembro de 2002

Metáforas mal escolhidas resultam em má política. Todo mundo fala, por exemplo, da "estrada da informação". Mas, em termos econômicos, a rede de telecomunicações mais se parece com a indústria ferroviária da era dos magnatas capitalistas gananciosos — isto é, antes que tivesse de enfrentar a concorrência das frotas de caminhões. Todas as ferrovias acabaram sendo submetidas a rigorosa regulamentação por bons motivos — elas tinham um grande valor de mercado e acabavam abusando disso.

No entanto, as pessoas que decidem hoje sobre o futuro da Internet — acima de todos, Michael Powell, presidente da Comissão Federal de Comunicações — não parecem estar familiarizadas com essa história. Estão entusiasmadas com as maravilhas da desregulamentação, indiferentes às preocupações sobre domínio do mercado. E, enquanto isso, os barões magnatas de amanhã estão fortificando seus castelos.

Até recentemente, a internet parecia ser o exemplo perfeito do ideal do livre-mercado — um lugar onde milhares de provedores competem, onde qualquer um pode visitar qualquer *site*. E o setor tecnológico era o terreno fértil para o cultivo da ideologia libertária, dispensando qualquer ajuda ou supervisão de Washington.

Mas o mundo aberto e competitivo da internet discada dependia da própria regulamentação governamental que os entusiastas da internet condenavam. O serviço telefônico local tende naturalmente a ser um monopólio e, num mundo desregulamentado, as companhias telefônicas certamente insistiriam para que fosse utilizado o serviço de discagem que oferecem. O motivo pelo qual você tem escolha é que elas são obrigadas a operar como meros transmissores, deixando que os provedores de serviços utilizem suas linhas.

Há alguns anos, todo mundo esperava que isso fosse acontecer também na banda larga. A Lei de Telecomunicações de 1996 tinha o objetivo de criar um setor altamente competitivo de banda larga. Mas falhou; a prometida competição nunca se materializou. Por exemplo, no que me diz respeito, não tenho escolha: se quiser banda larga, tenho que usar o serviço de Internet fornecido pela empresa de cabo local. Sinto-me como um fazendeiro do século XIX que tinha de transportar os seus cereais pela Union Pacific. Se eu morasse em outra área, talvez tivesse algumas alternativas. Mas a verdade é que somente em algumas regiões dos Estados Unidos existe uma verdadeira concorrência no setor de banda larga.

E provavelmente será assim por muito tempo. A vontade política de adaptar a lei de 1996, a fim de criar na banda larga o tipo de ambiente livre com o qual os usuários da Internet estão acostumados já desapareceu.

Em março passado, a FCC usou linguagem ambígua — definindo o acesso à Internet por cabo como "serviço de informação" e não como telecomunicações — com o propósito de isentar as empresas de cabo da exigência de operarem como transmissores comuns. A Comissão provavelmente vai seguir a mesma orientação no tocante ao serviço DSL, que funciona com linhas da empresa telefônica local. O resultado será um sistema no qual a maioria das famílias e das empresas não terá possibilidade de escolher como chegar ao ciberespaço, de modo análogo aos agricultores do século XIX, quando se tratava de providenciar o transporte dos grãos que produziam.

Houve e há alternativas. Poderíamos ter restaurado a concorrência fragmentando o setor de banda larga, limitando as empresas telefônicas locais e as companhias de cabo à venda de espaço em suas linhas para provedores independentes da Internet. Ou poderíamos ter aceitado concorrência limitada e regulamentado os provedores da Internet do mesmo modo como costumávamos regulamentar a AT&T. Mas parece que estamos caminhando para um sistema em que não há nem concorrência nem regulamentação.

Pior ainda, a FCC tem eliminado restrições à propriedade cruzada das companhias de mídia e de comunicação. O dia em que um único conglomerado poderá ser dono do jornal local, de vários canais de televisão da região, da companhia de cabo e da empresa telefônica — proporcionando, assim, um único acesso possível à Internet — pode estar próximo.

O resultado de tudo isso será a cobrança de taxas de acesso exorbitantes, mas isso é o de menos. Os provedores de banda larga que não enfrentam concorrência efetiva nem regulamentos podem vir a dificultar o acesso dos seus clientes a *sites* que estejam fora do domínio — o que acabaria com a Internet como a conhecemos. E também há uma dimensão política. O que irá acontecer quando um punhado de conglomerados da mídia controlar não só o que você pode assistir, mas também aquilo de que você pode fazer um *download*?

Ainda há tempo de reconsiderar a questão; de fato, um bom número de parlamentares de ambos os partidos faz restrições ao trabalho que o senhor Powell vem desenvolvendo. Mas o tempo está se esgotando.

POR TRÁS DAS DIVERGÊNCIAS

18 de fevereiro de 2003

Tem havido muita especulação sobre a súbita tensão nas relações entre os Estados Unidos e a Europa. Será por causa de diferenças culturais? Será em função de fatos históricos? Mas não tenho visto muita discussão sobre um ponto óbvio. Temos opiniões diferentes porque as notícias que chegam até nós são diferentes.

Recuemos um pouco. Muitos americanos agora culpam a França pelo esfriamento das relações dos Estados Unidos com a Europa. Fala-se até em boicote de produtos franceses.

Mas a atitude da França nada tem de excepcional. As enormes manifestações populares de protesto no último sábado confirmam o que dizem as pesquisas de opinião, isto é, de que existe nas principais nações européias, independentemente das posições dos seus governos, uma profunda desconfiança em relação ao governo Bush e ceticismo em relação à guerra contra o Iraque. Na verdade, as maiores manifestações ocorreram em países cujos governos apóiam o governo Bush.

Houve importantes manifestações aqui na América também. Mas a desconfiança no exterior em relação aos Estados Unidos, mesmo entre nossos aliados britânicos, atingiu tal nível que uma recente pesquisa de opinião na Inglaterra apontou os Estados Unidos como a nação mais perigosa do mundo — mais do que a Coréia do Norte e o Iraque.

Então, por que os outros países não vêem o mundo como nós o vemos? Uma das principais razões é a cobertura da imprensa. O novo livro de Eric Alterman, *What Liberal Media?*, não enfatiza comparações internacionais, mas a diferença entre o noticiário que os americanos e os europeus recebem constitui uma clara demonstração do que o título da obra indica. Pelo menos quando comparada com sua correspondente, a imprensa estrangeira, a chamada mídia americana "liberal" é acentuadamente conservadora — e, nesse caso, até mesmo "linha-dura".

Não estou me referindo a jornais e revistas. Existem diferenças, mas os principais jornais dos Estados Unidos e da Grã-Bretanha pelo menos parecem estar descrevendo a mesma realidade.

No entanto, a maioria dos americanos recebe as notícias pela TV — e aí as diferenças são enormes. A cobertura da manifestação contra a guerra no sábado foi um lembrete de como o noticiário de televisão, sobretudo da TV a cabo, dá a impressão de focalizar um planeta diferente daquele coberto pela mídia estrangeira.

O que os espectadores de TV a cabo viram? No sábado, os apresentadores da Fox descreveram os manifestantes em Nova York como "os manifestantes habituais". A CNN não foi tão condescendente, mas na manhã de domingo, a manchete do site da rede dizia: "Manifestações contra a guerra encantam o Iraque", e as imagens mostravam comícios no Iraque, não em Londres ou Nova York.

Não foi dessa maneira que a mídia do resto do mundo descreveu os acontecimentos do sábado, mas foi perfeitamente natural no contexto. Durante meses, as principais redes de televisão a cabo dos Estados Unidos agiram como se a decisão de invadir o Iraque já tivesse sido tomada e que era sua tarefa preparar a opinião pública para a guerra iminente.

Portanto, não é de surpreender que o público-alvo esteja confuso quanto à distinção entre o regime do Iraque e a al-Qaeda. Pesquisas mostram que a maioria dos americanos acha que alguns ou todos os terroristas do 11 de setembro eram iraquianos, e muitos acreditam que Saddam Hussein esteve envolvido nos atentados, uma afirmação que nem o governo Bush chegou a fazer. E, já que muitos americanos pensam que a necessidade de uma guerra contra Saddam é evidente, concluem que os europeus que não pensam da mesma maneira são covardes.

Os europeus, que não vêem as mesmas coisas na televisão, estão muito mais propensos a se perguntar por que o Iraque — e não a Coréia do Norte ou, naturalmente, a al-Qaeda — tornou-se o foco da política externa americana. É por isso que tantos europeus duvidam dos motivos americanos, suspeitando que tudo gira em torno de petróleo, ou que o governo simplesmente escolheu um adversário fácil de derrotar. Eles não consideram a oposição à guerra contra o Iraque como covardia; pelo contrário, acham que é um ato de coragem, de resistência ao beligerante governo Bush.

Há duas explicações possíveis para as divergências na mídia transatlântica. Uma é que a mídia européia alimenta um persistente preconceito antiamericano que a leva a distorcer as notícias, mesmo em países como a Grã-Bretanha, onde os líderes dos dois maiores partidos são pró-Bush e apóiam um ataque ao Iraque. A outra é que alguns dos meios de comunicação nos EUA — atuando num ambiente em que o questionamento da política externa do governo é sinônimo de falta de patriotismo — passaram a considerar que sua missão é promover a guerra, e não apresentar uma mistura de informações capaz de propiciar o questionamento da justificativa para a guerra.

Qual é a certa? Eu relatei, vocês decidem.

CANAIS DE INFLUÊNCIA

25 de março de 2003

De modo geral, as recentes manifestações de rua a favor da guerra não reuniram tantos participantes quanto as manifestações contra a guerra, mas certamente foram veementes. Uma das mais impressionantes foi a que se realizou depois que Natalie Maines, cantora do grupo Dixie Chicks, criticou o presidente Bush. Uma multidão se reuniu em Louisiana para ver um trator de 16 mil toneladas esmigalhar uma coleção de CDs, *tapes* e objetos diversos do grupo musical. Para os que conhecem a história européia do século XX, essa cena lembra o quê? Mas, como disse Sinclair Lewis, isso não pode acontecer aqui (nos Estados Unidos).

Quem tem organizado essas manifestações a favor da guerra? A resposta é que os responsáveis são personalidades de destaque no mundo do rádio com estreitos vínculos com o governo Bush.

O comício para a destruição dos CDs foi uma iniciativa da KRMD, que pertence à Cumulus Media, uma cadeia de rádio que proibiu a transmissão de músicas do Dixie Chicks. No entanto, a maioria parte das manifestações pró-guerra no país foi organizada por emissoras de propriedade da Clear Channel Communications, gigante com sede em San Antonio, que controla mais de 1.200 estações, e cada vez mais domina as ondas sonoras.

A empresa afirma que as manifestações, intituladas Comícios Pró-América, decorreram de iniciativas de estações isoladas. Mas isto é improvável, segundo Eric Boehlert, que escreveu artigos bastante reveladores sobre a Clear Channel na *Salon*, porque a empresa é conhecida e criticada por controlar a rede com mão de ferro.

Até agora, as reclamações contra a Clear Channel dizem respeito à sua maneira de fazer negócios. Críticos alegam que ela usa o seu poder para esmagar gravadoras e artistas, contribuindo assim para a mediocridade cada vez maior das músicas difundidas pelo rádio. Mas agora parece que a companhia passou a usar seu poder para ajudar um dos lados numa disputa política que divide profundamente a nação.

Por que uma empresa de mídia intervém na política dessa maneira? Pode ser, claro, simplesmente uma questão de convicção pessoal de seus diretores. Mas a verdade é que existem bons motivos para que a Clear Channel — que se tornou um gigante somente há poucos anos, depois que a Lei de Telecomunicações de 1996 eliminou muitas restrições à propriedade dos meios de comunicação — mendigue favores do partido dominante. De um lado, a Clear Channel sofre pressões: por exemplo, está sendo processada por supostamente ameaçar cortar o tempo no ar de artistas que não querem fazer turnês com sua divisão de shows — e há até mesmo políticos que querem anular a desregulamentação que possibilitou o crescimento da empresa. Por outro lado, a Comissão Federal de Comunicações está considerando a possibilidade de desregulamentar ainda mais, o que poderia permitir à Clear Channel expandir-se, especificamente para a área de televisão.

Ou talvez a troca seja mais específica. Especialistas em bushologia não se surpreenderam quanto foi revelado que a Clear Channel estava por trás das manifestações pró-guerra, porque a direção dessa companhia tem uma história anterior com George W. Bush. O vice-presidente da Clear Channel é Tom Hicks, cujo nome deve ser familiar aos leitores das minhas colunas. Quando Bush foi governador do Texas, Hicks era presidente da Companhia de Administração de Investimentos da Universidade do Texas, Utimco, e Lowry Mays, presidente da Clear Channel, fazia parte do Conselho de Diretoria. Na gestão de Hicks, a Utimco colocou boa parte do fundo patrimonial da Universidade para ser administrado por empresas com fortes laços com o Partido Republicano ou com a família Bush. Em 1998, Hicks comprou o Texas Rangers, numa transação que fez de Bush um multimilionário.

Algo está acontecendo. Não está claro o que seja, mas parece que estamos assistindo a uma etapa na evolução de uma nova oligarquia americana. Como Jonathan Chait escreveu em *The New Republic*, "o governo e os negócios são intimamente associados na gestão de Bush". Em quase todos os aspectos da política nacional, os interesses dos negócios predominam: "Muitos funcionários do escalão intermediário... agora supervisionam indústrias para as quais trabalharam no passado." Já deveríamos ter percebido que se trata de uma estrada de duas mãos: se os políticos fazem favores para as empresas que os apóiam, por que as empresas não retribuiriam, fazendo favores a esses políticos — como, por exemplo, organizando manifestações "populares" do seu agrado?

O que torna tudo isso possível, naturalmente, é a falta de gente que esteja fiscalizando. Na questão de Clinton, o menor sinal de impropriedade rapidamente evoluía para um grande escândalo; hoje, os que vivem em busca de escândalos se voltam contra os jornalistas que ousam criticar. Afinal, vocês não sabem que está sendo travada uma guerra?

Parte IV

QUANDO OS MERCADOS FALHAM

QUEM NÃO ENTENDE de economia costuma pensar que há dois tipos de economistas: os adeptos do livre-mercado, de índole conservadora, e os que são a favor do "supergoverno", de tendência liberal, e que os dois tipos nunca se misturam. Na verdade, há muito menos discordância entre os economistas do que diz a lenda. Economistas com opiniões políticas liberais, como eu, quase sempre têm grande respeito pela eficácia do livre-mercado.

Mas respeitar o mercado não é o mesmo que endeusá-lo. Às vezes, o mercado falha — e nos últimos anos tem havido exemplos espetaculares do que os economistas chamam de "falhas do mercado", com péssimas conseqüências para o público.

O capítulo 12 trata da crise da energia na Califórnia no período 2000-2001, quando uma tentativa de deixar o mercado inteiramente livre, desregulamentando o mercado da eletricidade, resultou num desastre. A natureza do desastre foi ofuscada pelos rígidos preconceitos em relação ao livre-mercado. Tornou-se um artigo de fé para muita gente — e certamente entre os comentaristas metidos a sabidos — que o mercado sempre acerta e que os regulamentos governamentais são sempre um malefício. Portanto, quando a Califórnia de repente se viu às voltas com preços em alta vertiginosa e freqüentes apagões, muitos comentaristas *sabiam* que isso era o resultado de erros do governo, "desregulamentação defeituosa" (embora nunca tenham dito claramente em que consistia o defeito). E também culparam os ambientalistas, que supostamente tinham impedido que a indústria de energia desenvolvesse sua plena capacidade.

Mas abordei a questão com o espírito aberto e, melhor ainda, com suficiente conhecimento de economia para saber identificar os especialistas no ramo e entender o que eles estavam dizendo. Logo ficou claro para mim que o desastre da Califórnia não era conseqüência de uma produção insuficiente e sim da manipulação do mercado pelos produtores de energia e intermediários.

No início, fiquei praticamente isolado na defesa da minha posição; as provas, embora impressionantes, eram circunstanciais e se chocavam com os preconceitos reinantes. Mas acabaram surgindo indícios que convenceram até os não-economistas: memorandos detalhando estratégias para jogar com o mercado e até mesmo registro de conversas em que distribuidores instruíam os operadores das usinas geradoras a suspenderem as atividades. A essa altura, ficou claro que um imenso ataque ao mercado tinha sido efetuado em plena luz do dia, sem que ninguém percebesse o que estava acontecendo.

Por que as pessoas se mostraram tão dispostas a acreditar que os ambientalistas eram os culpados pela crise na Califórnia, quando não havia o menor indício nesse sentido? Isto pode ser atribuído a outro mito, o da incompatibilidade entre o livre-mercado e a proteção do meio ambiente. Uma coisa que os ambientalistas radicais e os defensores radicais do livre-mercado têm em comum é a crença de que os princípios da boa economia e os valores ambientais não se misturam. Mas isso não é verdade: a economia dos livros-texto nos dá bons motivos para proteger o ambiente, ao reconhecer que os danos ao ambiente representam um custo tão real quanto os gastos monetários convencionais. Economistas, eu entre eles, freqüentemente criticam o modo de atuação da nossa política ambientalista, mas é uma crítica aos meios, e não aos fins: uma regulamentação inteligente não significa menor proteção do ambiente.

Mas nossa atual liderança política, embora fale às vezes em tornar a regulamentação mais inteligente, parece querer, na verdade, menos regulamentação de qualquer tipo. O governo Bush é rigorosamente antiambientalista, talvez porque muitos de seus integrantes — assim como o dinheiro da campanha — são provenientes das indústrias extrativas (petróleo, carvão, lenha etc). O capítulo 13 descreve as políticas antiambientalistas do governo, juntamente com a desonestidade habitual usada para camuflar essas políticas.

O último capítulo desta seção dá uma rápida olhada em um assunto importante: o suposto fracasso das políticas de livre-mercado em outros países. Justa ou injustamente, grande parte do mundo acredita hoje que os Estados Unidos pressionaram alguns países a dar liberdade aos seus mercados e depois tiraram o corpo fora, quando a especulação com a moeda e outros desastres do mercado afligiram as suas economias. Neste livro, apresento alguns estudos de casos.

CAPÍTULO 12

A gritaria na Califórnia

A GRITARIA NA CALIFÓRNIA

10 de dezembro de 2000

A indústria da energia sem regulamentação na Califórnia, na qual produtores vendem eletricidade à vontade, deveria oferecer, segundo se esperava, energia mais barata e mais limpa. Mas, pelo contrário, o estado se vê às voltas com uma escassez de eletricidade tão grande que o governador desligou as luzes da árvore de Natal oficial — escassez que se revelou muito lucrativa para as empresas de eletricidade, suspeitas de manipular o mercado.

Essa experiência suscita dúvidas sobre o mérito da desregulamentação. E em termos mais gerais, constitui uma advertência sobre os riscos de se acreditar cegamente no mercado.

É verdade que parte do problema da Califórnia foi um aumento inesperado da demanda, o subproduto da prosperidade econômica. É possível que a crise tivesse ocorrido, mesmo sem a desregulamentação.

Mas talvez não. Nos velhos tempos, que não deixaram saudade, o poder monopolístico das empresas de energia garantia bons lucros, mesmo que houvesse excesso de capacidade. Assim, elas criaram mais capacidade do que precisavam, o suficiente para enfrentar até mesmo um inesperado aumento da demanda. Mas no mercado desregulamentado, em que preços flutuam constantemente, as empresas sabiam que, se investissem demais, os preços e os lucros despencariam. Portanto, relutavam em construir novas usinas de eletricidade — e foi por isso que uma demanda inesperadamente grande ocasionou escassez e uma subida vertiginosa dos preços.

Pode-se pensar que, a longo prazo, não há nada de errado nisso. Dispor de uma capacidade geradora extra era caro, e os custos eram repassados para o consumidor; num sistema com menos folga, embora os preços possam flutuar, o consumidor, na média, acaba pagando menos. Na verdade, as noções tradicionais de economia indicam que é uma boa coisa o preço da eletricidade aumentar exageradamente quando a oferta é insuficiente: é isso que dá às empresas incentivo para investir. Por conseguinte, é legítimo argumentar que não existe justificativa para a intervenção do governo — de fato, fixar limites máximos para o preço da eletricidade só agrava a situação: devemos confiar na competitividade do mercado para solucionar o problema.

Mas até que ponto o mercado da eletricidade é competitivo? Suponham que estejamos no mês quente de julho, com os aparelhos de ar-condicionado funcionando plenamente, e o setor de energia esteja prestes a atingir o auge de sua capacidade. Se uma parte dessa capacidade, por um motivo qualquer, fosse suspensa, a escassez resultante levaria os preços para níveis altíssimos. Assim, um produtor poderia aumentar os seus lucros, inventando problemas técnicos para fechar algumas de suas usinas, provocando o aumento dos preços.

Isso pode acontecer? Um estudo recente do Escritório Nacional de Pesquisas Econômicas, de autoria de Severin Borenstein, James Bushnell e Frank Wolak, cita indícios de que exatamente esse tipo de manipulação ocorreu na Grã-Bretanha antes de 1996 e na Califórnia durante os verões de 1998 e 1999.

Normalmente, não se esperaria que isso fosse acontecer nos meses mais frios, quando a demanda é menor. No entanto, as autoridades estaduais ficaram desconfiadas, com razão, a respeito da atual emergência no setor da energia na Califórnia — uma emergência precipitada pelo estranho fato de que 25% da capacidade geradora do estado esteja desligada em decorrência de consertos previamente programados ou de acidentes imprevistos.

Talvez as empresas de eletricidade californianas não estejam manipulando os preços. Mas elas têm claramente tanto meios como incentivos para fazer isso — e é surpreendente que os desregulamentadores não tenham se preocupado com isso e não tenham levantado as questões óbvias: se o mercado que eles se propunham a criar funcionaria realmente nas condições anunciadas.

E talvez seja essa a maior lição do problema: não se deve precipitar a marcha rumo a uma solução de mercado quando existem sérias dúvidas sobre a possibilidade de o mercado funcionar no caso. Tanto a análise econômica quanto a experiência britânica deveriam ter servido de advertência sobre o programa de desregulamentação na Califórnia, mas essas advertências foram ignoradas — assim como advertências semelhantes estão sendo ignoradas pelos entusiastas das soluções de mercado para todas as questões, desde a cobertura para compra de remédios com receita médica até a educação.

NÃO VALEU?

18 de fevereiro de 2001

"A traição nunca dá certo: por quê?" — perguntou *sir* John Harrington. "Ora, porque se der certo, ninguém mais vai chamá-la de traição." Felizmente, o que está em jogo hoje é de nível mais banal. A versão moderna seria: "A desregulamentação nunca falha: qual é a jogada? Ora, quando falha, dizem que não foi para valer."

À primeira vista, o debate sobre a eletricidade na Califórnia nos dá uma lição sobre os riscos da desregulamentação. A mágica do livre-mercado deveria, como se esperava, fornecer energia abundante, barata, limpa; em vez disso, o estado enfrenta não só escassez e preços em alta exorbitante, mas também apelos insistentes para que reduza os regulamentos sobre a qualidade do ar. Os únicos pontos positivos são algumas cidades, como Los Angeles, que dispõem de um sistema próprio de geração de eletricidade.

No entanto, aumenta o número dos que negam ter havido qualquer problema com a desregulamentação. Segundo a versão que parece estar virando a voz da sabedoria, burocratas intrometidos impediram que o estado tivesse uma desregulamentação "para valer". O que houve foi algo que não era nem uma coisa nem outra, que combinou o que há de pior nos dois sistemas. É uma visão tranqüilizadora: deixa que os verdadeiros crentes na infalibilidade do mercado mantenham suas convicções e também permite que os desregulamentadores de outros estados continuem a afirmar que o que aconteceu na Califórnia "não pode acontecer aqui".

Infelizmente, um exame mais atento das afirmações de que a desregulamentação californiana não foi "para valer" mostra que, embora o processo possa ter sido defeituoso, não foi isso que causou a catástrofe.

Para se entender os limites da desregulamentação na Califórnia, é preciso recordar que ela separou a indústria da eletricidade em duas partes. Os produtores, em geral controlados por empresas de fora do estado, geram a energia, que é vendida por atacado a companhias distribuidoras, que a vendem a varejo aos consumidores.

Pode-se dizer que a desregulamentação na Califórnia não foi abrangente porque, enquanto os preços no atacado eram livres, os preços cobrados ao consumidor pelas empresas distribuidoras continuaram sendo fixados pelo governo do estado. Isso significou que, mesmo quando a escassez provocava grandes aumentos no preço por atacado, as residências e os escritórios não tinham incentivo financeiro para economizar eletricidade. A história do controle sobre os preços no varejo é um tanto estranha; na verdade, foi uma medida temporária que pretendia beneficiar as distribuidoras, permitindo que obtivessem lucros extras na expectativa de uma queda dos preços por atacado. O resultado, porém, foi que essa rigidez dos preços no varejo tornou mais difícil para o estado lidar com a crise.

Mas teria feito muita diferença se os preços não fossem fixos? Tudo indica que, para reduzir a demanda em quantidade suficiente para eliminar a escassez de eletricidade, a subida dos preços no varejo teria que ser enorme — algo politicamente inaceitável. Na realidade, em San Diego as medidas iniciais de controle dos preços foram suspensas antes mesmo que a crise começasse. Mas quando os preços subitamente triplicaram no último verão, a gritaria de protesto forçou o reinício dos controles.

Outro aspecto em que a desregulamentação californiana se mostrou incompleta foi que os regulamentadores impediram as distribuidoras de fazerem contratos a longo prazo para adquirir energia, o que as obrigou a comprar eletricidade a preços por atacado no mercado a curto prazo. O crescimento vertiginoso dos preços no mercado à vista levou as distribuidoras quase à falência e obrigou o governo estadual a gastar bilhões de dólares para manter a energia em circulação. Se as distribuidoras tivessem garantido grandes suprimentos a preços mais baixos não estariam hoje falidas — mas estariam perdendo dinheiro.

Embora contratos a longo prazo pudessem ter protelado o dia do ajuste de contas financeiras, será que eles teriam conseguido garantir maior quantidade de energia disponível? Alguns dizem que sim: se uma parte considerável da produção estivesse ligada a contratos de longo prazo, os produtores teriam menos poder de mercado — isto é, menos incentivos para restringir a produção a fim de elevar os preços à vista. Os produtores, é claro, negam que estejam fazendo uma coisa assim, apesar de provas circunstanciais de que estão. Se aceitarmos suas negativas, concluiremos que contratos a longo prazo não teriam conseguido impedir a atual escassez de eletricidade.

Aliás, de quem foi a idéia de impedir os contratos a longo prazo? Em 1999, algumas das principais distribuidoras solicitaram o direito de assinar esses contratos. Os grupos de defesa do consumidor, no início relutantes, acabaram apoiando o pedido. Mas os regulamentadores o recusaram, sobretudo porque qualquer mudança nas regras enfrentava a oposição logo de quem, vocês adivinharam... dos responsáveis pela geração de eletricidade. Está sendo forjado um mito para fazer da Califórnia uma vítima, não do fracasso da desregulamentação, mas da ação de políticos com tendências mais ou menos socialistas que não deram à desregulamentação uma chance de ser bem-sucedida. Bem, mas não foi isso que aconteceu. Os defensores da desregulamentação deveriam parar de apresentar desculpas e analisar seriamente o que saiu errado.

O PREÇO DA ENERGIA

24 de março de 2001

Bem-vindos ao Cartel da Califórnia! Na semana passada, um relatório do Sistema Independente de Operações (ISO), que administra a rede de energia da Califórnia, tornou mais ou menos oficial: a crise de eletricidade no estado foi, em parte, resultado da manipulação do mercado pelos encarregados da geração de energia. O relatório alega que eles cobraram em excesso dos distribuidores mais de US$6 bilhões num período de dez meses.

É quase certo que o relatório será ignorado pelas autoridades federais. Mas voltarei a isso num minuto. Primeiro, há uma série de coisas mencionadas no relatório que gostaria de esclarecer.

O ISO não está querendo dizer que os produtores de energia fazem parte de uma grande conspiração. Na verdade, eu não deveria ter usado a palavra "cartel". Eles não precisavam conspirar: a lógica da situação tornou fácil, quase irresistível, cada companhia isolada manipular o mercado. Para acreditar que não manipularam o mercado, seria preciso considerá-los santos, ou péssimos negociantes, já que estariam desprezando uma excelente oportunidade de aumentar seus lucros.

Imagine a situação: é verão e o mercado da eletricidade na Califórnia está em fase de contração. Você é um dos poucos produtores a vender eletricidade por atacado. Com certeza o pensamento já passou pela sua cabeça: o que aconteceria com os preços se uma das minhas usinas geradoras parasse por acaso? E quando os donos de empresas começam a se inspirar nesse tipo de pensamento... bem, você já entendeu aonde isso pode levar, não é?

Também é importante entender que as acusações de que as companhias de eletricidade estavam restringindo a eletricidade para fazer os preços subirem não surgiram do nada quando a crise ocorreu; não se trata aqui de políticos em busca de um bode expiatório. Pelo contrário, os economistas já vinham alertando sobre a possibilidade de manipulação do mercado muito antes que a crise na Califórnia ocupasse as manchetes. Alguns economistas fizeram advertências antes mesmo da desregulamentação na Califórnia: havia provas claras de que o "poder monopolístico do mercado" constituía um problema na Grã-Bretanha, onde o movimento a favor de desregulamentação e da privatização começou a se desenvolver anos antes de chegar à América.

E as provas continuam a se acumular. Pouco antes de o ISO divulgar seu relatório, os economistas Paul Joskow e Edward Kahn escreveram um ensaio mostrando provas convincentes de que o "exercício do poder monopolístico de mercado" desempenhou um papel importante na elevação dos preços no verão passado. Os autores não são esquerdistas nem mesmo inimigos da desregulamentação. Eles apenas tentam analisar objetivamente as evidências, que apontam para a conclusão de que a retenção deliberada da eletricidade para fazer os preços subirem foi um fator de destaque na crise da Califórnia.

Ainda assim, é provável que Washington faça ouvidos moucos a essas provas. Conforme um artigo desse jornal explicou na sexta-feira, a Comissão Federal Regulamentadora de Energia (FERC), que supostamente deve fiscalizar e supervisionar o setor, tem agido ultimamente com muita docilidade. Fiquei chocado com a notícia de que a Comissão admite que as empresas geradoras de eletricidade "têm o potencial de exercer o poder monopolístico de mercado", mas isso, por si só, não justifica a conclusão de que elas o tenham exercido. Como eu já disse, os administradores dessas empresas devem ser santos, péssimos homens de negócios ou ambas as coisas.

O que é que os regulamentadores deveriam estar fazendo? Vejo com ceticismo as propostas para que produtores paguem multas elevadas; não está claro que se possa identificar qual a empresa responsável por esta ou aquela parte do problema, ou mesmo que as empresas estivessem fazendo algo ilegal. A FERC deveria impor um limite máximo aos preços por atacado. Isso diminuiria o prejuízo financeiro da Califórnia — o governo estadual está gastando mais de US$1 bilhão por mês para subsidiar a compra de eletricidade. E, num mercado em que "o exercício do poder monopolístico de mercado" é um fator importante, a fixação de um limite para o atacado poderia até fazer aumentar o fornecimento, porque as empresas não teriam mais incentivos para reter a eletricidade com a finalidade de aumentar os preços.

Mas isso não vai acontecer. Atribua-se a culpa à ideologia instintiva do livre-mercado ou à influência política das empresas (muitas das quais estão sediadas, isso mesmo, no Texas). Qualquer que seja a razão, é difícil imaginar um governo menos inclinado a simpatizar com o infortúnio da Califórnia do que o atual.

E se essa indiferença deixa os californianos indignados, é fácil compreender.

O VERDADEIRO LOBO MAU

29 de abril de 2001

Recebi há pouco tempo uma carta de um economista que respeito criticando a minha posição "estilo Nader" sobre a crise da eletricidade na Califórnia. Ele simplesmente não acredita que a manipulação do mercado por empresas geradoras seja um problema importante. Para ele, usar um argumento desse tipo é o que se poderia esperar de algum esquerdista radical que culpa os capitalistas gananciosos por todos os problemas, desde a pobreza no Terceiro Mundo até o alto custo dos aluguéis de apartamentos. De fato, a esquerda tem gritado tantas vezes "cuidado, o lobo mau!" que as pessoas sensatas aprenderam a não ligar mais para esses falsos alarmes.

Mas agora chegou um lobo de verdade, cujo comportamento predador tem causado tremendos prejuízos ao nosso estado mais populoso — e ninguém acredita.

Certo, a Califórnia teria caminhado para um verão de escassez de eletricidade, mesmo que não tivesse havido a desregulamentação do setor. E mesmo que houvesse concorrência no mercado de eletricidade por atacado, os preços subiriam nos períodos de maior demanda, transferindo bilhões de dólares das mãos dos contribuintes ou dos consumidores para as dos produtores.

Mas agora é impressionante a evidência de que não existe competitividade no mercado de energia californiano e que as ações dos produtores "mexendo no mercado" agravaram bastante a crise. O fato principal é que a Califórnia tem permanecido numa situação de constante escassez de energia e preços elevadíssimos no atacado, independentemente do nível da demanda. Uma série de apagões tem mantido o mercado de eletricidade convenientemente — e de maneira bastante lucrativa — em situação de escassez, mesmo durante periodos de pouca demanda, quando deveria haver excesso de capacidade.

Como assinalou Frank Wolak, o economista de Stanford que também assessora a rede de eletricidade na Califórnia, uma interrupção da corrente numa usina geradora é como um funcionário de uma firma dizendo que está doente. Não se pode afirmar com certeza se ele está realmente doente ou se decidiu tirar o dia de folga por outros motivos, mas pode-se procurar provas circunstanciais. E essas provas convenceram Wolak de que os produtores "utilizam interrupções voluntárias para diminuir a capacidade do mercado" — uma opinião compartilhada por um número cada vez maior de pesquisadores do assunto.

Isso nos faz abordar a mais recente iniciativa da Comissão Federal Regulamentadora de Energia (FERC). Na quarta-feira, a comissão aparentemente decidiu oferecer um certo alívio à Califórnia, fixando novos limites para o preço da energia. Digo "aparentemente" porque quanto mais se examina o plano, menos parece que vá proporcionar qualquer alívio. De fato, a medida foi aprovada, mas William Massey — o membro da comissão mais simpático ao controle de preços — votou contra, por julgar que a providência seria ineficaz.

O que há de errado com o plano da FERC? Primeiro, fixa os preços somente em situações de emergência — ignorando o fato de que os preços da eletricidade têm se mantido em níveis inexplicáveis, mesmo quando não há emergências. O plano foi concebido como se o mercado da eletricidade fosse realmente competitivo, apesar de todas as evidências em contrário.

Em segundo lugar, esses limites para situações de emergência estão cheios de buracos, dando ensejo ao que Wolak chama de "lavagem de *megawatts*" — vender energia a empresas afiliadas que, por um motivo ou outro, estão isentas do controle de preços (por exemplo, o controle não se aplica às "importações" de estados vizinhos) e depois revender ao mercado californiano. Severin Borenstein, do Instituto de Energia da Universidade da Califórnia, acrescenta que, como os preços autorizados dependem do custo da geração na usina menos eficiente, os produtores têm incentivo para operar com ineficiência: "Estou prevendo que vamos descobrir usinas, das quais nunca tínhamos ouvido falar, que estarão de novo funcionando e com bastante ineficiência."

A opinião geral é que o plano da FERC não pode ser levado a sério. Existem propostas sérias para amenizar a crise — no outono passado, Wolak apresentou uma proposta que foi bem recebida por outros especialistas — mas a FERC ignorou todas.

A interpretação mais generosa é que a FERC ainda não entendeu, ainda não tem coragem de acreditar que dessa vez o lobo mau existe de verdade. A interpretação mais severa é de que a iniciativa da última semana foi mesmo concebida desde o início para ser um fracasso. *The Medley Report*, uma publicação na Internet, chamou o plano da FERC de "mera pose, sem substância... uma esperta iniciativa do governo Bush, de caráter temporário, para desviar qualquer impacto político" do desastre que se aproxima.

Qualquer que seja a explicação, o fato é que a FERC e o governo ainda não ofereceram à Califórnia qualquer ajuda.

ACENDENDO A CALIFÓRNIA

27 de junho de 2001

Esses californianos molengas, com toda essa conversa confusa sobre conservacionismo e essa hostilidade à Superenergia, deveriam passar este verão, segundo se acreditava, no escuro. Mas o roteiro não está sendo obedecido pelos eventos. O verão chegou e até agora o fornecimento de energia não foi interrompido — e os preços têm-se mantido em níveis razoáveis. Na verdade, nos últimos dias, a eletricidade vendida por atacado, que custava no ano passado US$750 o *megawatt*, agora está custando menos de US$100, até mesmo menos de US$50.

Todos parecem relutar em comentar essas boas notícias, talvez com receio de que tudo que for dito em tom otimista possa ser desmentido pelo futuro. De fato, é possível que as coisas ainda venham a piorar. De qualquer maneira, o contraste entre as expectativas sombrias e o cenário relativamente benigno que estamos vendo pede uma explicação.

Uma razão importante para a melhoria da situação da energia na Califórnia é a conservação. Levando-se em conta as temperaturas, os consumidores da Califórnia estão usando 5 a 10% menos eletricidade neste verão do que se esperava.

Outra razão foi a queda acentuada do preço do gás natural, um fator importante no custo da geração de eletricidade. Falaremos disso daqui a pouco.

O fator principal nessa reviravolta, no entanto, foi que as usinas geradoras do estado estão novamente ligadas. Em março, com os aparelhos de ar-condicionado desligados, deveria ter havido um acúmulo de capacidade geradora. Mas cerca de 15 mil *megawatts* — um terço da capacidade total do estado — desapareceram misteriosamente. Agora, a capacidade ociosa é inferior a quatro mil *megawatts*.

Por que as usinas voltaram a funcionar? Ou, mais apropriadamente, por que não estavam funcionando quando o estado precisava desesperadamente de energia e os preços estavam muito mais elevados do que agora?

Muitos economistas se dispõem agora a aceitar a resposta um tanto inconveniente de que os produtores retiraram deliberadamente a eletricidade para fora do mercado, a fim de fazer os preços subirem mais. Até recentemente, as provas dessa manipulação eram apenas circunstanciais, mas foram agora reforçadas pelos depoimentos de ex-empregados de um dos produtores.

Então, por que a manipulação do mercado parou? Os produtores atualmente vendem a maior parte do que produzem por meio de contratos a longo prazo com o estado, o que reduz os incentivos para fazer os preços subirem no mercado à vista. Mas o fator principal talvez seja a intensa investigação pública, que culminou na recente decisão dos regulamentadores federais de fixar limites máximos de preços e que convenceu os produtores de que seria melhor eles se comportarem direito (os detalhes dos limites de preços acabaram sendo menos importantes do que o sinal de que os regulamentadores, finalmente, estão prontos para regulamentar).

A história do gás natural é parecida. No ano passado, a El Paso Natural Gas, que controla um dos principais canais que abastecem a Califórnia, arrendou uma parte da capacidade dessa fonte à sua própria subsidiária comercial. Essa subsidiária tem sido acusada de usar o controle que exerce sobre o gasoduto para reter o gás do mercado californiano, fazendo assim os preços subirem. A empresa nega a acusação e explica que um documento de circulação interna que fala sobre "a possibilidade de influenciar o mercado físico em benefício de qualquer posição financeira de proteção" não estava dizendo o que parecia estar dizendo. Mas quando o contrato de arrendamento expirou no início deste mês, os preços do gás na Califórnia caíram 50 por cento.

E assim, mais cedo do que se esperava, parece que o pior já passou. Uma seca ou uma onda de calor ainda poderão provocar alguns blecautes. Mas a passagem do tempo é favorável à Califórnia; algumas novas usinas passarão a funcionar dentro de algumas semanas e muitas mais virão no decorrer dos próximos 18 meses.

O grande perdedor nisso tudo — porque alguém sempre é prejudicado mesmo quando as notícias são boas — é, naturalmente, Dick Cheney, o arquiteto do plano de energia do governo Bush, que consiste em perfurar e queimar. Vocês devem estar lembrados de que Cheney descartava zombeteiramente o conservacionismo como sendo apenas "uma virtude de caráter pessoal" e fazia pouco das pessoas que acreditavam que controles de preços poderiam ajudar. Agora, de repente, as coisas melhoraram — em parte devido ao conservacionismo e em parte porque os controles dos preços e a ameaça de nova intervenção do governo dissuadiram os produtores de continuar manipulando o mercado.

O que afinal aconteceu foi que o senhor Cheney, que se orgulha de ser durão, comportou-se como um ingênuo sem contato com a realidade dos fatos. Os verdadeiros realistas eram os tolos que pensavam que a Califórnia poderia resolver sua crise economizando energia e levando os produtores de energia às barras da Justiça.

A ENRON PASSA DOS LIMITES

17 de agosto de 2001

Quando os deuses têm a intenção de destruir alguém, a primeira coisa que fazem é providenciar a capa da *Business Week*. A inclusão de uma foto de Jeffrey Skilling na capa da revista de 12 de fevereiro indicava que coisas ruins estavam para acontecer com a Enron e o seu novo executivo-chefe. E, de fato, na terça-feira Skilling se afastou do cargo alegando "motivos pessoais". No dia seguinte, admitiu que entre os motivos pessoais estava a queda de 50% no valor das ações da empresa desde janeiro.

Será que isso é apenas mais um exemplo de expectativas exageradas que resultaram em desapontamento, uma história que se tornou comum ultimamente? Não. Este caso tem um significado mais amplo. A Enron, sediada em Houston, está na vanguarda de um poderoso movimento que espera "financializar" (termo criado pela Enron) tudo que for possível — ou seja, negociar praticamente tudo como se se tratasse de opções na Bolsa.

Esse movimento gira em torno de política e de negócios e a empresa não tem hesitado em utilizar suas ligações políticas para fazer avançar a causa. Com a ida de George W. Bush para a Casa Branca — graças, em grande parte, à Enron, que atuou energicamente para promover sua campanha —, o céu parecia ser o limite.

Mas a financialização está dando cada vez mais a impressão de um movimento que foi longe demais.

No começo, a Enron era uma companhia de condutos de gás natural, espremida, como todas as companhias do gênero, numa camisa-de-força de regulamentos. Mas em meados dos anos 1980 o mercado de gás foi liberado, e Kenneth Lay, o executivo-chefe da época — e que agora está voltando para suceder a Skilling —, viu nisso uma grande oportunidade.

Ele transformou a Enron de uma companhia que transportava BTUs (unidades de energia) em uma que transaciona com contratos; como *Business Week* disse: a companhia ficou "mais parecida com a Goldman Sachs do que com a Consolidated Edison". A Enron se tornou a principal protagonista no novo setor do gás natural, agora desregulamentado. E como a desregulamentação deu bons resultados e o gás natural passou a ser o combustível preferido do país, o novo papel da Enron acabou sendo extremamente lucrativo.

Depois do gás, a eletricidade. Como a desregulamentação do setor de energia estava na moda nos Estados Unidos, a Enron assumiu o papel de corretora no ramo da eletricidade por atacado. Em pouco tempo, a companhia estava procurando novos mundos para conquistar: abastecimento de água, cabos de fibra ótica para banda larga, armazenamento de dados, até mesmo espaço publicitário.

Então as coisas começaram a dar errado. A Enron abandonou sua incursão no setor do abastecimento de água quando ficou claro que os governos de modo geral relutavam em confiar uma questão tão fundamental à mágica da "mão invisível" do livre mercado. E os céticos encontraram justificativa para essa falta de fé quando a desregulamentação do setor de eletricidade, que supostamente seria um exemplo de sucesso, descarrilhou espetacularmente na Califórnia.

Os verdadeiros crentes insistem que a crise de energia de 2000-2001, que transferiu dezenas de bilhões de dólares dos contribuintes para as empresas geradoras de eletricidade — e um bocado também para a Enron —, não foi uma condenação da desregulamentação, mas foi culpa de políticos intrometidos que não deixaram o mercado funcionar direito. Mas esta afirmação não convence, sobretudo porque é falsa. A verdadeira lição que a catástrofe na Califórnia ensina é que as preocupações que motivaram a adoção de regulamentos — o poder de monopólios e a ameaça de manipulação do mercado — continuam a ser problemas reais ainda hoje.

Governos estaduais e municipais, alertados pelo que aconteceu na Califórnia, serão, de agora em diante, mais cautelosos a respeito de desregulamentação. Há até um movimento para se regulamentar novamente o mercado da eletricidade. Isso significa menos oportunidades para a Enron porque o preço das suas ações depende da expectativa de que ela vai continuar encontrando outras Califórnias para explorar.

É claro que as pessoas que a Enron colocou na Casa Branca ainda estão lá e não parecem ter aprendido nada com o que aconteceu na Califórnia. É verdade que o governo Bush às vezes faz concessões em seus princípios de fidelidade ao livre-mercado — acredita, por exemplo, que produtores de eletricidade necessitam de subsídios, embora a escassez que esses subsídios deveriam impedir fosse imaginária (uma recente matéria de capa da revista *Barron's* referiu-se à "abundância de energia que está chegando").

Mas, em geral, a fé do governo Bush em mercados totalmente desregulamentados é inabalável. O novo chefe da Comissão Federal de Regulamentação da Energia — agência encarregada de fiscalizar essa área que se recusou abertamente a desempenhar suas funções no caso da Califórnia — é, vocês já adivinharam, um texano com estreitos vínculos com o setor de energia. O governo continua a acreditar que a "financialização" é o caminho certo para lidar com tudo, desde vales escolares até a Previdência Social. Mas está errado.

Esperemos que não seja necessária a ocorrência de uma série de catástrofes para que entendamos que há limites para aquilo que o mercado pode fazer.

A CUECA DO GAROTO GORDUCHO

10 de maio de 2002

Uma velha piada. Um fazendeiro ouve barulhos suspeitos no galinheiro. "Quem está aí?" O ladrão responde: "Ninguém. Só as galinhas." Satisfeito, o fazendeiro volta para a cama.

Isso ilustra bem o comportamento dos regulamentadores federais durante a crise de eletricidade na Califórnia. Como venho enfatizando há mais de ano, existem provas circunstanciais eloqüentes de que a manipulação do mercado teve um papel importante na crise. As empresas de eletricidade tinham o motivo, os meios, e a oportunidade para fazer os preços subirem vertiginosamente. E a crise apresentou exatamente as características que se esperaria no caso da manipulação do mercado exercer papel relevante: grande parte da capacidade geradora do estado permaneceu sem uso, mesmo quando os preços da eletricidade por atacado subiram 50 vezes acima do normal.

No entanto, as autoridades federais, de George W. Bush para baixo, só ofereceram à Califórnia sermões sobre as virtudes do livre-mercado. A Comissão Federal Regulamentadora de Energia (FERC), que tem por atribuição fiscalizar essas coisas, não achou provas de irregularidades. Basicamente, a FERC perguntou às companhias produtoras se elas estavam manipulando o mercado. "Quem, nós? Nunca!" E ficou por isso mesmo. Meu estudo favorito dentre os elaborados pela FERC foi aquele que descobriu que os produtores tinham a capacidade de "exercer o poder monopolístico de mercado", e que isso seria benéfico para eles, mas que não foi encontrada qualquer prova de que eles o tivessem exercido. Esses executivos do setor de energia devem ser sujeitos bem bonzinhos!

A importância dos memorandos (do tipo "batom na cueca") da Enron divulgados há alguns dias é que eles mostram exatamente como os executivos do setor de energia eram poderosos. Ficou claro que a Enron estava realmente manipulando o mercado com o uso de tramas de títulos pitorescos, como *Garoto Gorducho*, *Estrela da Morte* e *Peguem o Baixinho*. Quem disse que fazer negócios não é divertido?

Esses memorandos vieram a público apesar da evidente determinação da FERC de não enxergar o mal. (Sabemos agora que o governo Bush permitiu que a Enron escolhesse os membros da Comissão.) Como disse um funcionário do estado da Califórnia: "A Ferc é como aqueles pais que não querem acreditar que o filho adolescente está seguindo o mau caminho. Os memorandos são importantes porque equivalem a encontrar na mochila de um menino o diário em que ele confessa ter assaltado a loja de bebidas."

O grande risco agora é que isso seja tratado exclusivamente como uma história da Enron. Não é o caso: a Enron era principalmente um intermediário, não um gerador de eletricidade — e nessa condição não tinha um impacto muito grande nos preços da eletricidade. A história que realmente importa diz respeito a um certo número de produtores que manipularam o mercado. As provas circunstanciais dessa manipulação são impressionantes. E se não tivessem surgido ainda os memorandos sobre batom na cueca, o que se poderia esperar? A história que envolve a Enron mostra como é fácil para uma empresa esconder o que pode comprometê-la, especialmente quando os fiscais ficam passivos. Se a Enron não tivesse perdido sua influência por ter entrado em colapso, podem estar certos de que nunca teríamos ouvido falar do *Garoto Gorducho* e da *Estrela da Morte*.

Mas há um aspecto específico da Enron. Posso ter feito uma injustiça com o secretário do Exército, Thomas White. Ele dirigiu a Enron Energy Services, divisão que — eu pensava — era usada principalmente como um meio de gerar lucros falsos para inflar o valor das ações da empresa. Mas agora estou sabendo que a divisão tinha também outra função: criar falsas transações de energia, exagerando os lucros verdadeiros da Enron em detrimento do estado da Califórnia. Por que o senhor White ainda permanece no cargo?

O que realmente me incomoda nesta história, porém, não é o comportamento das empresas de energia. Nem mesmo o comportamento do governo Bush — que não só ficou de braços cruzados enquanto a Califórnia era roubada em cerca de US$ 30 bilhões, mas ainda aproveitou descaradamente a desgraça do estado para promover o seu plano de energia totalmente irrelevante. (Agora, é claro, o mesmo plano está sendo apresentado como essencial na luta contra o terrorismo.)

Não, o que me incomoda é a posição assumida por muitos comentaristas econômicos e políticos, que se recusaram a admitir que a catástrofe da Califórnia mostra os riscos da desregulamentação e de um amor excessivo pelo livre-mercado. Eles dizem que foi culpa da própria Califórnia, que criou um sistema "defeituoso" — um termo magnificamente vago que dribla a necessidade de explicar o que realmente aconteceu. Na verdade, o principal defeito foi que o sistema não contava com salvaguardas contra a manipulação do mercado.

Tenho certeza de que vai haver uma firme tentativa de se ignorar as últimas revelações. Afinal, por que deixar que os fatos atrapalhem uma bela teoria politicamente conveniente?

EM PLENA LUZ DO DIA

27 de setembro de 2002

"Você é um dos poucos produtores a vender eletricidade no mercado atacadista. Certamente, o pensamento já lhe passou pela cabeça: o que aconteceria com os preços se uma das minhas usinas geradoras por acaso parasse? Bem, quando os donos das empresas começam a se inspirar nesse tipo de pensamento... você já entendeu para onde isso pode levar, não é?"

Escrevi estas palavras numa coluna de março de 2001, quando a crise da eletricidade na Califórnia estava no auge. Mesmo então, os especialistas com os quais falei — economistas que acompanhavam de perto a situação e mantinham o espírito aberto — acreditavam que as empresas estavam criando deliberadamente a escassez. Mas somente nas últimas semanas, depois de uma série de relatórios e julgamentos adversos, a opinião pública está aceitando o óbvio.

E este é o verdadeiro mistério da crise na Califórnia: como foi possível um roubo de US$ 30 bilhões ocorrer em plena luz do dia?

Certo, sempre foi difícil surpreender atos específicos de manipulação do mercado. Franz Wolak, da Universidade de Stanford, compara as empresas de energia a empregados de uma firma ou um escritório que dizem que estão doentes: o padrão de comportamento é claro, mas, a não ser que você os pegue em flagrante, é difícil provar que estão fingindo uma doença.

No entanto, as provas se acumulam. Primeiro, houve aqueles memorandos da Enron. Depois, a Comissão de Serviços Públicos da Califórnia concluiu que a maioria dos blecautes que perturbaram o estado entre novembro de 2000 e maio de 2001 ocorreu não por inadequação de capacidade geradora, mas porque as principais empresas mantiveram desligada grande parte de sua capacidade naquele período. Recentemente, um juiz agindo a pedido da Comissão Federal Regulamentadora de Energia (FERC), concluiu que a

El Paso Corporation tinha se aproveitado de seu controle sobre um gasoduto para criar uma escassez artificial de gás natural.

Mas por que as empresas de energia acharam que poderiam fazer essas coisas sem serem punidas?

Uma resposta pode ser que os supostos malfeitores fazem grandes doações para as campanhas do Partido Republicano. Alguns analistas sugeriram que as empresas se sentiram à vontade para manipular o mercado porque acreditavam terem comprado proteção contra os regulamentos federais — os que costumam acreditar em teorias de conspiração assinalam que a maior escassez começou logo depois das eleições de 2000 e terminou quando os democratas assumiram o controle do Senado.

Os regulamentadores federais certamente pareciam decididos a não ver o mal e, acima de tudo, a não mostrarem as evidências às autoridades estaduais. Uma decisão prévia da FERC sobre a El Paso tinha sido, na opinião de muitos observadores, somente algo para inglês ver. Em outro caso, a AES/Williams foi acusada de fechar duas usinas geradoras, obrigando, assim, o sistema de energia a comprar energia a preços muito mais altos de outras usinas pertencentes à mesma companhia. Em abril de 2001, a Williams e a FERC chegaram a um acordo pelo qual a companhia devolveu o lucro extra, mas não ficou sujeita a qualquer punição — e a FERC tornou inacessíveis as evidências. Na semana passada, a CBS News informou que "regulamentadores federais têm em seu poder gravações que provam que os dirigentes da Williams Energy mandaram os operadores desligar as usinas. O governo lacrou as provas e as colocou em lugar escondido, recusando-se a revelar seu conteúdo". Trata-se do mesmo acordo?

Se isso é verdade, a FERC pegou em flagrante pelo menos uma empresa de eletricidade em meio à crise no momento em que as autoridades estaduais estavam suplicando a essa agência que tomasse alguma providência — e suprimiu as provas. O curioso é que esta história teve pouca repercussão nacional.

Por algum motivo, nunca foi considerado apropriado falar sobre o que estava realmente acontecendo na Califórnia. Quando a crise estava no auge, a maioria dos comentaristas adotou uma linha que punha a culpa em burocratas intrometidos, e não nas corporações em busca de lucros. Quando a crise acabou, logo virou notícia velha.

Talvez a nossa fé nacional no livre-mercado seja tão forte que as pessoas não querem falar sobre um caso em que o mercado funcionou muito mal. Mas ainda estou espantado com a falta de atenção dada não só ao desastre, mas aos indícios de que a verdade foi encoberta. Afinal, esse foi o mais espetacular abuso de poder monopolístico de mercado desde a época dos magnatas da indústria ferroviária (os *robber barons*) — e as autoridades nada fizeram para contê-lo.

E se a FERC foi tão estranhamente ineficiente durante a crise da Califórnia, o que podemos esperar das outras agências? De um extremo a outro do governo, do Departamento do Interior ao Serviço Florestal e à Agência de Proteção do Meio Ambiente, ex-lobistas das indústrias regulamentadas agora ocupam altos cargos na administração federal — e mostram-se pouco inclinados a criar problemas para seus antigos e futuros patrões.

Portanto, estaremos correndo riscos se ignorarmos a experiência californiana. Ao que tudo indica, ela prenuncia a forma que as coisas podem tomar em breve no país como um todo.

OS DELÍRIOS DO PODER

28 de março de 2003

Eles se consideravam realistas inflexíveis e achavam que aqueles que tinham dúvidas não passavam de resmungões de cabeça confusa. Não queriam prestar atenção aos que questionavam suas premissas, embora entre os céticos figurassem muitos dos analistas do próprio governo. Eles estavam extremamente confiantes — e, no entanto, com espantosa rapidez, tudo que disseram revelou-se comprovadamente falso.

Não, não estou falando da guerra; estou falando da força-tarefa de energia chefiada por Dick Cheney em 2001. No entanto, existem alguns paralelos curiosos. No momento, os comentaristas metidos a sabidos estão se perguntando como Cheney — que previu categoricamente que nossos soldados seriam recebidos no Iraque como "libertadores" — podia estar tão equivocado. Mas um recente e desconcertante relatório sobre a crise de eletricidade na Califórnia nos faz lembrar que Cheney, sempre seguro e confiante, errou também com relação a outros assuntos.

Na primavera de 2001, as luzes estavam se apagando em toda a Califórnia. Houve apagões e semi-apagões e o preço da eletricidade subiu bastante. No meio da crise, a força-tarefa de Cheney foi convocada a opinar. E concluiu que se tratava de um problema a longo prazo, causado por burocratas intrometidos e ambientalistas importunos que não estavam deixando as grandes corporações fazerem o que era necessário. Solução? Eliminar os regulamentos sobre a defesa do meio ambiente e dar ao setor de energia subsídios de bilhões de dólares.

Cheney menosprezou o conservacionismo, classificando-o de mero "sinal de virtude pessoal", e zombou dos funcionários da Califórnia que pediam controle de preços e diziam que a crise estava sendo exacerbada pela manipulação do mercado. Para sermos justos, a atitude sarcástica de Cheney sobre este último ponto era compartilhada por quase todos no meio político e na mídia — claro, estou batendo nas minhas próprias costas, felicitando-me por ter tido razão.

Sim, porque agora sabemos que Cheney estava errado.

A crise de energia na Califórnia nada teve a ver com as restrições ambientais e sim muito a ver com a manipulação do mercado. Em 2001, as provas eram basicamente circunstanciais. Mas agora a Comissão Federal Regulamentadora de Energia, que não acreditava na manipulação do mercado, divulgou novo relatório que traz uma visão diferente. O relatório, depois de apresentar provas diretas, incluindo conversas telefônicas, correio eletrônico e memorandos, concluiu que houve contínua manipulação do mercado. Não há mais dúvida: os episódios de escassez de energia na Califórnia foram em grande parte artificiais, criados por empresas que queriam provocar o aumento dos preços e dos lucros.

Ah, sim, e o que fez a crise acabar? Os fatores principais foram a conservação de energia e o controle de preços. Enquanto isso, devemos perguntar: o que aconteceu com aquela falta de capacidade de produção a longo prazo, que supostamente justificava a eliminação dos regulamentos ambientais e a distribuição de subsídios às grandes corporações? Meses depois da divulgação do relatório Cheney, analistas da Bolsa de Valores passaram a rebaixar a classificação das empresas de energia por causa da nova expectativa de uma abundância da capacidade de produção a longo prazo.

Em síntese, Cheney e seu grupo de realistas inflexíveis estavam vendendo fumaça: o relatório que prepararam descrevia um mundo de fantasia sem relação com a realidade. Como é que puderam errar tanto assim?

Uma resposta plausível é que Cheney tomou o cuidado de formar a comissão exclusivamente com pessoas de mentalidade idêntica; não consultou ninguém, a não ser os executivos das grandes empresas. Por conseguinte, a comissão ficou sujeita ao que, no jargão militar, se chama de "amplificação incestuosa", definida pela revista especializada *Jane's Defence Weekly* como "uma condição numa guerra em que somente são ouvidos aqueles que estão incondicionalmente de acordo, o que reforça convicções já estabelecidas e cria uma situação que leva a cálculos equivocados".

Outra resposta provável é que Cheney foi buscar conselho sobre o modo de se acabar com a crise consultando justamente as companhias que originaram a crise, em busca de lucros. Mas será que ele percebeu o absurdo da coisa?

Talvez nunca venhamos a saber o que realmente aconteceu nos bastidores da comissão, já que o governo Bush tomou precauções extremas para impedir que descobríssemos. Inicialmente, o Escritório de Contas da União, entidade apartidária, cuja missão é atuar como vigia, pareceu disposto a apurar a questão. Mas, segundo informou a publicação *The Hill*, os republicanos, depois das eleições para o Congresso, contataram o chefe da entidade e ameaçaram cortar seu orçamento se não voltasse atrás no intento de apurar a fundo o assunto.

E é isso que vai nos fornecer a moral da história. Nos últimos dois anos, Cheney e outros altos funcionários erraram o tempo todo — erraram sobre energia, sobre economia e sobre o orçamento. Mas táticas de pressão política e de intimidação conseguiram protegê-los das conseqüências adversas desses enganos. Assim, eles, e a nação, nada aprenderam com os erros — e os erros estão ficando cada vez maiores.

CAPÍTULO 13

Fumaça e espelhos

A VERDADE CRUA

9 de maio de 2001

O preço da gasolina voltou a subir e o governo se apressou para transformar isso em outro argumento a favor de sua estratégia energética, conhecida como "perfurar e queimar". Mas o exame das causas da atual escassez de gasolina sugere algo bem diferente: a conservação deveria ser um elemento fundamental de nossa estratégia para o setor de energia e justamente a pouca atenção dada às medidas de conservação tem sido um dos nossos maiores erros nessa área.

Expliquemos o básico: o aumento do preço da gasolina este ano nada tem a ver com escassez de óleo cru. Mesmo que já tivéssemos perfurado a tundra do Alasca e o fundo do mar ao largo da costa da Flórida, continuaríamos às voltas com o mesmo problema. O que atrapalha é a capacidade limitada do país de refinar o óleo cru para transformá-lo em gasolina.

Por que a capacidade de refino é inadequada? Nenhuma refinaria foi construída nos Estados Unidos nos últimos vinte anos, ponto enfatizado por Dick Cheney com visível deleite. O subtexto implícito, naturalmente, é que a culpa cabe aos ambientalistas, que se meteram no caminho da indústria do petróleo. Essa é a história, certo?

Errado. Os regulamentos de proteção ambiental podem ter dificultado de certo modo a produção das nossas refinarias. O problema não é o rigor dos regulamentos, mas sua falta de consistência: cada região tem regras próprias — como, por exemplo, a insistência dos estados do Centro-Oeste para que seja incluído na gasolina o etanol extraído do milho, o que fragmenta a produção em termos nacionais. Mas o motivo pelo qual a indústria não construiu nenhuma refinaria durante duas décadas foi que não havia necessidade disso. De fato, até o ano passado, o refino era uma atividade em persistente depressão, tendo que arcar com um excesso de capacidade.

Eis o que aconteceu realmente. Na esteira da crise da energia dos anos 1970, o cidadão comum nos Estados Unidos começou a economizar energia — não como "sinal de virtude pessoal", como diz o senhor Cheney, mas para poupar dinheiro. Os carros, especificamente, ficaram muito mais eficientes em termos de combustível. Enquanto isso, a indústria do petróleo recorria a processos de aperfeiçoamento do refino, e disso resultou um excesso de capacidade, mesmo sem terem sido construídas novas refinarias. Essa situação durou até o final dos anos 1990.

O que finalmente fez as restrições à capacidade de geração serem menos populares foi o aumento da demanda, devido, em parte, à prosperidade da era Clinton, mas sobretudo ao entusiasmo dos americanos por carros possantes, "bebedores" de muita gasolina — um entusiasmo provocado justamente pela gasolina barata. Em 1998, em comparação com a média dos outros preços de consumo, a gasolina era mais barata do que jamais tinha sido na história americana — 60% mais barata do que em 1981. O país correu, então, para voltar a comprar veículos cada vez maiores — mas, de repente, descobriu que a capacidade de refino estava esgotada. Os produtores não foram constrangidos por qualquer regulamento que os impedisse de construir novas refinarias: foram simplesmente apanhados de surpresa.

É preciso que vocês tenham todos esses fatos em mente quando analisarem os discursos recentes de Cheney. Escutando o que diz, fica-se com a impressão de que vivemos num país onde poderosas forças políticas se opõem à produção de energia e pregam a volta à idade das trevas. "Falar exclusivamente de conservação", disse Cheney em um de seus discursos, "é tentar fugir da complexidade das questões... ela não constitui por si só base suficiente para uma política de energia sólida e abrangente." Em outro discurso, ridicularizou a atitude daqueles que "dizem ao povo americano que ele deve viver no escuro, deve apagar todas as luzes". A versão de Cheney, portanto, é que sofremos escassez de energia porque conservacionistas radicais nos impediram de desenvolver a capacidade de oferta que as pessoas sensatas sabiam que era necessária.

Como quase tudo que este governo proclama, isso não passa de uma distorção cínica dos fatos. Desafio o senhor Cheney a apresentar exemplos de pessoas influentes que "falam exclusivamente de conservação", quanto mais alguém que diga aos americanos que eles têm de viver no escuro. Na verdade, quase nenhum político importante falou sobre conservação na última década — muito menos "exclusivamente".

Precisamos construir mais refinarias, mais usinas elétricas, mais oleodutos e assim por diante. Mas é ridículo sugerir que nossos problemas atuais de energia são o resultado de ênfase excessiva na conservação. Seria mais certo dizer que estamos em dificuldades agora porque nossos políticos não ousaram sequer usar a palavra.

QUEIMANDO COMBUSTÍVEL, *BABY*

20 de maio de 2001

Quem diria que Dick Cheney tem tanto senso de humor?

Ele nos fez rir às gargalhadas quando disse que o conservacionismo não passava de um "sinal de virtude pessoal". Mas a piada melhorou ainda mais na quinta-feira, com a divulgação do plano de energia do governo Bush. Cheney incluiu algumas medidas de pseudoconservacionistas só para constar. No alto da lista — vejam só — colocou um crédito fiscal a ser concedido às pessoas que comprarem carros híbridos (movidos a gasolina e a eletricidade).

No caso de vocês não terem entendido a piada: durante a campanha eleitoral, uma das táticas favoritas de Bush era zombar da proposta de Al Gore de — adivinharam! — oferecer crédito fiscal a quem comprasse carros híbridos. E fez muita gente rir porque denunciava a suposta preocupação do seu adversário com trivialidades. Agora, num gesto digno de uma sátira, Cheney apresenta a mesma proposta como a principal medida conservacionista do seu programa. Durma-se com um barulho desses!...

Parece que os comentaristas medalhões, depois de terem julgado erradamente Bush e Cheney durante a campanha, estão repetindo o equívoco. Sabemos agora que a retórica moderada usada por Bush durante a campanha era só uma fachada; mas acontece que a retórica de livre-mercado durante a promoção do corte de impostos também era falsa. Esse pessoal não acredita no livre-mercado, o que o faz vibrar é o *heavy metal*. Refinarias! Oleodutos! Usinas de energia nuclear! Isso é que vale a pena!

A fim de justificar sua paixão pelos tubos de aço, Cheney e seus colaboradores fizeram grandes esforços para forjar uma crise de energia — e também concluíram de repente que, afinal de contas, o livre-mercado não funciona. "Calcula-se", diz o relatório, "que nos próximos vinte anos o consumo de petróleo nos Estados Unidos aumentará 33 por cento". Cálculos feitos por quem? Não nos dizem. De qualquer modo, é um número muito alto. Nos vinte anos que terminaram em 1999 — o último ano para o qual existem dados oficiais — o consumo aumentou menos de 5%. Só posso imaginar que a equipe de Cheney esteja extrapolando a partir do súbito declínio do uso eficiente de combustível pelos carros nos últimos anos, desde que as pessoas começaram a preferir os veículos utilitários esportivos. E o que estão dizendo é que deveríamos basear nossa política energética na suposição de que essa tendência recente continuará inalterada durante décadas.

Isso não vai necessariamente acontecer. Na realidade, não vai acontecer, mesmo na falta de qualquer medida conservacionista séria. Para consumir tanto combustível quanto o relatório de Cheney calcula, todas as pessoas que hoje dirigem um carro comum teriam que comprar um carro utilitário esportivo (caminhonete), e todos os que hoje dirigem uma caminhonete esportiva teriam que começar a dirigir um veículo do tamanho de um tanque de guerra Sherman.

O que há por trás dessa escorregada matemática de Cheney? Claro que está querendo nos assustar para que apoiemos o relaxamento dos regulamentos ambientais. Porém, há mais ainda: o plano de Cheney prevê uma série de subsídios, explícitos e implícitos, para os produtores de energia. O libertário Cato Institute considera o plano um "conjunto de brindes e subsídios dados a todo tipo de *lobby* da energia em Washington". Estranho, não é? Se você é um trabalhador de salário baixo ou um consumidor de energia, o livre-mercado é sacrossanto — seria terrível se o governo lhe desse algum tipo de auxílio. Mas os produtores de energia aparentemente precisam de um estímulo especial para desempenhar suas funções.

Na verdade, não precisam, é claro. Cheney adora falar de nossa suposta necessidade de construir uma refinaria por semana durante os próximos vinte anos, dando a entender que se trata de uma tarefa hercúlea e que só pode ser realizada com grande ajuda de Washington. Mas os preços exobitantes da energia já desencadearam uma intensa atividade na construção de usinas geradoras de eletricidade, que vai acrescentar três ou quatro novas unidades a cada semana nos próximos anos. Como alguns brincalhões comentaram, se a indústria quiser cumprir a meta de Cheney terá que reduzir, isso sim, o ritmo do seu programa de construção.

A verdade é que o governo coloca tudo de cabeça para baixo. Afirma que temos pela frente uma crise de energia a longo prazo e que não existem soluções a curto prazo. A realidade é que, a longo prazo, as forças da oferta e da procura vão cuidar de nossas necessidades, com ou sem o dispendioso programa de assistência concebido pelo senhor Cheney. Precisamos é de uma estratégia para lidar com o problema temporário dos preços estratosféricos e dos imensos lucros fortuitos. Mas não adianta. É inútil esperar isso de Washington.

COMPARTILHANDO PREOCUPAÇÕES DA OPEP

5 de agosto de 2001

George W. Bush disse outro dia algo interessante sobre economia. Não estou brincando, não. Suas palavras foram diferentes da cantilena habitual de que os cortes de impostos solucionam qualquer problema; ele falou de improviso, expressando o que realmente pensa e sente. Pode-se dizer que suas observações nos permitiram penetrar em sua alma. E o que vimos foi que sua alma — ou talvez somente o coração — pertence às pessoas de qualquer nacionalidade que vendem petróleo.

Perguntaram recentemente a Bush o que pensava sobre a decisão da Organização dos Países Exportadores de Petróleo (OPEP) de reduzir a produção em um milhão de barris por dia. Essa quantidade equivale ao máximo que conseguiríamos por dia se perfurássemos a tundra do Alasca — resultado que só começaria a se concretizar no meio da próxima década. A decisão da OPEP de reduzir a produção, a fim de manter preços altos apesar da queda na demanda mundial, aparentemente vai contra os interesses dos Estados Unidos.

No entanto, Bush demonstrou grande simpatia pela causa da OPEP; tem-se a impressão de que ele compartilha as preocupações do cartel do petróleo. "É muito importante que haja estabilidade no mercado. Li algumas declarações de ministros da OPEP, explicando que a diminuição da produção visa apenas manter o mercado estável e previsível." Caso você esteja se perguntando se a declaração equivale a um endosso ao controle de preços, ou se Bush estava apenas sendo amável, o porta-voz Ari Fleischer não deixou qualquer dúvida a respeito: "O presidente acredita que é importante haver estabilidade — e a estabilidade pode assumir a forma de preços baixos ou de preços moderados."

Este é o mesmo homem que se vangloriava na última campanha eleitoral de que obrigaria o cartel a "abrir as torneiras". Será que a OPEP interpretou as palavras do líder americano como um sinal verde para novos cortes de produção?

Segundo um dos analistas entrevistados pela agência Reuters, o aparente endosso de Bush "deixou excitados vários ministros da OPEP".

Engraçado, não é? Quando a Califórnia se queixa do preço alto da eletricidade, ouve um sermão que afirma que não se pode desafiar a lei da oferta e da procura. Mas quando produtores estrangeiros se unem para impedir que os preços caiam em face da abundância de petróleo, o governo americano não só dá sua aprovação, como também adota a velha e desacreditada teoria de que os cartéis funcionam pelo bem do consumidor.

Este não foi o único caso em que o governo abandonou o princípio do livre-mercado quando a questão se direcionou para o petróleo. O projeto de lei aprovado pela Câmara na semana passada caracterizou-se pela indiferença em relação às conseqüências para o meio ambiente e pela ausência de medidas de conservação — o uso de padrões de eficiência de combustível poderia facilmente economizar mais petróleo do que jamais conseguiremos fazendo buracos na tundra.

No entanto, o mais espantoso é que constam do projeto mais de US$ 30 bilhões em subsídios e incentivos fiscais para os produtores de energia. Isto é mais surpreendente ainda pelo fato de que o dinheiro não anda sobrando: os republicanos estão esperando nervosamente as projeções do novo orçamento, que deverão mostrar, como todos em Washington supõem, que o corte de impostos [de Bush] eliminou os superávits orçamentários para o futuro previsível.

Assim, parece que muitos dos princípios seguidos pelo governo contêm uma cláusula especial que abre uma exceção quando se trata de petróleo. O governo diz às pessoas que elas devem confiar no livre-mercado e aceitar o fato de que os preços sobem e descem de acordo com as oscilações na oferta e na procura — a menos que essas pessoas transacionem com a venda de petróleo. O governo recomenda que as pessoas sejam auto-suficientes e que não contem com subsídios do governo federal — a menos que essas pessoas por acaso estejam vendendo petróleo. E o governo diz aos outros países que eles devem compreender que os Estados Unidos defendem os próprios interesses e que o nosso governo não se preocupa com a possibilidade de ferir suas delicadas sensibilidades — a menos que esses países por acaso estejam vendendo petróleo.

Bush foi ingênuo ao atribuir motivos altruístas aos ministros da OPEP, que não estão interessados em estabilidade, estão interessados em dinheiro — o dinheiro de vocês. E a atitude não foi um favor à economia mundial — pelo contrário, a queda dos preços era um dos fatores que os economistas diziam que poderia reduzir os riscos de uma recessão global. Por conseguinte, a decisão da OPEP de diminuir a produção, que Bush parece endossar, foi ruim para o mundo e para os americanos — exceto, claro, para aqueles que estejam vendendo petróleo.

A POLÍTICA CLIMÁTICA ARTIFICIAL

15 de fevereiro de 2002

Os consumidores espertos sabem que uma palavra a mais na descrição de um produto faz uma grande diferença, raramente para melhor. Desculpem-me os apreciadores da Velveeta, mas nem todos consideram que o "queijo processado" (artificialmente) seja um bom substituto para o velho queijo comum que todos conhecemos.

Para os desavisados, o compromisso assumido ontem por Bush de "reduzir a intensidade do gás causador do efeito-estufa" em 18% pode parecer uma disposição de diminuir os gases (sobretudo as emissões de dióxido de carbono liberadas pela queima de combustível fóssil) que causam o aquecimento global. É assim que a iniciativa está sendo analisada por alguns jornais. Mas a palavra extra "intensidade" faz uma grande diferença. Na verdade, o que o governo se ofereceu para fazer é quase nada; coerente com esse objetivo, anunciou também políticas específicas de alcance banal e que praticamente não terão qualquer conseqüência.

O que é "intensidade do gás causador do efeito-estufa"? É o volume de emissões dos gases dividido pelo Produto Interno Bruto. O governo diz que vai diminuir essa proporção em 18% ao longo da próxima década. Mas como está sendo prevista uma expansão de 30% do PIB no mesmo período, a proposta do governo, na verdade, permite um aumento significativo das emissões.

Mas, será que manter o crescimento das emissões em um nível inferior ao crescimento da economia indica pelos menos algum esforço para lidar com a mudança climática? Não, porque isso aconteceria de qualquer maneira. De fato, a meta do governo de reduzir a intensidade dos gases do efeito-estufa poderia ser alcançada sem necessidade de uma política específica — o que é uma boa notícia, porque, na realidade, o governo não está propondo qualquer política.

Os motivos que fazem a intensidade dos gases do efeito-estufa cair ao longo do tempo são complexos, mas a lógica da questão é simples: estamos nos tornando gradualmente uma sociedade pós-industrial em que os setores de serviços e conhecimentos crescem mais depressa do que o velho setor das indústrias básicas. Como transferir bits não exige tanta energia quanto mover grandes peças de metal, um dólar do PIB da "nova economia" em geral não requer a queima de tanto carbono quanto um dólar do PIB da economia tradicional.

Mas a velha economia ainda existe e a nova economia ainda usa uma quantidade considerável de energia — especialmente se os funcionários dos escritórios percorrem com seus possantes veículos utilitários grandes distâncias para irem de casa até o "mouse" no escritório e vice-versa. Assim, enquanto a economia cresce, a intensidade dos gases do efeito-estufa pode cair, mas as emissões desses gases — que prejudicam o planeta — continuarão a aumentar.

Então, o que o governo se propõe a fazer? Praticamente nada.

A principal política descrita ontem pelo governo consiste, na realidade, em um conjunto de créditos fiscais para atividades benéficas para o planeta — como a utilização da energia solar ou a retirada do gás metano que se encontra nos aterros de lixo. Não vale a pena analisar os pontos específicos da proposta como, por exemplo, por que o crédito fiscal foi o instrumento escolhido (ah, esqueci — os cortes de impostos são soluções para todos os problemas). De qualquer modo, o crédito é muito pequeno para fazer diferença. Oferece US$ 4,6 bilhões para os próximos cinco anos. Isto é menos de um *penny* por dia para cada americano. Vocês realmente acreditam que isso é suficiente para provocar uma mudança importante no modo como utilizamos a energia ou que é uma reação adequada a uma grande ameaça ao planeta?

E estamos falando da parte substantiva da proposta. A outra parte se refere à criação de um "registro": as empresas poderão, se quiserem, dar informações sobre suas emissões de gases do efeito-estufa. Se demonstrarem que houve redução nas emissões, elas receberão — bem, nada. Mas os futuros governos ficariam contentes.

A pergunta válida é por que um governo que não se interessa pelo problema das mudanças climáticas se sente obrigado a fazer essa exibição de atividades a respeito.

A resposta, naturalmente, é que, em matéria de defesa do meio ambiente, o governo está em descompasso com a opinião pública. Sua indiferença quanto ao destino do planeta seria bastante impopular, se fosse do conhecimento de todos.

Para lidar com essa ameaça política potencial, o governo Bush exagera os custos econômicos dos regulamentos ambientais. Na primavera passada, Dick Cheney deu a entender falsamente que os regulamentos ambientais tinham provocado a escassez da capacidade de refino; agora George W. Bush nos diz de modo implausível que o Protocolo de Kioto causará a perda de milhões de empregos.

Enquanto isso, o governo oferece um ambientalismo ilusório, anunciando políticas que podem parecer impressionantes, mas que são praticamente vazias.

Portanto, vocês compradores, fiquem alertas. O que o governo ofereceu ontem foi uma política climática artificial (como aquele "queijo processado" de que falamos no início do artigo) e que tem pouca semelhança com o produto autêntico.

DOIS MIL ACRES

1º de março de 2002

Segundo meus cálculos, meu espaço de trabalho ocupa apenas alguns centímetros quadrados do chão do escritório. Você pode duvidar, mas estou usando de uma metodologia geralmente aceita. Aceita, quer dizer, pelos que são a favor de se perfurar a Reserva Nacional da Vida Selvagem do Ártico (ANWR) em busca de petróleo.

Na semana passada, o secretário do Interior Gale Norton repetiu a resposta padronizada às preocupações sobre a exploração petrolífera numa das últimas áreas de vida selvagem na América: "O impacto será limitado a apenas dois mil acres do total de quase dois milhões de acres da reserva." Esse número foi extraído da versão do plano de energia Bush-Cheney aprovada pela Câmara dos Deputados, que promete que "a superfície ocupada pelas instalações de produção e suporte" não ultrapassará dois mil acres (oito milhões de metros quadrados). É uma visão tranqüilizadora: um minúsculo enclave de desenvolvimento praticamente perdido na vastidão do Ártico.

Mas não é nada disso. Trata-se de um truque. O desenvolvimento não ficará restrito a um pequeno enclave: segundo o levantamento feito pelo Serviço Geológico americano, o petróleo na região está muito espalhado, de modo que a perfuração teria que ser feita ao longo de toda a planície costeira. As estradas que ligam os postos de perfuração não estão incluídas no cálculo dos dois mil acres, pois não fazem parte da "superfície ocupada pelas instalações de produção e suporte". E quando se fala em "acres de superfície", a definição é muito restrita: um oleoduto pode ir-se alongando de um posto de perfuração a outro, mas a superfície que entrou na estimativa foi somente aquela em que estão situados os postos — e não aquela percorrida pelo oleoduto.

Bem, agora você compreende por que eu disse que trabalho numa área tão pequena. Segundo as definições que citamos (adotadas pelo projeto), meu "impacto" se limita às áreas do chão do escritório que têm alguma coisa em cima — por exemplo, os pés da minha mesa e da cadeira, assim como as solas dos meus sapatos. O resto não passa de um vasto deserto.

Há uma lição a ser aprendida com isso tudo e que transcende o impacto da perfuração petrolífera na terra do caribu. O governo, na tentativa de promover sua estratégia energética de "perfurar e queimar", recorre a uma publicidade enganosa. Quem acompanha essa história se surpreende com todo o barulho feito em torno do plano do Pentágono de disseminar informações falsas. Em que isso difere da política que já vem adotada?

Lembrem-se de que a tentativa de abrir a reserva aos trabalhos de perfuração petrolífera veio logo depois da divulgação de um plano do governo sobre o aquecimento global que não tinha qualquer substância, mas que foi apresentado como uma iniciativa importante. O que mais o governo disse de mentira sobre os seus planos de energia?

No topo da lista está, certamente, a afirmação de que perfurar na reserva do Ártico é uma questão de segurança nacional, a chave para acabar com nossa dependência do petróleo importado. A verdade é que o cenário preferido da Administração da Informação sobre Energia diz que, mesmo uma década depois que o projeto começar, o ANWR vai produzir apenas entre 600 mil e 900 mil barris de petróleo por dia — uma pequena fração dos 11 milhões de barris que importamos atualmente.

Também devemos citar a afirmação absurda de que a perfuração no ANWR criará centenas de milhares de empregos — afirmação baseada em um estudo feito há dez anos pela — adivinharam — associação comercial da indústria do petróleo.

Porém, o aspecto mais pernicioso da propaganda sobre energia feita pelo governo é o esforço constante de vincular a escassez de energia ao ambientalismo — um esforço que, agora ficou claro, muitas vezes foi conscientemente desonesto.

Por exemplo, na última primavera, Dick Cheney lamentou o fato de os Estados Unidos não terem construído nenhuma refinaria desde os anos 1970 e atribuiu o fato às restrições adotadas em defesa do meio ambiente. Escrevi uma coluna em maio enfatizando que o ambientalismo nada tinha a ver com isso, e que as refinarias não tinham sido construídas porque o setor estava com excesso de capacidade. O que eu não sabia então era que, algumas semanas antes, funcionários da Agência de Proteção do Meio Ambiente (EPA) tinham escrito uma crítica severa ao plano de energia de Cheney fazendo a mesma observação que fiz. A versão final do relatório Cheney, aliás, não diz abertamente que os regulamentos sobre a pureza do ar causam escassez de gasolina — mas sugere isso.

Agora, os cidadãos realmente empenhados no assunto podem identificar todas as falsidades — por exemplo, podem ler na Internet o que o Serviço Geológico dos EUA tem a dizer sobre as reservas de petróleo no Ártico. Mas fico me perguntando quando o governo vai interditar esses *sites*. Afinal, de acordo com as novas regras do secretário de Justiça John Ashcroft, as agências governamentais receberam instruções para não divulgarem informações, se possível; elas devem recusar pedidos de informação sempre que houver fundamentos legais para isso. E um levantamento honesto das reservas de petróleo em áreas ambientalmente delicadas pode ser útil aos terroristas — nunca se sabe.

DIAS DE AR IMPURO

26 de abril de 2002

No Dia da Terra, George W. Bush posou para uma foto de publicidade em pleno deserto e fez promoção de sua iniciativa sobre "céus límpidos". Os democratas zombaram e o chamaram de receptáculo dos interesses dos poluidores.

Há algo de bom que possa ser dito sobre os planos do governo a respeito da qualidade do ar? A resposta é sim. Mas — vocês sabiam que haveria um "mas" — o que há de bom é incompleto e inadequado enquanto as coisas ruins estão sendo impostas com entusiasmo e determinação.

O sistema atual de controle da poluição atmosférica não precisa ser inteiramente reformado. Nos anos 1970, a Lei do Ar Puro estabeleceu regulamentos rígidos, mas somente para "novas" fontes de poluição. As usinas geradoras de eletricidade já existentes, bem como as fábricas, foram tratadas com indulgência. A idéia era que, com o tempo, as fábricas velhas e sujas iriam fechando uma a uma.

O resultado era previsível. Os poluidores conseguiram manter as velhas fábricas em funcionamento exatamente porque elas estavam livres de restrições. As corporações aplicaram rios de dinheiro nas velhas instalações, ampliando sua capacidade, em vez de construírem novas.

O governo Clinton tentou reprimir essa prática, processando companhias que estavam criando novas fontes de poluição com o pretexto de preservar as velhas unidades. Naturalmente, os poluidores detestaram as novas regras e, na época da campanha eleitoral, contribuíram com milhões de dólares para a de Bush.

Deve haver um caminho melhor. De fato, há: é o chamado "limite e venda de emissões", que consiste em conceder às usinas já em funcionamento licenças para emitir determinada quantidade de poluentes — mas que podem ser vendidas a outras usinas. Isto cria um incentivo para reduzir a poluição das unidades mais antigas a fim de permitir que as licenças possam ser negociadas. O sistema de limites e vendas já foi instituído, com grande sucesso, para alguns tipos de poluentes, sobretudo o dióxido de enxofre. Ao diminuir gradualmente o número de licenças, o governo pode usar o sistema para conseguir a redução da poluição a longo prazo.

Não há dúvida de que a parte substantiva do plano do governo Bush para conter a poluição enquadra-se na fórmula do sistema de limite e venda, no que se refere ao dióxido de enxofre, ao óxido de nitrogênio e ao mercúrio. Então, de que podemos nos queixar? Infelizmente, de muita coisa.

Em primeiro lugar, o plano deixa de incluir o dióxido de carbono, que é a causa principal do aquecimento global. Além de violar uma promessa de Bush durante a campanha eleitoral, essa omissão cria um clima de incerteza quanto ao futuro do programa. Especialistas em meio ambiente dizem que seria muito mais barato reduzir as emissões de dióxido de carbono, como parte de uma estratégia integrada abrangendo múltiplos poluentes, do que acrescentar à lista o dióxido de carbono mais tarde, depois que as principais decisões sobre investimentos tiverem sido tomadas. Assim, não fazendo nada em relação ao aquecimento global, esse governo atrapalha também as políticas de futuros governos.

Em segundo lugar, o plano Bush ainda permite o dobro do volume de poluentes que os especialistas da Agência de Proteção ao Meio Ambiente (EPA), quando se manifestam privadamente, consideram adequado. Segundo documentos internos da agência governamental, o custo de uma redução adicional de 50% da poluição seria bem pequeno. Mas, aparentemente, o governo não quer pedir à indústria que faça nem mesmo esse pequeno gasto.

Finalmente, e mais importante, até o momento a iniciativa do governo sobre os "céus límpidos" não saiu do lugar: nenhum projeto de lei foi apresentado e não parece haver urgência em fazer algo. Enquanto isso, o governo está mostrando disposição para relaxar o processo de revisão das novas fontes de poluição, permitindo assim que aqueles que contribuem com doações para a campanha política dos republicanos economizem bilhões de dólares, já que não precisarão se preocupar com operações de limpeza, em detrimento do meio ambiente (especialmente nos estados do Nordeste). E, ao descartar a revisão das novas fontes de poluição, o governo pode estar pondo em risco o apoio político à sua própria iniciativa antipoluição. Enquanto estavam sentindo a pressão, as empresas poluidoras ansiavam por um novo sistema de controle, menos complicado. Agora, elas e seus poderosos aliados no Congresso preferem deixar as coisas como estão.

Há um clima de desesperança na EPA, onde recentemente o *ombudsman* liderou um pelotão de funcionários que pediram demissão. Os funcionários de carreira sentem que não contam com o apoio de seus superiores, que estão mais envolvidos em considerações políticas. Eric Schaeffer, que há pouco tempo se demitiu de um cargo de chefia na agência, resumiu assim a questão: "A EPA está viajando no banco dos passageiros e o setor de energia vai mostrando o caminho."

Portanto, o que está sendo oferecido é uma modesta iniciativa antipoluição, e mesmo assim quando e se o governo se dispuser a fazer algo. Vocês não sabem que estamos em guerra? Enquanto isso, os grandes poluidores recebem aquilo que compraram com suas doações para a campanha eleitoral: um passe livre que vale bilhões de dólares.

BUSH NO FOGO

27 de agosto de 2002

Prendam os suspeitos de sempre! O novo plano de George W. Bush sobre "Florestas Saudáveis" é uma espécie de paródia do procedimento padrão do governo. Vocês estão lembrados, não é? A mesma cantilena de que os ambientalistas causam os incêndios nas matas e as corporações tão boazinhas vão solucionar o problema, se deixarmos que atuem sem embaraços.

Estou sendo severo demais? Não, na verdade a situação é ainda pior do que parece. O plano de "Florestas Sadias" não se limita a destruir a proteção do meio ambiente; também aumenta os benefícios para as empresas.

Todos concordam que o maior inimigo da floresta é um urso bem-intencionado, mas causador de problemas, chamado Fumaça (Smokey). Os métodos usados durante várias gerações no combate a incêndios resultaram no perigoso acúmulo de arbustos inflamáveis e vegetação rasteira. E em algumas das florestas nacionais — não todas — é tarde demais para simplesmente reverter a política que vinha sendo adotada. Devido ao crescimento populacional e à ampliação das zonas urbanas, algumas florestas estão hoje perto demais de áreas habitadas e não se pode permitir de modo algum que peguem fogo.

É claro que o excesso de material inflamável em algumas das florestas nacionais precisa ser retirado, mas como? Bush afirma que isso não custaria muito, que existe, afinal, um almoço grátis: bastaria permitir uma maior derrubada de árvores para fazer lenha, o que deixaria as florestas menos densas, proporcionaria recursos valiosos e reduziria os riscos de incêndios.

Mas acontece que o material que precisa ser removido — árvores de pequeno porte e arbustos próximos de áreas habitadas — quase não tem valor comercial. Do ponto de vista da indústria, o que tem valor são as árvores grandes, plenamente desenvolvidas — o tipo que geralmente sobrevive aos incêndios — e que se encontram geralmente longe das áreas habitadas.

Assim, o governo se dispõe a fazer acordos com as empresas de corte e transporte de madeira: em troca da retirada do que tem de ser retirado, elas terão o direito de retirar o que provavelmente não deveria ser retirado. Observem que isso significa que, no fim de contas, como sabem os economistas, não existe mesmo almoço grátis. E esse plano faz surgir outros três problemas sérios.

Primeiro, a troca será realmente implementada ou os madeireiros cumprirão apenas uma parte do acordo? O Serviço Florestal, que seria o encarregado de pôr em prática o acordo, tem sido repetidamente criticado pelo Escritório de Contas da União, órgão fiscalizador pertencente ao Congresso, por má administração e por não prestar contas. E o Serviço, o que é característico deste governo, está sendo dirigido por um ex-lobista da indústria (em 2000, 82% das contribuições da indústria de produtos florestais para a campanha eleitoral foram para os republicanos). Não é preciso ser muito cínico para duvidar que alguém vai exigir que os madeireiros cumpram suas promessas.

Em segundo lugar, vincular a derrubada de árvores maduras à limpeza da vegetação rasteira é uma política incoerente. Suponham que o prefeito de Nova York Mike Bloomberg anunciasse que a Waste Management Inc. coletaria gratuitamente o lixo em Manhattan em troca do direito de lançar o lixo tóxico em Staten Island. Os moradores de Staten Island iriam protestar, argumentando corretamente que, se Manhattan quiser que seu lixo seja coletado, deve pagar pelo serviço; se a prefeitura quiser vender às empresas o direito de despejar dejetos em outros lugares, isto deveria ser tratado como uma questão separada. Do mesmo modo, se o governo federal quiser limpar a vegetação rasteira perto de zonas habitadas, deverá pagar pelo serviço; se quiser vender o direito de derrubar árvores maduras em outros lugares, deverá tratar separadamente a questão.

Com isso, chegamos ao último ponto: de fato, o governo não ganha dinheiro quando vende direitos aos madeireiros. Segundo o Escritório de Contas da União, o Serviço Florestal tem repetidamente desembolsado mais para organizar vendas de madeira do que obtêm com essas vendas. Quanto? É engraçado que você pergunte isso: no ano passado, o governo Bush parou de divulgar essa informação. De qualquer modo, o custo das vendas de madeira representa apenas uma fração dos verdadeiros custos orçamentários da derrubada de árvores nas florestas nacionais, que é coberta por centenas de milhões de dólares de subsídios federais, destinados principalmente à construção de estradas. Isto significa que, deixando de lado as questões ambientais, convencer as empresas a limpar a vegetação rasteira em troca do direito de derrubarem árvores em outras áreas provavelmente custaria mais aos contribuintes do que tratar diretamente do problema.

Portanto, como acontece com o plano de energia do governo, por trás da retórica de livre-mercado há um plano para aumentar os subsídios a corporações privilegiadas. Surpresa!

Um pensamento final: não seria bom que, pelo menos uma vez, o governo Bush, em relação a qualquer assunto, apresentasse um plano que não resultasse no enfraquecimento da proteção ao meio ambiente, não concedesse vantagens fiscais aos ricos nem às grandes empresas e não procurasse se esquivar da vigilância pública?

CAPÍTULO 14

Desastres no exterior

A DURA LIÇÃO DE HONG KONG

Fortune, 28 de setembro de 1998

Não contem para ninguém, mas descobri um astucioso esquema financeiro. Primeiro, alguns dos meus amigos bilionários fazem discretamente uma venda a termo de ações da Microsoft, depois espalhamos o boato de que Bill Gates endoidou; as ações da Microsoft despencam, e pronto! — ganhamos centenas de milhões de dólares.

Bem, pensando melhor, não é um plano tão bom assim. Afinal, não tenho amigos bilionários. E mesmo que os tivesse, haveria outro pequeno problema: meu plano me obrigaria a ter uma conversa interessante com a Comissão de Valores Mobiliários, que terminaria com um convite educado, mas firme, para que eu passasse uma longa temporada atrás das grades de uma prisão.

Portanto, vamos rever o plano. Em vez de conspirar contra uma determinada corporação, vamos conspirar contra um pequeno país. Fazemos uma venda descoberta na Bolsa desse país (sem ter a ação nas mãos — o que, no jargão do mercado, é conhecido como *short position*), depois vendemos uma quantia suficiente da moeda local no mercado de câmbio a fim de provocar uma corrida pela moeda. O Banco Central do país terá de aumentar as taxas de juros, fazendo o mercado despencar — e nós viveremos ricos pelo resto da vida.

Ah, há alguns detalhes que incomodam. Ainda vou precisar de amigos bilionários. No entanto, o principal problema é que posso ter tido a idéia tarde demais. Parece que alguns especuladores já tinham imaginado algo semelhante e foram adiante com o projeto. Ou, pelo menos, é o que afirma a Autoridade Monetária de Hong Kong, que, como tem sido noticiado, vem acusando investidores no mercado de futuros de uma conspiração deliberada para solapar a economia daquela cidade-Estado. Assim sendo, as autoridades despejaram dinheiro na Bolsa para estimulá-la e para esmagar os malfeitores. E, logo depois, proibiram a venda descoberta das ações de maior capitalização, ponto final.

Recuemos um pouco. O governo de Hong Kong é famoso por suas atitudes favoráveis ao *laissez-faire*. Nessa cidade, ninguém precisa se desculpar por ser especulador. As políticas da Autoridade Monetária têm sido constantemente não-intervencionistas. Ao criar um Conselho Monetário que fixou a paridade do dólar de Hong Kong com o dólar norte-americano, com a moeda local garantida em 100% pelas reservas dos Estados Unidos, ela chegou bem perto — mais do que qualquer outro Banco Central do mundo — de restaurar o padrão-ouro. Para os conservadores americanos, Hong Kong tem sido uma demonstração eloqüente de que a única coisa que um governo tem a fazer é assegurar uma moeda sólida e preservar os direitos de propriedade. O setor privado se encarrega do resto.

Por conseguinte, quando a Autoridade Monetária lançou sua guerra contra os especuladores, os adeptos do *laissez-faire* do mundo inteiro ficaram horrorizados, para dizer o mínimo. O que aconteceu com o princípio sagrado da não-intervenção?

Bem, não posso confirmar nem desmentir a existência de uma conspiração de especuladores contra Hong Kong. No entanto, muitos economistas concordam que existem situações em que uma moeda pode ser sujeita a ataques especulativos baseados em previsões que são, por sua vez, confirmadas pelos resultados desses mesmos ataques. Por exemplo, uma moeda potencialmente segura pode ser obrigada a se desvalorizar devido à queda de confiança dos investidores, e essa desvalorização, por sua vez, passa a justificar a falta de confiança dos investidores. Nessas circunstâncias, existem lucros potenciais para investidores que ficam vendidos a descoberto quanto à moeda e depois provocam deliberadamente um ataque que se autojustifica.

Hong Kong — que não quer prejudicar sua credibilidade desvalorizando a moeda, mas também não ousa aumentar as taxas de juros num momento em que a economia já atravessa uma fase de recessão — se enquadra perfeitamente no perfil de vítima dos especuladores. E enquanto denúncias anteriores da existência de uma conspiração se originavam de vozes contrárias ao Ocidente, como Mahathir, na Malásia, agora elas vêm de tecnocratas ultrarespeitáveis como Joseph Yam, principal executivo da Autoridade Monetária de Hong Kong.

Se Yam tem tanta certeza de que está havendo uma conspiração, por que não entrega aos regulamentadores as provas em seu poder e deixa que eles interroguem os suspeitos? A resposta é: que regulamentadores? Se eu conspiro contra uma ação na Bolsa de Valores americana, isso constitui uma violação das leis dos Estados Unidos. Mas se fundos de alto risco em Nova York atacam algum mercado financeiro no exterior, não está claro quem tem jurisdição, ou mesmo se alguém tem. Não importa que seja maior a nossa tendência a chorar por Hong Kong ou pela Argentina do que pela Microsoft. Estratégias especulativas contra companhias entram na esfera de atenção dos regulamentadores; contra países, não. E esta é a moral da história. Se quisermos identificar um tema no caos da história econômica dos últimos anos, aqui está: os mercados de capital são globais, mas as instituições que lhes servem de apoio e que os regulamentam — que lhes permitem funcionar — continuam sendo nacionais. É difícil imaginar como poderiam ser criadas nesse campo instituições verdadeiramente globais — como poderíamos, por exemplo, processar corretores americanos que trabalham em Londres por estarem manipulando algum mercado na China. Mas até que encontremos um meio, a situação continuará a ser espinhosa.

CHORANDO JUNTO COM A ARGENTINA

1º de janeiro de 2002

Embora a televisão tenha mostrado cenas de distúrbios populares nas ruas da Argentina, pouca gente nos Estados Unidos prestou atenção. É apenas mais um desastre num pequeno e remoto país do qual nada sabemos — um país tão remoto quanto o Afeganistão e igualmente com pouca probabilidade de afetar nossas vidas.

Não faço a comparação irrefletidamente. Muita gente aqui pensa que o que está ocorrendo é uma das habituais crises da América Latina — essa gente está sempre passando por algo assim, não é? — mas, aos olhos de grande parte do mundo, a política econômica seguida pela Argentina levava a etiqueta "fabricada em Washington". O fracasso catastrófico dessa política é, antes de tudo, um desastre para a Argentina, mas é também uma derrrota da política externa norte-americana.

Eis como a coisa é vista pelos latino-americanos: a Argentina, mais do que qualquer outro país em desenvolvimento, deixou-se convencer pelas promessas do "neoliberalismo" promovido pelos Estados Unidos (o termo "liberal" se associa, no caso, a livre-mercado, e não a Ted Kennedy). As tarifas foram radicalmente reduzidas, as estatais foram privatizadas, as multinacionais eram bem-vindas e o peso foi cotado em paridade com o dólar. Wall Street vibrou, o dinheiro fluiu: durante algum tempo, a economia de livre-mercado parecia ter-se justificado e seus defensores não cessavam de se vangloriar.

De repente, a situação degringolou. Não foi uma surpresa o fato de que a crise financeira asiática de 1997 repercutisse na América Latina, e, no começo, pareceu que a Argentina seria menos afetada do que os seus vizinhos. Mas, enquanto o Brasil se recuperou, a recessão na Argentina foi ficando cada vez pior.

Eu poderia explicar exaustivamente as causas da estagnação argentina: teve mais a ver com a política monetária do que com o livre-mercado. Mas os argentinos, como é fácil de se compreender, não podem se incomodar com essas distinções sutis — sobretudo porque Wall Street e Washington lhes disseram que livre-mercado e moeda forte eram inseparáveis.

Além do mais, quando a economia entrou em colapso, o Fundo Monetário Internacional — que grande parte do mundo considera, acertadamente, como um setor do Departamento do Tesouro americano — não ajudou em nada. Os funcionários do FMI sabiam há meses, talvez anos, que a política da paridade do peso com o dólar não conseguiria se sustentar. E o FMI poderia ter orientado a Argentina sobre a maneira de escapar da armadilha monetária e poderia ter oferecido cobertura política aos líderes argentinos quando fizeram o que tinha de ser feito. Em vez disso, os funcionários do Fundo — como aqueles médicos da Idade Média que insistiam em sangrar o paciente e repetiam o procedimento quando o paciente piorava — receitaram austeridade e mais austeridade, até o fim.

Agora, a Argentina mergulhou no caos — alguns observadores chegaram a compará-la com a República de Weimar. E os latino-americanos não consideram os Estados Unidos um espectador inocente.

Não sei quantos americanos, mesmo os que pertencem à elite, entendem isso. Aqueles que incentivaram a Argentina a seguir o seu curso desastroso estão agora ocupados em reescrever a História, culpando as vítimas. De qualquer modo, nós, americanos, temos dificuldade em nos ver como os outros nos vêem. Uma pesquisa recente da Pew indica que 52% dos americanos acreditam que nosso país é amado porque "faz o bem"; somente 21% dos estrangeiros e 12% dos latino-americanos pensam assim.

O que vai acontecer? A melhor chance de uma reviravolta na situação da Argentina seria uma desvalorização disciplinada da moeda, na qual o governo reduzisse o valor do peso em relação ao dólar e, ao mesmo tempo, convertesse em pesos parte da dívida em dólares. Mas atualmente isto parece uma possibilidade remota.

Em vez disso, o novo governo argentino — quando houver um — provavelmente vai atrasar o relógio. Vai impor controle cambial e cotas de importação, dando as costas ao mercado mundial; não se surpreendam se voltar à antiquada retórica do antiamericanismo.

E deixem-me fazer uma previsão: essas políticas retrógradas funcionarão, no sentido de que provocarão uma melhoria temporária na situação da economia — assim como ocorreu na década de 1930. Dar as costas ao mercado mundial é ruim para o crescimento a longo prazo; a própria história da Argentina é a melhor prova. Mas, como disse John Maynard Keynes, a longo prazo estaremos todos mortos.

Em abril, George W. Bush divulgou a idéia da Área de Livre Comércio das Américas (ALCA) como um objetivo importante da política externa, que construiria "uma era de prosperidade num hemisfério de liberdade". Se esse objetivo era realmente importante, acabamos de sofrer um grande revés. Não choremos pela Argentina; choremos junto com a Argentina.

PERDENDO A AMÉRICA LATINA

16 de abril de 2002

Muita gente, inclusive eu, julga que Hugo Chávez não é o presidente de que a Venezuela precisa. Mas ele foi eleito pelo povo daquele país — livre, justa e constitucionalmente. É por isso que todas as nações democráticas do hemisfério ocidental, por mais que antipatizem com Chávez, denunciaram na semana passada a tentativa de golpe contra ele.

Todas as nações democráticas, menos uma.

Foi assim que a BBC descreveu o que se passou: "Longe de condenar a derrubada de um presidente democraticamente eleito, as autoridades americanas atribuíram a crise ao próprio senhor Chávez" e ficaram "nitidamente satisfeitas com o resultado" — embora o novo presidente interino tenha se apressado a fechar o Congresso, suspender o Judiciário e abolir a Constituição. Decerto ficaram menos satisfeitas quando a tentativa de golpe fracassou. E a BBC acrescentou: "O retorno do presidente Chávez deixou Washington com cara de bobo." A assessora de segurança da Casa Branca, Condoleezza Rice, não melhorou as coisas quando, de modo inacreditável, recomendou ao presidente reconduzido ao cargo que "respeitasse os processos constitucionais".

Com certeza, a pior coisa nesse episódio foi a traição aos nossos princípios democráticos. Afinal, a expressão "do povo, para o povo, pelo povo" não tem de ser seguida pela ressalva "desde que convenha aos interesses dos Estados Unidos".

Mas mesmo considerada do ponto de vista da política externa realista, nossa atitude benevolente em relação ao golpe na Venezuela foi bastante tola.

É do nosso máximo interesse que a América Latina rompa o seu tradicional ciclo político, em que um populismo simplista se alterna com ditaduras militares. Tudo que tem importância para os Estados Unidos — comércio, segurança, combate às drogas e assim por diante — ficará melhor se contarmos com vizinhos estáveis.

Mas como essa estabilidade pode ser conseguida? Na década de 1990 parecia que tinha sido encontrada uma fórmula, com o nome de "nova ordem mundial". A reforma econômica poria fim à sedução do populismo; a reforma política eliminaria o risco da ditadura. E naquele período, por sua própria iniciativa, mas com incentivo dos Estados Unidos, a maior parte das nações latino-americanas se engajou de fato num processo impressionante de reformas econômicas e políticas.

Os resultados práticos foram desiguais. No lado da economia, onde inicialmente as esperanças eram maiores, as coisas não andaram muito bem. Não há milagres econômicos na América Latina — e ocorreram alguns desastres notáveis, o último dos quais foi a crise argentina. O melhor que se pode dizer é que algumas das vítimas desses fracassos, principalmente o México, parecem ter recuperado o equilíbrio (com um bocado de ajuda, deve ser dito, do governo Clinton) e evoluíram no rumo de um crescimento econômico modesto porém firme.

No entanto, os desastres econômicos não desestabilizaram a região. A crise mexicana em 1995, a brasileira em 1999, e mesmo a atual crise argentina, não fizeram esses países cair nas mãos de radicais ou líderes autoritários. O motivo é que o lado político saiu-se melhor do que o esperado. A América Latina tornou-se uma região de democracias — e essas democracias parecem bastante robustas.

Portanto, embora os Estados Unidos possam ter desejado uma nova estabilidade latina baseada na prosperidade, o que aconteceu foi o surgimento de uma estabilidade apesar de infortúnios econômicos, e isso graças à democracia. As coisas poderiam ser bem piores.

O que nos traz de volta ao caso da Venezuela. Chávez é um populista da velha escola e suas políticas têm sido desorientadas e incompetentes. No entanto, foi devidamente eleito numa região que aprendeu a respeitar a legitimidade democrática. O que os Estados Unidos esperavam ganhar com sua derrubada do poder? Certo, ele se entregou a uma abundante retórica antiamericana e tem criado problemas para a nossa diplomacia. Mas não representa uma ameaça grave.

Apesar disso, o que vimos foi a volta aos velhos tempos, quando qualquer ditador de direita podia contar com o apoio de Washington.

Nós nos aliamos a um bando de conspiradores incompetentes. Chávez desgostou grande parte do seu próprio povo; as manifestações que levaram à sua queda começaram com uma greve geral organizada pelos sindicatos. Mas o governo de vida curta instalado pela rebelião incluía representantes dos meios empresariais e das classes abastadas. Não admira que o golpe tenha falhado. Mas mesmo que tivesse sido bem-sucedido, nossa atitude continuaria a merecer a qualificação de estúpida.

Uma boa coisa tinha sido instalada no hemisfério — um novo clima de confiança baseado em valores democráticos comuns. Como fomos jogar isso fora de maneira tão leviana?

O CONTINENTE PERDIDO

9 de agosto de 2002

Na quarta-feira, o governo Bush, que se diz a favor de livre-comércio e contra operações de resgate financeiro, mais uma vez se contradisse. Há menos de duas semanas, o secretário do Tesouro americano Paul O'Neill criou um incidente diplomático e fez a moeda brasileira cair bruscamente, ao dizer que a ajuda dada àquele país acabava "indo para contas de bancos na Suíça". Agora, o Fundo Monetário Internacional, com a bênção do senhor O'Neill, vai fazer ao Brasil um empréstimo sem precedentes de US$ 30 bilhões.

Talvez seja bom que nossa liderança finalmente tenha acordado para dois fatos desconfortáveis: uma grande ameaça aos interesses dos Estados Unidos está se desenvolvendo no hemisfério e nem sempre é uma política sensata fazer o oposto do que o governo Clinton fazia. Na verdade, se o Brasil não tivesse obtido esse empréstimo do FMI, a crise financeira sul-americana, comparável à que atingiu a Ásia em 1997, poderia ter se transformado rapidamente em algo muito maior.

No entanto, estou apreensivo. Deixem-me primeiro explicar o que há de bom no empréstimo do Fundo e depois falarei sobre minha apreensão.

A boa notícia é que a atual liderança do Brasil é extremamente responsável. No passado, os empréstimos do FMI iam para governos que não recolhiam impostos (Rússia) ou estavam amarrados a uma taxa de câmbio insustentável (Argentina). Em comparação, o Brasil é um modelo de bom comportamento.

Então, por que há uma crise? Com eleições marcadas para outubro, o candidato escolhido para suceder a Fernando Henrique Cardoso está muito atrás dos dois candidatos de centro-esquerda. Os investidores estão nervosos e por isso ocorreu uma dessas quedas em espiral já freqüentes na história das crises monetárias. O receio de que o governo venha a se declarar inadimplente fez a moeda despencar e as taxas de juros subirem consideravelmente. Já que a maior parte da dívida é indexada ao dólar e a taxas de juros a curto prazo, a moratória parece uma opção provável.

O comentário de O'Neill foi imperdoável porque acelerou a queda; o empréstimo do FMI é uma tentativa de reverter a situação. Provavelmente, o resultado da gafe do senhor O'Neill foi dar ao Brasil uns US$ 10 bilhões extras.

Então, por que minha ansiedade? Talvez porque haja dúvidas sobre quem exatamente está sendo socorrido. Paul Erdman, escrevendo no CBSMarketWatch.com — numa coluna em que elogia o governo! — afirma: "O fato de que a ajuda ao Brasil também favorece bastante o Citigroup e o FleetBoston que, juntos, tinham quase US$ 20 bilhões empatados no Brasil e correndo riscos dificilmente deixará de ser notado quando chegar a hora de levantar fundos para a campanha eleitoral entre a elite de Wall Street."

Mais importante ainda: se olharmos além da questão da estabilização financeira a curto prazo, ficaremos sem saber para onde tudo isso está caminhando. As economias asiáticas estavam tendo um bom desempenho antes de estourar a crise e uma operação de resgate podia ser vista como um meio de colocá-las de novo de pé. Mas há uma razão para o ressurgimento da esquerda no Brasil e em outras regiões: é que tínhamos prometido um jardim de rosas, mas mesmo antes desta última crise muita gente só se deparou com espinhos.

Há uma década, Washington assegurou com firmeza às nações latino-americanas que, se elas se abrissem para o comércio exterior e o capital estrangeiro e privatizassem suas estatais, teriam um grande surto de crescimento econômico. Mas não foi isso que aconteceu. O caso da Argentina é catastrófico. Tanto o México quanto o Brasil eram considerados, há alguns meses, exemplos de sucesso, mas em ambos os casos a renda *per capita* hoje é apenas ligeiramente superior à de 1980. E, como a desigualdade aumentou bastante, muita gente hoje provavelmente está em pior situação do que há 20 anos. Não é de admirar que nessas circunstâncias o público esteja cansado de ouvir falar de mais austeridade e de disciplina do mercado?

Por que a reforma não deu os resultados prometidos? Esta é uma pergunta difícil e perturbadora. Eu também me deixei levar, embora não totalmente, pelo "consenso de Washington"; mas chegou a hora, como disse Brad

DeLong, economista de Berkeley, de caracterizar as posições de cada um: a crença que eu tinha de que nós, americanos, estávamos dando bons conselhos diminuiu muito. Compreende-se que os líderes latino-americanos queiram moderar o entusiasmo pelo livre mercado e empenhar-se em proteger os pobres e os trabalhadores.

O que isso me sugere é que os Estados Unidos deveriam agir com muita cautela no tocante ao que devem esperar dos recursos que aplicam. Tirar o Brasil do aperto não significa que estejamos novamente em posição de exigir que os latino-americanos ajam como desejaríamos, à nossa maneira. A verdade é que perdemos muita credibilidade entre os nossos vizinhos do Sul. Se exagerarmos em nossas exigências, perderemos o que ainda resta.

Parte V

UMA VISÃO MAIS AMPLA

COMO VOCÊS NOTARAM, a maior parte deste livro é sobre o que deu errado nos Estados Unidos nos últimos anos. Mas, embora o tema seja amplo, na realidade faz parte de uma história maior. Os americanos constituem, afinal de contas, apenas 5% da população mundial, e mais cedo ou mais tarde os problemas da política deste país vão diminuir. Esta seção tenta recuar para ter uma visão mais ampla e global do panorama.

De um ponto de vista humano, a globalização — termo abrangente que designa o crescimento do comércio mundial, a vinculação cada vez maior entre os mercados financeiros de diferentes países, e as muitas outras maneiras pelas quais o mundo está se tornando um lugar bem menor — é a questão prioritária do século XXI. E é também uma questão que tenho aprofundado em meus estudos acadêmicos. O título do capítulo 15 se deve aos meus pais, que uma vez me deram de presente uma camiseta com os dizeres "Global Schmobal" (algo como: "tolice global"). Quando perguntei o que significava, eles me explicaram que toda vez que eu comparecesse a uma conferência acadêmica e me perguntassem qual teria sido o assunto, eu deveria responder: "Oh, uma tolice global!" Bem, agora vocês conhecem a verdade sobre a minha vida acadêmica.

De modo geral, sou a favor da globalização — muito mais do que as pessoas com as quais concordo quando se trata da política americana atual. Na verdade, foram as minhas posições a favor do livre-comércio que me valeram a inimizade de Ralph Nader e de várias publicações liberais. Não mudei minha opinião a respeito. Grande parte do capítulo 15 é dedicada a argumentos favoráveis ao livre-comércio, aos seus benefícios para os países pobres e à falta de fundamento de algumas críticas que costumam ser feitas à globalização. Mas comércio não é tudo: nosso dever como seres humanos é ajudar os países pobres, e é um dever — como explico ali — que nós, como nação, não cumprimos.

O capítulo 16 também trata de uma visão mais ampla, mas sob um aspecto diferente. É sobre economistas e economia — sobre os profissionais que nos ajudam a entender a atividade de ganhar e de gastar, e como eles trabalham. Estes são textos mais alegres e positivos do que outros no resto do livro — até mesmo meu elogio a James Tobin é uma celebração de uma vida bem vivida. Minha grande esperança é que, um dia, todas as coisas ruins sobre as quais tive de escrever serão esquecidas, enquanto o trabalho desses economistas continuará a ser lembrado.

CAPÍTULO 15

Globalização e tolices globais

INIMIGOS DA OMC: ARGUMENTOS ESPÚRIOS

Slate, 24 de novembro de 1999

Se uma imagem, como dizem, vale por mil palavras, duas páginas do *New York Times* com mais de dez ilustrações podem substituir volumes inteiros. E o ostentoso anúncio de 15 de novembro publicado pelo Turning Point Project — uma coalizão de ativistas contrários à globalização em geral e à Organização Mundial do Comércio em particular — exprimiu mais do que uma comunicação meramente verbal poderia fazer sobre o que realmente motiva esses militantes. Na verdade, revelou até um pouco mais do que os patrocinadores desejariam.

O anúncio foi divulgado a propósito da reunião "ministerial" da OMC que será realizada dentro de alguns dias em Seattle. A OMC se tornou para a mitologia de esquerda o que as Nações Unidas representam para o movimento das milícias: o centro de uma conspiração global contra tudo que é bom e decente. Segundo o mito, a "ultra-sigilosa" OMC passou a ser uma espécie de entidade supergovernamental que obriga os países a se curvarem aos desejos das multinacionais. Destrói as culturas locais (o título do anúncio é "Monocultura Global"); saqueia o meio ambiente e menospreza a democracia, obrigando os governos a mudar leis que entram em conflito com os seus propósitos sinistros.

A exemplo de muitas lendas de sucesso, esta tem um fundo de verdade. A gradativa evolução global em direção ao livre-comércio, que começou nos anos 1930, quando Franklin Roosevelt introduziu o Programa de Acordos de Comércio, sempre dependeu de negociações internacionais: Vou reduzir minhas tarifas se você reduzir as suas. Mas sempre houve o problema dos governos que dão com uma mão e tiram com a outra, que eliminam tarifas, conforme o combinado, e depois arranjam desculpas para não permitir importações (exemplo francês: pratica-se o livre-comércio dentro da União Européia, mas as vacas loucas inglesas não são confiáveis). Para que os acordos funcionem, tem de haver um processo quase-judicial que determine se certas medidas no plano doméstico constituem de fato um restabelecimento de barreiras de comércio e, portanto, uma violação do acordo. Pelo sistema que vigorava antes da OMC — o Acordo Geral de Tarifas e Comércio (GATT) — o processo era demorado e complicado. Agora, é mais rápido e eficiente.

Algumas decisões da OMC são inevitavelmente contestadas. Será que a proibição americana da pesca do atum não foi uma barreira de comércio disfarçada? Mas o tão apregoado e temido poder da OMC de derrubar leis locais limita-se rigorosamente à execução dos acordos em vigor. De modo algum pode obrigar os países que se mostram céticos quanto aos benefícios da globalização a se abrirem mais ao comércio e investimentos internacionais. Se a maioria dos países, mesmo assim, está disposta a participar da globalização, é porque esses países acreditam que atende aos seus interesses.

E, de modo geral, estão certos. O fato é que todos os exemplos bem-sucedidos de desenvolvimento econômico no século passado — todos os casos de países pobres que conseguiram chegar a um padrão de vida mais ou menos decente, ou, pelo menos, muito melhor — ocorreram graças à globalização, isto é, produzindo para o mercado mundial e não tentando ser auto-suficiente. Muitos dos que se encarregam dessa produção para o mercado mundial são mal pagos, segundo os padrões do Primeiro Mundo. Mas para afirmar que empobreceram devido à globalização seria preciso ignorar as comparações no tempo e no espaço — ou seja, seria preciso esquecer que esses trabalhadores eram ainda mais pobres antes que os novos empregos no setor de exportação estivessem disponíveis e também ignorar o fato de que os que não têm acesso ao mercado global estão em situação muito pior do que os que têm acesso (ver a esse respeito um antigo artigo meu no *Slate*, "In Praise of Cheap Labor").

A crise financeira de 1997-99 forneceu temporariamente alguma munição aos que afirmam que a globalização é ruim para os trabalhadores em todas as áreas. Mas a crise não durou para sempre, e, de qualquer forma, a solução de crises futuras certamente vai envolver algumas restrições a movimentos de capital a curto prazo, em vez de exigir que a globalização seja posta de lado. Até mesmo os habitantes da Malásia continuam a receber de braços abertos os investimentos estrangeiros a longo prazo e confiam na exportação de manufaturados.

E o que dizer do meio ambiente? É inegável que algumas florestas foram devastadas para alimentar os mercados globais. Mas os países que não dão valor ao meio ambiente são capazes de danificá-lo enormemente sem precisarem da ajuda das multinacionais para isso — basta perguntar aos europeus do Leste. Os exemplos mais evidentes de destruição do meio ambiente no Terceiro Mundo nada tiveram a ver com a OMC. Os incêndios florestais que envolvem o Sudeste da Ásia em uma nuvem de fumaça todos os anos são provocados pela população local desejosa de mais terras; a destruição subsidiada das florestas tropicais da Amazônia começou como parte da política oficial brasileira de interiorizar o desenvolvimento econômico. No todo, a integração da economia mundial, que coloca as atividades nacionais sob vigilância internacional, provavelmente é uma força que leva a políticas ambientais melhores, e não piores.

Mas, de qualquer modo, estas são questões secundárias, porque o que aquele anúncio de que falamos no início deixa claro — mais claro do que os seus autores pretendiam — é que a oposição à globalização tem pouco a ver com baixos salários ou com riscos para o meio ambiente. Afinal, deixando de lado uma foto de tocos de árvores e outra da boca de um cano, aqui estão os horrores da globalização que o Turning Point Project escolheu para ilustrar:

Um viaduto, um estacionamento cheio de carros, uma cena de engarrafamento de trânsito, um conjunto de residências suburbanas, um prédio de apartamentos com antenas parabólicas, um escritório com muitos computadores, funcionários de escritório andando numa rua movimentada, arranha-céus, uma "fazenda industrial" com uma porção de galinhas, uma ala de supermercado e a fachada de uma lanchonete McDonald's.

Cada foto é acompanhada de uma legenda que diz: "Isto é Los Angeles ou Cairo?"; "Isto é a Índia ou Londres?" etc.

O que há de tão horrendo nas cenas mostradas? Eis como o texto do anúncio responde: "Há algumas décadas, ainda era possível sair de onde se morava e ir a algum lugar diferente. A arquitetura era diferente, a paisagem era diferente, a língua, as vestimentas e os valores eram diferentes. Era uma época em que podíamos falar de diversidade cultural. Mas, com a globalização, a diversidade está desaparecendo rapidamente."

Não se pode contestar isso; o turista preferiria poder visitar o interior rural da França, ou a Cidade do México, ou mesmo Kansas City como eram antigamente, e não como são hoje. Mas o mundo não existe para o prazer dos turistas. Ele existe, ou deveria existir, para o benefício do homem comum na sua vida cotidiana. E é aí que a indignação daquela gente do Turning Point começa a parecer estranha.

Porque certamente o que há de mais significativo naquelas fotos é que os supostos horrores da globalização ali mostrados representam, para a maioria dos habitantes do planeta, aspirações, coisas que gostariam de ter, e não ameaças. Engarrafamentos de trânsito e viadutos feios podem ser incômodos, mas muita gente aceitaria esses incômodos em troca da liberdade proporcionada pela posse de um carro (e mais ainda, o fato de ter recursos para comprar um). Conjuntos suburbanos e prédios de apartamentos podem ser feios, mas talvez sejam considerados paraísos, quando comparados com cabanas ou favelas. É preferível vestir um terno e trabalhar num escritório com computadores a executar um trabalho braçal e exaustivo numa plantação de arroz. E ninguém é obrigado a comer num McDonald's.

Naturalmente, o que é bom para uma pessoa pode não ser tão bom se todo mundo fizer o mesmo. Ter uma grande casa com jardim é um prazer, mas ver uma área rural invadida por conjuntos residenciais não é, e estaríamos vivendo melhor se pudéssemos concordar (ou ser convencidos por benefícios fiscais) em ocupar um pouco menos de espaço. O mesmo acontece na área das escolhas culturais. Moradores de Boston que são fãs de cantoras de ópera canadenses prejudicam as chances de cantores e compositores locais, e o ideal seria que as estações de rádio fossem obrigadas por regulamentos a tocar também música local. Mas há uma distinção sutil entre esses argumentos a favor de uma ação coletiva e um paternalismo arrogante, especialmente no que se refere a questões culturais. Estamos alertando as sociedades sobre conseqüências indesejáveis ou estamos simplesmente discordando de gostos individuais?

Está bem claro pelo anúncio no *Times* que o Turning Point Project e todo o movimento que representa se situam no terreno da arrogância. Embora falem de democracia e liberdade, sua principal exigência é que os indivíduos sejam impedidos de conseguir o que desejam — que os governos se sintam à vontade, ou sejam mesmo estimulados, para negar aos indivíduos o direito de dirigir carros, trabalhar em escritórios, comer *cheeseburgers* e assistir à TV por satélite. Por quê? Supostamente porque as pessoas seriam mais felizes se conservassem "sua linguagem, suas vestimentas e seus valores tradicionais". Assim, os espanhóis seriam mais felizes se se vestissem de preto e deixassem padres de mentalidade estreita controlarem suas vidas; e os habitantes da América do Sul seriam mais felizes se os donos de plantações ainda bebessem uísque misturado com menta, vestissem ternos brancos e aceitassem como natural a deferência que lhes era prestada pelos trabalhadores... em vez de viverem nesse "monótono" mundo moderno no qual Madri se parece com Paris e Atlanta é exatamente como Nova York.

Bem, desconfio que os moradores de Madri e Atlanta, embora sintam saudade das tradições, preferem a modernidade. E sabem de uma coisa? Acho que o resto do mundo tem o direito de fazer a mesma escolha.

OS SANTOS E OS LUCROS

23 de julho de 2000

"Os santos devem ser considerados culpados até se provar que são inocentes", escreveu George Orwell. Não creio que ele estivesse falando de hipocrisia — embora muitos supostos ascetas tenham algo a esconder. O ponto essencial é que existem outras tentações além da tentação da carne. E os que renunciam aos pequenos prazeres ficam mais vulneráveis à monomania, ao impulso de sacrificar o bem na busca do perfeito. Em outras palavras, cuidado com a causa de um rebelde que não goza a vida.

Alguns comentaristas deram muita importância ao sigilo que cerca as contas das organizações de Ralph Nader e às revelações de que as quantias pagas por suas palestras e as especulações na Bolsa fizeram dele um multimilionário, e também a insinuações de que seu estilo de vida não seja propriamente austero, ao contrário do que possa parecer à primeira vista. Mas o que deve preocupar os simpatizantes do movimento de Nader não são os seus vícios, se ele os tiver, mas suas virtudes — e sua tendência a impor essas virtudes a todos nós.

Nader não começou como um extremista. Pelo contrário: nos anos 1960, quando ficou famoso, o mais notável a seu respeito era a relativa moderação que demonstrava. Os radicais da moda estavam pregando a revolução, enquanto ele pedia carros mais seguros. E como o seu radicalismo era prático e realista, deixou um legado duradouro: nossa tradição de ativismo do consumidor — uma tradição que, com justiça, homenageia Nader como o seu fundador — faz do nosso país um lugar melhor. Pode-se até dar a Nader algum crédito pela nossa atual prosperidade. Se o Japão tivesse adotado nossa saudável desconfiança em relação às afirmativas de que o que é bom para a General Motors é bom para os Estados Unidos, talvez tivesse evitado as dificuldades econômicas em que está afundado.

Mas em algum ponto do caminho o radical prático desapareceu. As causas que Nader e seu movimento defenderam nas últimas duas décadas parecem ter cada vez menos relação com os objetivos iniciais voltados para os anseios humanos.

Todo mundo sabe da furiosa oposição de Nader aos acordos globais de comércio. Mas é menos conhecido o fato de que ele foi contra um projeto de lei que bania as restrições às exportações da África — uma medida que os próprios africanos receberam bem, mas que Nader denunciou devido ao seu receio de que "as empresas africanas seriam esmagadas pelas corporações internacionais que se infiltrassem nas economias locais". (A maioria dos países africanos ficaria contente em atrair algum investimento estrangeiro). Temores semelhantes fizeram Nader condenar a nova Constituição da África do Sul, aquela que pôs fim ao regime de *apartheid*, porque — como todas as leis de uma economia de mercado — garante às corporações um certo *status* legal como pessoas jurídicas.

Ou vejamos outro exemplo, mais relevante para os nossos assuntos domésticos — minha casa, especificamente. Quando minha artrite parou de reagir aos remédios comuns sem receita, consegui controlá-la novamente com um novo regime que incluía o antiinflamatório Feldene. Mas a organização Public Citizen, de Nader, não só tentou impedir o lançamento do remédio pelo laboratório Pfizer nos anos 80, como mais tarde, em 1995, tentou conseguir sua proibição, apesar do consenso da época entre os médicos de que os benefícios do Feldene compensavam seus riscos.

Se procurarmos um traço comum em todas essas causas, parece que não é o desejo de proteger o consumidor, mas a hostilidade às corporações. Nader parece acreditar hoje que tudo que seja bom para a General Motors, a Pfizer ou qualquer outra grande empresa, deve ser ruim para o mundo. Para cortar oportunidades de lucros das corporações, ele se dispõe a tentar impedir que os países pobres vendam seus produtos no mercado norte-americano, impedir que os pacientes obtenham medicamentos que lhes garantam uma vida decente e impedir que um moderado que se dê bem com o mundo dos negócios seja eleito presidente.

Às vezes, a hostilidade de Nader às corporações passa totalmente dos limites. Newt Gingrich desagradou a muita gente quando, no seu primeiro pronunciamento importante depois de deixar o Congresso, culpou o liberalismo pelos tiros na escola de Columbine. Mas alguns dias antes do discurso de Gingrich, Nader publicara um artigo atribuindo os mesmos tiros — estou falando sério — à influência das corporações.

Será que fui a única pessoa a estremecer quando Nader declarou que, se fosse eleito presidente, não nomearia de novo Alan Greenspan (para a presidência do Federal Reserve); ele o "reeducaria"?

Muitos dos que estão pensando em votar em Nader provavelmente imaginam que ele ainda é o ativista moderado, humanitário, dos anos 1960. Deveriam ficar sabendo que, qualquer que seja o motivo — a psicologia amadora do leitor vale tanto quanto a minha —, ele agora é um homem mudado.

TRABALHADORES CONTRA TRABALHADORES

21 de maio de 2000

Na década de 1920, o Partido Comunista sul-africano fez campanha com o lema: "Trabalhadores do mundo inteiro, unam-se em prol de uma África do Sul branca!" Isso não era tão absurdo quanto parece; o movimento político que acabou impondo o *apartheid* tinha fortes raízes populistas, até mesmo socialistas. Preocupava-se sinceramente em melhorar o status econômico do trabalhador nativo e em protegê-lo dos malefícios do capital internacional. Infelizmente, para melhorar a sorte do trabalhador branco, o movimento impediu que os capitalistas oferecessem empregos na indústria aos não-brancos, cuja grande pobreza os deixava dispostos a trabalhar por menos.

O movimento trabalhista americano não é assim tão brutalmente franco em seus lemas. Provavelmente seus líderes não admitem nem para si mesmos que a oposição cada vez mais estridente que fazem aos produtos importados representa, na realidade, um esforço para melhorar a situação dos trabalhadores americanos pela negação de oportunidades aos trabalhadores do resto do mundo. Mas quando o presidente do Teamster, James P. Hoffa, declarou nesta mesma página, há poucos dias, que "não se deve pedir aos trabalhadores americanos que entrem em competição com estrangeiros que não ganham nem o suficiente para viver", as implicações são evidentes. Dada a baixa produtividade dos trabalhadores no Terceiro Mundo, a falta de infra-estrutura dos países e o atraso no desenvolvimento em geral, insistir para que esses trabalhadores sejam remunerados no nível que os americanos julgam satisfatório é querer expulsá-los do mercado de trabalho. E isso não é um acaso: qualquer política que não pretendesse arranjar salários exagerados para os trabalhadores no Terceiro Mundo não estaria aliviando os trabalhadores dos EUA.

Há uma espécie de inevitabilidade trágica na maneira como o setor do trabalho chegou a esse impasse moral. O movimento trabalhista americano tem todo o direito de achar que os trabalhadores americanos foram prejudicados. Segundo os padrões habituais, o dinheiro que o trabalhador leva para casa atualmente em termos reais é menos do que há 25 anos. Pode-se discutir detalhes das estatísticas, mas não se pode negar que os trabalhadores foram deixados para trás no decorrer do crescimento econômico da nação. E as políticas adotadas têm acentuado a desigualdade: os impostos passaram a ser menos progressivos; as escolas públicas — para aqueles que não têm a sorte de morar no lugar certo — têm piorado, e assim por diante.

Um economista bem-intencionado pode apresentar uma lista de coisas que ajudaria a melhorar a situação da classe operária americana: algum tipo de seguro médico nacional, melhores suplementos salariais nos moldes dos créditos fiscais, etc., etc. Mas se eu fosse um líder trabalhista, acharia graça da ingenuidade professoral desse economista. Vocês sabem, e eu sei, que essas propostas não passam de sonhos, pois hoje na América a esquerda, tal como é, está totalmente absorvida no esforço de impedir que o sistema de impostos e benefícios sirva cada vez mais aos interesses dos abastados. E o movimento trabalhista — cuja influência é bem menor do que há vinte anos — não tem condições de reverter a maré política.

Então, o que pode fazer um líder trabalhista? Escolher uma luta que possa vencer: por exemplo, tentar limitar a entrada de produtos estrangeiros que prejudicam os interesses dos trabalhadores que ele representa. Os eleitores talvez não percebam quais as ameaças contra o bolso que decorrem dessas medidas de proteção (mas elas existem). A recompensa poderá ser limitada — a aritmética indica que mesmo a proibição total das importações de manufaturados dos países do Terceiro Mundo só aumentaria em 3 ou 4% os salários dos trabalhadores americanos — mas quem está contando? E se o alvo da luta não for nada atraente — o regime complicado da China, por exemplo — então o poder limitado, mas não desprezível, do *lobby* sindical poderá obter uma vitória.

Em outras palavras, é compreensível que o setor trabalhista tenha decidido ajudar o trabalhador americano, negando oportunidades aos trabalhadores de outros países, embora eles estejam mais necessitados. Naturalmente, o setor não admite que esteja fazendo isso. Se eu fosse um líder trabalhista, talvez também adotasse o protecionismo. Mas entender essa estratégia política, até mesmo aceitar sua inevitabilidade, não significa aprová-la.

Aqueles que buscam certezas morais fáceis — ou seja, todos nós — gostariam que tudo fosse mais simples, que a ganância das corporações fosse o único inimigo, que gente como Hoffa estivesse lutando pela causa de todos os trabalhadores do mundo. Para os liberais, é difícil admitir que o movimento trabalhista americano, com a sua nobre tradição, esteja agindo agora contra os interesses da maioria dos pobres do mundo. Mas é o que está fazendo.

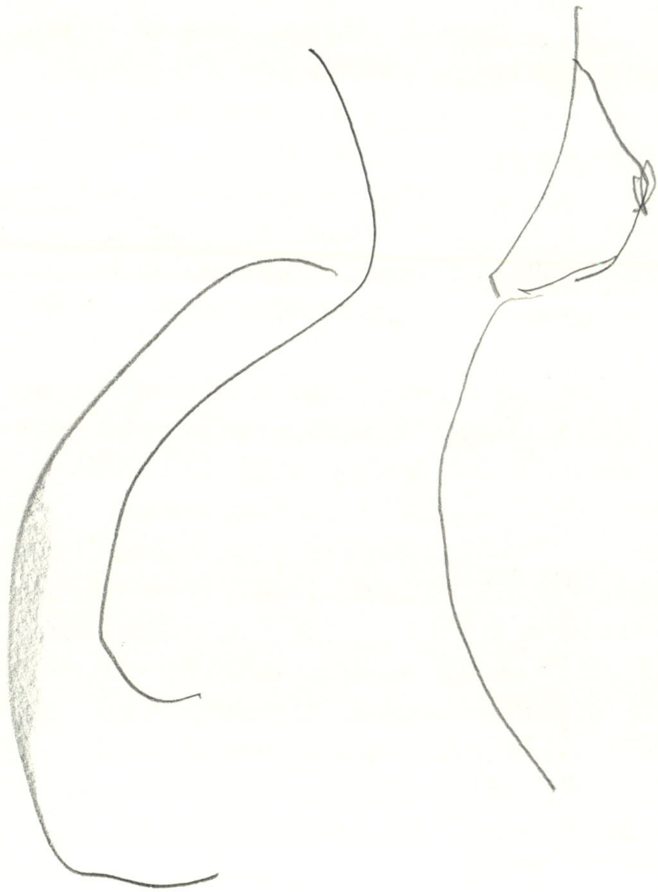

A SÍNDROME DO TIO PATINHAS

25 de dezembro de 2001

"Ah, que tolice!", exclamou o secretário do Tesouro Paul O'Neill, descartando sarcasticamente na semana passada a idéia de mais ajuda aos países pobres. E sua justificativa — de que gostaria de ver provas daquilo que funciona antes de assumir qualquer compromisso — não passou de papo furado. Pois já sabemos o que funciona.

Ninguém espera que a ajuda externa faça milagres, que transforme Moçambique na Suécia de um dia para o outro. No entanto, objetivos mais modestos, como salvar milhões de pessoas anualmente de doenças como malária e a tuberculose, podem ser atingidos por meio de gastos relativamente modestos.

Esta, aliás, é a mensagem de um relatório que acaba de ser divulgado pela Organização Mundial de Saúde, recomendando que os países industrializados forneçam recursos para um plano destinado a "facilitar o acesso dos pobres do mundo aos serviços essenciais de saúde". O programa forneceria certos itens básicos que as nações pobres não têm meios de adquirir, como antibióticos para combater a tuberculose, redes tratadas com inseticidas para controlar a malária, e assim por diante. O custo disso ficaria em 0,1% da renda dos países adiantados. O resultado seria o de salvar pelo menos oito milhões de vidas por ano.

Isso não é idealismo perdido nas nuvens. O presidente da comissão que preparou o relatório, professor Jeffrey Sachs, de Harvard, comentou: "Se for preciso, também sei ser 'realista' e 'cínico' como tantos outros, expondo as razões pelas quais não se consegue mudar nada." Sachs tem consciência de que seria difícil convencer os países desenvolvidos a entrar com o dinheiro — e que os Estados Unidos provavelmente resistiriam em cooperar. Mas aqui se trata de um desses casos em que uma verdadeira liderança pode fazer uma tremenda diferença.

Atualmente, os Estados Unidos são o Tio Patinhas do Ocidente — o menos generoso entre os países ricos do planeta. Uma das tabelas do relatório da OMS mostra qual a parcela do PIB dada para ajuda externa pelos países mais avançados: os Estados Unidos ficam em último lugar, bem atrás de países menos ricos, como Portugal e Grécia. As quantias propostas pela OMS equivaleriam a dobrar nosso orçamento para ajuda externa, não porque as quantias sejam grandes, mas porque estamos num nível muito baixo — cerca de dez centavos de dólar por dia para cada cidadão norte-americano.

Mesmo assim, dobrar o orçamento de ajuda ao exterior pode parecer um sonho impossível. Mas será mesmo? Como nação, podemos nos parecer com o Tio Patinhas, mas não somos uma nação de Tios Patinhas. Os americanos, individualmente, quase sempre são generosos, e estão — sem o saber — aparentemente dispostos a dar uma ajuda bem maior ao exterior do que aquilo que é dado atualmente. Quando indagados sobre a proporção do orçamento nacional que deveria ser destinada à ajuda externa, os americanos costumam citar 10% — vinte vezes mais do que gastamos atualmente.

Os eleitores, no entanto, estão mal informados: pensam que o percentual deveria ser reduzido para 10 por cento. E se perguntam por que os estrangeiros não demonstram mais gratidão por todo o dinheiro que damos. Em outras palavras, os americanos estão vivendo no passado: o Plano Marshall terminou há mais de 50 anos, mas eles não perceberam.

O fato é que gostamos de nos considerar generosos. Por conseguinte, um governo que realmente quisesse seguir as recomendações do relatório da OMS não teria dificuldade em conseguir apoio político. Bastaria mostrar aos americanos a diferença entre a auto-imagem de generosidade que eles cultivam e a realidade, que é bem menos atraente.

Mas por que se incomodar com isso? Poderíamos dizer que os Estados Unidos têm um interesse egoísta em ajudar os pobres do mundo. A comissão Sachs afirma que a melhoria da assistência médica nos países mais pobres do mundo traria grandes benefícios colaterais. As doenças constituem uma barreira importante para o crescimento econômico — e o crescimento econômico dos países em desenvolvimento transformaria o mundo num lugar mais rico e mais seguro.

Pode-se dizer também que a redução da discrepância entre o que os Estados Unidos dizem e o que fazem nos tornaria mais merecedores da liderança moral que reivindicamos.

Mas o argumento central é naturalmente de ordem moral. Uma quantia que os americanos mal notariam — uma contribuição de apenas dez centavos de dólar de cada cidadão por dia — seria capaz de salvar milhões de vidas. Teremos coragem de dizer a nós mesmos, neste dia de Natal, que este é um presente que não vale a pena dar?

CORAÇÃO DE PEDRA

31 de maio de 2002

Coitado do Bono! Meteu-se numa enrascada da qual não consegue sair.

Num dos mais estranhos episódios da história da economia do desenvolvimento, Bono, o líder da banda de rock U2, está participando de um giro pela África em companhia do secretário do Tesouro Paul O'Neill. Durante algum tempo, as tensões latentes entre os dois homens foram disfarçadas pela docilidade do cantor, mas na segunda-feira ele acabou perdendo o controle.

Os dois estavam visitando um vilarejo em Uganda, onde um poço recém-perfurado estava fornecendo água de melhor qualidade para benefício da saúde da população. A conclusão tirada por O'Neill desse fato, bem como de outros projetos de desenvolvimento que viu, foi de que não é preciso muito dinheiro para melhorar a vida das pessoas e, portanto, não há necessidade de aumentar a ajuda externa americana (a propósito, os Estados Unidos gastam atualmente 0,11% do PIB em ajuda externa; o Canadá e os principais países europeus são três vezes mais generosos). O "Fundo do Milênio" proposto pelo governo Bush aumentaria a nossa parcela, mas só para 0,13%.

Bono ficou furioso, declarou que os projetos demonstravam justamente o oposto, que o poço era a prova de que precisamos dar bastante dinheiro para o desenvolvimento, e que "se o secretário não consegue ver isso, teremos que arranjar para ele um par de óculos e um novo par de orelhas".

Talvez o meio mais fácil de refutar o senhor O'Neill seria relembrar a proposta feita pela Organização Mundial de Saúde, no ano passado, de dar aos países pobres itens básicos como antibióticos e redes tratadas com inseticidas. Se os Estados Unidos tivessem apoiado essa proposta, que poderia, segundo a OMS, salvar oito milhões de vidas por ano, a contribuição americana teria sido de US$ 10 bilhões por ano — dez centavos de dólar por dia por cada americano, mesmo assim o dobro do que atualmente gastamos em ajuda externa. Salvar vidas — mesmo vidas de africanos — custa dinheiro.

Mas será que o senhor O'Neill está mesmo cego e surdo para as necessidades da África? Provavelmente não. Ele se viu apanhado entre um astro de rock e circunstâncias difíceis: quer mostrar preocupação com a pobreza global, mas Washington tem outras prioridades.

Um exemplo espantoso dessas prioridades é o contraste entre a recusa brusca da proposta da OMS pelo governo Bush e o movimento bipartidário para tornar permanente a recente eliminação do imposto sobre a herança. O que chama a atenção nesse movimento é que os adversários desse imposto não se deram nem tentaram trazer à baila o argumento conhecido como "*trickle down*", ou seja, dizer que a redução dos impostos dos ricos herdeiros é bom para todos nós. Em vez disso, fizeram um apelo de cunho emocional — procuraram nos fazer compreender e sentir o sofrimento dos que pagam o "imposto da morte". E a fábula chorosa funcionou. O Congresso descartou as propostas para manter o imposto, mesmo as que aumentavam a isenção — a parcela do espólio que deixa de ser taxada — para US$ 5 milhões.

Usemos a matemática. Um imposto sobre a herança com uma isenção de US$ 5 milhões afetaria apenas um punhado de famílias muito ricas: em 1999, apenas 3.300 espólios tinham um valor tributável superior a US$ 5 milhões; o valor médio era de US$ 16 milhões. Se a parcela que ultrapassa cinco milhões fosse taxada pelas tabelas anteriores a 2001, as famílias que teriam de pagar o imposto ficariam com US$ 10 milhões — o que não me parece algo muito penoso — e o governo arrecadaria US$ 20 bilhões em receita por ano. Mas, não; querem que o imposto seja totalmente eliminado.

Portanto, essas são as nossas prioridades. Diante de uma proposta que salvaria as vidas de oito milhões de pessoas a cada ano, muitas delas crianças, preocupamo-nos com o custo. Mas quando se trata de abrir mão do dobro dessa quantia para permitir que cada uma de 3.300 famílias felizardas receba a totalidade de uma herança de US$ 16 milhões, em vez da bagatela de dez milhões, não hesitamos. Nenhum herdeiro será abandonado!

O que nos traz de volta à viagem Bono-O'Neill. O astro do rock deve ter tido a esperança de que os altos funcionários do governo não tivessem corações de pedra, fossem apenas ignorantes — e simplesmente desconhecessem as condições nos países pobres e não percebessem como a ajuda externa pode fazer diferença. Ao mostrar ao secretário do Tesouro a realidade da miséria e os benefícios que a ajuda americana poderia proporcionar, Bono esperava encontrar e acender uma centelha de compaixão que deve existir no fundo do coração daqueles que afirmam ser "conservadores generosos".

Mas Bono ainda não encontrou o que está procurando.

OS ESTADOS UNIDOS: FORA DAS LEIS INTERNACIONAIS

24 de maio de 2002

No início do governo Reagan, trabalhei durante um ano no Conselho de Assessoria Econômica da Casa Branca, onde pude observar com decepção como é elaborada a política econômica. Mas uma boa surpresa foi ver como os funcionários americanos levavam a sério nossos acordos internacionais de comércio.

O governo Reagan, apesar de sua retórica de livre-mercado, estava disposto a proteger a indústria do país quando via nisso algum ganho político; o exemplo mais notável foi a restrição "voluntária" às exportações de carros japoneses. No entanto, fazia-se questão de que as intervenções do governo no comércio fossem legais do ponto de vista do GATT — isto é, não poderiam violar o Acordo Geral de Comércio e Tarifas (o GATT foi desde então incorporado às regras gerais da Organização Mundial do Comércio). E esses escrúpulos continuaram até o fim do governo Clinton. Todo mundo compreendia que havia coisas que não deviam ser feitas, ainda que fossem convenientes em termos de vantagem política a curto prazo.

Em outras palavras, naquela época, nossa política econômica internacional era dirigida por gente responsável.

Ficou claro que o mesmo elogio não podia ser feito ao governo Bush quando ele impôs sobretaxas ao aço importado. Em termos puramente econômicos, essas taxas não tinham realmente grande importância, mas revelaram um desprezo total e sem precedentes pelas regras internacionais.

O risco imediato é que outros países adotem medidas de retaliação; a União Européia já ameaçou fazê-lo e, no início da semana, Japão, Brasil, Coréia do Sul e China disseram que seguiriam o exemplo. (Bush parece realmente ter conseguido unir o mundo, pelo menos nesta questão.) Mas, como me disse um especialista, quando os Estados Unidos violam as regras, o grande perigo não é tanto a retaliação mas sim a imitação; se não respeitamos os acordos comerciais, quem o fará?

Afinal, para que precisamos de acordos de comércio? Os custos que tarifas e cotas de importação acarretam para os consumidores de um país quase sempre superam os ganhos obtidos pelos produtores do país. No entanto, se não tivéssemos acordos de comércio, o protecionismo prevaleceria. Os consumidores não percebem como são prejudicados pelas sobretaxas do aço ou as cotas para o açúcar, mas as indústrias de aço e açúcar sabem exatamente o que estão ganhando.

O motivo pelo qual temos um comércio livre e razoavelmente justo é que o mundo — sob a liderança dos Estados Unidos — desenvolveu um sistema que joga os interesses dos exportadores contra o poder das indústrias, que prefeririam não ter que competir com importações. Cada país aceita receber as exportações de outros países em troca de acesso aos mercados deles. Na linguagem das negociações comerciais, os signatários de um acordo fazem "concessões", mas o verdadeiro objetivo dessas concessões é nos proteger contra nossos próprios maus instintos.

O sistema depende do princípio de que um acordo é um acordo. Um país que, digamos, concordou em permitir a importação de aço não vai renegar a promessa simplesmente porque os ventos no seu cenário político interno mudaram. Os acordos de comércio incluem "salvaguardas", ou seja, existem circunstâncias especiais que justificam a adoção de tarifas temporárias. Mas as condições em que isso pode ser feito são bastante restritivas.

E a indústria do aço certamente não satisfez essas condições, sobretudo porque as importações nesse setor vêm declinando últimamente, e não aumentando. Mas, quando o governo Bush decidiu dar a essa indústria a proteção que ela queria, foi como se estivesse de fato dizendo que as regras não se aplicam a nós — como, aliás, tem agido em tantos outros casos.

O governo insiste em que está apenas defendendo os interesses americanos. Robert Zoellick, nosso representante para o comércio — que já foi um genuíno adepto do livre-comércio, mas hoje parece um homem derrotado —, declarou que "o Tio Sam não vai ser o Tio Bobo para essa gente". Mas, se você acredita que o que está em jogo é o interesse nacional, estou pensando em lhe propor que compre a ponte de Brooklyn.

Não. O que está realmente em jogo é a política de visão estreita, nua e crua — as mesmas considerações políticas que fizeram o governo negar às nações do Caribe o acesso ao comércio, tão importante para elas, com possíveis conseqüências devastadoras para as suas economias. E tudo isso para ajudar um congressista da Carolina do Sul. No caso do aço, Karl Rove pôs na balança, de um lado, três votos da Virgínia Ocidental no Colégio Eleitoral e de outro lado, todo o sistema de comércio mundial erigido durante 60 anos. A conclusão a que chegou não surpreende, tratando-se de Rove.

Em breve, Bush terá maior autoridade para promover o comércio — o que costumávamos chamar de *fast track* (via expressa) — e diz que estava precisando mesmo disso para negociar novos acordos. Mas para que servirão novos acordos se não respeitamos nem os que já existem?

MORAL IMPERIALISTA

24 de setembro de 2002

É bom prestar atenção em Karl Rove quando ele elogia ex-presidentes. Por exemplo, ultimamente ele deu para comparar George W. Bush a Andrew Jackson. Enquanto o Congresso debate o pedido do atual presidente para que o Departamento de Segurança Interna fique isento dos regulamentos do funcionalismo público, vale lembrar que esses regulamentos foram introduzidos como reação ao "sistema de benesses", pelo qual as nomeações para o governo eram reservadas prioritariamente para os seguidores políticos de lealdade comprovada, prática iniciada na gestão de Jackson.

Mas o modelo original de Rove é William McKinley. Até 11 de setembro de 2001, pensávamos que o senhor Rove admirava a estratégia política interna de McKinley. Mas McKinley foi também o presidente que montou um império além-mar. E hoje sentimos no ar novamente uma lufada de imperalismo.

A nova doutrina Bush — segundo a qual os Estados Unidos vão promover "mudanças de regime" em nações que possam constituir futuras ameaças para nós — é supostamente motivada por elevados princípios morais. Mas os imperalistas da era McKinley também achavam que obedeciam a edificantes normas morais. A guerra com a Espanha — que administrava suas colônias com grande brutalidade, mas não representava uma ameaça para nós — foi justificada como uma resposta a um aparente ato de terrorismo — o afundamento do navio de guerra *Maine* — embora não existisse qualquer prova de ligação entre o ataque e a Espanha. E a finalidade da nossa conquista das Filipinas era, nas palavras de McKinley, "educar os filipinos, edificá-los, civilizá-los e cristianizá-los".

Sem falar na clareza moral, o paralelo entre a busca de um destino manifesto pela América do Norte há um século e o novo senso atual de uma missão global tem muito a nos ensinar.

Em primeiro lugar, a experiência da guerra com a Espanha deve servir para nos lembrar que uma rápida vitória militar de tipo convencional nem sempre é o fim de uma história. Graças à superioridade tecnológica americana, o almirante George Dewey destruiu uma esquadra espanhola na Baía de Manilha sem perder um único combatente. Mas a guerra limpa e de alta tecnologia com a Espanha virou uma guerra extremamente suja contra a resistência filipina, na qual centenas de milhares de civis foram mortos.

Em segundo lugar, a experiência imperialista americana deve servir de advertência para não se levar a sério teorias grandiosas sobre estratégia. A doutrina daquela época via nas colônias trunfos estratégicos. Mas nada indica que o fato de termos assumido o controle das Filipinas tenha nos tornado mais fortes. Agora nos dizem que ações militares contra "Estados bandidos" vão nos proteger do terrorismo. Mas o "Estado bandido" que está no momento na nossa mira não parece ter tido qualquer envolvimento no 11 de setembro. Afinal, quem decide quais os regimes que precisam ser mudados?

Em último lugar, devemos nos lembrar de que as doutrinas econômicas utilizadas para justificar a construção do império ocidental no século XIX — segundo as quais as colônias seriam mercados valiosos e fontes de matérias-primas — acabaram não fazendo qualquer sentido. Quase sem exceção, o custo de conquistar e defender um império colonial superou em muito a mais generosa estimativa dos benefícios. Hoje, os comentaristas sabidos da mídia nos dizem que a guerra com o Iraque fará baixar o preço do petróleo e talvez até nos dê um bônus financeiro. Mas esse efeito sobre o preço do petróleo não é certo, enquanto os custos da guerra, da ocupação e da reconstrução — por que não vamos bombardear o Iraque, lavar as mãos e fugir da responsabilidade, não é? — não deixam margem a dúvidas. Não, os Estados Unidos não podem pagar os custos da guerra com receita oriunda do petróleo iraquiano — a menos que estejamos dispostos a confirmar para o mundo que não passamos de imperialistas no velho estilo.

No fim das contas, o imperialismo do século XIX foi um subterfúgio. Do mesmo modo, a doutrina Bush também se destina, no fundo, a desviar a atenção de problemas reais, como o mau funcionamento dos órgãos de segurança, a economia combalida, um orçamento em frangalhos e alianças enfraquecidas com nossos aliados.

CAPÍTULO 16

Economia e economistas

A OFERTA, A PROCURA E A COMIDA INGLESA

Fortune, 20 de julho de 1998

Nós americanos gostamos de nos gabar da recuperação de nossa economia nos anos 1990, mas pode-se argumentar que é a Inglaterra — onde passei as últimas semanas — que oferece o exemplo mais marcante de uma reviravolta econômica no mundo industrializado. Quando comecei a ir regularmente a Londres, no início dos anos 1980, era uma cidade miserável e deprimente, e as áreas industriais do interior tinham um aspecto de desolação, com fábricas fechadas e filas de desempregados. Mas, atualmente, Londres exibe prosperidade e vibra com o burburinho das conversas em várias línguas de milhares de jovens europeus — principalmente franceses — que cruzaram o canal da Mancha em busca de empregos que não acham mais em seus países. O modo como essa reviravolta ocorreu é uma questão fascinante; se o atual governo trabalhista vai conseguir manter essa situação é outra história.

Mas não vou tentar responder a nenhuma dessas duas questões, porque estou pensando mesmo é em comida. Não sou nenhum Marcel Proust (o que é, afinal, uma *madeleine*?), mas a mudança nos hábitos alimentares ingleses é suficiente para fazer até mesmo um economista meditar sobre a vida, o universo e a natureza da sociedade de consumo.

Para quem se lembra dos velhos tempos, o que mais surpreende na Inglaterra de hoje é a comida. A comida inglesa tinha a fama merecida de ser horrorosa — peixes e batatinhas gordurosas, carne de porco engordurada e café feito com água de lavar pratos. Agora ficou difícil encontrar essas terríveis refeições inglesas de outrora! O que aconteceu?

Talvez a primeira questão seja descobrir por que a comida inglesa chegou a ser tão ruim. Pode ser que as causas tenham sido a industrialização e a urbanização. Milhares de pessoas se deslocaram e ficaram distantes dos locais onde podiam encontrar os ingredientes habituais. Pior, isso ocorreu quando a tecnologia para abastecer as cidades com comida ainda era primitiva; a Londres vitoriana já tinha mais de um milhão de habitantes, mas a maior parte da comida chegava em veículos puxados a cavalo. De modo que as pessoas comuns — e até mesmo a classe média — eram obrigadas a consumir alimentos enlatados (*petit-pois* molhados), carnes preservadas (isso explica as tortas) e legumes que não precisavam de refrigeração (por exemplo, batatas, daí as batatinhas fritas).

Mas por que a comida continuou a ser tão ruim, mesmo depois que passaram a existir vagões de trem e navios com compartimentos refrigerados, alimentos congelados (melhores do que os enlatados) e transporte de peixe fresco e legumes por avião? Agora, estamos entrando no terreno da economia — e sobre os limites das teorias econômicas convencionais. Porque a resposta naturalmente é que, quando os britânicos da zona urbana puderam começar a comer decentemente, já não sabiam mais diferenciar. Apreciar uma boa comida é literalmente um gosto adquirido — mas como o típico inglês de, digamos, 1975 nunca tinha saboreado uma boa refeição, não sentia falta. E como os consumidores não exigiam boa comida, não a recebiam. Certamente havia naquela época pessoas mais exigentes, porém em número pequeno e incapaz de exercer muita influência.

Então as coisas mudaram. Talvez em parte devido à imigração (embora as primeiras levas de imigrantes tivessem se adaptado aos padrões locais — lembro-me de ter visitado um restaurante chique de comida italiana em Londres em 1983, que aconselhava os fregueses a telefonarem com antecedência avisando se queriam que a massa fosse cozinhada na hora). A riqueza crescente e as férias no exterior que o dinheiro possibilitou podem ter sido um fator mais importante — como esperar que alguém continue comendo salsicha depois de ter conhecido o *fois gras*? Mas, a certa altura, o processo começou a se realimentar. Com um número cada vez maior de pessoas familiarizadas com a boa comida, os restaurantes e lojas passaram a fornecê-la — e isso permitiu que uma quantidade ainda maior de pessoas adquirissem sofisticação no paladar.

E o que isso tem a ver com economia? Bem, o que caracteriza o sistema de mercado é supostamente sua capacidade de satisfazer os consumidores, fornecendo-lhes o que querem e melhorando assim o bem-estar coletivo. Mas a história dos hábitos alimentares dos ingleses sugere que, mesmo num assunto tão básico, uma economia de livre-mercado pode ficar aprisionada por um longo período num estado ruim de equilíbrio no qual as coisas boas não são procuradas porque nunca foram oferecidas anteriormente, e não são oferecidas porque não existe um número suficiente de pessoas que as estejam procurando.

Num sentido oposto, um bom equilíbrio pode se desfazer. Suponhamos que um país com boa comida seja invadido por fornecedores que exploram o mau gosto e oferecem uma cozinha desprezível. Pode-se argumentar que as pessoas têm o direito de comer o que quiserem, mas a restrição do mercado limita a capacidade de escolha e, no final, todos ficam numa situação pior. Os ingleses acham graça na histeria de seus vizinhos mais próximos, que ficam horrorizados com a propagação do hábito de se comer *donuts* em detrimento dos *croissants*. Foi uma gargalhada geral quando os franceses horrorizados descobriram que o McDonald's tinha sido escolhido como fornecedor oficial da Copa do Mundo na França. Mas a preocupação dos franceses não é inteiramente tola (tola sim, mas não *inteiramente*).

Em comparação com a limpeza étnica em Kosovo e com a queda do iene, essas questões que abordamos parecem sem importância. Mas "alimentam" o pensamento.

CANADÁ: NAÇÃO ESQUECIDA GANHA PRÊMIO NOBEL

Slate, 19 de outubro de 1999

Já era tempo. Nós que lidamos com a teoria monetária internacional nos perguntávamos, de uns dez anos para cá, quando Robert Mundell receberia o tão merecido Prêmio Nobel de Ciências Econômicas. A obra de Mundell é tão fundamental para essa área, tão original — para usar um termo muito gasto, mas que cai bem nesse caso — que em muitas questões polêmicas suas idéias são a base dos argumentos dos dois lados da disputa. Mas um leigo pode ficar confuso sobre o que Mundell e o seu prêmio significam.

A página editorial do *Wall Street Journal* considerou inadequadamente que o Nobel foi dado à *supply-side economics* ("teoria da oferta"). Não é de surpreender. O editor Robert Bartley tem feito nos últimos anos tentativas desesperadas para promover essa teoria. Levando-se em conta que, no registro da História, a prosperidade da era Clinton poderá vir a ofuscar "os sete anos de vacas gordas" da gestão de Reagan, e que heróis da "teoria da oferta", como Jude Wanniski, estão-se comportando de maneira estranha, o *Wall Street Journal* procura tirar partido de tudo que aparece (desde quando Bartley liga para o que alguns suecos pensam?). No entanto, na apresentação do nome do premiado, o comitê do Nobel nem sequer menciona o que Mundell escreveu desde que foi adotado como mascote por Bartley e seus associados há uns 25 anos. Quem ganhou o prêmio foi o jovem Mundell, cujas teorias ainda dominam os livros-texto de economia.

Bem, se não foi um Nobel dado à "teoria da oferta", de que se trata? Ora, por que não dizermos que foi um Nobel canadense?

Não sei por que as questões relativas às políticas do Canadá são vistas pelo mundo inteiro como maçantes — por que o exemplo vencedor da manchete mais aborrecida de uma velha competição, "Digna Iniciativa Canadense", ainda parece tão engraçado (é, eu também acho graça). Talvez seja por causa da maneira como os canadenses falam? No entanto, quando se trata de assuntos monetários internacionais, o Canadá sempre despertou interesse — um país que desafia as tendências da moda, que demonstra o vazio da sabedoria convencional do momento. Agora mesmo, por exemplo, o sucesso do Canadá em ter um dólar independente é o melhor argumento que conheço contra os eurófilos britânicos que insistem na adesão da Grã-Bretanha à União Monetária Européia para poder sobreviver. E quando o jovem economista canadense Robert Mundell escreveu sua obra mais influente, no início dos anos 1960, possivelmente foram suas raízes canadenses que o inspiraram a sair do trilho comum.

Recordemos como era o mundo nos anos 1960: quase todos os países tinham moedas de cotação fixa e em paridade com o dólar norte-americano. A movimentação internacional de capitais era rigidamente limitada, parte pelos regulamentos governamentais, parte pela lembrança das declarações de inadimplência e das expropriações dos anos 1930. E a maioria dos economistas aceitava o sistema monetário internacional como fato consumado e achava que as coisas continuariam do mesmo modo em futuro previsível.

Mas o Canadá pensava diferente. Controlar os movimentos de capitais ao longo da fronteira com os Estados Unidos nunca tinha sido prático, e os investidores americanos sentiam menos ansiedade em aplicar seu dinheiro no Canadá do que em qualquer outra parte do mundo. Por causa da movimentação de capitais dificilmente controlável, o Canadá não poderia fixar sua taxa de câmbio sem abandonar todo e qualquer controle sobre sua própria política monetária.

Refratário à idéia de ser apenas mais uma divisão do Federal Reserve, o Canadá adotou de 1949 a 1962 a política singular de deixar sua moeda flutuar em relação ao dólar americano. Hoje, grande mobilidade de capital e taxas de câmbio flutuantes constituem a norma, mas naquele tempo isso era algo escandaloso — ou teria sido considerado escandaloso se mais algum país, além do Canadá, estivesse envolvido.

Portanto, talvez tenha sido o caso canadense que levou Mundell, numa de suas três obras mais famosas, a se perguntar como as políticas monetária e fiscal, numa economia de livre movimentação de capitais internacionais, reagiriam a uma diferença entre as taxas de juros do país e do exterior. Sua resposta foi de que tudo dependeria da taxa cambial que o país adotasse. Se insistisse em manter um câmbio fixo, a política monetária se tornaria completamente impotente. Ela só continuaria eficaz se a moeda pudesse flutuar.

Mais tarde, Mundell ampliaria essa concepção com a imagem da "trindade impossível": movimentação livre de capitais, taxa de câmbio fixa e política monetária eficaz. A mensagem era: não se pode ter tudo. Um país tem de escolher duas opções numa lista de três. Pode fixar o câmbio, desde que mantenha ao mesmo tempo controle sobre a movimentação de capitais (como faz a China); pode deixar livre a movimentação de capitais e conservar a autonomia monetária, desde que deixe a moeda flutuar (como fazem a Grã-Bretanha e o Canadá); ou pode decidir deixar livre a movimentação de capitais e estabilizar a moeda, mas terá que abandonar o recurso de poder ajustar as taxas de juros para combater a inflação ou a recessão (como fazem hoje a Argentina e a maior parte da Europa).

E que escolha poderia fazer o Canadá — onde o controle do fluxo de capitais não é uma opção viável? Deveria, implicita ou explicitamente, desistir de ter sua própria moeda e aderir ao padrão do dólar americano — ou valeria a pena correr o risco de deixar a moeda flutuar a fim de ficar em condições de estabilizar a economia nacional? O debate sobre a definição de uma "zona ótima para a moeda" é infindável, mas Mundell estabeleceu os termos básicos, sugerindo que um traço característico dessa zona ótima seria uma grande mobilidade interna dos trabalhadores dentro da área, ou seja, a disposição de se deslocar de uma área estagnada para outra em expansão (esse, aliás, é um critério que a Europa — cujo sistema de unificação monetária Mundell atualmente apóia com entusiasmo — nitidamente não satisfaz).

É difícil avaliar hoje como foram inovadoras naquela época tanto a maneira de Mundell colocar as questões como a de tentar solucioná-las. Mas, quando consultamos o que se escrevia sobre política monetária internacional na época em que Mundell estava no auge de sua glória, ficamos com a impressão de que ele estava 15 ou vinte anos à frente de seus contemporâneos. Eles ainda pensavam em termos de um mundo controlado, um mundo no qual o dinheiro somente se movia quando e para onde as autoridades dissessem que podia se mover. Mundell, porém, já raciocinava em termos de um mundo onde o dinheiro se movimente livre e maciçamente para onde possa obter o maior retorno. Naquele tempo, somente o Canadá, graças a seu vizinho gigante, vivia de acordo com o mundo que ele imaginava (hoje, todos vivemos). E ao consultar qualquer manual importante de economia internacional — como o perene bestseller, de autoria de Paul Krugman e Maurice Obstfeld —, nota-se que a parte do livro dedicada à política monetária se fundamenta no que Mundell escreveu no início da década de 1960.

Então, é o caso de se perguntar: quem é esse economista que o *Wall Street Journal* pensa que está do seu lado? Bem, economistas mudam de estilo e de pontos de vista à medida que envelhecem; Mundell mudou mais do que a maioria. Seus primeiros textos, realmente originais, eram nítidos e minimalistas; olhavam com capacidade de previsão para o futuro mundo sem controles da moderna macroeconomia internacional. Já seus textos dos anos 1970 para cá têm sido discursivos — diríamos que até mesmo desconexos — e quase sempre revelam uma espécie de saudade da certeza desaparecida dos dias do padrão-ouro (Ah, sim, ele expôs algumas idéias que, se forçarmos um pouco, podem ser consideradas favoráveis à *supply-side economics* [teoria da oferta].) O teórico precoce previu os anos 1990; o estadista mais idoso passou a sonhar com a década de 1890.

A escolha é sua: você pode optar pelo Mundell de sua preferência. Mas o comitê do Prêmio Nobel basicamente prestou homenagem ao Mundell mais jovem, o economista suficientemente iconoclasta para imaginar que o Canadá, por incrível que parecesse o conceito, representava a economia do futuro. E tinha razão.

QUEM DIRIA? O MODELO SUECO FUNCIONA

Fortune, 25 de outubro de 1999

Até recentemente, quando me perguntavam qual a nação que eu desejaria visitar, respondia sempre da mesma maneira: "A Suécia no verão de 1980." Por que a Suécia? Porque sou um liberal molenga e a Suécia tem sido tradicionalmente o modelo do que costumava ser chamado de "o caminho do meio" — uma economia de mercado cujos ângulos mais ásperos eram suavizados por generosos programas governamentais. Por que no verão? Porque Estocolmo, a cidade mais bonita do mundo num dia de sol em junho, tem muito pouca luz durante o dia no inverno. E por que 1980? Porque no início dos anos 1990 o modelo sueco estava começando a se desfazer. A sociedade-modelo tinha sido acometida de "euroesclerose", com uma taxa de crescimento em declínio, e um índice de desemprego de mais de 8%. E o Estado previdenciário sueco parecia estar caminhando para a falência: em 1993, o déficit orçamentário chegou ao nível absurdo de 12% do PIB.

O colapso do modelo sueco alegrou os conservadores. Um relatório de 1991 do Cato Institute, em Washington, afirmou com satisfação: "A Suécia parecia representar um desafio intelectual para os que afirmavam que impostos altos e forte intervenção do Estado prejudicam o crescimento econômico... Hoje, são poucos os que acham que o sistema sueco merece ser imitado."

Mas será que essa gente tem observado a Suécia ultimamente? Em recente visita a Estocolmo, fiquei deslumbrado como sempre com a beleza da cidade, mas também me surpreendi com a inegável aparência de prosperidade. Impressão confirmada pelas estatísticas: desde 1993, a economia vem crescendo vigorosamente; a maioria das previsões é de que o crescimento chegará a quase 4% este ano. O desemprego vem diminuindo com regularidade e muita gente prevê que cairá para menos de 5% no ano que vem — um desempenho ainda mais impressionante quando se leva em conta a participação elevada da força de trabalho (na Suécia, como nos Estados Unidos, 75% dos adultos trabalham, em comparação com menos de 65% na Europa continental). E o orçamento apresenta superávit.

Como foi que a Suécia conseguiu essa reviravolta? Terá sido imitando o estilo Reagan para a economia, com impostos baixos e mercados onde é possível ganhar muito? Em uma palavra, *nej*. A Suécia, claro, moderou um pouco seu sistema de estado previdenciário e eliminou alguns dos absurdos desestímulos do sistema tributário (dizem que, em certos casos, a taxa marginal de imposto chegava a mais de 100%). Mas no ano passado a Suécia arrecadou 63% do PIB em impostos. O estado previdenciário sueco continua extremamente generoso, com uma rede de proteção bastante eficiente. Se você é desses que acreditam que o encargo tributário americano — apenas 34% do PIB! — oprime a economia, então, a seu ver, a economia sueca deveria estar implodindo em vez de estar prosperando, como é o caso.

Os próprios suecos não têm muita certeza como o milagre foi feito. Mas é provável que a fórmula da "nova economia" sueca seja semelhante à adotada pelos Estados Unidos: uma cultura receptiva à moderna tecnologia da informação, combinada com uma política monetária que deixa a economia explorar as vantagens trazidas por um grande potencial de expansão da economia.

Comecemos com a tecnologia. Ninguém entende direito por que os escandinavos e a tecnologia digital combinam tão bem quanto arenque e batatas cozidas, mas a afinidade é inegável. Os americanos acham que são donos da Internet, mas, por todos os critérios, a terra do Linux e da Nokia, a Finlândia (que não é tecnicamente escandinava, mas está perto) é o país mais "ligado" do mundo — e a Noruega e a Suécia não ficam muito atrás. Alguns acham que é a combinação de populações muito instruídas e anglofônicas e tarifas telefônicas baratas; outros acham que é porque não há muitas outras coisas para se fazer durante aqueles invernos longos e sombrios.

Mas uma produtividade elevada não basta. É preciso haver também maior demanda para que seja utilizado o potencial maior da economia. E foi aí que os suecos tiveram sorte. Nos dias lúgubres de 1992, as autoridades suecas acharam que, para recuperar a prosperidade, o país tinha de aderir ao projeto da unificação monetária européia. Embora a Suécia não fizesse parte oficialmente do sistema monetário europeu, comportou-se como se fizesse, atrelando a coroa ao marco alemão, apesar do desemprego crescente. Afinal, qualquer desvalorização seria um desastre e resultaria numa espiral inflacionária, certo? Então, na esteira da desvalorização da libra esterlina em setembro de 1992, os especuladores atacaram, obrigando a Suécia a aceitar uma desvalorização da sua própria moeda — justamente o que a economia precisava.

Naturalmente, o futuro da Suécia não está garantido. Reagindo tanto à globalização quanto às altas taxas de juros, algumas empresas suecas transferiram suas sedes para o exterior — a Ericsson, por exemplo, tem hoje seu quartel-general em Londres. Mas a história do que aconteceu ultimamente serve para provar que, às vezes, um país-modelo, como a Suécia, é o primeiro a atingir a linha de chegada.

OS DOIS LARRYS

19 de novembro de 2000

Suponhamos que George W. Bush vença — que consiga chegar à Casa Branca com o apoio das "borboletas" e dos *chads* (caracaterísticas das cédulas eleitorais na Flórida). Será que ele vai provar que é mesmo "um unificador, e não um divisor"? Seu comportamento desde a noite da eleição traz maus presságios; sugere que o que ele queria dizer era que todo mundo deve se unir para lhe dar o que ele quer. Mas há outros indícios, mais sutis, de como Bush vai se comportar no exercício da Presidência. Infelizmente, não são mais encorajadores. Vejamos, por exemplo, sua tendência na escolha dos assessores econômicos.

Podemos chamar esta coluna "a história dos dois Larrys". Um Larry é Lawrence Summers, secretário do Tesouro e economista-chefe durante a gestão de Clinton. O outro é Lawrence Lindsey, o principal assessor econômico de Bush durante a campanha e que, segundo se espera, vai ter um papel importante se Bush chegar ao Salão Oval.

À primeira vista, os currículos dos dois homens são parecidos. Ambos lecionaram em Harvard, ambos fizeram parte do Conselho de Assessoria Econômica no governo Reagan, ambos iniciaram suas carreiras lidando com questões tributárias.

Mas um exame mais minucioso detecta profundas diferenças.

Summers teve uma carreira meteórica como pesquisador acadêmico, tendo publicado numerosos *papers* em periódicos especializados, firmando sua reputação como um dos mais destacados economistas do país antes de passar a integrar a equipe de Clinton. Essa carreira apolítica culminou em 1993, quando recebeu a Medalha John Bates Clark, um cobiçado prêmio para economistas com menos de quarenta anos de idade e que, às vezes, é mais difícil de conquistar do que o próprio Nobel. (O autor deste livro também recebeu a medalha Clark.)

O caminho seguido por Lindsey foi diferente. Embora também tenha lecionado em Harvard depois de uma temporada de três anos no governo Reagan, não demonstrou muito entusiasmo pelo cargo; publicou poucos *papers* acadêmicos, tendo preferido lançar um livro elogiando os cortes de impostos feitos por Reagan. Em 1989, deixou o mundo acadêmico e arranjou um emprego na Casa Branca de Bush; em 91, foi nomeado pelo pai de Bush para o conselho do Federal Reserve, para surpresa de muitos que esperavam a nomeação de um economista republicano com mais credenciais. Atualmente, faz parte de um *think tank* conservador.

A finalidade dessa comparação não é mostrar que Summers é mais inteligente ou mais talentoso do que Lindsey. Summers é brilhante (perguntem a ele), mas Lindsey não é nenhum palerma. Nem importa tanto que Lindsey seja um ideólogo sectário. O que está sendo destacado aqui é que Clinton escolheu para assessor um economista independente, profissional capaz de atuar com eficiência independentemente de preferências políticas, enquanto Bush preferiu recorrer a um economista cuja carreira estava totalmente associada à sua orientação política. Mais especificamente, a carreira de Lindsey tem dependido do apadrinhamento da família Bush.

Por conseguinte, a decisão de Bush, o filho, de colocar Lindsey acima de muitos economistas republicanos que conquistaram uma reputação independentemente de suas simpatias políticas é bastante significativa. Não que Bush, na minha opinião, seja ele próprio um ideólogo fanático — o fato é que Lindsey é muito mais sectário do que qualquer um dos economistas que trabalharam com Clinton. Bush dá mais valor à lealdade do que à perícia. Parece ter preferência por gente cujo destino pessoal esteja ligado ao dele próprio.

John Ellis, o analista político que ficou conhecido pela maneira incorreta como se comportou no canal de televisão Fox News — não só deu a Bush informações confidenciais sobre pesquisas de opinião, como estava por trás, ao que tudo indica, da decisão das redes de televisão de anunciar prematuramente a vitória de Bush —, declarou uma vez: "Sou leal ao meu primo, o governador do Texas, George Bush. Coloco essa lealdade acima da minha lealdade com qualquer outra pessoa fora do âmbito da minha família." A maioria das pessoas ficaria constrangida diante de uma declaração dessas; Bush parece ter encarado a coisa com naturalidade, como algo que lhe era devido.

Talvez isso explique a atitude de Bush depois das eleições, de deixar seus colaboradores usarem qualquer argumento e explorarem qualquer vantagem para garantir a vitória, não importando que isso pudesse manchar o troféu. Quem, no círculo de Bush, teria a coragem de lhe dizer para aceitar a possibilidade de uma derrota?

E isso sugere uma perspectiva terrível. Em breve, teremos um presidente que perdeu o voto popular, que venceu a batalha no Colégio Eleitoral somente depois de amargas controvérsias e que precisa atuar com humildade e discrição sem precedentes para evitar dilacerar a nação. Mas parece que vai se cercar de cortesãos obsequiosos.

A PERDA DE JAMES TOBIN

12 de março de 2002

James Tobin — professor de Yale, detentor do Nobel e assessor de John F. Kennedy — morreu ontem. Era um grande economista e um homem bom. Seu desaparecimento parece, para mim, simbolizar o fim de uma era em que o debate econômico era ao mesmo tempo mais ameno e muito mais autêntico do que hoje em dia.

Tobin era um desses teóricos da economia cuja influência tem um alcance tão grande que muitas pessoas que nunca ouviram falar dele mesmo assim são seus discípulos. Mas era também uma figura pública e, durante algum tempo, o defensor mais ilustre de uma ideologia que poderíamos chamar de keynesianismo de livre-mercado — a crença de que o mercado é uma boa coisa, mas que funciona melhor quando o governo está pronto a aparar seus excessos. De certo modo, Tobin personificou o Novo Democrata. É uma ironia que extremistas da direita e da esquerda tenham se apoderado de algumas de suas idéias moderadas.

Tobin foi um dos economistas que introduziram a revolução keynesiana nos Estados Unidos. Antes dessa revolução, parecia não haver meio-termo na economia entre o fatalismo do *laissez-faire* e a pesada intervenção do governo. E depois que as políticas do *laissez-faire* foram consideradas responsáveis pela Grande Depressão, era difícil ver como a economia de livre-mercado poderia sobreviver.

John Maynard Keynes mudou isso tudo: sugeriu que, com o uso criterioso das políticas monetária e fiscal, o sistema de livre-mercado poderia evitar futuras depressões.

O que foi que Tobin acrescentou? Basicamente, ele pegou o keynesianismo tosco e mecanicista que vigorava na década de 1940 e o transformou numa doutrina muito mais sofisticada, que se concentrava no exame das trocas efetuadas pelos investidores no esforço de equilibrar risco, retorno e liquidez.

Nos anos 1960, o keynesianismo sofisticado de Tobin fez dele o mais conhecido adversário intelectual de Milton Friedman, que então defendia a doutrina rival (e ingênua) chamada monetarismo. A insistência de Friedman em dizer que as mudanças no suprimento monetário explicam todos os altos e baixos da atividade econômica não resistiram ao teste da passagem do tempo. Pelo contrário, a ênfase dada por Tobin aos preços dos ativos como o motor que impulsiona as flutuações da economia continua a merecer hoje mais crédito do que nunca (Friedman é, sem dúvida, um grande economista, mas sua reputação atualmente se alicerça no seu trabalho em outras áreas da economia).

Tobin talvez seja mais conhecido hoje por duas idéias que foram, segundo o termo usado por ele, "seqüestradas" por pessoas que tinham posições políticas com as quais ele não simpatizava.

Em primeiro lugar, Tobin foi a força intelectual por trás do corte de impostos decretado por Kennedy, que deu início ao *boom* dos anos 1960. A ironia é que hoje essa medida costuma ser elogiada por conservadores da linha dura, que consideram os cortes nos impostos uma verdadeira panacéia. Tobin não concordava. De fato, participei de um painel junto com ele na semana passada e Tobin argumentava vigorosamente que a situação atual pede mais gastos, e não cortes de impostos.

Em segundo lugar, Tobin propôs em 1972 que os governos cobrassem uma pequena taxa sobre as operações de câmbio, como um modo de desestimular especulações desestabilizadoras. Ele achava que a nova taxa ajudaria a promover o livre-comércio, ao dar aos países garantias de que poderiam abrir seus mercados sem ficarem expostos aos movimentos prejudiciais de capitais por causa do chamado *hot money* especulativo. Mais uma ironia: a "taxa Tobin" tornou-se o favorito dos inimigos do livre-comércio, especialmente o grupo francês Attac. Como disse Tobin: "Os aplausos mais entusiasmados estão vindo do lado errado."

Por que acho que a morte de Tobin marca o fim a uma era? Lembrem-se do Conselho de Assessoria Econômica de Kennedy, o mais notável conjunto de talentos a servir ao governo americano desde que Alexander Hamilton tinha que decidir tudo sozinho. Tobin, por incrível que pareça, era um de três futuros ganhadores do Nobel que trabalhavam no Conselho. Seria possível ter hoje um grupo como aquele? Duvido muito. Quando Tobin foi para Washington, economistas não eram submetidos a testes de lealdade política — e nunca teriam imaginado que fazia parte de suas funções dizer coisas que eram evidentemente falsas. Preciso dizer mais?

Ontem conversei com William Brainard, outro professor de Yale que trabalhou com Tobin, e ele recordou a fé que seu colega tinha no "poder das idéias". Esta é uma fé cada vez mais difícil de conservar, uma vez que idéias pobres, mas com poderoso suporte político, dominam o nosso discurso.

Portanto, sinto muito a perda de James Tobin, e lamento não só o seu desaparecimento, mas também o fim de uma era em que economistas dotados de uma decência fundamental, como ele, podiam brilhar, e até mesmo influenciar políticas.

Parte VI

DOZE MESES DEPOIS (2003-2004)

A EDIÇÃO EM CAPA DURA deste livro foi para o prelo no dia seguinte à tomada de Bagdá pelas forças dos Estados Unidos. Os doze meses seguintes foram repletos de acontecimentos, para dizer o mínimo. Esta nova parte do livro inclui 29 artigos daquele período (entrando em 2004).

O capítulo 17 conta a história cada vez mais perturbadora da "guerra contra o terrorismo". No dia da queda de Bagdá, quase todos pensavam que, não importando o que se dissesse de George W. Bush, ele estava fazendo um bom trabalho protegendo a América. Mas alguns de nós tinham dúvidas. Bush parecia obcecado com o Iraque e, ao mesmo tempo, não demonstrava interesse em lidar com ameaças mais prementes, como a situação da Coréia do Norte. Ele estava estranhamente relutante em gastar dinheiro com a segurança interna, ou parecia tratar esses gastos apenas como uma oportunidade para ganhos ilícitos. E o desempenho do governo no Afeganistão, onde jogou fora uma vitória ao se recusar a investir dinheiro, dar atenção e empregar a força militar na estabilização pós-guerra, era um mau presságio para o caso do Iraque.

Com certeza, os piores receios dos céticos acabaram se confirmando. Soube-se que o Iraque não representava uma ameaça. E aos poucos ficou claro que o governo tinha exagerado as denúncias para favorecer a guerra glamourosa que desejava, enquanto se descuidava não só da segurança interna, mas também deixava de lado a perseguição militar à al-Qaeda. O autoproclamado "presidente da guerra" mostrou-se fraco no combate ao terrorismo.

O capítulo 18 aborda questões mais prosaicas de dólares e centavos. Conta, sobretudo, a história da revelação gradual da agenda política radical do governo — a sua tentativa de novos cortes de impostos em meio à guerra e diante de déficits maciços e sua intenção de utilizar os déficits para justificar cortes nos programas sociais. O capítulo também examina duas questões cruciais: a assistência médica e a recuperação econômica ainda incompleta.

Finalmente, o capítulo 19 enfoca os alarmantes abusos de poder que têm sido cometidos pela direita, no afã de consolidar o seu poder. Esses abusos vão desde o culto à personalidade de Bush, algo que não é compatível com os valores americanos, até as tentativas de classificar como falta de patriotismo toda atitude de divergência com o governo, ou até a atitude cada vez mais orwelliana do governo em relação à verdade e à História.

CAPÍTULO 17

Guerra e terrorismo

CAPITÃO GEORGE W. MORANGO

14 de março de 2003

A bordo do *U.S.S. Caine*, o caso do roubo dos morangos finalmente convenceu os tripulantes mais céticos de que o capitão do navio não estava regulando bem. Será que os assuntos de política representam os morangos de George W. Bush?

Nas últimas semanas, houve uma seqüência de revelações. Um grupo numeroso de comentaristas destacados da imprensa que antes apoiava a política de Bush em relação ao Iraque mudou de posição. Nenhum deles questiona o objetivo; afinal, quem não gostaria de ver Saddam Hussein ser expulso do poder? Mas esses comentaristas finalmente perceberam que o senhor Bush não é a pessoa indicada para fazer isso. E uma quantidade de pessoas maior do que se imagina — até mesmo no Departamento do Tesouro, no Departamento de Estado e, isso mesmo, no Pentágono — não só duvida da competência de Bush e do seu círculo de assessores, mas acha que os dirigentes do país perderam contato com a realidade.

Se isso lhes parece rigoroso demais, considerem o recente desastre diplomático — provocado por uma arrogância desmedida e uma auto-imagem inflada.

O círculo mais íntimo dos assessores de Bush parece espantado com o fato de que táticas que funcionam tão bem com os jornalistas e os democratas não servem para lidar com o resto do mundo. Eles têm feito promessas, esquecidos de que a maioria dos países não acredita mais na palavra deles. Têm feito ameaças. Têm usado o truque da inevitabilidade — quantas vezes garantiram que os Estados Unidos já contavam com o número necessário de votos no Conselho de Segurança? Têm advertido outros países de que, se discordarem dos Estados Unidos, estarão automaticamente se posicionando a favor dos terroristas. Apesar de tudo isso, o mundo continua torcendo o nariz para o nosso lado.

Será que ninguém no Departamento de Estado teve permissão para mostrar que em assuntos não-militares os Estados Unidos não são uma potência dominante — que a Rússia e a Turquia precisam muito mais do mercado europeu do que do nosso, que a Europa gasta duas vezes mais em ajuda externa do que nós e que na maior parte do mundo a opinião pública é um fator de peso? Aparentemente, não.

E de que valeu Bush alienar todos os nossos aliados mais valiosos? Digo "todos" porque Tony Blair pode estar do nosso lado, mas o povo britânico é violentamente anti-Bush. Os motivos inicialmente apresentados como justificativas para tratar o Iraque como prioridade foram por água abaixo. Nunca surgiu qualquer prova de conexão com a al-Qaeda ou da existência de um programa nuclear ativo. E a insistência do governo em acreditar nesse programa provocou situações constrangedoras, culminando com as afirmações sobre o Níger baseadas em documentos forjados. Agora está claro que levar Saddam Hussein a depor tornou-se uma obsessão, sem qualquer vínculo com a realidade.

O que pode deixar em pânico quem está por dentro das coisas é a irresponsabilidade de Bush e de sua equipe, com uma resistência quase infantil em enfrentar os problemas que não estão dispostos a encarar no momento.

Já abordei em minha coluna a estranha passividade do governo diante de uma economia estagnada e um orçamento bastante deficitário. A realidade não tem permissão para se intrometer na obsessão pelos cortes de impostos a longo prazo. Essa atitude de "não me perturbe, estou ocupado" tem levado ao desespero os especialistas em política externa, dentro e fora do governo.

Será preciso enfatizar que é a Coréia do Norte, e não o Iraque, que representa um perigo efetivo imediato? O programa nuclear de Kim Jong não é um boato, é uma bomba incipiente na linha de montagem. No entanto, o governo insiste que se trata de uma crise "regional" e se recusa até mesmo a dialogar com Kim.

O *Nelson Report*, influente publicação sobre política externa, diz que "seria difícil exagerar a crescente mescla de cólera, desespero, repulsa e medo em que está mergulhada a comunidade de política externa em Washington diante de um ataque iminente contra o Iraque, enquanto a crise da Coréia do Norte fermenta sem que haja em relação a ela qualquer política coerente dos Estados Unidos... Chegamos a um ponto em que a política externa em geral e a questão da Coréia em particular podem se tornar o "Waco" de George Bush. (O "Waco" foi um ataque desastrado do FBI, em 1993, à casa de um fanático religioso, David Koresh, no Texas.) Só que dessa vez, é Kim Jong (e Saddam) fazendo o papel de David Koresh... Pessoas sensatas se perguntam qual o meio de levar George Bush a aceitar os fatos."

Todos esperamos que a guerra com o Iraque tenha uma vitória rápida, com um mínimo de baixas na população civil. Mas é cada vez maior o número de pessoas que percebem que, mesmo que tudo saia bem, a guerra foi um erro desde o início, uma guerra errada feita por razões erradas — e o preço a ser pago será alto.

Infelizmente, as descobertas dos comentaristas chegaram tarde demais. Tudo indica que quando vocês lerem a minha próxima coluna, a guerra já terá começado.

ALERTA VERMELHO-AZUL PARA O TERROR

1° de abril de 2003

Enquanto surgem de todos os lados recriminações à Operação *Predicted Cakewalk* ("Tarefa Fácil"), alguns comentaristas recuam o pensamento nostalgicamente para os primeiros dias pós-11 de setembro, quando — pelo menos é o que acham — a nação se uniu contra a ameaça do terrorismo. Pelo que pude ver, aquele momento de união foi mesmo muito breve: menos de 48 horas depois da atrocidade, os republicanos do Congresso tentaram tirar vantagem do acontecimento para fazer aprovar um projeto de lei determinando redução do imposto sobre ganhos de capital. Mas em matéria de segurança nacional, houve no início um espírito bipartidário genuíno.

O que aconteceu com essa cooperação bipartidária? Soçobrou diante dos golpes de dois preconceitos da direita: a firme oposição a gastos não-militares do governo e a exaltação do interior do país em comparação com os principais estados urbanos.

Seria lógico pensar que os acontecimentos do 11 de setembro iriam moderar a oposição da direita a alguns tipos de gastos civis. Depois que milhares de americanos foram mortos por homens armados apenas com canivetes duplos, era de se esperar que todos reconhecessem que segurança nacional envolve mais do que simplesmente despesas de caráter militar. Errado. Num excelente artigo intitulado "O Presidente do 10 de setembro", Jonathan Chait, de *The New Republic*, mostra com documentos como o governo Bush tem negligenciado sistematicamente a segurança interna desde o 11 de setembro. Na tentativa de reduzir os gastos, o governo tem obstruído repetidamente propostas para melhorar a segurança de alvos domésticos potenciais como portos e instalações nucleares.

O que Chait não diz é que os gastos (já inadequados) com o combate ao terrorismo têm ido justamente para regiões do país que menos precisam dessa proteção.

Já escrevi antes sobre o mito da superioridade do interior do país — ou seja, os chamados "estados vermelhos" (do interior), que votaram em George W. Bush na eleição de 2000, em oposição aos "estados azuis" (costeiros), que votaram em Al Gore. O interior do país é supostamente um lugar de rudes individualistas, em contraste com os molengas e chorões das regiões costeiras. Na verdade, os estados rurais são bastante subsidiados pelos estados urbanos. Nova Jersey paga US$ 1,5 em impostos federais por cada dólar que recebe; Montana recebe US$ 1,75 de ajuda por cada dólar que paga em impostos.

Qualquer programa sensato de gastos com a segurança interna corrigiria em parte este desequilíbrio. Os alvos mais prováveis dos terroristas ficam nas áreas metropolitanas ou em suas proximidades; portanto, proteger essas áreas é a prioridade máxima, certo?

Parece que não. Mesmo nos primeiros meses depois do 11 de setembro, os legisladores republicanos deixaram claro que não apoiariam nenhum esforço para reconstruir ou tornar Nova York mais segura. E agora esse preconceito antiurbano assumiu a forma estatística: segundo a fórmula adotada pelo Departamento de Segurança Interna para distribuição das verbas, uma soma sete vezes maior é destinada à proteção de cada habitante do Wyoming do que a cada habitante de Nova York.

Vejamos como isso funciona. No seu principal programa de subsídios, o Departamento não tenta avaliar as necessidades. Em vez disso, cada estado recebe 0,75% do total, independentemente do número de habitantes; o resto é distribuído proporcionalmente à população. É um bom negócio para estados com população pequena, como Wyoming ou Montana; é um mau negócio para estados como a Califórnia ou Nova York, que recebem apenas 4,7% do dinheiro. E, como Nova York e outros grandes estados urbanos continuam sendo os alvos mais prováveis de futuros ataques terroristas, é um péssimo negócio para o país.

Por que foi adotada uma fórmula tão estranha? Bem, talvez não seja tão estranha assim; ela se parece muito com a composição do Colégio Eleitoral, que também dá um peso desproporcional (embora não tanto) a estados com populações pequenas. E, com poucas exceções, estados de população pequena são "estados vermelhos" — na verdade, foi o viés a favor dos pequenos estados no Colégio Eleitoral que permitiu a Bush ganhar a Casa Branca, apesar de ter perdido nos votos populares. É difícil não suspeitar que a fórmula — que é totalmente sem sentido em termos de segurança do país — foi adotada exatamente porque ela favorece a mesma clientela, (Para sermos justos, convém reconhecer que há um grande "estado vermelho" que sai perdendo com isso: o Texas. Mas um dia desses, mais cedo do que muita gente espera, o Texas pode virar azul.)

Em outras palavras, a destinação das verbas confirma o que Chait disse: mesmo em tempo de guerra — guerra que parece estranhamente desvinculada da ameaça terrorista —, o governo Bush não leva a sério a proteção do território nacional. Em vez disso, continua a subordinar a segurança dos Estados Unidos à sua inalterável agenda política.

CONQUISTAR E ESQUECER

11 de abril de 2003

Dê-se o crédito a quem merece: os "falcões" estavam certos ao dizer que bastaria uma saraivada de tiros de canhão para provocar a queda do regime de Saddam Hussein. Mas até mesmo os céticos a respeito dessa guerra esperavam uma vitória militar ("É claro que vamos ganhar no campo de batalha, talvez até com facilidade", foi o que escrevi na minha coluna no início do conflito). Em vez disso, ficamos preocupados, e continuamos a nos preocupar a respeito do que viria em seguida. Como escreveu ontem no *Slate* outro cético, Michael Kinsley, "gostaria de estar enganado. Mas ainda não fui desmentido".

Por que se preocupar? Não tenho a pretensão de adivinhar o que se passa na cabeça do povo iraquiano. Mas existe um padrão no modo de agir do governo Bush que não deixa motivo para otimismo — um padrão que consiste em conquistar e depois negligenciar e esquecer.

Temos de admitir que o pessoal de Bush é bom em conquistar, seja no plano militar ou no político. Eles concentram toda a atenção num só ponto da questão e não se preocupam em violar regras. Essa tática deu-lhes a vitória na recontagem de votos na Flórida, na aprovação do projeto de redução de impostos em 2001, na queda de Cabul, na vitória nas eleições legislativas e, finalmente, na queda de Bagdá.

Mas após o triunfo, quando chega a hora de tomar conta daquilo que conquistou, a atenção da equipe de Bush se dispersa e as coisas acabam andando mal.

O exemplo mais óbvio é o Afeganistão, terra que o governo Bush esqueceu. A maior parte desse país está de novo sob controle dos "senhores da guerra" fundamentalistas, e soldados e policiais que não são pagos estão desertando em massa. (Lembrem-se de que o governo Bush deixou de incluir no último projeto orçamentário qualquer verba de ajuda ao Afeganistão.)

O irmão do presidente Hamid Karzai, Ahmed Wali Karzai, disse a um jornalista da Associated Press: "É como se eu estivesse vendo duas vezes o mesmo filme e ninguém está tentando resolver o problema. O que foi prometido aos afegãos com a queda do regime talibã foi uma nova vida de esperança e mudanças. Mas o que foi alcançado? Nada. Tudo voltou à rotina."

O mesmo padrão pode ser visto no terreno econômico. O presidente Bush obteve um grande triunfo em 2001, quando conseguiu aprovar um imenso corte de impostos — afirmando que o projeto era o meio de solucionar os males da economia. O que aconteceu de lá para cá?

A resposta é que as coisas foram gradualmente caindo aos pedaços. Houve um trimestre de bom crescimento no início de 2002 e foram ouvidos gritos de alegria diante dessa vitória da política oficial. No entanto, depois disso a situação foi-se deteriorando. O crescimento era lento demais para criar empregos; no fim de 2002, depois de um ano de "recuperação", havia menos gente trabalhando do que no fim de 2001.

E nos últimos dois meses a crise se agravou rapidamente. Em fevereiro e março, a economia perdeu 465 mil empregos, elevando o total de perdas desde que a recessão começou oficialmente, em março de 2001, para mais de dois milhões.

A essa altura, a queda do número de empregos tem sido maior e mais prolongada do que a ocorrida no mandato do pai de Bush. E não há sinal de uma reviravolta; as solicitações de seguro-desemprego ainda estão bem acima do nível que indicaria uma melhoria no mercado de trabalho.

Alguns esperam que a economia se recupere espontaneamente — que os consumidores e as empresas, aliviados com o fato de a guerra ter sido bem-sucedida, começarão a gastar despreocupadamente. Mas esperança não é um plano. Qual é o plano?

A resposta parece ser que não há um plano para a economia. Em vez disso, a Casa Branca está-se concentrando em obter um novo triunfo político — a eliminação dos impostos sobre os dividendos — que tem pouca ou nenhuma importância para os nossos problemas econômicos atuais.

Eu poderia demonstrar essa irrelevância fazendo uma análise econômica, mas o melhor é citar uma pista política interessante: o jornal *USA Today* informa que, diante das preocupações do Congresso com os déficits, o governo deu a entender que está disposto a implementar em etapas o seu projeto sobre os dividendos.

Ou seja, concorda em abandonar os cortes imediatos — justamente a parte do plano que poderia ajudar a economia agora — a fim de conseguir aprovar o plano completo mais tarde e proclamar uma vitória total.

O que mete medo é que essa tática de governar no estilo "cortar e queimar" pode continuar dando certo para Bush e seus colaboradores porque os triunfos iniciais ganham as manchetes dos jornais. Infelizmente, o resto do mundo tem de viver nas ruínas que são deixadas para trás.

UMA QUESTÃO DE ÊNFASE

29 de abril de 2003

"Não estávamos mentindo", disse um funcionário do governo Bush à ABC News. "Foi apenas uma questão de ênfase." Ele estava se referindo ao modo como o governo exagerou a ameaça que Saddam Hussein representava para os Estados Unidos. Segundo a reportagem da ABC, o motivo real da guerra foi o desejo do governo de "marcar sua posição". E por que o Iraque? "Os funcionários reconhecem que, do ponto de vista americano, Saddam tinha todos os requisitos para ser o alvo perfeito."

Um jornal britânico, *The Independent*, escreveu que "os serviços de inteligência de ambos os lados do Atlântico ficaram furiosos porque os informes que transmitiam aos líderes políticos eram distorcidos, no afã de chegarem à guerra". Uma "fonte bem situada" declarou ao jornal: "Os líderes ignoraram as análises da inteligência, que diziam que o Iraque não era uma ameaça."

É certo que ainda não encontramos qualquer arma de destruição em massa. Poderemos acabar encontrando algum gás venenoso ou armas biológicas rudimentares. Mas isso não equivale às WMDs (armas de destruição em massa), ou seja, armas capazes de transformar um país pequeno e pobre numa ameaça à maior potência que o mundo já conheceu. Lembrem-se de que o presidente Bush justificou a guerra com a lembrança da imagem de "uma nuvem em forma de cogumelo". É claro que o Iraque não dispunha de nada parecido — e Bush sabia disso.

Mas será que importa o fato de termos entrado numa guerra com base em falsos argumentos? Algumas pessoas acham que não. Afinal, vencemos e o povo iraquiano foi libertado. Mas temos que fazer algumas perguntas difíceis, não só sobre o Iraque, mas sobre nós mesmos como americanos.

Em primeiro lugar, por que nossa compaixão é tão seletiva? Em 2001, a Organização Mundial de Saúde — a mesma entidade com a qual contamos agora para nos proteger da Sars — recomendou que fosse adotado um programa para o combate às doenças infecciosas nos países pobres, afirmando que isso salvaria as vidas de milhões de pessoas a cada ano. A cota que caberia aos Estados Unidos no total das despesas seria de US$ 10 bilhões anualmente — uma pequena fração do que vamos gastar com a guerra e a ocupação. No entanto, o governo Bush rejeitou desdenhosamente a proposta.

Ou vejamos um dos primeiros atos da diplomacia americana depois da guerra: bloquear o envio de tropas de paz da ONU para a Costa do Marfim (antiga colônia francesa) a fim de garantir a trégua em uma sangrenta guerra civil. Os Estados Unidos alegaram que custaria muito dinheiro. Pode ser que sim — afinal, nós não iríamos, somente por implicância com os franceses, deixar inocentes morrerem, não é?

Portanto, parece que nossa grande preocupação com o povo iraquiano não se estende a outros povos sofredores no resto do mundo. Imagino que seja apenas uma questão de ênfase. No entanto, um cínico poderia lembrar que salvar vidas por meios pacíficos não oferece a oportunidade de encenar desfiles militares de triunfo.

E outra coisa: os líderes de uma nação democrática não têm o dever de dizer a verdade aos cidadãos?

Podemos nos perguntar se a maior parte do público algum dia saberá que as razões para essa guerra foram desmascaradas como falsas. De fato, acho que a maioria dos americanos acredita que encontramos armas de destruição em massa. Cada vez que surge a possibilidade de um achado, as televisões fazem um alarde, mas quantas pessoas tomam conhecimento do anúncio posterior — se é que chega a ser feito — de que não passava de um alarme falso? Vemos um padrão de informações tendenciosas que lembra o modo como a guerra inicialmente foi justificada. Cada denúncia do governo contra o Iraque recebia total cobertura da mídia; os desmentidos subseqüentes eram praticamente ignorados.

Será que a mídia achou que era falta de patriotismo duvidar da credibilidade do governo? Aconteceram algumas coisas estranhas. Por exemplo, em setembro Bush citou um relatório da Comissão Internacional de Energia Atômica que, segundo ele, mostrava que em poucos meses Saddam estaria de posse de armas nucleares. "Não sei de que outras provas precisamos", disse na ocasião. Na verdade, o relatório não continha a informação mencionada pelo presidente. E, durante algumas horas, a manchete no site da MSNBC proclamava: "Bush distorceu relatório sobre o Iraque." Depois, a história sumiu — não só da manchete, mas do site.

Graças a esse padrão de afirmativas veementes e de retratações discretas — quando não totalmente suprimidas —, o público americano talvez acredite mesmo que fizemos a guerra para afastar uma ameaça iminente — assim como acredita que Saddam teve algo a ver com os atentados do 11 de setembro.

Bem, é verdade que a guerra derrubou um tirano malvado. Mas as decisões de uma democracia, certas ou erradas, são supostamente tomadas com a concordância dos cidadãos bem informados. Não foi o que aconteceu. E somos uma democracia — certo?

OS CAMINHOS DA GLÓRIA

16 de maio de 2003

O dogma principal da política americana atual é que George W. Bush, quaisquer que sejam suas falhas em outros pontos, é um eficiente líder na luta contra o terrorismo. Porém, quanto mais se sabe a respeito da situação do mundo, menos se acredita nesse dogma. A guerra contra o Iraque, em particular, nada fez para tornar os Estados Unidos mais seguros — na realidade, foi um serviço prestado aos terroristas.

Como anda a guerra contra o terrorismo? Vocês ouviram falar dos atentados em Riad. Mas algo mais aconteceu esta semana: um respeitável órgão britânico de pesquisas, sem nenhuma animosidade conhecida em relação a Bush, declarou que a Al-Qaeda "é hoje mais traiçoeira e tão perigosa" quanto era antes do 11 de setembro. Eis aí o que se pode dizer sobre os "terroristas em debandada".

Ainda assim, o governo Bush não está-se esforçando ao máximo para combater o terrorismo? Não, não está.

A campanha antiterror do governo Bush me faz pensar na aparência dos estúdios de televisão. O cenário sofisticado e elegante costuma ficar numa sala feia, cheia de caixotes de papelão e fita adesiva. As redes de TV têm muito cuidado com o que os espectadores vêem na tela, mas gastam o mínimo possível com o que fica fora do alcance das câmeras.

É o que tem acontecido com a campanha contra o terrorismo. O presidente faz poses heróicas para a televisão, mas seu governo não se interessa por nada que não seja fotogênico.

Já escrevi antes sobre a espantosa recusa do governo Bush em financiar medidas, mesmo de baixo custo, necessárias para proteger a nação contra futuros ataques — medidas que protegeriam portos, fábricas de produtos químicos, instalações nucleares e assim por diante (mas o Departamento de

Segurança Interna não é totalmente ineficiente: esta semana, ajudou os republicanos do Texas a encontrar seus colegas democratas, que tinham ameaçado uma retirada do recinto de votação).

A negligência com que é tratada a segurança interna é uma repetição do modo como o governo atua no exterior, ou seja, deixando de levar avante a tarefa logo que termina a fase capaz de dar um bom espetáculo na televisão. A derrubada do regime talibã foi uma vitória incontestável — certamente nossa maior vitória contra o terrorismo. Mas logo que Cabul caiu, o governo perdeu o interesse. Agora, a maior parte do Afeganistão está sob o controle dos *warlords* (senhores da guerra), o governo Karzai mal se agüenta e os talibãs estão voltando.

O senador Bob Graham fez uma denúncia mais forte: de que a al-Qaeda estava em maus lençóis há um ano, mas foi capaz de se recuperar porque o governo desviou recursos militares e de inteligência para o Iraque. Como ex-presidente da Comissão de Inteligência do Senado, tem condições de saber dos fatos. E, antes que alguém pense que estamos diante de um democrata intransigente, é bom lembrar que vários republicanos apoiaram sua denúncia. "Ele tem todos os motivos para estar preocupado", comentou o senador Richard Shelby, que teve acesso às mesmas informações.

O senador Graham também afirma que um relatório sigiloso do Congresso revela que "as lições do 11 de setembro não estão sendo aplicadas" e acusa o governo de encobrir os fatos.

Mas, de qualquer forma, derrotamos Saddam. Isso não nos dá maior segurança? Não.

Saddam não era uma ameaça para os Estados Unidos — ele não tinha vínculos significativos com o terrorismo. E a principal equipe americana que procurava armas de destruição em massa já fez as malas e está de volta. Enquanto isso, o governo Bush, coerente com seu padrão de atuação, já se desinteressou do assunto depois que a cobertura de televisão diminuiu. O resultado foi uma orgia de saques no Iraque — incluindo roubo de material nuclear que, por incrível que pareça, deixamos de proteger. Alguém está interessado numa bombinha suja? Agora, segundo *The New Republic*, facções iraquianas estão se preparando para a guerra civil.

Isso nos deixa diante do dilema que os céticos temiam. Se sairmos rapidamente do Iraque, o país pode virar uma versão maior e mais perigosa do

Afeganistão. Mas se ficarmos muito tempo, corremos o risco de nos transformar, como disse um comentarista, "numa força de ocupação numa terra amargamente hostil" — justamente o fator facilitador do recrutamento desejado pela al-Qaeda. Quem disse isso? O pai do presidente Bush, explicando sua decisão de não deixar as tropas americanas ocuparem Bagdá em 1991.

Massoud Barzani, o líder curdo, não mede palavras quando diz ter medo de que, por falha dos Estados Unidos, "a estupenda vitória que obtivemos se transforme num atoleiro".

A verdade é que a busca da glória na televisão — que fez o governo Bush desviar a atenção da Al-Qaeda e entrar numa briga com um regime que, por pior que fosse, não constituía uma ameaça — nos deixou menos seguros do que deveríamos estar.

NEGLIGÊNCIA NOS DEVERES

17 de junho de 2003

Na última quinta-feira, uma subcomissão da Câmara reuniu-se para finalizar o processo de distribuição de verbas para o setor de segurança interna. O democrata mais graduado anunciou que iria introduzir uma emenda acrescentando cerca de US$ 1 bilhão para a segurança dos portos e da fronteira, áreas que, segundo praticamente todos os especialistas, vêm sendo gravemente negligenciadas desde o 11 de setembro. Ele sugeriu pagar o adicional reduzindo ligeiramente os cortes de impostos para os contribuintes que ganham mais de US$ 1 milhão por ano.

Diante disso, o presidente da subcomissão impediu imediatamente o acesso do público à reunião, citando a necessidade de segurança nacional — embora nenhum documento sigiloso estivesse sendo discutido. E o projeto de lei que surgiu da reunião a portas fechadas não incluiu os recursos adicionais.

Este foi o símbolo perfeito do que é a guerra contra o terrorismo do governo Bush. Por trás da retórica — e por trás do véu de segredo invocado em nome da segurança nacional, mas na verdade utilizado para impedir o exame por parte do público — há um padrão de negligência e de recusa em adotar medidas que nos protejam dos terroristas. O contraterrorismo verdadeiro não convém à agenda do governo.

Ontem, *The Washington Post* publicou uma entrevista com Rand Beers, assessor da Casa Branca para questões de contraterrorismo, que se demitiu em março. "Eles estão nos fazendo ficar menos seguros", disse ele a respeito do governo Bush. "Como integrante da equipe, eu via quais as coisas que não estavam sendo feitas." Entre as áreas problemáticas citou: a segurança do território nacional, na qual o governo adota apenas uma "política de retórica"; o fracasso em pressionar a Arábia Saudita (terra natal da maioria dos terroristas do 11 de setembro) para que faça algo; e, naturalmente, o modo como permitimos que o Afeganistão mergulhasse de novo no caos.

Em parte, esse padrão de negligência decorre da contenção de despesas na aplicação dos recursos. Em fevereiro, até mesmo George W. Bush admitiu que as verbas destinadas à segurança interna não eram suficientes — embora (para fúria dos legisladores republicanos) tenha jogado a culpa no Congresso. No entanto, segundo Fred Kaplan, do *Slate*, a mais recente proposta orçamentária do governo destina menos dinheiro para a segurança interna do que foi gasto no ano passado. Enquanto isso, as maiores prioridades são relegadas. Por exemplo, a segurança dos portos, identificada desde o início como uma grande preocupação, só recebeu até agora um décimo do que a Guarda Costeira diz ser necessário.

Mas não é apenas uma questão de recursos. Não se pode mais alegar que o governo esteja reduzindo os gastos para facilitar os cortes de impostos. Isso porque, com a previsão de que o déficit orçamentário chegará a US$ 400 bilhões este ano, US$ 1 bilhão para a segurança não faria uma grande diferença para o plano de redução de impostos. Além disso, o Congresso não está contando os centavos em relação a tudo: na semana passada, o Senado aprovou US$ 15 bilhões em garantias de empréstimos para a construção de usinas nucleares.

E tem mais: mesmo na área militar, o governo tem se mostrado relutante em enfrentar o terrorismo. Recusou-se a fornecer ao novo governo do Afeganistão proteção ampla e adequada. Em conseqüência disso, como se poderia prever, os "senhores da guerra" agem à vontade e os talibãs estão voltando. A vitória desperdiçada no Afeganistão foi uma das razões pelas quais gente como eu teve maus pressentimentos a respeito da invasão do Iraque — e, de fato, o governo tem-se mostrado apático em matéria de segurança no pós-guerra. Até mesmo depósitos de lixo nuclear foram deixados sem vigilância durante semanas.

Então, qual a explicação? A resposta talvez seja o fato de que personagens importantes — principalmente Donald Rumsfeld — não mostraram disposição para enfrentar o problema real. O contraterrorismo de verdade envolve sobretudo operações da polícia e adoção de medidas preventivas; isto não tem impacto nas telas de TV e não propicia muitas ocasiões para celebrar vitórias.

Por outro lado, uma guerra convencional é muito mais empolgante, com imagens de colunas de tanques atravessando o deserto. E você pode fazer uma aterrissagem espetacular num porta-aviões (como Bush fez na visita ao *U.S.S Abraham Lincoln*). E cada vez mais está parecendo que foi nisso que a guerra consistiu. Afinal, as justificativas para a guerra revelaram-se falsas — não havia ligações do Iraque com a al-Qaeda, não existia qualquer arsenal de armas de destruição em massa.

Mas não importa — ganhamos, não foi? Talvez não. Metade da força de combate dos Estados Unidos está imobilizada no Iraque, enfrentando o que se parece cada vez mais com uma guerra de guerrilha — um instrumento ideal de recrutamento para a al-Qaeda. Enquanto isso, a verdadeira guerra contra o terrorismo foi negligenciada e hostilizamos os aliados de que precisamos para conduzir a guerra. Um dia desses vamos pagar o preço.

REJEIÇÃO E ENGANO

24 de junho de 2003

Há muita ironia na política. No site da Casa Branca, o discurso de George W. Bush de 7 de outubro de 2002 — no qual procurou justificar a guerra contra o Iraque — tem como manchete "Rejeição e engano". Sério.

Já não há mais dúvida de que o governo Bush nos levou à guerra valendo-se de uma tática de enganos. A questão essencial agora é por que tanta gente influente continua cega, incapaz de admitir o óbvio.

Sobre o engano: o vazamento de opiniões de analistas profissionais do setor de inteligência, furiosos por causa do modo como o trabalho deles foi deturpado, nos dá um quadro mais completo de como os Estados Unidos foram à guerra. Graças ao esforço de reportagem de meu colega Nicholas Kristof e outros artigos em *The New York Times* e *The Washington Post*, e a um artigo magistral de John Judis e Spencer Ackerman na revista *The New Republic*, sabemos agora que altos funcionários, entre eles Bush, procuraram transmitir uma impressão sobre a ameaça representada pelo Iraque que não era confirmada pelos relatórios dos serviços de inteligência.

Nunca houve qualquer prova da ligação Saddam Hussein com a al-Qaeda; no entanto, funcionários do governo insinuavam repetidamente a existência de um vínculo. As provas de existência de um programa nuclear ativo no Iraque foram desmistificadas pelos próprios especialistas do governo; no entanto, os funcionários continuavam a mencionar essa prova e a alertar para o perigo nuclear representado pelo Iraque.

E mesmo assim o meio político e a mídia principal vivem encontrando desculpas para as tentativas do governo no sentido de iludir tanto o Congresso quanto o público.

Por exemplo, alguns comentaristas sugeriram que Bush não deveria ser alvo de críticas já que algumas de suas declarações anteriores à guerra foram interpretadas como tecnicamente verdadeiras. Sério? Não estamos falando de uma discussão sobre um contrato de negócios, cuja interpretação dependa do texto em letra miúda; estamos falando da mais solene decisão que um país pode tomar. Se os discursos de Bush deram uma impressão equivocada ao público sobre os motivos da guerra, uma análise de texto que mostre que ele não disse literalmente o que parecia estar dizendo não é desculpa. Pelo contrário, sugere que ele sabia que a tese defendida não agüentaria um exame rigoroso.

Vejamos, por exemplo, o que o presidente disse no seu discurso — de "rejeição e engano" — a respeito do suposto vínculo entre Saddam e Osama. Ele mencionou "contatos de alto nível que duram uma década". Na verdade, os serviços de inteligência tinham conhecimento de contatos incipientes e exploratórios entre Saddam e o nascente movimento da al-Qaeda no início da década de 1990, mas não encontraram provas de que a relação tivesse continuado ou se desenvolvido. Portanto, ao fazer alusão a um relacionamento existente entre o Iraque e a al-Qaeda, Bush se expressou de maneira ardilosa — o que indica que ele ou o redator de seus discursos sabiam perfeitamente que o argumento era fraco.

Outros comentaristas acham que Bush pode ter acreditado sinceramente, apesar da falta de provas, que Saddam estava cooperando com Osama e fabricando armas nucleares. Mas essa hipótese é pouco provável: por que usou uma linguagem ambígua se não estava deturpando a verdade? Qualquer que seja o caso, alguém estava agindo mal. Se funcionários de alto nível deixaram de informar ao presidente sobre o material de inteligência que desmentia as principais peças de sua argumentação sobre o Iraque, não estavam cumprindo adequadamente suas funções. E o presidente deveria ser o primeiro a querer suas demissões.

Então, por que há tanta gente arranjando desculpas para Bush e seus assessores?

A resposta, em parte, é a influência do sectarismo puro. Uma diferença fundamental entre o escândalo atual e o de Watergate é que é quase impossível imaginar-se agora um senador republicano perguntando: "O que o presidente sabe e quando ficou sabendo?"

Mas até os que não são republicanos sectários fogem do confonto com a argumentação falsa do governo, por receio das implicações.

Finalmente, suponhamos que um político — ou um jornalista — reconheça que Bush iludiu o país para fazer a guerra. Bem, desencadear uma guerra sob falsos pretextos é, para dizer o mínimo, uma quebra de confiança. Portanto, se você admite no íntimo que isso aconteceu tem o dever moral de exigir prestação de contas — e fazer isso não só entrando em choque com uma máquina política poderosa e implacável, mas também diante de uma nação ainda não inclinada a acreditar que seus líderes exploraram o 11 de setembro para tirar vantagens políticas. É uma perspectiva assustadora.

No entanto, se não houver quem se disponha a correr o risco — perceber a verdade e agir em função dela — o que será da nossa democracia?

QUEM NÃO É PATRIOTA?

22 de julho de 2003

Citemos um pouco da História não-revisionista: em 8 de outubro de 2002, jornais da cadeia Knight Ridder mencionaram o fato de que funcionários dos serviços de inteligência "acusam o governo de abafar pontos de vista dissidentes e dizem que os analistas do setor são pressionados para produzir resultados que confirmem o argumento da Casa Branca de que Saddam Hussein representa uma ameaça tão imediata para os Estados Unidos que justifica uma guerra preventiva". Um dos funcionários acusou o governo de pressionar os analistas para "adulterarem os dados da inteligência"; nenhum dentre vários outros funcionários ouvidos pelos repórteres discordou da acusação.

O ceticismo desses funcionários foi justificado, assim como as preocupações manifestadas antes da guerra por militares como o general Eric Shinseki, chefe do Estado-Maior do Exército, sobre os recursos necessários para a ocupação no pós-guerra. Mas, à medida que as más notícias chegavam, os promotores da guerra reagiam com tentativas sincronizadas de difamar os mensageiros das más notícias.

Deixando de lado a questão de princípios, a invasão de um país que não nos atacou nem constituía uma ameaça imediata enfraqueceu seriamente nossa posição militar. Das 33 brigadas do Exército, 16 se encontram no Iraque; isso nos deixa mal preparados para enfrentar ameaças reais. Além do mais, peritos militares advertem que o fato de dois terços das brigadas terem sido deslocados para o exterior, sobretudo para o Iraque, prejudicou a capacidade de reação do Exército: a boa doutrina recomenda que somente uma em cada três brigadas seja deslocada para fora das fronteiras, enquanto as outras duas devem permanecer no país, reforçando seu treinamento e sendo reequipadas.

E a guerra terá efeitos devastadores sobre o futuro recrutamento das reservas. Uma foto vinda do Iraque que circulou bastante mostra um adesivo no pára-brisa de um caminhão militar com os dizeres: "Um fim de semana por mês, uma ova."

Acima de tudo, nossa insistência em iniciar uma guerra sem aprovação da ONU nos fez perder aliados úteis. George Bush afirma que conta com uma "grande coalizão", mas apenas 7% dos soldados da coalizão no Iraque não são americanos — e os apelos do governo por mais ajuda soam como lamúrias.

Até que ponto é grave o desgaste militar? Michael O'Hanlon, analista militar da Brookings Institution, que descreve o nosso corpo de voluntários como "uma das melhores instituições da história humana", adverte que "o governo Bush corre o risco de destruir essa realização se prosseguir no caminho atual".

Mas em vez de explicar o que aconteceu com o vínculo de Saddam com a al-Qaeda e com o suposto programa nuclear iraquiano, nos últimos dias vários comentaristas linha-dura têm acusado os que fazem essas perguntas de estarem ajudando o inimigo. Vejamos o que escreveu Frank Gaffney Jr. em *The National Post*: "Em algum lugar, provavelmente no Iraque, Saddam Hussein está se regozijando. Ele só pode ficar satisfeito diante do frenesi de recriminações, especulações e manobras políticas... Indícios de queda na avaliação do público sobre a legitimidade e a necessidade dos esforços de nossos militares só podem fazer com que eles fiquem de moral baixa. Conseqüentemente, o inimigo ficará encorajado."

Bem, já que estamos falando em ajudar o inimigo: ao deturpar dados da inteligência para promover uma guerra que não era urgente, o governo desperdiçou nosso vigor militar. Isso proporciona muita satisfação e ajuda a Osama bin Laden — que realmente atacou os Estados Unidos — e a Kim Jong Il — que está realmente fabricando armas nucleares.

E já que o assunto é patriotismo, vamos recordar o caso da esposa de Joseph Wilson, o ex-embaixador que foi enviado ao Níger pela CIA para investigar rumores de que o Iraque tinha tentado comprar urânio daquele país africano e que recentemente veio a público para divulgar suas conclusões. Desde então, os aliados do governo têm procurado desmoralizá-lo — um procedimento de mau gosto. Mas tem mais: tanto o colunista Robert Novak como a revista *Time* dizem que funcionários do governo revelaram que acreditam que Wilson foi escolhido para a missão por influência de sua esposa, que é agente da CIA.

Pensem um pouco nisso: se a identificação da esposa de Wilson for correta (Wilson recusa-se a confirmar ou desmentir), o que os funcionários do governo fizeram foi expor a identidade de um agente secreto. Trata-se de um ato criminoso e decididamente antipatriótico.

Por que fariam uma coisa dessas? Em parte, talvez para punir Wilson, mas também para enviar um recado.

E isso deve nos deixar alarmados. Acabamos de ver como os dados do setor de inteligência que são adulterados para fins políticos podem prejudicar o interesse nacional. Mas o caso Wilson sugere que a administração pretende continuar pressionando os analistas para que digam só o que o governo quer ouvir.

QUEM É SÓRDIDO?

30 de setembro de 2003

Já é oficial: o governo, que antes zombava da idéia de reconstruir totalmente um país estrangeiro, agora diz que está engajado numa versão moderna do Plano Marshall. Mas o Iraque não é a Europa do pós-guerra e George W. Bush não é de modo algum Harry Truman. Na verdade, enquanto Truman levou os Estados Unidos a realizarem o que Churchill chamou de "o ato menos sórdido da História", as notícias sobre a reconstrução do Iraque ficam cada vez mais sórdidas. E a sordidez não é, como alguns poderiam supor, apenas uma pequena mancha num empreendimento nobre em outros aspectos.

A camaradagem entre amigos na política é um fator importante no nosso desastre no Iraque. Não se trata apenas do fato de que os gastos com a reconstrução sejam muito maiores do que se supunha. O importante é que a camaradagem está pervertendo nossa política: ao lidar com contratos de serviços como se fossem prêmios a serem distribuídos entre os amigos, os funcionários do governo estão retardando a recuperação do Iraque, com conseqüências potencialmente catastróficas.

Hoje, raramente se fala nisso, mas na época do Plano Marshall os americanos tinham escrúpulos quanto a auferir lucros em nome do patriotismo. A fim de conseguir a aprovação do Congresso, Truman teve de dar garantias de que o plano não seria um projeto escandaloso. Os recursos eram administrados por uma agência independente da Casa Branca e Marshall prometeu que as prioridades seriam determinadas pelos europeus, não pelos americanos.

Felizmente, as garantias de Truman eram dignas de crédito. Embora seja apreciado hoje por sua liderança no pós-guerra, Truman, no início da carreira, ficou conhecido por combater ferozmente lucros ilícitos em tempo de guerra, que ele considerava traição.

A reconstrução do Iraque, pelo contrário, está sendo feita sob o controle da Casa Branca. E este é um governo de compadres, por compadres e para compadres capitalistas. Temos que voltar à época de Harding para encontrar outro governo tão despreocupado com conflitos de interesses. Aquele contrato gigantesco sem concorrência que foi dado de mão beijada à Halliburton — companhia que permitiu a Dick Cheney ficar rico — era exatamente o que se poderia esperar do atual governo.

E, mesmo enquanto a situação do Iraque se deteriora, e o Conselho de Governo do Iraque pede mais autonomia e controle, os funcionários americanos continuam a obstruir iniciativas locais e ainda tentam manter os contratos nas mãos de vocês sabem quem.

Por exemplo, duas empresas do Oriente Médio começaram a oferecer em Bagdá em julho telefones celulares dotados de sistemas compatíveis com os dos países vizinhos. Como o colapso do sistema telefônico de Bagdá vinha provocando muitos problemas, era de se supor que as autoridades da coalizão ficariam satisfeitas.

Nada disso: as autoridades imediatamente paralisaram os serviços. Telefones celulares só poderiam ser vendidos, disseram, pelos vencedores de uma concorrência pública. Quando os regulamentos dessa concorrência foram divulgados em 31 de julho, notou-se que pareciam ter sido concebidos com o único propósito de excluir firmas não-americanas (diante de numerosos protestos, os regulamentos foram revistos, mas continuam a favorecer os suspeitos de sempre). O curioso é que o anúncio dos ganhadores, previsto para 5 de setembro, continua sendo adiado. Enquanto isso, somente Paul Bremer e seus colaboradores têm telefones celulares — e, graças à incompreensível decisão de dar o contrato à MCI, nem mesmo esses aparelhos funcionam bem (sem mencionar o fato de que a gerência da MCI perpetou uma das maiores fraudes contábeis de que se tem lembrança, a empresa não tem nenhuma experiência em montar redes de telefonia celular).

E há ainda o caso da eletricidade. Um motivo pelo qual o Iraque continua às voltas com apagões é que especialistas e instituições locais do ramo foram excluídos do setor de reparos. Em vez disso, um contrato exclusivo foi dado à Bechtel, cujos vínculos com os republicanos são quase tão fortes quanto os da Halliburton. E se uma recente reportagem de *The Washington Post* estiver certa, a Bechtel continua a ignorar as solicitações de peças essenciais sobressalentes feitas pelos engenheiros iraquianos.

Enquanto isso, várias companhias estreitamente ligadas a altos funcionários do governo têm começaram a oferecer audaciosamente seus serviços de intermediação às firmas que querem fazer negócios no Iraque. O escritório de advocacia que pertencia a Douglas Feith, secretário-adjunto do Pentágono que supervisiona a reconstrução do Iraque, já colocou sua tabuleta à mostra. O mesmo fez outra firma, dirigida por Joe Allbaugh, que coordenou a campanha eleitoral de Bush-Cheney em 2000 e foi diretor da FEMA até alguns meses atrás. E uma terceira participante é controlada pelo sobrinho de Ahmad Chalabi.

A moral da história é a seguinte: os otimistas que esperam que o governo ponha sua política em relação ao Iraque novamente nos eixos estão se iludindo. Pensem nisso: o custo da ocupação está subindo vertiginosamente e os peritos militares advertem que nossas forças armadas estão perigosamente sobrecarregadas. No entanto, os funcionários do governo estão deixando que a reconstrução do Iraque ande lentamente e que o descontentamento do povo desse país aumente, enquanto distribuem os contratos entre seus amigos. Como esperar que mudem de atitude?

Correção: Sexta-feira, 3 de outubro de 2003

Correção: Muitos, inclusive Paul Bremer em recente depoimento e eu mesmo na coluna de 30 de setembro, associaram a frase de Churchill sobre "o ato menos sórdido da História" com o Plano Marshall. Na verdade, Churchill estava se referindo a um programa anterior, Lend-Lease. Mas deve-se imaginar que ele não teria se incomodado com a confusão.

FRAQUEZA CONTRA O TERRORISMO

16 de março de 2004

"Minha prioridade máxima", disse ontem o novo líder da Espanha, José Luís Rodríguez Zapatero, "será combater o terrorismo." Mas ele e os eleitores que deram ao seu partido uma vitória surpreendente no domingo passado não acreditam que a guerra no Iraque faça parte da luta contra o terrorismo. E o povo espanhol ficou também indignado com a aparente tentativa do governo de Aznar de explorar o ataque terrorista da semana passada com objetivos políticos.

O governo Bush, que causou perplexidade no mundo inteiro quando usou um ataque de fundamentalistas islâmicos para justificar a derrubada de um regime brutal mas secular, e que vem utilizando politicamente o ataque do 11 de setembro, deve estar mesmo com muito medo.

As pesquisas de opinião revelam que a firmeza no combate ao terrorismo é o último traço de vigor político que resta a George Bush. No entanto, essa reputação se baseia numa imagem, não numa realidade. A verdade é que Bush, embora ansioso por invocar o 11 de setembro para justificar uma guerra sem nenhuma relação com o terrorismo, tem-se mostrado relutante em se concentrar no problema dos terroristas que efetivamente atacaram os Estados Unidos, ou em seus aliados na Arábia Saudita e no Paquistão.

Essa relutância data dos primeiros meses de Bush no cargo. Afinal, por que seu círculo mais próximo de colaboradores se esforçou tanto para impedir que se investigasse o que realmente aconteceu no 11 de setembro? Tem havido muita especulação sobre a possibilidade de altos funcionários terem ignorado advertências específicas dos serviços de inteligência, mas o que sabemos com certeza é que o governo desprezou apelos urgentes dos funcionários do governo Clinton que, ao sair, recomendaram que fosse dada máxima atenção ao perigo representado pela al-Qaeda.

Depois do 11 de setembro, o terrorismo não pôde mais ser ignorado e os militares levaram a cabo uma bem-sucedida operação contra os anfitriões da al-Qaeda, o regime dos talibãs. Mas a falha em não utilizar um número suficiente de soldados permitiu que Osama bin Laden escapasse. Depois disso, o governo parecia ter perdido o interesse pela al-Qaeda; no verão de 2002, o nome de bin Laden desapareceu dos discursos de Bush. Ele só falava de Saddam o tempo todo.

Não foi apenas uma mudança retórica. Recursos cruciais foram desviados da caçada à al-Qaeda, que tinha atacado os Estados Unidos, para que fosse preparado o ataque contra Saddam, que não nos tinha atacado. Se vocês quiserem confirmação de que isso prejudicou a luta contra o terrorismo, pensem nas notícias sobre a caça a Osama que começaram a surgir somente nos últimos dias. Por que isso não aconteceu no ano passado, ou no ano anterior? Segundo *The New York Times*, no ano passado uma grande parte das forças necessárias para essa tarefa estava envolvida no Iraque.

Ficou claro que, ao mudar seu foco para o Iraque, Bush fez um grande favor à al-Qaeda. Os terroristas e seus aliados talibãs tiveram tempo para se reagruparem; o regime talibã que ressurgiu voltou a controlar quase um terço do Afeganistão e a al-Qaeda recuperou a capacidade de perpetrar atrocidades em larga escala.

Mas os lapsos de Bush no combate ao terrorismo vão muito além da decisão de dar à al-Qaeda oportunidade para recuperar o fôlego. O governo compactua com a Arábia Saudita — terra natal da maioria dos atacantes do 11 de setembro e principal financiadora do radicalismo islâmico — e com o Paquistão, que criou o talibã e tem-se empenhado ativamente na proliferação nuclear.

Algumas das ações do governo têm sido tão estranhas que aqueles que inicialmente as divulgaram foram acusados de serem adeptos fanáticos da teoria da conspiração. Por exemplo, o que devemos pensar da ponte aérea saudita organizada logo após o 11 de setembro? Apenas alguns dias depois do ataque, num momento em que os vôos de aviões particulares estavam proibidos, o governo concedeu permissão especial para vôos destinados a transportar cidadãos sauditas, entre os quais alguns membros da família bin Laden que estavam então nos Estados Unidos. Esses sauditas puderam sair do território americano depois de rápido interrogatório feito pelo FBI.

E o governo continua a aceitar o acobertamento de fatos pelo Paquistão, cujo governo afirmou recentemente, de modo ridículo, que a entrega de tecnologia e material nuclear em grande quantidade a Estados párias — inclusive a Coréia do Norte, segundo informa relatório da CIA — tinha sido obra de um indivíduo, que, aliás, foi rapidamente perdoado pelo presidente Pervez Musharraf. Bush deixou que essa farsa se desenrolasse sem objeção.

Portanto, quando a campanha de Bush se vangloria do desempenho do presidente no combate ao terrorismo e acusa John Kerry de fraqueza nessa questão, quando congressistas republicanos sugerem que votar em Kerry equivale a votar em Osama, lembrem-se disso: o verdadeiro desempenho do governo tem sido de indulgência com regimes que estão bastante envolvidos com o terrorismo e só leva em conta as ameaças terroristas reais quando é obrigado pelos acontecimentos.

CAPÍTULO 18

Dólares e centavos

CAMINHOS QUE NÃO FORAM SEGUIDOS

25 de abril de 2003

A nova proposta do deputado Richard Gephardt — cancelar a redução de impostos de 2001 e utilizar a receita fiscal assim recuperada para beneficiar os que não têm seguro de saúde — foi rejeitada por quase todos por não ser realista. E, em termos políticos, isso provavelmente é verdade. Afinal, hoje em dia é considerado como posição "moderada" dar apoio a um corte de impostos irresponsável que seja apenas grande, sem ser gigantesco.

Mas hoje eu gostaria de sair um pouco do realismo político e fazer uma pergunta ingênua: por que os americanos não poderiam concordar com uma proposta como a de Gephardt? Esqueçamos os detalhes: por que o cidadão comum, tendo que escolher entre o corte de impostos promovido por Bush e um projeto para dar seguro-saúde à maioria dos que não o têm, não ficaria com a segunda opção?

Naturalmente, os cortes de impostos, como foram inicialmente apresentados, não exigiam sacrifícios de ninguém. Na campanha de 2000, e até o momento de ser aprovada a redução de impostos em 2001, George Bush insistia em dizer que havia dinheiro de sobra para fazer tudo. Mas não havia — e agora que voltamos abertamente a um período de déficits, dizem-nos que devemos reduzir os programas sociais enquanto mais cortes de impostos vêm por aí. Por que não escolher um caminho diferente?

De qualquer modo, a maioria dos americanos não é favorecida pela redução dos impostos. Se todos os cortes de Bush — aqueles aprovados em 2001 e os que estão sendo propostos agora — fossem inteiramente implementados, eles diminuiriam em média US$ 2.500 anuais do pagamento de impostos por família. Mas as médias podem ser bastante enganosas. Quando Bill Gates entra num bar, o patrimônio médio dos fregueses sobe, mas isso não transforma os freqüentadores do bar em milionários.

Assim é com os cortes de impostos, que beneficiam sobretudo os muito ricos. Pelo que posso calcular, a maioria das famílias americanas terá uma redução média inferior a US$ 800 anuais nos impostos; em muitos casos, menor ainda. Enquanto isso, um punhado de contribuintes se beneficiará imensamente; as famílias que fazem parte do 1% mais rico no topo, com rendas médias superiores a US$ 1 milhão por ano, terão um alívio fiscal de US$ 80 mil dólares cada.

Por outro lado, as famílias comuns se beneficiariam bastante de um plano que desse seguro-saúde aos que não o têm.

É verdade que em determinado momento a maioria das famílias de renda média tem seguro. No entanto, pessoas perdem o emprego, empresas vão à falência e de repente os benefícios do seguro desaparecem. Se examinarmos um período qualquer de dois anos, por exemplo, veremos que cerca de um terço dos americanos fica durante algum tempo sem o seguro-saúde. Se verificarmos períodos mais longos, veremos que o risco aumenta para a maioria das famílias.

Não valeria a pena acabar com esse risco, mesmo que ao custo de algumas centenas de dólares por ano para cada família? (O preço não precisa ser de oitocentos dólares: o plano do deputado Gephardt, que daria aumento de créditos fiscais aos empregadores, propiciaria salários mais altos, o que compensaria o efeito da eliminação do corte de impostos.) A resposta tem que ser: sim, sem dúvida alguma.

Quando uma família que não tem seguro-saúde enfrenta uma doença, os resultados freqüentemente são catastróficos — ou o doente fica sem tratamento ou a família é ameaçada de ruína financeira. Nosso sistema inadequado de seguro médico é um motivo importante pelo qual os Estados Unidos, o país mais rico do mundo, têm uma expectativa de vida mais baixa e uma taxa de mortalidade mais elevada do que a maioria dos outros países industrializados.

Portanto, por que dar mais prioridade à redução de impostos do que à assistência médica? Conheço a linha do Partido Republicano: cortes de impostos para contribuintes de renda elevada representam a chave para o crescimento econômico e uma maré alta faz subir todos os barcos. Mas não há prova que confirme isso. Mais de duas décadas depois que os adeptos da *supply-side economics* (teoria da oferta) iniciaram a cruzada pelos cortes de impostos, os trabalhadores comuns ainda não viram a maré subindo. O salário real médio é hoje apenas 7% maior do que em 1979 e esse aumento ocorreu depois que Bill Clinton elevou os impostos para os contribuintes de renda mais alta.

Se as famílias americanas compreendessem o que seria melhor para elas, a maioria — todas, menos as pertencentes à minoria rica — abriria mão de bom grado das reduções de impostos em troca da garantia de que teria assistência médica quando precisasse. E até mesmo os ricos talvez preferissem viver numa sociedade em que nenhuma criança doente ficasse sem tratamento.

Ok, voltemos agora à realidade política. Nada parecido com o projeto de Gephardt tem chance de virar lei num futuro previsível. Pelo contrário, a direita vai conseguir aprovar mais cortes de impostos enquanto usará os déficits como desculpa para deixar de ajudar os que não têm seguro-saúde. Mas temos o direito de perguntar o motivo disso tudo. E a alegação de que os que criticam os cortes de impostos de alguma forma não são patriotas não é uma resposta válida.

DIZER O ÓBVIO

27 de maio de 2003

"Os loucos tomaram conta do hospício." Assim escreveu o normalmente sóbrio *Financial Times*, porta-voz do sólido meio empresarial britânico, ao comentar o projeto de lei de redução de impostos da semana passada nos EUA. De fato, essa peça legislativa é duplamente absurda: as artimanhas usadas para dar a um corte de impostos de US$800 bilhões um custo oficial de apenas US$ 320 bilhões são autênticas piadas. Sem os truques, o custo é tão grande que a nação não tem como cumprir as outras promessas se levar avante os cortes.

Mas talvez seja este o objetivo. *The Financial Times* sugere que "os republicanos mais radicais" querem na verdade um desastre fiscal: "Propor cortes de gastos federais, sobretudo em programas sociais, é uma iniciativa arriscada em termos eleitorais, mas uma crise fiscal oferece a sedutora perspectiva de introduzir esses cortes pela porta dos fundos".

Parabéns a *The Financial Times*. Parece que dizer o óbvio finalmente passou a ser algo respeitável.

Não é nenhum segredo que os ideólogos da direita pretendem abolir os programas que os povos americanos já consideram direitos adquiridos. Mas há algum tempo atrás, sugerir que a política do governo Bush era orientada por esses ideólogos — ou seja, que o governo fabricava deliberadamente uma crise fiscal para poder cortar drasticamente os programas de cunho social — merecia logo a acusação de adesão a uma teoria da conspiração.

No entanto, ao promover outro corte imenso de impostos em tempo de déficits, o governo demonstra claramente que é irresponsável ou que deseja uma crise fiscal (ou talvez as duas coisas).

Eis um modo de ver a situação: embora a retórica não deixe perceber, os impostos federais já estão em nível historicamente baixo em proporção ao

PIB. Assim que o novo corte de impostos entrar em vigor, os impostos federais ficarão mais baixos do que sua média durante o governo Eisenhower. Então, como o governo vai poder pagar o *Medicaid* e o *Medicare* — que não existiam na década de 1950 — e a Seguridade Social, que ficará mais dispendiosa à medida que a população for envelhecendo? (As despesas com a segurança nacional caíram em comparação com a economia, mas não muito, e já voltaram a subir.)

A resposta é que o governo não pode pagar. Pode fazer empréstimos para cobrir a diferença enquanto os investidores continuarem cegos para a realidade, incapazes de acreditar que a única superpotência do mundo está se transformando numa república de banana. Mas em algum momento o mercado de títulos vai-se fechar — não estará mais disposto a emprestar dinheiro a um governo, mesmo sendo o dos Estados Unidos, se a dívida desse governo estiver crescendo mais depressa do que sua receita e se não houver uma explicação plausível sobre como o orçamento vai ser controlado.

Quando se chegar a esse ponto, ou os impostos terão que aumentar novamente, ou programas que se tornaram essenciais para a sociedade americana terão de ser abolidos. Temos certeza de que a direita fará todo o possível para manter os cortes de impostos de Bush — neste momento, o governo está recusando verbas até mesmo para a segurança interna para economizar um dólar aqui, um centavo ali. Mas equilibrar as contas sem aumentar os impostos vai exigir um corte profundo onde o dinheiro está sendo gasto, ou seja, no *Medicare*, no *Medicaid* e na Seguridade Social.

O impacto desses cortes atingirá os pobres e a classe média, enquanto os cortes de impostos favorecem os ricos. Por exemplo, o corte de impostos aprovado na semana passada aumentará a renda da maioria da população — depois de pagos os impostos — em menos de 1%, o que não basta para compensar as perdas dos benefícios sociais. Mas os contribuintes com renda superior a um milhão de dólares por ano verão sua renda, depois de pagos os impostos, aumentar 4,4% em média.

The Financial Times sugere (e eu concordo) que isto é deliberado. "Para eles (os republicanos radicais), solapar a ordem internacional multilateral não basta; conceitos arraigados sobre distribuição de renda também precisam ser radicalmente revistos."

Como é que isso pode estar acontecendo? As pessoas, inclusive os liberais, são complacentes em grande maioria. Não percebem como é lamentável a situação fiscal e não lêem o que os ideólogos escrevem. Imaginam que o governo Bush, como o de Reagan, vai alterar nosso sistema somente nas pontas e que não vai destruir a rede social de salvaguardas construída ao longo dos últimos setenta anos.

Mas os que governam atualmente os Estados Unidos não são conservadores: são radicais que querem acabar com o nosso sistema social e econômico — e a crise fiscal que estão fabricando vai dar o pretexto de que precisam para alcançar esse objetivo. O *Financial Times*, ao que parece, agora entende o que se passa. Mas quando o público irá acordar?

O CAVALO DE TRÓIA

14 de novembro de 2003

O que vamos fazer com o *Medicare*? Este deveria ser o tema de um amplo debate nacional. Mas, neste momento, os líderes do Congresso estão tentando resolver a questão em surdina, com a apresentação de um projeto que esconde sua real finalidade.

Uma população que está envelhecendo e aumentando os custos da assistência médica vai precisar que o país aplique mais dinheiro no *Medicare* ou então que reduza os benefícios, ou ambas as coisas. Enquanto isso, há demandas por um novo benefício: como o tratamento hospitalar está sendo gradualmente substituído pela prescrição mais freqüente de medicamentos, o fracasso na cobertura dos custos dos remédios sob receita virou um buraco profundo.

Uma comissão mista do Congresso está procurando chegar a um entendimento sobre a legislação relativa aos medicamentos sob receita. Mas é preciso ter cuidado com políticos que distribuem presentes — o projeto contém cláusulas que nada têm a ver com remédios sob receita, e que têm muito a ver com hostilidade ao *Medicare*. Na verdade, pode acabar sendo um cavalo de Tróia que, finalmente, vai permitir que os ideólogos conservadores — os quais vêm fazendo sem sucesso um cerco ao *Medicare* desde a época de Barry Goldwater — destruam as defesas políticas do programa.

Relembremos alguns fatos: o seguro do *Medicare* cobria inicialmente apenas despesas de hospitalização, pagas com a receita de um imposto especial sobre os salários — e esse imposto, segundo cálculos dos administradores de fundos, será suficiente para cobrir os custos do seguro hospitalar durante mais uns vinte anos. Hoje, o *Medicare* inclui benefícios adicionais, mas os custos desses benefícios têm sido cobertos pela receita geral do governo — isto é, dinheiro arrecadado por meio de outros impostos.

Mas uma das propostas que estão sendo negociadas a portas fechadas — descrita ardilosamente como "contenção de custos" — impõe um limite ao uso da receita geral do governo pelo *Medicare* e exige que sejam tomadas providências sete anos antes da data em que, segundo projeções, esse limite possa vir a ser ultrapassado. Essa regra é reforçada por uma nova definição de "receita geral", que inclui os juros do fundo patrimonial do programa acumulados a partir dos impostos sobre a folha salarial do passado. O efeito seria o de forçar o governo a reconhecer uma crise no *Medicare* em 2010 ou 2011.

Vocês poderão achar que é uma boa idéia enfrentar com antecedência os problemas do *Medicare*. Mas a legislação só permite dois tipos de resposta: um aumento do imposto sobre a folha salarial (um imposto regressivo que afeta mais a classe média do que os ricos) ou cortes de benefícios. Outras opções, como aumentos de outros impostos ou reduções de despesas, seriam excluídas. Em resumo, trata-se de uma tentativa de impedir a discussão sobre o modo como queremos lidar com o futuro do *Medicare* e de impor uma solução que reflete uma ideologia específica.

Enquanto isso, outra proposta — que visa forçar o Medicare a competir com seguradoras privadas — parece destinada a solapar o sistema inteiro.

Essa proposta é chamada de "subsídio ao prêmio": o Medicare não cobriria mais todos os custos das despesas médicas; os aposentados receberiam uma soma em bloco para poderem fazer um seguro privado (os que preferissem continuar ligados ao sistema tradicional pagariam mensalidades mais altas). A justificativa ostensiva para essa mudança é que os seguros do setor privado podem proporcionar uma assistência médica melhor e mais barata.

No entanto, muitos estudos prevêem que as seguradoras privadas selecionariam os melhores clientes (os mais sadios), deixando o Medicare tomar conta dos aposentados, que tendem a ter custos médicos elevados. Esses custos elevados se refletiriam no pagamento extra exigido de quem quisesse permanecer no sistema tradicional do FFS ou *fee for service* (pagamento pelo serviço prestado). A conseqüência disso seria tornar a assistência médica inacessível a muitos americanos idosos. Como disse um estudo da Kaiser Family Foundation de 2002, "as dificuldades de ajuste do status de saúde dos usuários... deixariam o programa FFS fora do alcance de um grande número deles."

O que está acontecendo? Ora, o que está acontecendo é a tática de jogar a isca da lebre e depois vender o gato. Poucos políticos querem ser vistos como adversários de um projeto que finalmente proporcionaria aos aposentados o ressarcimento dos gastos com a compra de remédios sob receita. Isso faz do projeto o veículo ideal para se incluir nele, na forma de subterfúgios, dispositivos que parecem destinados a melhorar o *Medicare*, mas que, na realidade, têm o objetivo de solapá-lo.

Diante da oposição firme de democratas, como o senador Edward Kennedy, que compreendem exatamente o que está acontecendo, parece que os republicanos recuaram um pouco. As conseqüências do momento catastrófico previsto para 2011 talvez sejam menos drásticas e o projeto "subsídio ao prêmio" será apresentado como uma experiência — embora envolva milhões de pessoas — e não será desenvolvido de uma vez só. De qualquer modo, o projeto continua sendo um cavalo de Tróia.

A CHAMADA EXPANSÃO ECONÔMICA

30 de dezembro de 2003

Foi um Natal feliz para a Sharper Image e a Neiman Marcus, que registraram grandes aumentos de vendas em relação ao período de festas do ano passado. Mas para a Wal-Mart e outras cadeias de lojas populares, a alegria foi bem menor. Não se conhecem ainda os números definitivos, mas desde já está claro que os estabelecimentos mais luxuosos se saíram muito bem, enquanto as lojas cuja freguesia é de famílias de classe média ou de baixa renda tiveram ganhos apenas modestos.

Com base nesses dados, dá para desconfiar que a recuperação da economia seja uma festa para a elite e que a maioria das pessoas não foi convidada. E é isso mesmo.

Estatísticas do Departamento de Comércio mostram uma disparidade chocante entre o crescimento econômico como um todo, que tem sido impressionante desde a primavera passada, e a renda da maioria dos americanos. No terceiro trimestre de 2003, o PIB real aumentou a uma taxa anual de 8,2%, mas a renda salarial corrigida pela inflação aumentou somente 0,8% ao ano. Os dados mais recentes não alteram esse quadro: no período de seis meses terminado em novembro, a renda proporcionada pelos salários, corrigida pela inflação, subiu apenas 0,65%.

Por que os trabalhadores não compartilham da chamada expansão econômica? Consideremos a questão do emprego.

O ritmo de contratações, ainda que tenha começado a aumentar em agosto, permanece moderado, sendo, em média, inferior a noventa mil por mês, bem menos do que os 225 mil empregos acrescentados mensalmente durante os anos do governo Clinton, e menos até do que os cerca de 150 mil novos empregos necessários para acompanhar o crescimento do segmento da população em idade de trabalhar.

Mas se o número de empregos não está aumentando muito, será que os que trabalham não estão ganhando mais? Seria natural que assim fosse. Afinal, as empresas têm sido capazes de aumentar a produção sem precisar contratar mais empregados, graças ao rápido crescimento da produtividade, e, historicamente, quando a produtividade aumenta, os salários aumentam. Mas não desta vez. Como o mercado de trabalho está fraco, os patrões não se sentem pressionados a dividir com os empregados os ganhos resultantes do aumento da produtividade. Cálculos feitos pelo Economic Policy Institute mostram que os salários reais da maioria dos empregados permanecem na mesma ou caem, mesmo enquanto a economia se expande.

Um comentário à parte: até que ponto o mercado de trabalho está fraco? Pelos padrões históricos, a taxa de desemprego atual, de 5,9%, não é tão alta assim. Mas há qualquer coisa estranha nisso. Um número excepcionalmente grande de pessoas desistiu de procurar trabalho, de modo que elas não estão incluídas na lista de desempregados. E muita gente que diz que está empregada tem um trabalho precário. Se medirmos o tempo que os empregados despedidos levam para encontrar um novo emprego, perceberemos que esse é o pior mercado de trabalho dos últimos vinte anos.

Portanto, se os empregados são escassos e se os salários não aumentam, quem está se beneficiando da expansão da economia? A resposta é que os ganhos vão, em grande parte, para os lucros corporativos, que subiram a uma taxa anual superior a 40% no terceiro trimestre. Indiretamente, isto significa que os ganhos vão para os acionistas que, em última análise, são os detentores dos lucros das empresas (isto é, quando não ficam nas mãos dos executivos, mas deixemos este assunto para outro artigo).

Bem, e daí? Não estaremos progredindo no rumo do que o governo e seus defensores chamam de "uma sociedade de proprietários" em que todos compartilham os ganhos da Bolsa de Valores? Não, não é bem assim. É verdade que pouco mais de metade das famílias americanas participa da Bolsa, diretamente ou por meio de contas de investimentos. Mas a maioria dessas famílias possui apenas alguns milhares de dólares em títulos e ações.

Uma boa fonte para mostrar como os ganhos são distribuídos entre os diferentes grupos é a estimativa feita pelo Escritório de Orçamento do Congresso da parcela do imposto sobre ganhos corporativos que recai indiretamente sobre cada grupo. Somente 8% dos impostos corporativos foram pagos pelas 60% mais pobres, enquanto 67% foram pagos pelos 5% mais ricos e 49%, pelo grupo mais rico ainda (1%). ("Isto é um apelo à guerra de classes!", protesta a direita.) Assim, uma recuperação econômica que aumenta os lucros, mas não os salários, entrega na realidade o grosso dos ganhos a uma minoria rica.

O ponto essencial é que para a maioria dos americanos a atual expansão da economia é uma espécie de *reality show*, uma coisa interessante, mas que acontece com os outros, não com a gente. A situação poderá mudar se o aumento de empregos se intensificar, mas por enquanto isto não aconteceu.

A questão é saber se uma recuperação que beneficia tão pouco a maioria dos americanos conseguirá se sustentar. Será que uma economia pode se desenvolver baseada apenas no comércio de artigos de luxo? Em breve ficaremos sabendo.

AS REALIDADES DO DÉFICIT

27 de janeiro de 2004

Até mesmo os conservadores começam a admitir que George Bush não fala sério quando diz que está fazendo algo a respeito do explosivo déficit orçamentário. Na melhor das hipóteses — para usar a linguagem do Discurso sobre o Estado da União —, seu governo está empenhado em reduzir o déficit relacionado a certos programas.

Mas a admissão pelos conservadores é acompanhada de uma lenda a respeito do que saiu errado. Segundo relatórios habilmente tendenciosos da Heritage Foundation e de entidades de orientação idêntica, o déficit está aumentando porque Bush não se mostra suficientemente conservador. Ele estaria sendo complacente com o aumento de gastos internos. Este mito é destinado a desviar a atenção do verdadeiro culpado, que é a redução drástica na arrecadação de impostos, principalmente das grandes empresas e da classe rica.

Será que os gastos com programas domésticos têm mesmo aumentado demais? Pensem nisso: deixando de lado os subsídios à agricultura, que programas têm sido beneficiados com verbas generosas nos últimos três anos? Educação? De modo algum. O lema da campanha Bush — "nenhuma criança será deixada para trás" — já virou piada de mau gosto.

O fato é que muitas agências de governo têm verbas insuficientes. Por exemplo, no mês passado, a chefe da polícia encarregada da segurança dos parques públicos admitiu para os jornalistas que sua corporação enfrentava grave escassez de verba e insuficiência de pessoal. Foi imediatamente suspensa de suas funções.

Um estudo recente do Centro de Prioridades Orçamentárias fez alguns cálculos. Embora as despesas governamentais como um todo tenham aumentado rapidamente desde 2001, a maior parte desse aumento pode ser atribuída aos gastos com defesa nacional e segurança do território nacional, ou a certos tipos de despesa, como o seguro-desemprego, que aumentam automaticamente quando a economia entra em fase de depressão.

Então, por que enfrentamos a perspectiva de déficits imensos a perder de vista? Isto se deve, em parte, ao aumento dos gastos com a defesa nacional e à segurança interna. No entanto, o principal motivo é a queda das receitas. A parcela dos impostos federais em relação à renda nacional está agora no nível mais baixo desde 1950.

É claro que a maioria das pessoas não tem a impressão de que seus impostos diminuíram consideravelmente. E elas têm razão: os impostos que recaem principalmente sobre a classe média — como o imposto sobre a folha salarial — ainda estão perto do pico histórico. A queda da receita é quase toda decorrente dos impostos pagos pelos 5% constituídos pelas famílias mais ricas, isto é, o imposto de renda da pessoa física e o imposto sobre os lucros das empresas. Juntos, esses impostos representam uma parcela menor da renda nacional do que em qualquer ano desde a Segunda Guerra Mundial.

Essa queda na arrecadação de impostos dos ricos se deve, em parte, ao programa de cortes de impostos de Bush, que é responsável por mais da metade dos déficits previstos para este ano. Mas parece também refletir uma epidemia de sonegação e evasão fiscal. Todos que se interessam em saber o que está acontecendo com o sistema tributário americano devem ler *Perfectly Legal*, o novo livro de David Cay Johnston, o repórter do *New York Times* especializado em questões de impostos, que mostra como os ideólogos fizeram dos Estados Unidos um porto seguro para os ricos que não gostam de pagar impostos.

Fiquei particularmente impressionado com a descrição que Johnston faz das audiências cuidadosamente ensaiadas na Comissão de Finanças do Senado em 1997-1998. Naquela ocasião, os senadores Trent Lott e Frank Murkowski acusaram o Serviço da Receita Federal (IRS) de utilizar táticas "no estilo da Gestapo" e o Congresso aprovou novos regulamentos que restringiram bastante a capacidade do IRS de investigar os suspeitos de evasão fiscal. Somente mais tarde, quando as câmeras não estavam mais filmando, ficou claro que tudo não passava de uma farsa. A maioria das denúncias contra os procedimentos da repartição federal não tinha fundamento, e havia bons motivos para se acreditar que o principal depoente, que descreveu dramaticamente como os funcionários do IRS o humilharam, estava, na verdade, procurando fugir em grande estilo do pagamento dos impostos (acabou pagando US$ 23 milhões, mas insistindo sempre que não tinha feito nada de errado).

Isso, na realidade, fazia parte de uma trapaça bem maior. O que está sendo encenado hoje neste país é uma estratégia de se vender gato por lebre, usada nos meios direitistas em prol da arte de matar a fera de fome. O objetivo final é eliminar os programas de assistência à classe média e aos pobres e utilizar o dinheiro economizado com isso para facilitar a redução dos impostos dos ricos. Mas o público nunca votaria a favor de algo assim.

O jeito foi a direita recorrer a táticas desleais de vendas para solapar a tributação efetiva e implementar imensos cortes nos impostos a serem pagos pelas pessoas de maior renda. E agora que os déficits apareceram, a direita insiste em dizer que eles resultaram de gastos descontrolados, que precisam ser contidos.

Embora essa estratégia tenha tido muito sucesso até o momento, também oferece uma grande oportunidade para a oposição. Aqui está um teste para os candidatos democratas: deixando de lado os detalhes das propostas, qual dos senhores é capaz de explicar melhor ao povo americano a tramóia feita em torno do orçamento atual?

A SAÚDE DAS NAÇÕES

17 de fevereiro de 2004

O Relatório Econômico do Presidente, divulgado na semana passada, gerou críticas a respeito de vários pontos. Deixem-me acrescentar mais uma: o modo como foi abordado no documento a assistência médica, que demonstra uma grande indiferença por uma das questões que mais interessam ao americano comum — o que pode ser uma oportunidade política para os democratas.

Segundo pesquisa recente do Gallup, 82% dos americanos consideram a assistência médica um assunto prioritário. As pessoas estão satisfeitas com a qualidade do serviço, mas muita gente teme não poder se beneficiar. Ao contrário de outros países ricos, os Estados Unidos não dispõem de um sistema de seguro médico universal e é sempre provável que alguém fique de fora. Quando vi que o relatório dedicou uma parte inteira à assistência médica, imaginei que os temores do público estariam sendo levados em conta.

Em vez disso, o documento minimiza o problema. Embora mais de quarenta milhões de americanos não tenham seguro-saúde, o texto oficial diz que isso não tem muita importância, porque "os não-segurados constituem um grupo diversificado e em perpétua mudança". Isso é bom? Não. O fato é que, em qualquer momento, um em cada sete americanos está sem seguro, o que é bastante ruim. Como os não-segurados formam um "grupo diversificado e em perpétua mudança", uma parcela muito maior da população passa pela inquietante experiência de ficar sem seguro e uma parcela ainda maior vive com medo de perder o seguro se surgir algum problema no trabalho ou em casa.

O relatório também parece não ter compreendido o mais importante do seguro-saúde. Argumenta que seria bom que as seguradoras tivessem mais informações a respeito das condições de saúde dos usuários, a fim de que as apólices pudessem ser ajustadas em termos de tipos e preços. Quer dizer que se as seguradoras conceberem um novo meio de saber que uma pessoa está propensa a sofrer de problemas renais no futuro e lhe negarem cobertura para diálise, isso deve ser visto como um passo positivo?

Ignorando a dificuldade daqueles que, por um motivo ou outro, não dispõem de seguro-saúde, o relatório faz uma crítica do seguro-saúde em geral, ao qual atribui a culpa pelos gastos excessivos com a assistência médica.

Será que essa é a questão crucial? É verdade que os Estados Unidos gastam muito mais em assistência médica do que qualquer outro país, mas isso não seria mau se os resultados fossem satisfatórios. A questão fundamental é saber por que, apesar de todo esse dinheiro gasto, muitos americanos permanecem sem a proteção do seguro. E a expectativa de vida dos americanos é uma das mais baixas entre os países avançados.

Para onde vai o dinheiro? Uma grande parte cobre despesas operacionais em geral. Um estudo recente mostra que as seguradoras do setor privado gastam 11,7 centavos de cada dólar aplicado em assistência médica para pagar custos administrativos, sobretudo publicidade e comissões, em comparação com 3,6 centavos no caso do *Medicare* e 1,3 centavos no caso do sistema adotado pelo governo no Canadá. Nosso sistema é bastante generoso com as empresas farmacêuticas e outros fornecedores de material médico porque — ao contrário dos sistemas de outros países — não negocia preços mais baixos.

O resultado é que a assistência médica nos Estados Unidos, que, em certos aspectos, é a melhor do mundo, acaba oferecendo a grande parte de sua população uma combinação de altos custos e insegurança. E essa combinação vem piorando: as mensalidades estão aumentando e as empresas estão ficando cada vez menos dispostas a oferecer seguro a seus empregados.

Qual deveria ser a resposta à crescente crise da assistência médica? Deveria ser a de facilitar a obtenção do seguro para os que agora não o têm. Para manter os custos num nível aceitável, seria preciso reduzir os preços dos medicamentos e as despesas administrativas. Seria bom também afastar as seguradoras privadas de pelo menos uma parte da cobertura.

Mas é claro que o atual governo não pode dar esse tipo de resposta, não só por causa de seu fanatismo ideológico, mas também devido aos seus vínculos com certos grupos de interesses especiais. O Relatório Econômico do Presidente só tem coisas negativas a dizer sobre as tentativas de redução dos preços dos medicamentos. Fala bastante sobre a reforma do seguro, mas, principalmente, lamenta que se recorra demais a ele; não diz nada sobre ampliação da cobertura ou redução dos gastos operacionais das companhias. Sua principal recomendação concreta é um plano para abertura de contas de poupança para a saúde, dedutíveis dos impostos. Para a imensa maioria dos não-segurados, isso não teria qualquer interesse.

Abordarei com mais detalhes em outros artigos as alternativas para o sistema de saúde. Por enquanto, basta ressaltar que se trata de uma questão que interessa ao público — uma questão que o governo não consegue enfrentar, mas que um democrata corajoso conseguiria.

MAESTRO CARA-DE-PAU

2 de março de 2004

A tradicional definição de *chutzpah* (cara-de-pau) é ilustrada pelo caso de alguém que, depois de assassinar os pais, pede clemência ao tribunal por ser órfão. Alan Greenspan se enquadra na definição.

Na semana passada, alertou para os riscos representados pelos déficits orçamentários. Mas, embora a principal causa dos déficits seja a queda vertiginosa da receita fiscal — a arrecadação de impostos pelo governo federal está no nível mais baixo desde 1950 proporcionalmente em relação à economia como um todo —, ele é contra qualquer tentativa de recuperar a perda recente de receitas. Em vez disso, apóia o plano do governo Bush para tornar permanentes seus cortes de impostos e sugere reduções nos benefícios da Seguridade Social.

No entanto, três anos atrás, o senhor Greenspan insistiu com o Congresso para que aprovasse cortes de impostos, advertindo que de outro modo o governo federal teria nas mãos superávits exagerados. Ele garantiu ao Congresso que esses cortes não poriam em risco os benefícios da Seguridade Social. E no ano passado não se opôs a mais um plano de redução de impostos.

Mas, esperem — o pior ainda não foi dito.

Enquanto o resto do governo está mergulhado em déficit — e nunca foi muito propenso a apresentar excedentes superavitários —, a Seguridade Social arrecada atualmente mais dinheiro do que gasta. Graças a isso, o programa está com o financiamento garantido pelo menos até 2042. O custo de assegurar o futuro do programa por muitas décadas depois desse ano seria moderado — uma pequena fração da receita que será perdida se os cortes de impostos de Bush se tornarem permanentes.

E a Seguridade Social está em tão boa forma porque, durante a década de 1980, a comissão presidida por Greenspan convenceu o Congresso a aumentar o imposto sobre a folha salarial, que sustenta o programa.

O imposto sobre a folha salarial é regressivo. Atinge mais pesadamente a classe média e as famílias de baixa renda do que os ricos. De fato, segundo cálculos do Escritório de Orçamento do Congresso, as famílias situadas perto do meio da escala de distribuição de renda pagam em imposto sobre a folha salarial quase o dobro do que pagam de imposto de renda. Mesmo assim, as pessoas estavam dispostas a aceitar um aumento do imposto regressivo para sustentar a Seguridade Social.

Mas foram vítimas de uma grande piada. Greenspan promoveu um aumento de impostos que incide sobre os americanos que trabalham, o que gerou um superávit nas finanças da Seguridade Social. Depois usou o pretexto da existência desse superávit para recomendar cortes de impostos que trariam pouco alívio para a maioria das pessoas, mas seriam um presente para os contribuintes com renda superior a trezentos mil dólares anuais. E, agora que esses cortes de impostos resultaram em déficits, ele quer cortar os benefícios da Seguridade Social.

O fato é que, se alguém quisesse promover com sinceridade um pacote como esse, dizendo "vamos aumentar impostos para as famílias dos trabalhadores e cortar benefícios para podermos reduzir bastante os impostos dos ricos", os eleitores teriam ficado indignados. De modo que os aguerridos promotores da direita recorreram à habitual tática de vender gato por lebre.

Três lições podem ser extraídas dessa história.

A primeira é que "matar a fera de fome" não é mais um cenário hipotético — está acontecendo neste momento. Durante décadas, os conservadores tentaram cortar impostos, não porque isso fosse viável, mas porque não o era. Cortes de impostos provocam déficits e déficits representam uma desculpa para a redução de gastos de governo.

A segunda é que reduzir os gastos não significa eliminar programas dispendiosos e inúteis que ninguém quer. A Seguridade Social e o *Medicare* são os alvos porque é lá que está o dinheiro. Podemos acrescentar que os ideólogos da direita nunca perderam as esperanças de acabar de vez com a Seguridade Social. Se Bush ganhar em novembro, podemos ter certeza de que vão promover mais firmemente a privatização — a criação de contas individuais de aposentadoria. Essas iniciativas serão apresentadas como um meio de "salvar" a Previdência (de uma crise inexistente), mas, na verdade, vão solapar suas finanças. E este é precisamente o objetivo dos ideólogos da direita.

Finalmente, a deturpação do nosso sistema de governo pela direita — o controle sectário de instituições supostamente apolíticas — continua e abrange agora até o Federal Reserve.

A Casa Branca de Bush deixou claro que pretende destruir as carreiras de cientistas, especialistas em questões orçamentárias, agentes do setor de inteligência e até mesmo oficiais militares que não sigam a linha oficial. Mas Greenspan deveria se considerar imune a essas pressões e deveria ter compreendido que a peculiariedade de sua posição — um funcionário não-eleito que detém um imenso poder — faz com que tenha o dever de se manter acima da celeuma. Usando o cargo para promover uma agenda partidária, Greenspan traiu a entidade que preside e traiu a nação.

PROMESSAS, PROMESSAS

9 de março de 2004

Apesar das notícias desanimadoras sobre a situação do desemprego, o governo insiste em dizer que seu programa econômico, que se concentrou nos cortes de impostos dos ricos, vai gerar a qualquer momento uma grande quantidade de empregos. Devemos acreditar nessas promessas?

Todo ano no mês de fevereiro o Relatório Econômico do Presidente faz a previsão da evolução da folha de pagamento no setor não-agrícola — geralmente considerada a medida mais confiável de crescimento de emprego — para os anos seguintes. A linha preta no gráfico da página 489 (baseada do relatório conjunto do Instituto de Política Econômica e do Centro de Prioridades Orçamentárias) mostra o desempenho real do emprego (em milhões) antes e depois do pico em março de 2001. As linhas cinzentas mostram as previsões contidas nos relatórios para 2002, 2003 e 2004. Deve-se notar que a previsão feita em fevereiro 2004 (que, como em anos anteriores, se baseia em dados que vão apenas até o mês de outubro anterior) já está com mais 900 mil empregos acima do que seria normal.

A previsão em economia não é uma ciência exata, mas o que acontece aqui, numa dimensão sem precedentes, é que aquilo que se deseja que aconteça é tomado como se fosse real. E o governo não pode recorrer neste caso à sua desculpa favorita, pois todas as previsões foram feitas depois do 11 de setembro. O que vocês vêem no gráfico é a marca de um processo de deturpação em que a propaganda política substitui a análise profissional.

O que o Governo Desejaria que Fosse Realidade com Relação ao Emprego

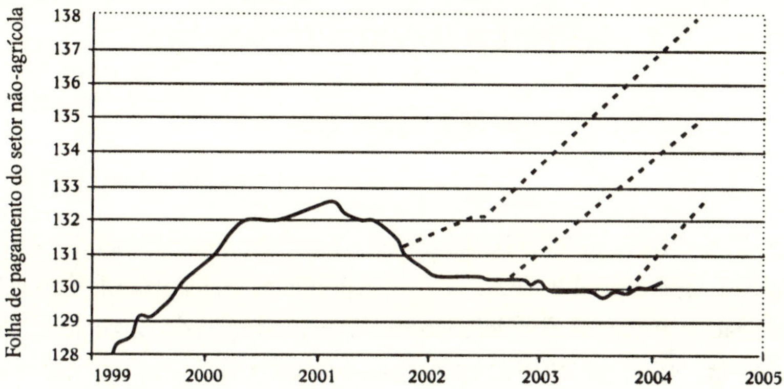

O governo Bush tem exagerado repetidamente na previsão do crescimento da oferta de empregos.

(*Fontes*: Escritório de Estatísticas do Trabalho; Relatórios Econômicos do Presidente 2002, 2003 e 2004.)

A EMBRULHADA DO *MEDICARE*

26 de março de 2004

Antecipando-se aos relatórios de terça-feira dos administradores de fundos da Seguridade Social e do *Medicare,* alguns jornalistas mais crédulos escreveram artigos baseados em dicas dos defensores da privatização da Seguridade Social, que afirmaram que os relatórios apresentariam uma visão radicalmente depreciativa do futuro do sistema. Alarme falso: as projeções para a Seguridade Social são idênticas às do ano passado. Mas projeções para o *Medicare* pioraram: no ano passado, os administradores de fundos previram que o fundo patrimonial de seguro hospitalar duraria até 2026 e agora recuaram a data para 2019.

Como devemos reagir a essas notícias?

Os privatizadores costumam meter no mesmo saco a Seguridade Social e o *Medicare.* Com isso, têm esperanças de utilizar os números assustadores sobre o futuro dos custos da assistência médica para nos convencer a abandonar um programa de aposentadoria que, na verdade, está em excelente forma. Mas a perspectiva sombria para o *Medicare* não nos diz nada nem sobre a sustentação da Seguridade Social (não há problema a esse respeito) nem sobre os méritos das contas privadas de aposentadoria (na verdade, uma idéia infeliz).

Mesmo no tocante ao *Medicare,* não há motivo para pânico, pois não é como um plano de saúde privado que entra em bancarrota quando o dinheiro acaba; é um programa governamental que é sustentado especificamente por recursos oriundos da cobrança de um imposto vinculado. Ninguém acredita que as rodovias americanas vão virar ruínas se a taxa sobre a gasolina, que atualmente financia a manutenção de estradas, não render o suficiente — se os políticos desejarem realmente sustentar o sistema, encontrarão um meio. O mesmo se aplica ao *Medicare.* O aumento dos custos da assistência médica representa um grave problema orçamentário, mas 2019 não é o Dia do Juízo Final.

O relatório dá mais uma razão para detestarmos o projeto de lei relativo aos medicamentos sob receita que o governo empurrou Congresso adentro no ano passado. Se engano, intimidação, abuso de poder e presentes para as empresas farmacêuticas não bastassem, ainda por cima o projeto desperdiça o dinheiro do contribuinte com o amparo às HMO's (*health maintenance organizations*, ou seja, organizações de assistência médica).

Relembremos o histórico: os conservadores nunca armaram contra o *Medicare* um ataque tão sistemático quanto o esforço que fazem agora para convencer o público das vantagens da privatização da Seguridade Social. É verdade que falam com freqüência na "reforma" do *Medicare*. Na prática, isso equivale a substituir o sistema tradicional, em que o *Medicare* paga diretamente aos médicos e hospitais, por um sistema no qual subcontrata as HMO's do setor privado para essa função.

Em 1997, o Congresso tentou dar um passo importante nesse sentido, determinando que o Medicare pagasse por serviços prestados a cada usuário por planos de saúde que aceitassem beneficiários do sistema estatal. Falou-se muito sobre a mágica do mercado: os planos privados, segundo a teoria, seriam muito mais eficientes do que a burocracia governamental, oferecendo melhor assistência médica a custos mais baixos.

O que realmente aconteceu foi que os planos privados fizeram uma seleção, aceitando apenas aposentados mais saudáveis. No entanto, o *Medicare* pagava mais aos planos privados por cada aposentado do que pagaria se aplicasse o sistema tradicional de benefícios. Em outras palavras, em vez de economizar subcontratando entidades privadas para sua função, o *Medicare* estava, na realidade, subsidiando fartamente as empresas de medicina de grupo.

A única coisa que impediu essa "reforma" de se transformar num desastre fiscal foi o fato de que, depois de uma corrida inicial para pegar o negócio do *Medicare*, muitas HMO's se retraíram. Ficou claro que, no setor do seguro-saúde, os planos privados são muito menos eficientes do que o governo porque arcam com maiores despesas operacionais. Mesmo recebendo generosos subsídios, não são capazes de competir com o tradicional *Medicare*.

Há uma lição nessa experiência. Às vezes, a mágica do livre mercado não funciona — pode até mesmo representar um obstáculo. O seguro-saúde é um exemplo de que as agências governamentais atuam melhor do que as entidades privadas. Terei mais a dizer sobre isso quando abordar a questão geral da reforma do sistema de saúde (em breve, prometo).

Mas seja devido à influência da ideologia ou devido às contribuições das HMO's para a campanha eleitoral, os atuais dirigentes deste país se recusam a aprender a lição. Incorreram nos mesmos erros no ano passado, quando introduziram no projeto de lei sobre medicamentos sob receita a concessão de subsídios ainda maiores aos seguros privados.

Este é o verdadeiro motivo da deterioração das perspectivas para o *Medicare*: dos sete anos que foram diminuídos na previsão sobre a sobrevivência do fundo patrimonial (2019 em vez de 2026), dois resultam do aumento dos subsídios determinados pelo projeto de lei do ano passado, sobretudo na forma de pagamentos às HMO's.

Então, o que aprendemos esta semana? Que a Seguridade Social está em boa forma. O *Medicare* de fato tem problemas, mas uma "reforma" mal concebida só agravou esses problemas. Vamos eliminar aquele horrível projeto de lei sobre medicamentos sob receita e começar tudo de novo.

CAPÍTULO 19

Abusos do poder

O HOMEM A CAVALO

6 de maio de 2003

O general Georges Boulanger era um belo homem: ficava muito bem de uniforme, e esplêndido quando montava a cavalo. Portanto, os que o manipulavam faziam questão de que, sempre que possível, ele aparecesse em público de uniforme e montado a cavalo.

Deu certo: Boulanger se tornou imensamente popular. Se não tivesse perdido a coragem na noite da tentativa de golpe, a democracia na França poderia ter acabado em 1889.

Aqui, agimos diferente — ou pelo menos era assim no passado. Mas será que a política do homem "montado a cavalo" chegou aos Estados Unidos?

Lembremos o histórico: a Constituição diz que o presidente é o comandante-em-chefe das Forças Armadas, indicando assim que os civis, e não os militares, têm a última palavra. É por isso que os presidentes americanos tradicionalmente insistem em evitar posturas militares. Dwight Eisenhower foi um general vitorioso e John Kennedy, um genuíno herói de tempo de guerra, mas, no exercício do cargo, nenhum deles vestiu qualquer coisa que lembrasse um traje militar.

Diante disso, a atitude "Top Gun" de Bush a bordo do *U.S.S. Abraham Lincoln* — sejamos francos, não se tratava de homenagear a tropa e sim de mostrar o presidente num garboso uniforme de piloto — foi engraçada, mas também inquietante.

Claro, foi engraçada: inicialmente, a Casa Branca afirmou que a aterrissagem foi necessária porque o porta-aviões estava longe demais para que pudesse ser usado um helicóptero. Na verdade, o navio estava tão perto da costa que, segundo a Associated Press, os funcionários do governo "reconheceram que tinham posicionado o navio de modo a proporcionar o melhor ângulo para as câmeras de TV filmarem o discurso do presidente, com o mar ao fundo em vez do litoral de San Diego".

O correspondente de um jornal britânico nos Estados Unidos me disse que ele e seus colegas riram durante toda a cerimônia. Se Tony Blair tivesse tentado algo semelhante, comentou, a imprensa teria perguntado quantos leitos de hospital poderiam ter sido instalados pelo custo do combustível usado no jato.

Mas o tom da cobertura da televisão americana variou de respeitoso a entusiástico. Ninguém mencionou que Bush estava quebrando uma tradição importante. E ninguém deu mostras de ligar para o fato de que Bush, que parece ter se ausentado durante mais de um ano do serviço na Guarda Nacional, o que lhe permitiu ficar fora da guerra no Vietnã, agora resolveu enfatizar sua experiência de piloto. (Por favor, não precisam mandar *e-mails* insultuosos. Um estudo minucioso do *Boston Globe* não encontrou qualquer prova de que Bush tenha cumprido alguma missão militar durante o ano em que esteve ausente da Guarda. E já que Bush resolveu explorar sua carreira na Guarda Nacional, isso não pode ser descartado como notícia velha superada.)

De qualquer modo, foi um espetáculo. Felizmente para Bush, a frustrada busca por Osama bin Laden foi esquecida em favor de uma guerra no velho estilo tradicional, em que a capital do inimigo é conquistada e a vitória é anunciada quando uma multidão entusiasmada derruba a estátua do tirano. (Na verdade, não chegou a ser uma multidão e a estátua não foi demolida pelos iraquianos, mas sim pelos soldados americanos. O importante foi que deu uma boa imagem na televisão.)

Deixem-me ser franco. Por que tem importância o fracasso em encontrar qualquer prova de um programa iraquiano ativo de armas nucleares ou grandes quantidades de armas biológicas e químicas (um punhado de cilindros não significa nada, embora não tenhamos achado nem isso)? É importante, principalmente porque alimenta suspeitas de que a guerra não foi travada para afastar ameaças reais. Essa suspeita é agravada pela atitude indiferente do governo em relação a essas supostas ameaças depois da tomada de Bagdá. Por exemplo, o principal depósito de lixo nuclear só passou a ser protegido de uns dias para cá, depois de ter sido completamente saqueado.

Então, o que importava mesmo eram as fotos de publicidade? Bem, Bush conseguiu posar para as câmeras em seu garboso uniforme de aviador. Como ninguém fez perguntas embaraçosas, os manipuladores se sentirão ainda mais à vontade no futuro para explorar questões de segurança nacional.

No ano que vem — início de setembro — o Partido Republicano vai realizar sua convenção em Nova York para escolher seu candidato para as eleições presidenciais. O partido vai aproveitar a época e o local para tirar o máximo de vantagem. Quem terá coragem de contestar a correção do procedimento?

E quem irá perguntar por que, se tem mesmo orgulho de sua atuação depois do 11 de setembro, o governo Bussh se esforçou tanto para impedir uma investigação independente e minuciosa sobre o que realmente aconteceu? (Uma comissão independente só foi criada depois da eleição de 2002, e deram-lhe pouco tempo e um orçamento ridiculamente pequeno.)

Já se foi o tempo em que patriotas americanos dos dois partidos teriam denunciado qualquer presidente que tentasse tirar vantagem política do seu papel de comandante-em-chefe. Mas, ao que parece, o país era outro, completamente diferente.

A SÍNDROME DA CHINA

13 de maio de 2003

Uma coisa curiosa aconteceu durante a guerra do Iraque: muitos americanos passaram a sintonizar a BBC em busca de notícias. Estavam querendo um ponto de vista alternativo, algo que não podiam encontrar nas cadeias de televisão deste país, que, segundo as palavras do diretor-geral da BBC, "se embrulharam na bandeira nacional e substituíram a imparcialidade pelo patriotismo".

Deixemos de lado o que está certo ou errado na guerra e analisemos o paradoxo. A BBC pertence ao governo britânico e era de se esperar que apoiasse a política oficial. Mas, na verdade, se esforça — demais, dizem alguns — para ser imparcial. Por outro lado, as redes de TV americanas são particulares, mas se comportam como se fossem a mídia governamental.

Como explicar este paradoxo? Pode ser algo relacionado com a síndrome da China. Não, não estamos falando daquela que envolvia reatores nucleares — estamos falando do modo como a News Corporation, de Rupert Murdoch, lida com a República Popular da China.

Nos Estados Unidos, o império de comunicação de Murdoch — que inclui a Fox News e *The New York Post* — é conhecido por seu patriotismo fervoroso. Mas todo esse patriotismo não o impediu, como escreveu a revista *Fortune*, de fazer tudo "para agradar ao regime chinês repressor para poder penetrar naquele vasto mercado". As amabilidades incluíram até mesmo a retirada da programação do seu satélite do Serviço Mundial da BBC — cujo noticiário o governo de Pequim não queria que fosse divulgado — e a ordem para que a editora da sua própria organização cancelasse a publicação de um livro que criticava o regime chinês.

Será que algo parecido pode acontecer neste país? Claro que sim. Por meio de decisões políticas — sobretudo decisões relativas à regulamentação da mídia, mas não somente isso —, o governo americano pode recompensar as companhias que sejam do seu agrado e punir aquelas com as quais não está satisfeito. Isso dá às redes privadas um incentivo para cortejar os detentores do poder. No entanto, como as redes não pertencem ao governo, não estão sujeitas ao tipo de fiscalização à qual a BBC tem de se submeter, tomando cuidado para não dar a impressão de favorecer o partido que está no poder. Portanto, não devemos ficar surpresos com o fato de que a televisão "independente" americana mostre muito mais deferência com os dirigentes nacionais do que as emissoras estatais da Grã-Bretanha, e até mesmo as de Israel.

Em artigo recente, Stephen Labaton, de *The Times*, mostrou como o governo americano recompensa as empresas de comunicação que fazem o que ele quer. O tema era uma proposta de Michael Powell, presidente da Comissão Federal de Comunicações, para tornar menos rígidos os regulamentos sobre a propriedade de meios de comunicação. A proposta, apresentada formalmente ontem, pode ser resumida como um plano para deixar que o peixão coma o peixinho. Segundo a proposta, as grandes empresas de mídia terão permissão para controlar uma fatia maior do mercado nacional e possuir um maior número de estações de televisão em qualquer mercado local. Além disso, muitas restrições à chamada "propriedade cruzada" — ou seja, controle de estações de rádio, canais de televisão e jornais num só mercado — seriam abandonadas.

Deixando de lado as falhas desse plano — como, por exemplo, reduzir mais ainda a diversidade de notícias —, o que chamou minha atenção foi o tipo de negociação que se desenrolou nos bastidores. Um grupo da mídia escreveu a Powell para comunicar que deixaria de fazer oposição a uma parte do plano se pudesse contar com a boa vontade da comissão em outro assunto. Esta atitude pode parecer temerária, mas é preciso ser muito ingênuo para não ver que existe muito mais "toma lá, dá cá" implícito no processo.

E o que está implícito certamente tem relação com o conteúdo das notícias. Imagine um executivo de TV analisando se deve deixar ir ao ar informações prejudiciais ao governo Bush — digamos, a repercussão da acusação do senador Bill Graham de que um relatório do Congresso sobre o 11 de setembro tinha sido classificado de sigiloso porque suscitava questões embaraçosas sobre o desempenho do governo. É claro que esse executivo sabe que o governo pode punir, de uma forma ou outra, todos os canais que veiculam a notícia.

Enquanto isso, tanto as regras formais como os códigos de ética que antigamente impediam o sectarismo óbvio foram eliminados, ou ninguém mais lhes dá atenção. Neil Cavuto, da Fox News, é um âncora, não um comentarista. No entanto, quando Bagdá caiu, ele se dirigiu "aos que se opunham à libertação do Iraque" — uma minoria de alguma importância — dizendo: "Eu tinha pena de vocês antes, continuo tendo pena agora." É o que pode se chamar de um comentário imparcial e equilibrado, não é mesmo?

Não temos censura neste país; ainda é possível encontrar pontos de vista diferentes. Mas temos um sistema no qual as maiores empresas de comunicação têm fortes incentivos para apresentar as notícias de um modo que agrade ao partido que está no poder — e nenhum incentivo para deixar de fazê-lo.

NO RUMO DO UNIPARTIDARISMO

27 de junho de 2003

Em princípio, a Constituição do México de 1917 estabeleceu um regime político democrático. Mas, na prática, o México até muito recentemente era um Estado unipartidário. Embora o partido dominante utilizasse quando necessário a intimidação e a fraude eleitoral, mantinha o controle sobretudo por meio de apadrinhamento, camaradagem e corrupção. Todos os poderosos grupos de interesses, incluindo a mídia, faziam, efetivamente, parte da máquina política partidária.

Esse tipo de sistema não é desconhecido aqui. Basta pensar na Chicago de Richard J. Daley. Mas será que isso pode acontecer em nível nacional? Um artigo que está sendo preparado por *The Washington Monthly* vai mostrar que as bases para o domínio por um partido único estão sendo lançadas no momento atual.

Em artigo intitulado "Welcome to the Machine", Nicholas Confessore reúne histórias que costumam ser contadas isoladamente — desde a iniciativa para privatizar o *Medicare* até os folhetos de propaganda do corte de impostos de Bush que a General Motors e a Verizon anexaram recentemente aos cheques enviados aos acionistas com os pagamentos dos dividendos, e até os comícios pró-guerra organizados pelas estações de rádio do grupo Clear Channel. Como o articulista assinala, são indícios do surgimento de uma máquina política nacional sem precedentes e que está empenhada no estabelecimento do unipartidarismo nos Estados Unidos.

Confessore começa descrevendo as reuniões semanais nas quais o senador Rick Santorum examina as decisões sobre contratação dos principais lobistas. Essas reuniões são a culminância do "Projeto da Rua K", de Grover Norquist, que coloca ativistas republicanos em empregos de alto nível do setor de *lobby* corporativo e industrial — e exclui os democratas. Segundo o

Washington Post de ontem, um funcionário do Comitê Nacional Republicano vangloriou-se recentemente de que "33 dos 36 altos cargos em Washington que sua organização monitora foram dados a republicanos". (A Rua K fica em Washington e tem muitos escritórios de lobistas.)

É claro que os grupos de interesses querem estar de bem com o partido que controla o Congresso e a Casa Branca; mas, como explica o *The Washington Post*, os colegas do senador Santorum também usaram "intimidação e ameaças pessoais" para pressionar lobistas que tentam manter boas relações com os dois partidos. "Quem quiser lidar com a nossa revolução", disse uma vez Tom DeLay, líder da maioria na Câmara, "tem de seguir nossas regras."

Empregos no setor de *lobby* são boa fonte de apadrinhamento — um prêmio para os seguidores leais. O mais importante, porém, é que muitos lobistas consideram que seu maior compromisso é com o partido — e não com a indústria que representam. Conseqüentemente, o dinheiro das empresas, antigamente dividido de maneira mais ou menos equilibrada entre os dois partidos, agora segue numa direção só.

E as próprias corporações estão cada vez mais integradas à máquina partidária. Elas são recompensadas com medidas que aumentam seus lucros, como desregulamentação, privatização de serviços governamentais e eliminação dos regulamentos ambientais. Em troca, usam sua influência — como fazem a General Motors e a Verizon — para apoiar a agenda do partido que está no poder.

O resultado é que o financiamento da campanha eleitoral representa apenas a ponta do *iceberg*. Ano que vem, George W. Bush vai gastar duas ou três vezes mais dinheiro do que seu adversário, mas também irá se beneficiar enormemente do apoio indireto que os interesses corporativos — incluindo, claro, as empresas de comunicação — vão proporcionar à sua mensagem política.

Naturalmente, os políticos republicanos negam a existência dessa máquina em rápido processo de crescimento. "Nunca deixo de me espantar com o fato que as pessoas são tão cínicas que vêem a influência do dinheiro em tudo, seja nos debates sobre questões controversas, nas propostas de programas e na preparação de emendas", comentou DeLay. E Ari Fleischer acrescentou: "Penso que as somas de dinheiro que os candidatos arrecadam na nossa democracia refletem o apoio com que contam no país inteiro." É preciso dizer mais?

Confessore acha que estamos nos encaminhando para uma repetição da era McKinley, na qual a nação era governada pelo mundo dos negócios e para o mundo dos negócios. Creio que, na realidade, a situação é ainda mais grave do que ele diz: a exemplo de DeLay, os líderes republicanos falam com freqüência em "revolução" e devemos levar a sério o que estão dizendo.

Por que a transformação em andamento na política americana — que poderá muito bem acabar com a competição entre os dois grandes partidos — não está despertando mais atenção? A maioria dos comentaristas políticos de destaque, que até certo ponto admite que algo esteja acontecendo, minimiza a sua importância. Por exemplo, no ano passado um artigo na *Business Week* intitulado "The GOP's Wacky War on Dem Lobbysts" classificou o Projeto da Rua K de "tolo — e completamente fútil". Na verdade, o projeto está perto de atingir seus objetivos.

Qualquer que seja o motivo, há uma estranha desconexão entre a maioria dos comentários políticos e a realidade das eleições de 2004. Como em 2000, os comentaristas se concentram sobretudo em imagens — o cenho franzido de John Kerry, Bush com uniforme de piloto — ou em supostas características de personalidade. Mas é o vínculo entre dinheiro e apadrinhamento que pode tornar o resultado dessa eleição facilmente previsível.

EXPLORANDO AS ATROCIDADES

12 de setembro de 2003

No primeiro artigo que escrevi após o 11 de setembro, mencionei algo que qualquer pessoa com acesso ao Capitol Hill já sabia, ou seja, que alguns dias depois do acontecimento já havia começado a exploração daquelas atrocidades para a obtenção de lucros políticos partidários.

Em resposta, recebi uma torrente de mensagens indignadas. Num momento em que a nação estava chocada e aterrorizada, a idéia de que os nossos líderes pudessem ser tão cínicos era insuportável. "Como posso explicar isso ao meu filho?", indagou um leitor furioso num *e-mail*.

Eu me pergunto o que ele está pensando agora. Será que o público e a mídia estão finalmente preparados para protestar quando o cinismo aparece embrulhado na bandeira nacional? O futuro político dos Estados Unidos pode depender dessa resposta.

A imprensa tem-se mostrado menos tímida em apontar a exploração do 11 de setembro pelo governo, em parte porque essa exploração se tornou óbvia. Como *The Washington Post* assinalou ontem, nas últimas seis semanas o presidente Bush invocou o 11 de setembro não só para justificar sua política em relação ao Iraque e a perfuração no Ártico em busca de petróleo, mas em resposta a perguntas sobre cortes de impostos, desemprego, déficits orçamentários e até financiamento da campanha eleitoral. Enquanto isso, o caráter tosco dos recentes esforços de propaganda do governo — desde vestir o presidente com o uniforme de piloto até produzir para a TV um filme ridiculamente glamourizado sobre sua postura no 11 de setembro — fez até mesmo os adeptos do governo rangerem os dentes de constrangimento.

E alguns truques de publicidade parecem não ter mais aceitação hoje. Pode ser, por exemplo, que outros compromissos tenham impedido Bush de visitar Nova York ontem, mas suspeita-se que seus assessores tenham concluído que a cidade não é mais um lugar politicamente seguro.

No entanto, seria incorreto achar que a exploração política do 11 de setembro e, em termos mais amplos, a campanha do governo para tachar os críticos de antipatrióticos já chegaram ao auge. Pode ser mais difícil para o governo agora se embrulhar na bandeira nacional, mas o incentivo para fazer isso agora é mais forte do que nunca. O governo, que antes era motivado pela ganância, agora é impulsionado pelo medo.

Nos primeiros meses depois do 11 de setembro, a exploração da tragédia pelo governo resultou de uma escolha, não de uma necessidade. O impulso natural do povo de se reunir em torno do seu líder em períodos de crise fez Bush subir vertiginosamente nas pesquisas de opinião, garantindo sua reeleição. Ele poderia ter governado o país como o unificador que afirmava ser, e continuaria popular.

Mas os assessores de Bush se mostraram gananciosos: viram o 11 de setembro como uma oportunidade para conseguir tudo que queriam, desde mais uma rodada de cortes de impostos até o enfraquecimento da Lei do Ar Puro e à invasão do Iraque. E assim eles se embrulharam ainda mais na bandeira.

Agora, tudo isso deu errado. O déficit está prestes a ultrapassar meio trilhão de dólares, a economia continua a perder empregos, o triunfo no Iraque virou pó e cinzas, e a percentagem de Bush nas pesquisas caiu abaixo dos níveis anteriores ao 11 de setembro.

Mas os membros da equipe de Bush não vão se comportar na derrota como cavalheiros. Para começo de conversa, porque não é assim que costumam agir. Além do mais, há indícios de grandes escândalos — envolvendo política energética, política ambiental, contratos de serviços para o Iraque e deturpação de dados do serviço de inteligência — que seriam revelados se a administração perder a garra. Portanto, essa gente acha que tem que ganhar a qualquer preço.

O resultado, claro, será uma campanha amarga e feia — provavelmente a mais mesquinha da moderna história americana. Quatro meses atrás, parecia que a campanha de 2004 se resumiria a filmes em câmera lenta mostrando Bush com o uniforme de piloto. Mas, a esta altura, parece que teremos imagens de Howard Dean ou Wesley Clark se transformando em Saddam Hussein. E Donald Rumsfeld já preparou o argumento da facada nas costas: quem criticar o governo estará confortando e ajudando o inimigo.

Esta sordidez política vai-se refletir também nos programas de ação. O complexo de infalibilidade do governo — a incapacidade de admitir ter cometido um erro, por menor que seja — vai-se agravar. E discordo daqueles que acreditam que o governo pode alegar infalibilidade e, ao mesmo tempo, praticar uma política mais flexível: nas questões principais, como impostos ou Iraque, a adoção de uma política sensata equivaleria a admitir implicitamente que as políticas anteriores falharam.

Em outras palavras, se vocês acharam que os dois últimos anos foram ruins, esperem um pouco. A situação vai piorar. Piorar muito.

LIÇÕES DE CIVILIDADE

10 de outubro de 2003

Esta é a temporada dos liberais indignados. Livros como *Lies and the Lying Liars Who Tell Them*, de Al Franken, *Big Lies*, de Joe Conason, e *Bushwhacked*, de Molly Ivins, viraram best sellers (é, eu também contribuí para a lista). Mas os conservadores estão aborrecidos porque esses liberais estão zangados e se mostram tão rudes. Ok, admitem que eles próprios também foram um tanto rudes durante o governo Clinton — aquela investigação de sete anos e US$ 70 milhões, sobre uma operação imobiliária malsucedida e toda aquela celeuma em torno da vida privada do presidente —, mas estão arrependidos e chegou a hora de todo mundo ser polido.

É, os liberais furiosos podem tomar lições de civilidade com a direita atual.

Vejam, por exemplo, a delicada resposta da Fox News à correspondente da CNN Christiane Amanpour, que recentemente lamentou a natureza das reportagens da CNN antes da guerra: "Talvez, até certo ponto, minha emissora tenha se deixado intimidar pelo governo e pela infantaria de apoio, a Fox News." Uma porta-voz da Fox News revidou: "É melhor ser visto como infantaria de Bush do que como porta-voz da al-Qaeda."

E os comentaristas liberais podem aprender cortesia com conservadores como Charles Krauthammer que, em dezembro último, lembrou aos telespectadores sua experiência profissional anterior como psiquiatra, e em seguida comentou a respeito de Al Gore: "Ele bem que está precisando de apoio."

O que é realmente importante, claro, é que os políticos se atenham ao exame das questões em debate, como aquele assessor de Bush que disse ao *New York Times* que o problema de John Kerry é que "ele parece francês".

Alguns dizem que a direita, que se empenhou em lançar insultos e difamações quando Clinton era presidente, agora quer mudar as regras para proibir esse tipo de comportamento. Na realidade, a direita continua a insultar e a difamar; o que quer é proibir um comportamento grosseiro somente da parte dos liberais.

Porém, há mais coisas acontecendo do que a simples tentativa de estabelecer um sistema de dois pesos e duas medidas. Todo o barulho a respeito da grosseria dos críticos do governo Bush é uma tentativa de impedir qualquer discussão séria sobre as políticas oficiais. Porque não existe meio de se ser ao mesmo tempo polido e franco a respeito do que aconteceu nesses últimos três anos.

Na área fiscal, este governo usou uma contabilidade enganosa para impor projetos de cortes de impostos a longo prazo mesmo diante de déficits cada vez maiores. E continua a querer mais cortes de impostos, mesmo quando até mesmo observadores cautelosos falam agora sombriamente sobre riscos para nossa solvência. Pode ser indelicado dizer que George W. Bush é no aspecto fiscal o presidente mais irresponsável da história americana, mas seria falso dizer o contrário.

No aspecto da política externa, este governo exagerou a ameaça representada pelo Iraque, ignorando as advertências dos militares de que uma ocupação prolongada no pós-guerra imobilizaria grande parte do exército e prejudicaria nossa capacidade de reação. (Joseph Galloway, co-autor de *We Were Soldiers Once... and Young*, disse que "talvez tenhamos o melhor exército da História", mas "Donald Rumsfeld e seus assessores civis fizeram todo o possível para destruir esse exército".) Pode ser indelicado dizer que Bush prejudicou nossa segurança nacional com seu aventureirismo militar, mas seria falso dizer o contrário.

No entanto, alguns poderão dizer que as críticas deveriam se concentrar somente na política de Bush e não na sua pessoa. Mas acontece que nenhum governo de que se tem lembrança fez dos louvores ao caráter do presidente — "sua honra e integridade" — uma peça tão fundamental de estratégia política. Nenhum outro governo mostrou tanta determinação em descrever o presidente como um herói nacional, indo ao extremo de fazer seu busto figurar na galeria do Monte Rushmore ou a arranjar aquela cena da aterrissagem no porta-aviões. Portanto, os críticos têm o direito de mencionar que a história do homem vestido com aquele uniforme de piloto não tem nada de heróica

— que ele nunca assumiu qualquer risco ou fez um sacrifício em n sua pátria, e que sua carreira como homem de negócios é uma sucessão transações suspeitas e privilégios especiais.

Nos meses que se seguiram ao 11 de setembro, uma nação em estado de choque queria acreditar no melhor a respeito de seu líder — e Bush foi tratado com reverência. Mas ele abusou da confiança depositada nele, insistindo numa agenda sectária que deixou o país dividido e enfraquecido. Sim, sei que é indelicado dizer uma coisa dessas. Mas é a verdade.

ÇÃO ELETRÔNICA DO VOTO

2 de dezembro de 2003

Ao convidar os partidários de Bush para uma reunião de arrecadação de fundos para a campanha, o promotor do evento escreveu: “Comprometo-me a ajudar o estado de Ohio a dar seus votos do Colégio Eleitoral ao presidente no ano que vem.” Até aí, nada de extraordinário. Mas quem escreveu isso foi Walden O'Dell, o principal executivo da Diebold Inc., fabricante das máquinas eletrônicas de votar cada vez mais usadas nos Estados Unidos. Ele alegou que estava falando a título pessoal, e não em nome da empresa.

O estado da Geórgia — onde os republicanos obtiveram vitórias excepcionais nas eleições legislativas de 2002 — utiliza exclusivamente o equipamento da Diebold. Para sermos claros, é preciso dizer que, embora tenham ocorrido muitas anomalias na votação de 2002, não existem provas de que as máquinas tenham feito uma contagem errada dos votos. Mas também não existem provas do contrário, já que as máquinas Diebold não deixam registro em papel.

O deputado Rush Holt, de Nova Jersey, apresentou um projeto de lei exigindo que as urnas eletrônicas deixem uma cópia em papel e que seu *software* fique disponível para inspeção pública. Em resposta, disseram-lhe que as máquinas que não dispõem dessas salvaguardas jamais causaram problemas. “Como é que vocês sabem?”, perguntou o deputado.

O que se sabe sobre as máquinas Diebold não inspira confiança. Os detalhes são técnicos demais para serem mencionados aqui, mas a impressão que se tem é de uma companhia extremamente descuidada em matéria de segurança e que parece estar tentando encobrir defeitos dos produtos que fabrica.

No início do ano, Bev Harris, que está escrevendo um livro sobre as máquinas de votar, localizou o *software* Diebold — que a companhia se recusa a deixar disponível para inspeção pública, alegando direito de propriedade —

em um servidor sem proteção, onde qualquer pessoa podia fazer o *download*. (O *software* estava num arquivo intitulado "rob-Georgia.zip".) O servidor era usado pelos empregados da Diebold Election Systems para atualizar o *software* de suas máquinas. Isto, por si só, era uma inacreditável falha de segurança, oferecendo a qualquer um que quisesse adulterar eletronicamente as máquinas tanto as informações quanto a oportunidade de fazê-lo.

Uma análise do *software* da Diebold feita por pesquisadores das universidades Rice e Johns Hopkins concluiu que não é confiável e está sujeito a violações. Um relatório posterior encomendado pelo estado de Maryland aparentemente chegou a conclusões semelhantes (É difícil ter certeza porque as autoridades do estado divulgaram apenas uma parte do documento.)

Enquanto isso, o vazamento de um *e-mail* interno da Diebold indica que funcionários da empresa sabiam que o seu sistema era falho e evitaram testes que teriam revelado esses problemas. A empresa não contestou a autenticidade do documento; em vez disso, tomou providências legais para evitar sua disseminação.

Por que esses fatos não dão manchetes? Em outubro, um jornal britânico, *The Independent*, publicou uma reportagem de arrepiar os cabelos sobre o processo eletrônico de votação nos Estados Unidos. Mas, embora a grande imprensa tenha contado os fatos essenciais, o caso Diebold foi tratado como um tema de interesse das seções de tecnologia ou de negócios — e não como um escândalo político em potencial.

Essas reticências fazem pensar no modo como foram tratadas outras questões da votação, como a "depuração dos delinqüentes" realizada na Flórida, que incorretamente impediu que muitos cidadãos votassem na eleição presidencial de 2000. A atitude parece ser de que quaisquer dúvidas sobre a correção na contagem dos votos provocam divisões na sociedade na melhor das hipóteses e demonstram paranóia na pior. Até mesmo os defensores da reforma do sistema, como o deputado Holt, fazem questão de se dissociar das chamadas "teorias da conspiração". Preferem se concentrar na elaboração de leis para impedir futuros abusos.

Mas não há nada de paranóico em sugerir que os protagonistas políticos, se tiverem oportunidade, poderão se envolver em estratagemas desonestos. Na verdade, devido à intensidade do espírito sectário nos dias de hoje, suspeita-se que truques desleais sejam bastante comuns. Por exemplo, Orrin Hatch, que preside a Comissão de Justiça do Senado, admitiu recentemente que um dos seus assessores havia penetrado indevidamente nos arquivos de computador dos democratas e passado informações sigilosas para a imprensa.

Essa admissão — que contradiz uma afirmativa anterior do senador de que sua equipe estava isenta de culpa no caso — foi feita no mesmo dia em que a polícia do Senado anunciou que estava contratando um especialista em contra-espionagem para investigar o roubo das informações. Os membros republicanos da comissão solicitaram que o especialista investigasse apenas o modo como esses documentos específicos haviam sido divulgados e não se houve outras falhas na segurança. Eu me pergunto qual teria sido o motivo dessa atitude dos republicanos.

O ponto principal é que não precisamos acreditar numa conspiração para nos preocuparmos com a possibilidade de que elementos sectários se aproveitem da fragilidade e falta de segurança do sistema eletrônico de votação americano — que não permite uma verificação posterior — para manipular os resultados de uma eleição. Por que deixá-los expostos a tamanha tentação?

Numa próxima coluna, discutirei o que deve ser feito. Mas uma coisa precisa ficar clara desde já: a credibilidade da democracia americana pode estar em jogo.

DEMOCRACIA EM PERIGO

23 de janeiro de 2004

A polêmica eleição de 2000 deixou uma cicatriz duradoura na psique da nação. Pesquisa recente da Zogby revelou que mesmo nos estados "vermelhos", que votaram em George W. Bush, 32% do público acreditam que houve fraude na eleição. Nos estados "azuis", a proporção é de 44%.

Imaginem o seguinte: em novembro, o candidato que estava atrás nas pesquisas acaba ganhando de virada — mas todos os distritos em que ele se sai melhor do que o esperado usam urnas eletrônicas. Ao mesmo tempo, um memorando interno da companhia que fabrica essas máquinas — e que vazou para a imprensa — indica que ocorreram inúmeros erros de contagem e possivelmente fraude. Qual o impacto dessa revelação no estado de espírito da nação?

Infelizmente, essa história que estamos imaginando é inteiramente plausível. (Na verdade, é possível contar histórias semelhantes sobre alguns dos resultados das eleições legislativas de 2002, principalmente na Geórgia.) A revista *Fortune* afirmou com razão que o voto sem papel foi a pior inovação tecnológica de 2003. Mas não se trata apenas de um processo tecnológico ruim — trata-se de uma ameaça à república.

Em primeiro lugar, a tecnologia funcionou mal em várias eleições recentes. Numa eleição especial em Broward, na Flórida, 134 eleitores deixaram de votar porque as máquinas não registraram nenhum voto, e não houve meio de apurar a intenção desses eleitores (a eleição acabou sendo decidida por apenas 12 votos). Em Fairfax, Virgínia, as máquinas eletrônicas enguiçaram repetidamente e deixaram de registrar os votos. Nas primárias de 2002, as máquinas em vários distritos da Flórida não registraram nenhum voto para governador.

E quantas falhas deixaram de ser percebidas? Um *e-mail* interno da Diebold, a mais conhecida fabricante de urnas eletrônicas (mas que não foram as utili-

ıa Virgínia) revela que os programadores estavam frustra- mpenho do sistema. Um deles desabafou: "Estou esperando que alguém me explique por que a seção 216 apontou menos 16.022 votos para Al Gore quando a máquina foi carregada." Outro recomendou: "Se tiver de ser feita uma demonstração do equipamento, o jeito é fingir."

Especialistas em computadores advertem que o *software* da Diebold e de outros fabricantes está cheio de falhas de segurança, que permitem a um operador bem treinado fraudar facilmente uma eleição. Mas o pessoal das empresas que fabricam essas máquinas não faria isso, certo? Perguntemos a Jeffrey Dean, programador que foi vice-presidente executivo da Global Election Systems, como era chamada a companhia antes de ser comprada pela Diebold em 2002. Bev Harris, autor de "Black Box Voting" (www.blackboxvoting.com) disse à Associated Press que Dean, antes de exercer o cargo, passou algum tempo numa cadeia de Washington sob a acusação de roubo de dinheiro e manipulação ilícita de arquivos de computador.

Deixando de lado programadores suspeitos, até mesmo um exame superficial do comportamento dos principais fabricantes de urnas eletrônicas revela uma violação sistemática das regras destinadas a proteger a privacidade do processo de votação. O *software* foi modificado sem supervisão das autoridades e componentes das máquinas foram substituídos sem qualquer fiscalização. E aqui está o ponto principal: mesmo havendo motivos para se suspeitar que as máquinas contaram os votos de modo inadequado, nada pode ser feito a respeito. Por quê? Porque não existe nada em papel, não existe nada para fazer a recontagem.

Então, o que deve ser feito? O deputado Rush Holt apresentou um projeto de lei que exige que cada máquina produza um registro em papel que o eleitor possa verificar. O registro em papel seria então arquivado, para futura verificação em caso de dúvida. O projeto determina que o sistema esteja pronto para ser usado na eleição de 2004 — e que os distritos que não consigam cumprir o prazo utilizem cédulas de votação de papel. E também determina que sejam realizadas auditagens de surpresa em cada estado.

Não posso imaginar que alguém faça objeções a esse projeto. Ignoremos as inevitáveis acusações de "teoria conspiratória". (Embora algumas conspirações sejam reais: como contou o *Boston Globe* de ontem, "membros da equipe republicana da Comissão de Justiça do Senado conseguiram infiltrar-se nos computadores da oposição e monitoraram material estratégico sigiloso durante um ano, e passando periodicamente cópias para a mídia".) Para apoiar a idéia de uma verificação dos votos, não é preciso acreditar que os fabricantes de máquinas eletrônicas manipularam ou vão manipular resultados de eleições. Como é que alguém pode fazer objeção a medidas que colocam o processo acima de qualquer suspeita?

E o que dizer das despesas? Vejamos a coisa da seguinte maneira: estamos gastando pelo menos US$ 150 bilhões para promover a democracia no Iraque, o que corresponde a US$ 1.500 por cada voto da eleição de 2000. Como podemos hesitar em gastar uma pequena fração dessa soma para garantir a credibilidade da democracia em nosso país?

REESCREVENDO A HISTÓRIA

6 de fevereiro de 2004

Atualmente, os Estados Unidos estão vivendo um momento orwelliano de fatos contraditórios. Tanto na área da política externa quando na da política fiscal, o governo Bush está tentando reescrever a História a fim de justificar seus atuais problemas.

Comecemos pelo caso das armas de destruição em massa que não foram encontradas. Lembram-se quando a CIA foi criticada pelos falcões porque seus analistas relutavam em pintar um quadro suficientemente alarmante da ameaça iraquiana? Bem, sua memória não tem mais validade. A situação foi invertida. Agora, a versão é que a CIA exagerou a ameaça. Isso mesmo. E o governo, diante das advertências da agência, não teve escolha senão invadir o Iraque.

Uma dica de Joshua Marshall em www.talkingpointsmemo.com me fez recordar como era diferente a primeira versão. No ano passado, Laurie Mylroie publicou um livro intitulado *Bush versus the Beltway: how the CIA and the State Department Tried to Stop the War on Terror*. O livro da senhora Mylroie incluía um elogio feito por Richard Perle; sabe-se que ela tem ligação com Paul Wolfowitz e com o chefe-de-gabinete de Dick Cheney. Segundo informação da orelha do livro, "Mylroie descreve como a CIA e o Departamento de Estado não deram crédito sistematicamente a informações cruciais sobre o regime de Saddam, entre elas provas irrefutáveis da posse de armas de destruição em massa".

Funcionários atuais dos serviços de inteligência podem negar que sofreram pressões — depois do que aconteceu com Valerie Plame, o que vocês fariam no lugar deles? —, mas ex-funcionários contam uma história diferente. A última revelação nos chega da Grã-Bretanha. Brian Jones, que foi o principal analista da questão das armas de destruição em massa no Ministério da Defesa quando Tony Blair estava reunindo argumentos a favor da guerra, disse que o dossiê usado para essa finalidade não refletia as opiniões dos profissionais do setor: "Os peritos do DIS [Equipe de Inteligência da Defesa] foram ignorados." Todos os especialistas achavam que as afirmações do dossiê do governo deveriam ter sido acompanhadas de comentários e restrições. Isto não foi feito.

E não esqueçamos o Escritório de Planos Especiais do Pentágono, criado especificamente para apresentar um quadro mais alarmante da ameaça do Iraque do que aquele que os profissionais do setor de inteligência se dispunham a fornecer.

Será que todos esses fatos desconcertantes podem ser eliminados do registro oficial? É provável que sim. Os membros da comissão "independente", escolhidos a dedo pelo presidente Bush, certamente não vão investigar as atividades desse Escritório de Planos Especiais. A exemplo de Lord Hutton na Grã-Bretanha — que preferiu ignorar o testemunho de Jones —, a comissão vai deixar de lado as provas de que os profissionais do setor de inteligência foram pressionados. Vai abordar somente os erros da coleta de informações, e não o fato de que os especialistas, embora equivocados, não estavam equivocados o suficiente para agradar aos seus patrões políticos (entre os nomes citados como possíveis integrantes da comissão está o de James Woolsey, que escreveu um dos textos de divulgação do livro da senhora Mylroie).

Se os políticos conseguirem realizar seu intento, teremos mais exemplos de revisão da História. Vocês devem se lembrar de que Saddam cedeu às exigências da ONU para que os inspetores da entidade pudessem percorrer o Iraque de ponta a ponta em busca de armas proibidas? Mas em breve essa lembrança será considerada inválida. De fato, Bush declarou recentemente que a guerra se justificou porque Saddam "tinha se recusado a nos dar acesso". E esta afirmação foi repetida pelo senador Pat Roberts, presidente da Comissão de Inteligência do Senado: "Por que será que Saddam não deu acesso aos inspetores da ONU, evitando assim a guerra?"

Abordemos agora outro grande motivo de constrangimento para o governo: o déficit orçamentário.

O relatório sobre o orçamento para 2005 admite que o déficit de US$ 521 bilhões deste ano anulou as previsões róseas feitas em 2001. Mas o documento apresenta uma explicação: "Os déficits orçamentários atuais são a conseqüência inevitável da erosão da receita associada ao colapso da Bolsa, que começou no início do ano 2000, à economia em recessão e às graves ameaças à segurança nacional." É, o governo estava errado, mas todo mundo também estava.

O problema é que aceitar essa explicação exige que esqueçamos muitos fatos da história recente. Em fevereiro de 2002, quando o governo divulgou o projeto orçamentário para 2003, todas as más notícias — o estouro da bolha, a recessão e, claro, o atentado de 11 de setembro — já tinham ocorrido. No entanto, o projeto de orçamento previa apenas um déficit de US$ 14 bilhões para o ano e um retorno aos superávits no ano seguinte. Por que aquela previsão estava tão equivocada? Porque os funcionários do governo falsearam os fatos, como sempre.

Quero acreditar que as tentativas grosseiras do governo de reescrever a História irão fracassar, que a mídia e o público bem-informado não permitirão que as autoridades se saiam bem nesse intento. Será que já não agüentamos o bastante?

BUSH COMO ELE É

13 de fevereiro de 2004

Para entender por que as dúvidas sobre o período em que George W. Bush serviu na Guarda Nacional são legítimas, basta dar uma olhada no projeto de orçamento divulgado na semana passada. Não, não estou me referindo às mentiras do texto e das estatísticas — falo das fotografias.

Segundo as minhas contas, o documento contém 27 fotos em papel brilhante do senhor Bush. Vemos o presidente diante de uma gigantesca bandeira americana, diante do Monumento a Washington, consolando uma anciã em cadeira de rodas, ajudando uma criança a fazer seus exercícios escolares, abrindo uma trilha numa região remota e, claro, comendo uma refeição de peru junto com os soldados no Iraque. O diretor de arte só esqueceu de incluir uma foto do presidente atravessando a nado o Rio Yang-tsé.

Nem sempre foi assim. Os projetos orçamentários de Bill Clinton eram ilustrados com gráficos e tabelas, e não com fotos lisonjeiras de um presidente com ar presidencial.

A questão aqui vai além do uso ilegítimo da imprensa oficial para publicar folhetos de campanha política. Nesse orçamento, como em quase tudo o que faz, o governo Bush tenta apagar a linha divisória entre a reverência devida ao cargo de presidente e a reverência à pessoa que em certo momento exerce o cargo.

A Operação Uniforme de Aviador foi apenas um pouco mais exagerada do que outras explorações de fotos de publicidade de Bush, como aquela que mostra a cabeça dele esculpida na rocha ao lado de outros eminentes personagens da história americana no Monte Rushmore. O objetivo é sugerir que não é patriótico criticar o presidente e também utilizar sua imagem heróica para impedir qualquer discussão substantiva sobre a política do governo.

De fato, essas 27 fotos ilustram um dos quatro mais desonestos projetos orçamentários da história americana. Os outros três foram referentes a 2001, 2002 e 2003. Só para dar uma idéia: lembram-se de que a proposta do ano passado não incluía qualquer verba para o Iraque depois da guerra — e que os funcionários do governo esperaram até o corte de impostos ser aprovado para mencionar o detalhe insignificante de US$ 87 bilhões de custos extras? Bem, repetiram a façanha: no início da semana, o chefe do Estado-Maior do Exército deu um depoimento em que afirma que os recursos reservados para o Iraque no orçamento só são suficientes para cobrir as despesas até setembro.

Mas quando os funcionários do governo enfrentam objeções aos flagrantes enganos contidos em seus orçamentos — ou sobre o uso de informações do setor de inteligência antes da guerra — sua resposta quase sempre é fazer referência ao caráter impoluto do presidente. Como é que alguém ousa questionar a honestidade do senhor Bush, já que ele é um homem de integridade acima de qualquer suspeita? O que só deixa para os críticos uma opção: eles são obrigados a dizer que o homem que está dentro do uniforme de aviador não se parece com o da imagem oficial.

Não existe, que eu saiba, qualquer prova de que Bush seja um homem de excepcional integridade. Quando foi que ele aceitou a responsabilidade por algo que tenha dado errado? No entanto, existem muitas provas de que não hesita em deixar de lado quaisquer escrúpulos quando vê nisso alguma vantagem pessoal. Sua carreira no mundo dos negócios está cheia de transações suspeitas, e, qualquer que seja a verdade sobre o seu tempo de serviço na Guarda Nacional, certamente não foi algo glorioso.

Histórias antigas, podem dizer, e sem importância para o presente. Talvez isso fosse verdade se Bush se dispusesse a falar francamente sobre o seu passado. Em vez disso, ele continua com uma atitude evasiva. No programa de TV "Encontro com a Imprensa", prometeu divulgar todos os dados sobre seu passado — mas logo quebrou a promessa.

Não sei o que ele está escondendo. Mas acho que, com suas evasivas, ele abriu mão do direito de expor seu caráter para rebater acusações de que seu governo mente a respeito das políticas que segue. E este é o ponto: talvez não se deva dizer que Bush não presta, mas o fato é que ele está longe de ser o modelo de virtude que seus adeptos descrevem.

Alguns críticos têm esperanças de que as revelações a respeito do fato de Bush ter se ausentado durante algum tempo do serviço da Guarda Nacional sem permissão venham a demolir de vez o mito que se criou em torno dele. Talvez estejam sendo otimistas demais; afinal, se fosse tão fácil assim, a história do que aconteceu no caso da Harken Energy teria bastado. A triste verdade é que as pessoas que se deixaram influenciar pela tática do culto à personalidade de Bush — um grupo que inclui uma grande parcela do público americano e uma parcela ainda maior dos comentaristas de elite da mídia — relutam em abandonar suas ilusões. Tanto mais que isso equivaleria a admitir que bancaram os tolos.

Apesar de tudo, talvez estejamos caminhando para uma eleição em que Bush venha a ser julgado pelo que fez, e não em função da lenda que o cerca. E é isso que a Casa Branca mais teme.

NÃO ESTAMOS NOS ESTADOS UNIDOS

30 de março de 2004

Na semana passada, um artigo na página editorial do jornal israelense *Haaretz* sobre o assassinato do xeque Ahmed Yassin afirmou: "Não estamos nos Estados Unidos; aqui, o governo não inventou material de inteligência, nem exagerou a descrição da ameaça para justificar seu ataque."

Portanto, até mesmo em Israel os Estados Unidos de George Bush passaram a ser o equivalente de embuste e abuso de poder. E a reação do governo a *Against All Enemies*, de Richard Clarke, fornece mais indícios de que existe algo de podre no nosso governo.

A verdade é que o que Clarke diz sobre a política antiterror de Bush não é motivo de controvérsia entre os especialistas. Os fatos de que o terrorismo foi deixado em posição secundária antes do 11 de setembro e de que Bush culpou o Iraque apesar da falta de provas são confirmados por muitas fontes — entre elas o livro de Bob Woodward *Bush at War*.

E têm surgido novas provas para sustentar a principal acusação feita por Clarke, de que a obsessão com o Iraque prejudicou a perseguição à al-Qaeda. O jornal *USA Today* publicou ontem o seguinte: "Em 2002, elementos do Quinto Grupo de Forças Especiais que se especializam em problemas do Oriente Médio foram retirados da caça a Osama bin Laden a fim de se prepararem para sua próxima missão: o Iraque. Eles foram substituídos por soldados com experiência nas culturas hispânicas."

Foi por isso que o governo reagiu às denúncias de Clarke do modo como sempre reage a qualquer um que revele fatos inconvenientes: com uma campanha de difamação do caráter do acusador.

Parece que alguns jornalistas finalmente compreenderam a situação. Na semana passada, uma análise das notícias feitas pela Associated Press observou que esses ataques pessoais fazem parte de "um procedimento padrão desse governo" e mencionou uma operação de bastidores que se desenrola no momento para desacreditar Richard Foster, o atuário do *Medicare* que revelou como o governo enganou o Congresso sobre o custo do projeto para medicamentos com receita.

Mas parece que há outros jornalistas dispostos a serem usados. Wolf Blitzer, da CNN, disse aos telespectadores que funcionários não-identificados comentaram que Clarke estava "querendo ganhar um dinheirinho", e acrescentaram que "há muita coisa estranha na vida pessoal dele".

A tática de difamação usada por este governo não tem precedentes na política americana recente — nem mesmo na época de Nixon. Mais inquietante ainda é sua tendência ao abuso de poder — usar os poderes do governo para intimidar os críticos potenciais.

Para sermos justos, a insinuação do senador Bill Frist de que Clarke poderia ser acusado de perjúrio pode ter sido idéia dele mesmo. Mas sua atitude lembra a reação da Casa Branca às revelações do ex-secretário do Tesouro Paul O'Neill: uma investigação imediata para apurar se ele tinha divulgado informações sigilosas. O entusiasmo com que a investigação foi iniciada contrastou com a evidente falta de interesse do governo em descobrir quem revelou a Bob Novak a identidade da agente da CIA Valerie Plame.

E há muitos outros casos de abuso de poder por parte do governo e de seus aliados no Congresso. Citemos alguns exemplos: segundo a publicação *The Hill*, legisladores republicanos ameaçaram cortar verbas do Escritório de Contas da União se este não desistisse da intenção de levar Dick Cheney à justiça. *The Washington Post* informa que o deputado Michael Oxley disse a lobistas que uma investigação em curso "poderia ser relaxada se o lobista democrata fosse substituído por um republicano". Tom DeLay usou o Departamento de Segurança Interna contra os democratas empenhados em impedir o remapeamento eleitoral do Texas. E o *Medicare* está gastando milhões de dólares em propaganda enganosa a favor do novo projeto de lei sobre medicamentos com receita — anúncios redigidos como se fossem notícias e que também funcionam como comerciais da campanha de Bush.

No terreno do terrorismo, eis uma história que merece destaque. Uma das poucas ações judiciais bem-sucedidas contra terroristas — um caso em Detroit — parece que começa a se desintegrar. O governo negou informações à defesa e testemunhas hostis à promotoria foram deportadas (por acaso, segundo o governo). Depois que o ex-promotor principal se queixou da maneira como o Departamento da Justiça estava tratando o processo, ele se tornou imediatamente objeto de uma investigação interna — e o fato foi vazado para a imprensa.

Onde isso tudo vai terminar? Em seu novo livro, *Worse Than Watergate*, John Dean, um dos famosos protagonistas do escândalo que derrubou Richard Nixon, escreveu: "Tenho acompanhado como as coisas parecem estar caminhando para duas catástrofes políticas possíveis: uma que esvaziaria o balão Bush-Cheney e outra, bem mais inquietante, que asfixiaria a democracia."

ÍNDICE

30/06/12 Curva de Laffer (privatizar a Prev.)

249

252 (3)

Este livro foi composto na tipologia
Life BT, em corpo 10,5/15, e impresso em papel
off-white 80g/m², no Sistema Cameron da
Divisão Gráfica da Distribuidora Record.

São ações sórdidas
como essas que fazem
perdermos a fé no ser
e na justiça